성과주의 경영시리즈 I

www.ajin.to

Global Network 경제시대의

고수의 성장전략의 개발과 실행

최경규
행동 과학 컨설팅
대표컨설턴트

행동과학컨설팅
A-JIN 도서출판 아진

**"나의 가는 길은 오직 그가 아시나니 그가 나를 단련하신 후에는
내가 정금같이 나오리라 (욥23 : 10)"**

책 머리에

기업은 지속가능한 고수익성장을 통해서만 모든 이해관계자들에게 최고의 가치를 제공해 줄 수 있다. IMF구제금융 이후 국내기업들의 성장의지가 약화된 것은 과도한 정부규제와 사회적으로 확산된 기업가에 대한 부정적 인식 및 지대추구적 행동, 개인적 차원의 리스크에 대한 두려움 등 다양한 조직내외부적 요인들로부터 기인할 수 있으나 무엇보다도 글로벌 네트워크 경제체제하에서 대다수의 산업이 성숙기로 접어들고 있는 국내시장에 적합한 비즈니스모델과 성장전략을 개발하지 못하고 있기 때문으로 판단된다.

• 이 책의 구성과 주요내용

이 책은 이 세상의 어떤 산업, 어떤 기업도 고수익성장이 가능하다는 전제하에서 단기성과와 장기성장의 균형을 유지하면서 자신이 가장 잘 알고 가장 잘 할 수 있는 사업과 성장기회가 어디에 있는가를 파악하고 필요한 역량을 효과적으로 개발하며, 조직구성원들의 열정과 에너지를 집중함으로써 지속가능한 고수익성장의 실현할 수 있는 방법을 찾기 위한 것이다.

제1부 '성장플랫폼의 구축'에서는 지속가능한 고수익성장의 길로 나아가기 위해 기업이 무엇을 준비하고 학습해야 하며, 성장추구과정에서 필연적으로 직면하게 되는 불확실성을 관리할 수 있는 방법을 중점적으로 다루고 있다.

제2부 '성장전략 Options'는 현재 자사가 보유하고 있는 자원과 역량으로 접근할 수 있는 고수익성장기회의 파악과 선택에 도움이 될 수 있는 다양한 성장전략들을 제시하고 있다.

제3부 '성장전략의 실행'은 성장전략의 실행과정에서 자사가 보유한 인적 · 물적 자원을 효과적으로 활용하기 위한 경영조직과 시스템의 구축방법과 경영관리자에게 요구되는 리더십을 중점적으로 다루고 있으며,

제4부 'Global Network 경제와 한국기업의 도전과제'에서는 Global Network 경제의 특징과 최근의 변화추세를 정리한 후 새로운 도약을 준비해야할 한국기업들의 외부적응과제와 내부혁신과제들을 차례로 기술하였다.

• 이 책의 편집방법의 특징

이 책은 개별기업과 사업부문들이 성장전략의 개발 및 실행과 관련된 자사의 Needs와 문제점을 파악하고 자사에 적합한 솔루션을 개발하는데 실질적 도움이 될 수 있도록 편집되었다.

첫째, 일반적인 경영전략이론은 과감하게 생략하되 자사의 문제해결을 위해 필요한 이론적 모델과 방법론, 스킬 및 Tools를 중점적으로 다루었다.

둘째, 성장전략의 개발과정에서 특히 중요한 Key Issues와 Processes를 중심으로 Manual 형태로 편집, 일상경영활동과정에서 자신이 필요로 하는 사항을 쉽게 확인하고 활용할 수 있도록 하였다.

셋째, Key Issue별 핵심개념과 모델, 방법론을 왼쪽페이지에 Templete 형태로 요약한 후 오른쪽 페이지부터 이에 대한 설명과 해설을 기술, 독자들이 핵심개념들을 보다 쉽게 파악하고 정리할 수 있도록 하였다. 이러한 편집으로 인하여 불가피하게 발생할 수 있는 여분의 페이지들에는 관련분야의 Best Practices와 Solution 개발을 위한 Key Questions 등을 <Tips for Ideas>라는 이름하에 소개하는데 활용하였다.

넷째, 전문용어의 부적절한 번역으로 인한 오해와 혼란을 최소화하기 위해 외국문헌의 인용시에는 가능한한 영문을 그대로 사용하거나, 원문을 요약 · 정리하는 방식을 선택하였다.

이 책은 이 책과 동시에 출간된 '성과주의 경영조직의 설계와 운영－전략, 조직, 인재의 통합과 집중' 및 '성과주의 리더십의 개발과 육성'(근간)과 함께 저자가 기획, 집필한 성과주의 경영시리즈를 구성하고 있다.

성장전략의 개발로 실질적인 경영성과창출을 기대하는 기업들에게 이 책들도 함께 권고하고 싶다.

• 감사의 글

이 책이 출간되기까지 많은 분들의 도움이 있었다. 먼저 본인과 행동과학컨설팅에 컨설팅 및 교육을 의뢰해주신 고객회사 관계자 여러분께 감사를 드리고자 한다. 이분들의 신뢰와 격려에 힘입어 본인은 지난 20여년간 다양한 이론과 가설들을 실제 경영현장에 적용해볼 수 있었으며, 그 결과 우리의 기업여건에서 실질적인 경영성과창출에 도움이 되는 이론적 모델과 방법론들을 선별할 수 있었다.

특히, 이들 고객회사 관계자분들 중 많은 분들은 이 책이 출판되기 전 직접 초고를 검토하고 조언과 함께 '추천의 글'을 보내주셨다. 이분들께 다시 한 번 감사의 말씀을 드린다. 어렵고 힘든 출판과 편집을 맡아주신 아진출판사 관계자 여러분께도 감사의 마음을 전하고자 한다.

2007년 초여름

최경규

주요목차

제 1 부 성장플랫폼의 구축 • 1

1. 성장에 대한 관점의 재정립 ······ 2
2. 성장플랫폼의 설계 ······ 18
3. 성장정책과 원칙, 신규사업추진프로세스의 정립 ······ 30
4. 성장기회의 개발 ······ 42
5. Business Model과 성장전략의 개발 ······ 52
6. 성장역량의 개발 ······ 68
7. 불확실성의 관리 ······ 86

제 2 부 성장전략 Options • 101

1. 핵심사업의 강화 ······ 102
2. 인접확장전략 ······ 122
3. 고객중심 성장전략 ······ 130
4. 신제품/서비스개발 전략 ······ 152
5. Market Driving or Value Innovation전략 ······ 176
6. Value Chain 혁신과 Networking 전략 ······ 188
7. 글로벌화 전략 ······ 214
8. M&A 전략 ······ 238

제 3 부 성장전략의 실행 • 253

1. 성장전략의 성공적 실행을 위한 도전과제 ······ 254
2. 지속가능한 성장을 위한 조직개발전략 ······ 264
3. 변화의 관리 ······ 294
4. 성장추구의 리더십 ······ 308

제 4 부 Global Network경제와 한국기업의 도전과제 • 325

1. Global Network 경제의 특징과 변화추세 ······ 326
2. 한국기업의 도전과제 ······ 340

참고문헌 • 365

찾아보기 • 377

목 차

제 1 부 성장플랫폼의 구축 • 1

1. 성장에 대한 관점의 재정립 ······ 2
   - 1-1. 지속적 성장이 필요한 이유 ······ 2
   - 1-2. 기업가치와 성장의 관계 ······ 4
   - 1-3. 기업의 목표 - 가치성장 ······ 6
   - 1-4. 기업성장을 방해하는 요인 ······ 8
   - 1-5. 고수익 성장기업의 교훈 ······ 14
2. 성장플랫폼의 설계 ······ 18
   - 2-1. Value Growth Platform ······ 18
   - 2-2. Growth System ······ 20
   - 2-3. Growth Strategy ······ 22
   - 2-4. 가치성장기업으로의 전환을 위한 도전과제 ······ 26
3. 성장정책과 원칙, 신규사업추진프로세스의 정립 ······ 30
   - 3-1. 성장전략의 추진원칙 ······ 30
   - 3-2. 선진기업 신규사업 추진원칙 ······ 32
   - 3-3. 신규사업추진프로세스의 정립 ······ 36
4. 성장기회의 개발 ······ 42
   - 4-1. Options for Growth ······ 42
   - 4-2. Seven Strategic Degrees of Freedom ······ 44
   - 4-3. The Stretch Growth Model ······ 46
   - 4-4. 비약적 성장의 기회개발 ······ 48
5. Business Model과 성장전략의 개발 ······ 52
   - 5-1. Business Model의 정의와 기능 ······ 52
   - 5-2. Business Model의 검증과 확장-계단식 성장법 ······ 56

5-3. 성장전략 개발프로세스 60
5-4. 성장포트폴리오 관리 66

6. 성장역량의 개발 68
6-1. 혁신추구와 성장을 위해 요구되는 역량 - RPV Framework 68
6-2. 성장역량플랫폼과 개발방법 70
6-3. 고수익성장기업의 조직역량 74
6-4. Global Network 경제의 요구역량 - 무형자본 76
6-5. 성장전략실현을 위한 요구역량의 도출방법 80
6-6. 첨단산업에서의 경쟁우위를 위한 요구역량 82

7. 불확실성의 관리 86
7-1. 전략개념의 혁신 86
7-2. 전략개발프로세스의 관리 88
7-3. 전략개발과정에서의 불확실성관리 90
7-4. Discovery-Driven Planning 94
7-5. 기존사업과 신규사업의 경영계획수립방법차이 98

제 2 부 성장전략 Options • 101

1. 핵심사업의 강화 102
1-1. 지속가능한 성장을 위한 핵심사업의 역할 102
1-2. 핵심사업에서의 성과극대화 방안 104
1-3. 핵심사업에의 집중을 위한 사업구조조정계획수립프로세스 110
1-4. 시장지배력 강화를 위한 경영원칙 112
1-5. Industry Life-Cycle과 성장전략 116
1-6. 성숙시장에서의 경쟁전략 118

2. 인접확장전략 122
2-1. 인접확장의 유형 122
2-2. 인접확장의 핵심성공요소 126

3. 고객중심 성장전략 130
3-1. 마케팅 전략의 변화 130
3-2. 고객중심 성장전략의 유형 134
3-3. 고객중심 성장전략개발프로세스 136
3-4. Customer Loyalty강화프로그램의 개발 144

3-5. Solution Provider로의 전환을 위한 도전과제 ······148

4. 신제품/서비스개발 전략 ······152
4-1. 신제품 실패의 원인 ······152
4-2. 가치중심의 신제품/서비스개발전략 ······154
4-3. 제품/서비스의 진부화와 대응전략 ······156
4-4. 제품/서비스혁신과 Disruptive Innovation Theory ······160
4-5. 제조업의 서비스사업개발 전략 ······164
4-6. 첨단산업에서의 경쟁전략 ······172

5. Market Driving or Value Innovation전략 ······176
5-1. 가치혁신전략의 유형 ······176
5-2. Market Driving추구기업의 특징 ······178
5-3. Market Driving전략개발 프로세스 ······182

6. Value Chain 혁신과 Networking 전략 ······188
6-1. Business Network의 성장배경과 Network효과성 ······188
6-2. Network 전략의 유형 ······192
6-3. Network 환경에서의 성장전략 ······196
6-4. R&D부문의 Networking 전략 – Open Innovation ······200
6-5. Open Innovation 전략의 실행프로세스 ······204
6-6. 전략적 제휴와 Network 구축을 위한 의사결정모델 ······210

7. 글로벌화 전략 ······214
7-1. Global화와 기업의 대응전략 ······214
7-2. 해외시장 진출의 전략적 목표 ······218
7-3. 해외시장진출 의사결정모델 ······220
7-4. Global Innovation Strategies ······224
7-5. 지역기업의 다국적기업 대응전략 ······228
7-6. 신흥시장진출을 위한 제품전략 ······232
7-7. BOP시장에서의 성장전략 ······234

8. M&A 전략 ······238
8-1. M&A 실패이유 ······238
8-2. 기업인수의 핵심성공요소 ······240
8-3. M&A 추진단계별 과제 ······244
8-4. 기업합병 후 통합의 성공을 위한 원칙 ······248

제 3 부 성장전략의 실행 • 253

1. 성장전략의 성공적 실행을 위한 도전과제 254
   1-1. Good Strategy for Successful Execution 254
   1-2. 성장전략실행의 장애요인과 장애극복방안 258
   1-3. 성장전략의 성공적 실행을 위한 도전과제 262
2. 지속가능한 성장을 위한 조직개발전략 264
   2-1. 역량중심의 조직개발 모델 264
   2-2. 성장전략 실행을 위한 3가지 조직개발과제 270
   2-3. 지속적 성장추구를 위한 조직설계 274
   2-4. 신규사업의 조직구조설계 288
3. 변화의 관리 294
   3-1. 변화관리모델과 Key Issues 294
   3-2. Communication Plan의 개발과 실행 298
   3-3. Tactics for Making Change Happen Quickly 302
   3-4. 조직문화의 혁신 304
4. 성장추구의 리더십 308
   4-1. 신규사업 리더의 역할 308
   4-2. 사업부리더의 리더십 312
   4-3. CFO의 역할변화 316
   4-4. 지속가능한 고수익성장을 위한 CEO의 리더십 318

제 4 부 Global Network경제와 한국기업의 도전과제 • 325

1. Global Network 경제의 특징과 변화추세 326
   1-1. Global Network 경제의 형성배경과 특징 326
   1-2. Global Network 경제체제에 대한 비판 330
   1-3. Global Network 경제의 최근 추세와 교훈 336
2. 한국기업의 도전과제 340

참고문헌 • 365

찾아보기 • 377

제1부 성장플랫폼의 구축

- 고수익성장을 위한 도전과제

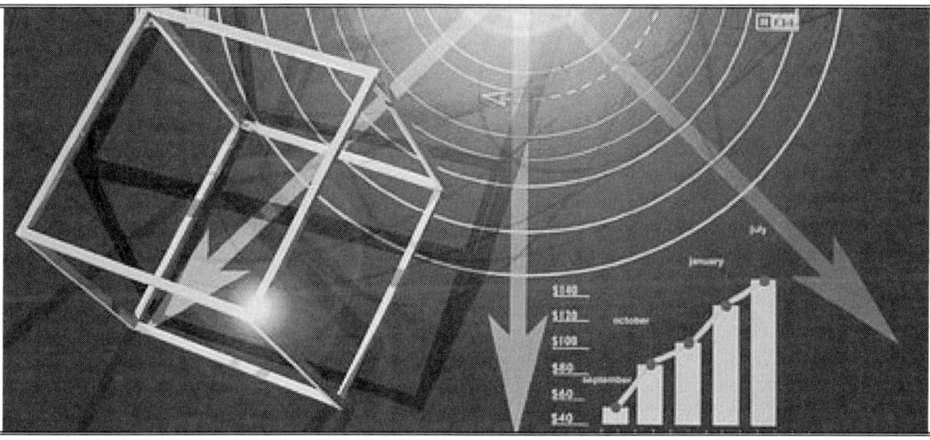

1. 성장에 대한 관점의 재정립
2. 성장플랫폼의 설계
3. 성장정책과 원칙, 신규사업추진프로세스의 정립
4. 성장기회의 개발
5. 비즈니스모델과 성장전략의 개발
6. 성장역량의 개발
7. 불확실성의 관리

1. 성장에 대한 관점의 재정립

1-1. 지속적 성장이 필요한 이유

조직활성화와 사기고취

지속가능한 경쟁우위의 확보

고객의 소비자복지 증대

주주가치 증대

기업의 사회적 책임완수

- **조직활성화와 사기고취**

기업이 성장하는 과정에서 필연적으로 직면하게 되는 까다로운 고객들의 다양한 요구와 치열한 경쟁자의 압력은 조직구성원들의 잠재적 열정과 에너지를 활성화시키는 기폭제가 된다. 성장과정에서 조직구성원이 자신의 역량을 최대한 발휘, 높은 수준의 목표를 성공적으로 달성함으로써 얻을 수 있는 내적 보상과 외적 보상은 조직구성원들의 사기를 고취, 지속적 성장추구를 위한 새로운 도전에 대한 의욕을 강화시킨다.

- **지속가능한 경쟁우위의 확보**

기업은 단기수익성과 매출성장을 통한 규모의 확대를 지속적으로 추구해야만 자사의 조직역량과 경쟁지위가 강화된다.

미래를 위한 인력과 투자의 Excess Capacity를 허용하지 않는 단기수익성 중심의 경영은 경영환경악화시 한번의 구조조정이 생존을 위한 반복적인 구조조정으로 연결되는 수익성 함정 –Profit Trap–에 빠질 수 있는 리스크로부터 벗어날 수 없다.

- **고객의 소비자복지 증대**

성장하는 기업은 자신의 강화된 조직역량과 규모 및 범위의 경제를 활용, 고객에게 보다 우수한 품질의 제품과 서비스를 보다 낮은 비용으로 공급함으로써 고객의 소비자복지 –Consumer Welfare –를 증진시킨다.

- **주주가치 증대**

특정기업의 주식시장에서의 시장가치의 80%이상은 향후 3년간의 현금 흐름기대 –Cash Flow Expectations –에 의해 경정된다고 한다. (I. Davis, 2006) 성장하는 기업은 이 회사의 매출성장과 수익성이 장기적으로 지속될 것이라는 투자자의 기대를 강화, 주주가치를 증대시킨다. 기업은 지배주주의 이익뿐만 아니라 직간접적으로 자사의 주식에 투자하고 있는 수많은 중산층과 서민들의 보다 안정적인 노후생활을 위해서라도 지속적 성장을 통해 주주가치를 증대시켜야한다.

- **기업의 사회적 책임완수**

기업은 법적 규제를 준수하면서 지속적인 고수익 성장을 실현, 보다 많은 세금납부와 계속적인 신규고용창출로 자신이 소속된 지역사회와 국가의 지속가능한 발전에 기여해야 한다.

1-2. 기업가치와 성장의 관계

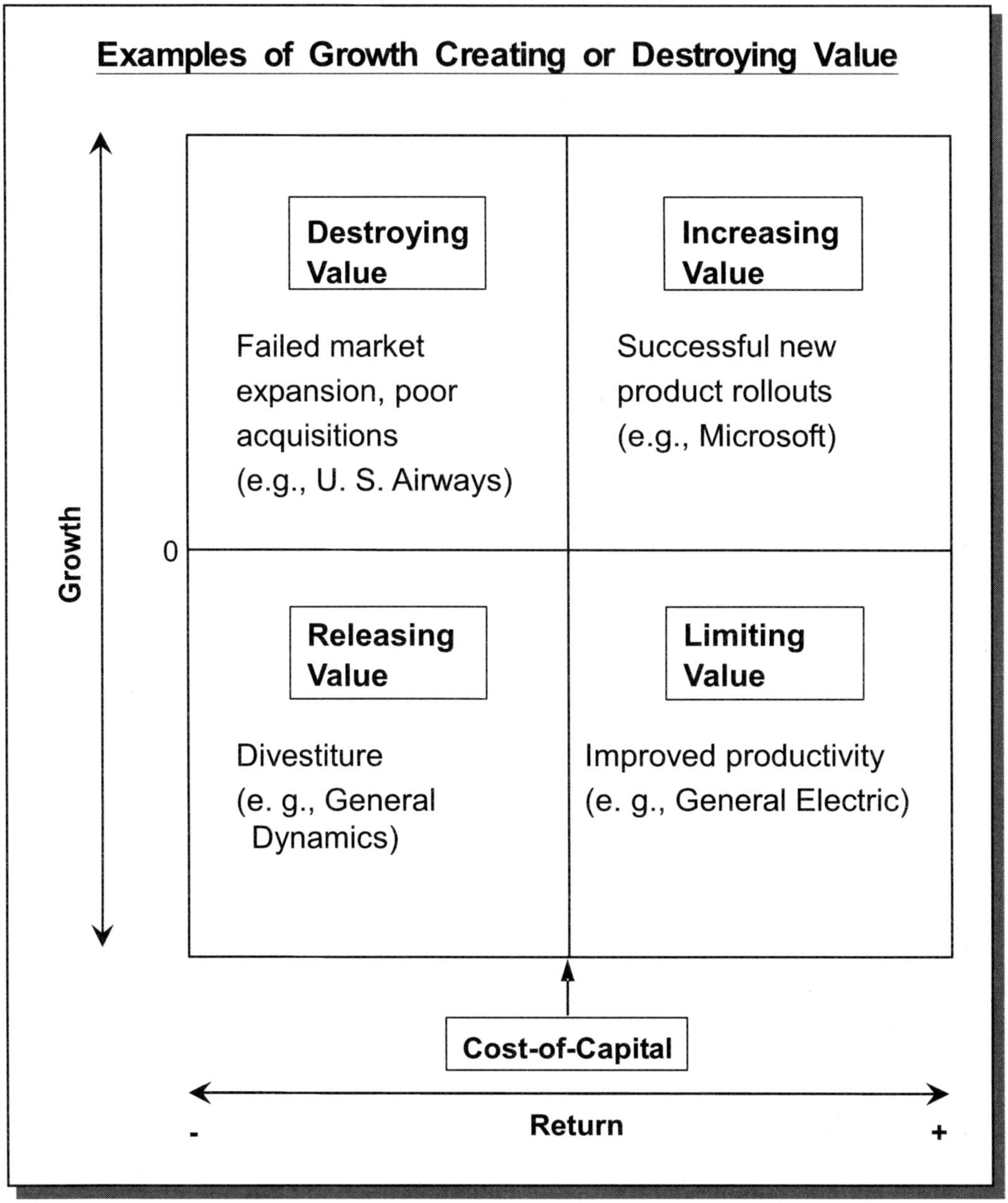

(T. L. DooleyⅢ, & J. M. Donovan, 1999)

- 기업은 투자자에게 유사한 리스크를 갖는 다른 사업에 투자하기보다 자사의 사업에 투자하는 것에 대한 기회비용 이상의 수익을 보상해 줄 수 있는 사업을 개발, 운영해야 한다. 기업이 자본비용 이상의 수익을 창출한다는 것은 특정사업으로부터 기대되는 미래현금흐름 - Expected Cash Flow 에 이러한 기회비용을 반영한 할인률-Discount Rate-을 적용, 현재가치로 환산하였을 때 '+'의 수익률을 보인다는 것을 의미한다.
  주식시장에서의 주가는 그 기업이 현재 보유한 자산의 장부가치에 이러한 미래 현금흐름에 대한 기대치를 반영하고 있다. 따라서 가능한 한 빠른 시일 내에 보다 많은 현금흐름을 창출할 가능성이 높은 사업을 지속적으로 개발할 가능성이 높은 기업이 더 큰 시장가치를 가지게 된다.

- 나아가 주식시장에서 특정기업의 시장가치가 계속적으로 증대되기 위해서는 투자자가 현재 기대하는 수준 이상으로 미래현금흐름을 창출할 수 있음을 보여줄 수 있는 성장을 장기적으로 계속해야 한다. - Increasing Value Growth -

- 매출성장은 높으나 자본비용 이하의 수익률을 보일 경우 가치를 파괴하는 성장 - Destroying Value Growth - 이 된다.
  시장확대에 실패하거나 특정 기업의 본질적 가치 - Intrinsic Value - 이상의 가격으로 인수하거나 합병 후 통합 (Post - Merger Integration)에 실패할 경우가 이에 해당된다. 또한 성장기회를 오판하거나, 가치창출을 위한 성장전략과 비즈니스 모델 또는 가치제안 - Value Proposition - 이 시장과 고객의 요구에 부합되지 않거나, 자사가 이러한 전략을 실현하기 위해 필요한 역량을 개발, 보유하지 못하고 있을 경우, 그리고 경쟁자가 쉽게 모방하여 선도기업을 압박할 가능성이 큰 경우에도 가치를 파괴하는 성장으로 전락하게 된다.
  제한적 가치 성장 - Liming Value Growth - 은 생산성 증대를 통한 수익성을 추구하는 전략으로 일정기간이 지나면 대부분 그 한계에 도달하게 된다. 가치양도 -Releasing Value - 는 사업 매각 또는 철수를 통해 생존을 모색하는 경우로서, 장기적으로는 지속하기 어려운 전략이다.

1-3. 기업의 목표 - 가치성장

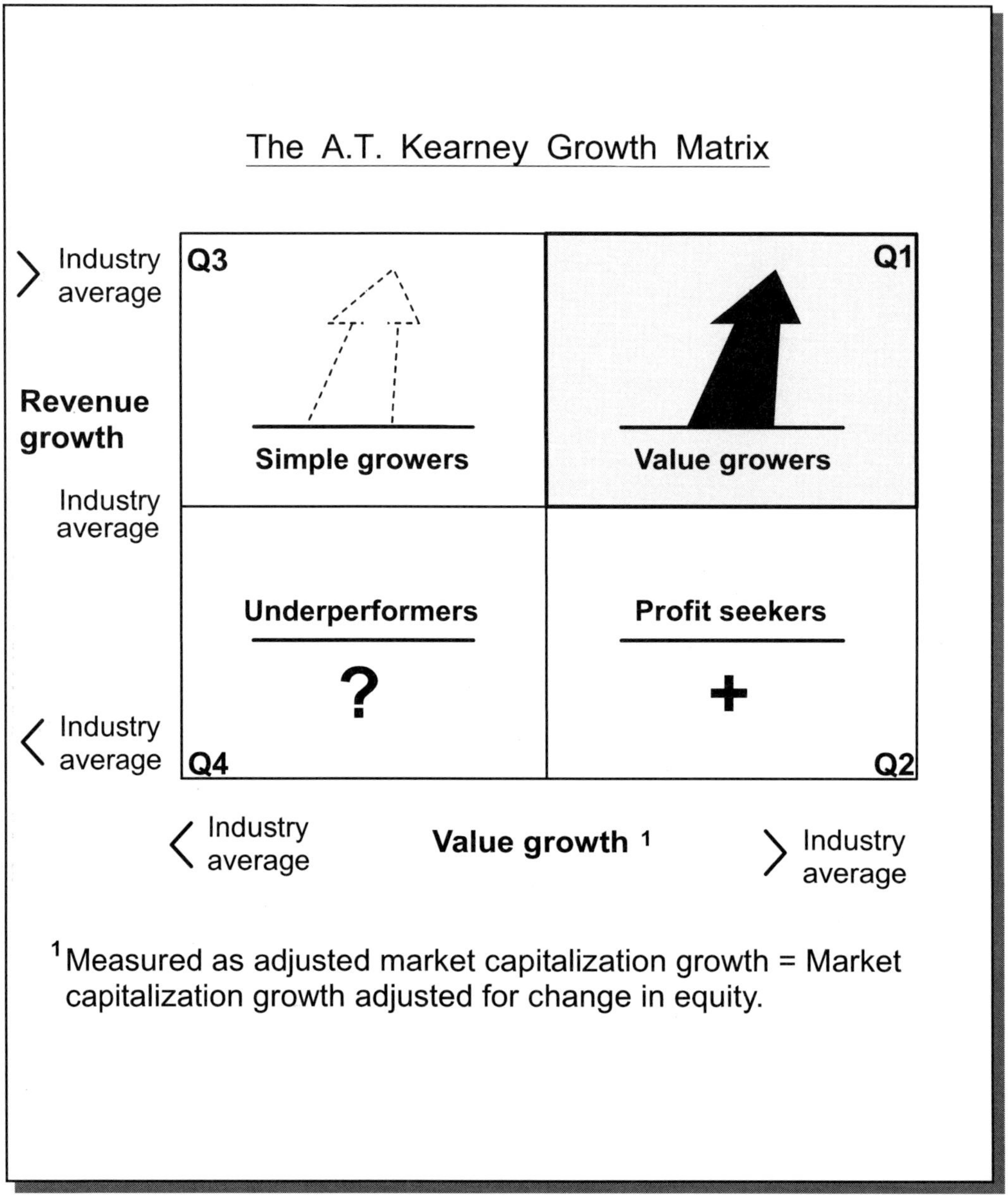

(J. McGrath, F. Kroeger, & M. Traem, 2001)

- 미국 컨설팅회사 A. T. Kearney 는 전세계 34개국 23개 주요 산업의 29,000개 상장기업에 대한 재무적 분석결과에 근거, 산업평균대비 시장가치 성장률과 매출성장률의 2개 차원에 따라 기업을 4가지 유형으로 분류한 후, 가장 바람직한 기업으로 가치성장 기업 - Value Growers - 을 제안하고 있다.

- 가치성장기업은 매출 및 가치성장률 모두 산업평균이상의 우수한 성과를 창출한 기업으로, 장기적인 고수익 매출성장을 - Long-term Profitable Revenue Growth - 을 실현하는 기업이다. 전체 분석대상기업의 20%가 여기에 해당한다. 이들 기업은 1988년에서 2002년까지의 14년 평균 시장가치 성장률 7%, 매출 성장률 9.9% 대비 누적 년 평균매출성장 18%, 시장가치성장 21.5%를 달성하였다. (Deans G. K., & Kroger F., 2004)
  그러나 14년간 특정기업이 계속해서 가치성장기업을 유지하는 경우는 29,000개 회사의 1%에 미치지 못하는 250개 회사 미만으로 나타내고 있다. 이러한 결과는 특정기업이 가치성장기업으로 진입하기도 어렵지만, 이러한 위치를 계속해서 유지하는 것은 더욱 힘든 도전과제임을 보여주는 것이다. Nestle', Johnson & Johnson Wal-Mart, MS등이 여기에 해당하는 대표적 기업들이다.

- 평균이상의 시장가치성장을 달성한 반면 매출성장은 시장평균에 미치지 못하는 기업은 수익추구기업 - Profit Seekers - 이다. 이들 기업은 누적 년 평균 매출성장 4.1%, 시장가치성장 12.6%를 달성한 기업들로 분석대상기업의 19%를 점유하고 있다

- 산업 평균이상의 매출성장만을 달성하는 단순성장기업 - Simple Growers - 과 시장가치성장과 매출성장이 모두 산업평균에 미치지 못하는 저성과기업 - Underperformers -은 각각 전체 분석 대상기업의 14%와 47%을 보이고 있다. (단순성장기업 누적 년 평균 매출성장률 13.8% 시장가치성장률 - 2.7%, 저성과기업 누적 년 평균 매출성장률 3.6%, 시장가치성장률 - 3.6%)

- 기업은 성장을 추구하되 단순한 매출성장이 아니라 지속가능한 고수익 성장을 추구해야 한다. 지속가능한 고수익성장은 단기적 수익성과 함께 장기적 건전성 - Long- term Health, - 즉, 장기간에 걸쳐 높은 성과를 창출할 수 있는 역량개발간의 적절한 균형을 유지할 때 실현가능하다.

1-4. 기업성장을 방해하는 요인

- 단기성과와 장기성장의 균형유지실패
- 성장전략의 미비
- 핵심사업의 정체
- 재무/운영관리의 효과적 통제 미흡
- 리더십과 조직의 비효과성
- 역량 Gap과 핵심인재부족
- Risk - Taking의 회피
- 과거 성공방정식에 대한 집착
- 다양한 이해관계자의 신뢰 미흡
- 규제환경

성장과 혁신에 대한 다양한 연구들에서 빈번하게 지적되고 있는 고수익성장의 주요 장애요인들은 다음과 같다. (A. Afuah, 2003 ; M. Trench, 2003 ; G.K. Deans, & F. Kroger, 2004 ; E.G. Flanholz, & Y. Randle, 2000 ; D. Bibeault, 1999)

- **단기성과와 장기성장의 균형유지 실패**

단기성과는 장기성장을 위한 재무적 기반이 될 뿐만 아니라 미래성장능력에 대한 시장의 신뢰를 얻기 위한 기본적 요구조건이다. 우수한 단기성과를 창출해야만 이러한 이익이 미래에도 계속될 것이라고 기대할 수 있기 때문이다. 성장이 정체되는 상황에서 우선적으로 단기 수익성 개선을 위해 손쉽게 접근할 수 있는 방법에만 과도하게 집중할 경우 'Chicken and Eggs Dilemmas'에 빠져 시장의 불신을 초래할 수도 있다. – 고객가치대비 지나치게 높은 가격인상, 인적 구조조정, R&D 및 마케팅 비용삭감, Value Chain 내 공급업자, 협력업체, 유통업자에 대한 우월적 지위를 활용한 압력행사 등 –. 따라서 기업은 미래를 위해 오늘 어디에 집중할 것인가를 선택해야 하며, 오늘의 수익성을 보여주는 소수의 재무적 지표와 함께 조직의 건전성을 보여줄 수 있는 비재무적 지표들도 함께 고려한 기업성공의 지표를 개발해야 한다. 우리 회사가 현재 얼마나 잘 운영되고 있으며 미래에도 건실한 성과를 창출할 것이라는 것을 무엇으로 알 수 있는가의 질문에 대해 효과적으로 응답할 수 있는 성공지표를 개발하고, 이에 집중하는 것은 최고 경영층의 우선적 책임이다.

- **성장전략의 미비**

비전과 성장전략은 장기적 관점에서 기업이 기대하는 미래의 모습과 이에 도달하기 위한 방법을 제시하고 있다. 우리는 누구이며 어디로 가야하고, 무엇을 해야 하며 무엇을 하지 않을 것인가에 대한 명확한 인식을 모든 조직구성원이 공유하고 있을 때 자원배분과 의사결정의 우선순위가 명확해지는 동시에 조직의 모든 역량을 결집시킬 수 있다. 비전과 성장전략이 부재하거나 미비 되어 있다는 것은 '설마 어떻게 되겠지' 하는 막연한 기대 속에 오늘의 빵 한 조각을 얻기 위해 매달리는 삶과 다를 바 없다. 특히 경영환경의 불확실성이 심화될수록 보다 구체화된 비전과 성장전략수립은 어려워지는 반면, 기업경영에서의 이의 중요성은 더욱 커지게 된다. 이러한 딜레마를 해결하기 위해서는 전략적 의도 - Strategic Intent –, 학습으로서의 전략 - Strategy As Learning –, 발견주도의 기획 - Discovery Driven Planning - 등 비전과 대한 성장전략에 새로운 개념의 접근 방식이 요구된다.

• **핵심사업의 정체**

기업이 지속가능한 성장을 유지하기 위해서는 자신이 가장 잘 알고 있고 가장 잘 할 수 있는 사업에 우선적으로 집중해야 한다.

핵심사업에서 구축된 시장 및 고객 기반과 제품/서비스개발 및 운영역량 그리고 핵심사업에서 창출된 현금흐름은 미래성장을 위한 필수적인 요소들이다. 핵심사업의 정체 또는 부진 상태에서는 다각화를 통한 성장전략을 추구하기보다 사업구조조정을 통한 현금흐름의 개선과 시장/고객 needs의 변화추세에 따른 새로운 가치제안 - Value Proposition - 의 개발 및 Market offering의 변화에 집중한 후 단계별로 인접확장 - Adjacency Expension - 을 추구해야 한다. 새로운 것 - Newness - 에 대한 과도한 집착이나 성장이 정체된 시장에 모든 것을 투자하는 것 모두 장기적으로 기업의 생존 자체를 위협하게 된다.

• **재무/운영관리의 효과적 통제 미흡**

과도한 부채/자본비율이나 급격한 시장확대와 다각화는 어떠한 고도성장 산업이나 지역에서도 대부분 실패로 끝나게 된다. 지속가능한 성장을 위해서는 엄격한 제한조건과 규칙범위 내에서 폭넓은 유연성 - Wide Flexibility and Freedom within Constraints - 을 허용하는 방식을 추구해야 하며, 그 과정에서 한정된 시간과 자원을 최대한 효율적으로 활용해야 한다. 이를 위해서는 사업성공에 대한 명확한 정의 - Definition of Success - 를 설정, 공유해야 하고, 성장사업의 추진과정에서 진행단계별로 효과적인 사업위험 관리프로세스를 관리해야 한다.

• **리더십과 조직의 비효과성**

지속가능한 성장을 위해서는 계속해서 증가하는 시장과 고객, 제품과 서비스의 복잡성을 효과적으로 관리할 수 있으며, 다양한 고객/시장의 차별화된 요구에 집중적, 전문적 솔루션 제공이 가능한 조직을 구축해야 한다. 나아가 개인의 기업가적 역량이 조직의 전 계층에서 최대한 발휘되는 동시에 이러한 개인의 역량이 조직역량화하여 조직목표달성에 집중될 수 있도록 통합되어야 한다. 리더십과 조직 효과성의 문제에서는 어떻게 기업이 현재 운영하고 있거나 앞으로 운용하고자 하는 각 사업의 특성 및 경영환경의 요구와 전략적 적합성 - Strategic Fit - 을 유지하면서도, 보다 유연하고 창의적이며 집중력이 높은 조직을 구축하기 위해 조직구조와 프로세스, 인적자원관리체계, 성과관리와 보상체계, 정보수집과 전달, 공유체계 등을 설계하고 이를 유기적으로 통합 조정해 나갈 것인가가 핵심 이슈가 된다.

• 역량 Gap과 핵심 인재의 부족

산업간, 국가간 무경계화가 가속화되는 글로벌 경쟁구도하에서 어떤 기업도 모든 사업에서 최고의 성과를 창출할 수는 없다. 따라서 성장 전략은 우선적으로 자기가 가장 잘할 수 있는 사업은 무엇이며, 어떤 사업은 하지 않을 것인가에 대한 명확한 의사결정준거를 설정하고 이를 일관되게 실행해 나가야 한다. -Most rigorous criteria for deciding what to pursue and what not to pursue -, 자사가 가장 잘할 수 있는 사업을 경영환경과 조직내부 역량이 최적으로 조화될 수 있는 사업이다. 역량 수준과 역량은 사업운영 스킬과 독점적 자산, 정부, 고객 등 다양한 이해관계자와의 관계구축능력 등을 말한다. 역량 Gap은 자사 고유의 성장전략이 우선적으로 요구하는 역량과 현재 수준의 차이를 지칭한다. 전략과 현재 또는 단기간내 개발가능한 역량간의 Gap이 과도하게 크면 그 전략은 실현 불가능하므로, 자사의 역량수준에 적합한 보다 전문화되고 차별화된 성장전략을 개발해야 한다. 나아가 지금까지 자사의 강점으로 작용하였던 역량에 대해서도 시장과 고객의 needs 및 경쟁자의 역량과 지속적으로 비교, 진부화의 정도를 평가하여 지속적인 경쟁우위를 유지할 수 있도록 해야 한다. 핵심 인재의 부족문제 또한 정보화가 진행될수록 모든 일을 다 잘할 수 있는 글로벌차원의 인재는 존재할 수 없거나 극소수에 불과하다는 전제하에서 자사의 전략실행을 위해 우선적으로 중요한 직무들은 무엇이며 - Strategic Job Families -, 이들 직무들을 수행하기 위해 요구되는 개인역량은 어떤 것들인가를 밝힌 후, 이들 역량을 갖춘 인재를 어떻게 선발, 유지, 육성할 것인가에 집중해야 한다. 전략과 조직 그리고 인재간의 유기적 적합성은 아무리 강조해도 지나치지 않는 것이다.

• Risk - Talking의 회피

리스크는 어떤 사업, 어떤 지역에서도 존재한다. 글로벌화와 디지털화는 이러한 리스크를 질적, 양적으로 증폭시키고 있다. 따라서 성장전략의 수립과 실행과정에서는 성장에는 왕도가 없다는 인식하에 리스크를 완전하게 통제할 수 있는 계획을 수립하기보다 적은 비용으로 보다 빨리 사업기회를 발견하고 투자를 실행, 사업성공의 확률을 제고시키는데 집중해야한다. 다양한 탐색 -Probing -과 실험 - Experimentation -, 'Start Early, Start Small, Require Early Wins'의 신규사업 추진 원칙의 설정, 리스크 분산을 위한 다양한 제휴 Network 의 개발과 활용 등이 요구된다.

• 과거성공방정식에 대한 집착

모든 산업과 사업은 사업성공을 위한 기본적인 요구조건이 존재하며 – CSF, Critical Success Factor –, 각 기업도 지속적인 생존과 성장을 반복적으로 추구하는 과정에서 자사의 오늘을 만든 원동력으로 작용하였던 나름의 사업모델과 성공방정식 – Valuable Formula – 을 갖고 있다. 지배적 사고와 성공방정식은 경영환경의 변화에 따라 지속적인 진화의 과정을 거쳐야 한다. '어제의 성공은 오늘의 상식이 되고 내일은 화석이 된다'는 주장은 다소 과장된 측면도 있으나, 과거의 유산에서 어떤 것을 보존하고 어떤 것을 수정 · 보완해 나갈 것인가는 성장전략 개발의 핵심이슈중의 하나이다. 또한 다각화된 사업을 영위하는 기업의 경우 모든 사업부 및 자회사가 하나의 공동체로서 공통적으로 강조해야 할 것과 각 사업부가 차별화 해야 할 것은 무엇인가를 결정하는 것도 이와 동일한 맥락에서 우선적으로 검토되어야 할 과제이다.

'나는 옳고 세계가 틀렸다'는 신념하에 자신의 성공방정식만을 고집하는 것은 기업을 망하게 하는 지름길이다.

• 다양한 이해관계자의 신뢰 미흡

기업규모가 성장하고 사업범위와 지역이 확대될수록 특정기업의 영향력과 함께 책임도 증대하게 된다. 글로벌 Network 경제체제하에서 고객과 종업원, 공급자와 협력업체, 지역사회와 정부기관과의 긍정적 관계구축 능력은 지속가능한 성장을 위해 요구되는 핵심역량의 하나이며, 그 중요성은 더욱 증대될 것이다. 개별 고객과의 친밀한 관계구축 없이는 개별화, 전문화 되어가는 고객 needs와 고객 경험에 대한 심도 깊은 지식을 얻을 수 없다. 고객에 대한 철저한 이해가 결여된 기업은 시장추세에 적합한, 나아가 시장을 선도할 수 있는 Market offerings의 개발이 불가능하며, 모든 성장전략의 기본이 되는 Solution Selling과 Bundling을 통한 System Selling 등 고객기반의 인접확장전략 – Customer Driven Expansion – 을 추구할 수 없다. Best, Strongest, Loyal Customers에 기반을 둔 인접확장전략은 저성장시대의 가장 매력적인 성장전략의 하나이다.

글로벌차원의 경쟁심화와 가치사슬 – Value Chain – 의 해체가 가속화되는 상황에서 전략적 제휴와 같은 Network 구축 역량은 기업의 지속가능한 성장은 물론 생존을 위한 필수조건이 되고 있다. 어떤 기업도 자신의 독자적 능력만으로 제품개발에서 A/S에 이르는 모든 가치사슬을 지배할 수 없으며, 연구개발과 글로벌 소싱, 표준선점을 위해 다양한 협력업체, 공급자, 유통업자, 연구소와 대학, 벤처기업, 나아가 경쟁기업과도 부분적 협력관계를 구축해야 한다. 자신이 원하는 기업과 제휴 Network을 구축하기 위해서는 건실한 사업동반자로서의 평판과 신뢰없이는 불가능하다.

기업시민으로서 모든 기업은 자신이 사업을 영위하고 있는 국가와 지역사회에 대한 사회적 책임을 완수해야만 지속가능한 성장을 추구할 수 있다. 공정거래와 보건, 안전, 환경에 대한 책임은 단순한 법규준수의 차원을 넘어 해당 지역사회와 시민의 심리적 불안까지도 배려할 – Responsible Care – 것을 요구하고 있으며, 이러한 기업만이 공장을 신·증설하는 등 지리적 확장을 통한 성장이 가능하다.

• 규제환경

자국의 경제적 이익이나 다양한 정치사회적 목적으로 시행되는 특정산업이나 기업에 대한 정부정책은 해당산업과 기업의 성장패턴에 많은 영향을 미칠 뿐만 아니라 지역사회와 국가 전체의 성장까지도 좌우한다. 또한 글로벌화의 전반적 추세는 불가피한 현실이며 역전불가능함을 인정하면서도 부분적으로 다양한 국가들이 다양한 방식으로 보호주의를 강화하고 있는 것도 기업의 지역적 확장을 어렵게 하는 장애요인이 되고 있다. 이러한 규제환경은 시장실패를 사전에 예방하는 순기능적인 측면도 있으나, 대부분의 경우 거래비용을 증대시키고 무임승차와 공짜 점심 등 지대추구적행동(Rent Seeking Behavior)을 사회전체에 확산시키는 등 정부실패로 귀결되는 경우가 많다.

1-5. 고수익 성장기업의 교훈

어떤 산업의 어떤 기업도 지속가능한 고수익성장이 가능하다.

성장은 학습의 과정이며, 성장경험이 축적된 기업만이 새로운 성장을 성공시킬 수 있다.

모든 기업은 자사만의 독특한 성장전략을 개발, 실행해야 한다.

성장은 역동적이고 복잡한 과정이며 장기적 관점에서 추구되어야 한다.

장기간에 걸쳐 성장에 실패하거나 정체된 기업은 생존까지 위협받게 된다.

내적 성장역량이 미흡한 기업은 M&A를 통한 외적 성장에서도 실패한다.

기업은 단순한 매출성장이 아닌 지속적 고수익 창출이 가능한 유기적 성장 - Organic Growth - 을 추구해야 한다. 단기적으로 수익성을 희생하고 시장점유율 확대를 추구하거나 M&A를 통한 단순매출성장을 경영전략차원에서 추진할 수 있으나 장기적으로 지속될 수는 없다. 오로지 수익성만을 추구하는 전략 역시 일시적으로는 성공할 수 있으나 점진적으로 경쟁지위가 약화되면서 장기적으로는 반복적인 구조조정의 압력에 직면할 가능성이 크다. 기업들이 이러한 단순매출성장이나 수익성 우선의 접근을 지향하게 되는 것은 성장에 대한 잘못된 관점으로 인한 성장의지 부족 - Commitment to Growth - 에서 기인한 바가 크다.

- **어떤 산업의 어떤 기업도 지속가능한 고수익성장이 가능하다.**

이 세상에 사양산업이나 성숙시장은 존재하지 않으며 단지 성숙경영 - Matured Management - 이 있을 뿐이다. 산업전체적으로 년평균 2-3%의 성장에 불과한 시장에서도 두 자리수의 고성장 - Double Digit Growth - 을 실현하는 기업들을 어떤 산업에서나 쉽게 확인할 수 있으며 (예: 항공산업에서의 Southwest), 동종산업의 대부분의 기업들이 수익을 창출하지 못하는 상황에서도 최고수준의 수익률을 지속적으로 창출하는 기업도 있다 (예: 컴퓨터 조립 산업의 Dell Computer).

따라서 현재 많은 수의 국내 대기업들이 최고수준의 현금을 보유하고도 지속적인 고수익 성장을 실현하지 못하고 있는 것은 우선적으로 저성장 산업과 시장에서 새로운 사업기회를 발견하고 이를 성공적으로 사업화하는 전략과 역량의 부족에서 기인한다. 이는 국내 대기업들이 1990년대까지 거의 대부분의 산업이 성장산업이었던 신흥시장의 특성상 계속해서 새로운 산업에 경쟁적으로 진출하여 기업규모의 확대를 추구하는 다각화 중심의 성장전략에 익숙한 반면, 성숙시장에서 자사고유의 비즈니스 모델을 바탕으로 새로운 성장을 시도한 경험이 없기 때문일 것이다.

- **성장은 학습의 과정이며, 성장경험이 축적된 기업만이 새로운 성장을 성공시킬 수 있다.**

지속 가능한 고수익 성장을 위해서는 'How to Grow'에 대한 역량과 경험을 축적해야 한다. 특히 IMF 외환위기 이후 수익성과 현금흐름 위주의 생존우선의 경영을 추구해왔던 국내 기업들은 새롭게 도약하는 방법부터 학습해야 한다 -It's like horses; when they have plowed for several years, they can't jump anymore-.

여기에는 어떻게 성장기회를 발견하고 이를 사업화할 것인가에 관한 반복가능한 사업공식 - A repeatable formula for identifying, shaping and launching successful growth engine - 의 개발과 신규사업의 선정에서 대규모 투자에 이르는 사업추진의 전 과정에서 이루어지는 의사결정의 기준과 프로세스 - Decision criteria and decision process - 의 설정이 포함되어야 한다. 조직구성원들이 합의된 의사결정의 기준과 프로세스를 엄격하게 준수하는 범위내에서 최대한 자유롭게 다양한 새로운 사업기회를 추구하되 가장 성공확률이 높은 사업공식을 반복적으로 실행할 때 복잡성과 리스크를 최소화할 수 있으며 하나의 사업성공이 또 다른 사업 사업성공을 부르는 선순환구조로 진입할 수 있다.

- **모든 기업은 자사만의 독특한 성장전략을 개발, 실행해야 한다.**

기업은 자사가 사업을 운영하고 있는 지역 및 산업구조와 경쟁환경에 적합하면서 자신의 내부역량으로 실현가능한 성장전략을 추구해야 한다. 이러한 준거에 따라 선정된 신규사업은 대부분 자사가 현재 운영중인 사업중 가장 강력한 핵심사업을 더욱 강화할 수 있으며, 기존사업과 고객/시장기반과 비용 및 역량을 공유함으로써 보다 우월한 경쟁지위를 확보, 지속 가능한 성장으로 나아갈 수 있다. 모든 기업은 자신이 처해있는 내부환경조건과 내부역량에서 큰 차이가 있으며 그 결과 성장의 장애요인 모두 다를 수 밖에 없다. 따라서 모든 기업에 적용될 수 있는 만병통치약과 같은 성장전략은 결코 존재하지 않으며, 존재할 수도 없다.

- **성장은 역동적이고 복잡한 과정이 장기적 관점에서 추구되어야 한다.**

성장은 현재 및 미래기업경영의 효율을 최대화하기 위한 것으로 Long-term Profitable Growth를 추구해야 한다. 한두번의 일시적인 신제품/서비스의 개발이 성공하였다고 해서 이러한 목표가 달성되지 않는다. 지속가능한 고수익성장은 가치사슬 - Value Chain - 전체에 걸친 총체적 혁신을 요구하며, 고객/시장의 needs와 문제해결을 위하여 공급자시장과 유통채널 나아가 서비스시장에서의 혁신까지 요구하는 역동적이며 복잡한 과정으로 조직의 모든 경영활동을 효과적으로 통합해야만 성공적으로 추진할 수 있다.

- **장기간 성장에 실패하거나 정체된 기업은 생존까지 위협받게 된다.**

모든 산업은 대체로 Opening → Scale → Focus → Balance and Alliance의 4단계의 유사한 패턴에 따라 진화하면서 소수의 산업리더를 중심으로 통합이 이루어진다. 장기성장전략은 이러한 산업구조의 변화단계에 적합한 차별화된 Growth Initiatives를 개발, 실행해야 한다. 산업진화과정에서 성장에 실패하거나 성장궤도에서 벗어난 기업은 차별화된 Value

Proposition과 세분시장을 갖지 않는 한 대부분 해당 산업의 리더 – Industry Leader – 에 의한 인수합병의 대상으로 전락하는 경우가 많다.

- **내적성장역량이 미흡한 기업은 M&A를 통한 외적성장에서도 실패하기 쉽다.**

성장추구전략으로서 내적 성장– Internal Growth –과 외적 성장– External Growth 모두 중요하지만, 내적 성장의 역량을 갖추지 못한 기업은 외적 성장을 통한 지속가능한 고수익 창출도 어렵다. 대부분의 성공적인 성장기업은 내적 성장 Initiatives – 신제품 개발등 Innovation 과 지역적 확장 등–이 약 60%, 외적 성장 Initiatives – M&A등–을 통한 성장이 약 40%로 구성되어 있다(G.K. Deans,& F. Kroeger, 2004). 국내의 경우 현재 IMF 외환위기 당시 공적 자금이 투입되었거나 법정관리 상태의 기업들을 제외하고는 M&A 시장이 활성화되어 있지 않으나, 저성장과 경기침체가 반복될 경우 M&A 시장이 더욱 활성화될 것으로 예상된다. M&A는 인수대상기업의 선정에서부터 기업가치평가와 협상, 합병 후 통합과정에 이르기까지 매우 어렵고 힘든 과정을 거쳐야 하며 고도의 정치적인 의사결정을 필요로 한다. 명확한 자사 고유의 비전과 성장전략이 결여된 상태에서 추진된 M&A는 모기업의 기업가치까지 저하시켜 스스로를 또 다른 인수합병의 대상으로 전락하게 만든다. 자사의 내부적 역량만으로 유기적 성장 – Organic Growth – 을 지속할 수 있는 기업만이 M&A를 통한 외적 성장도 성공적으로 달성할 수 있다. 이는 마치 핵심인재를 내부적으로 육성 – Make – 하지 못하는 기업은 인재를 외부에서 영입 – Buy – 하더라도 이들을 장기간 유지하지 못하고 그들 스스로 회사를 떠나게 만드는 것과 같다.

2. 성장플랫폼의 설계

2-1. Value Growth Platform

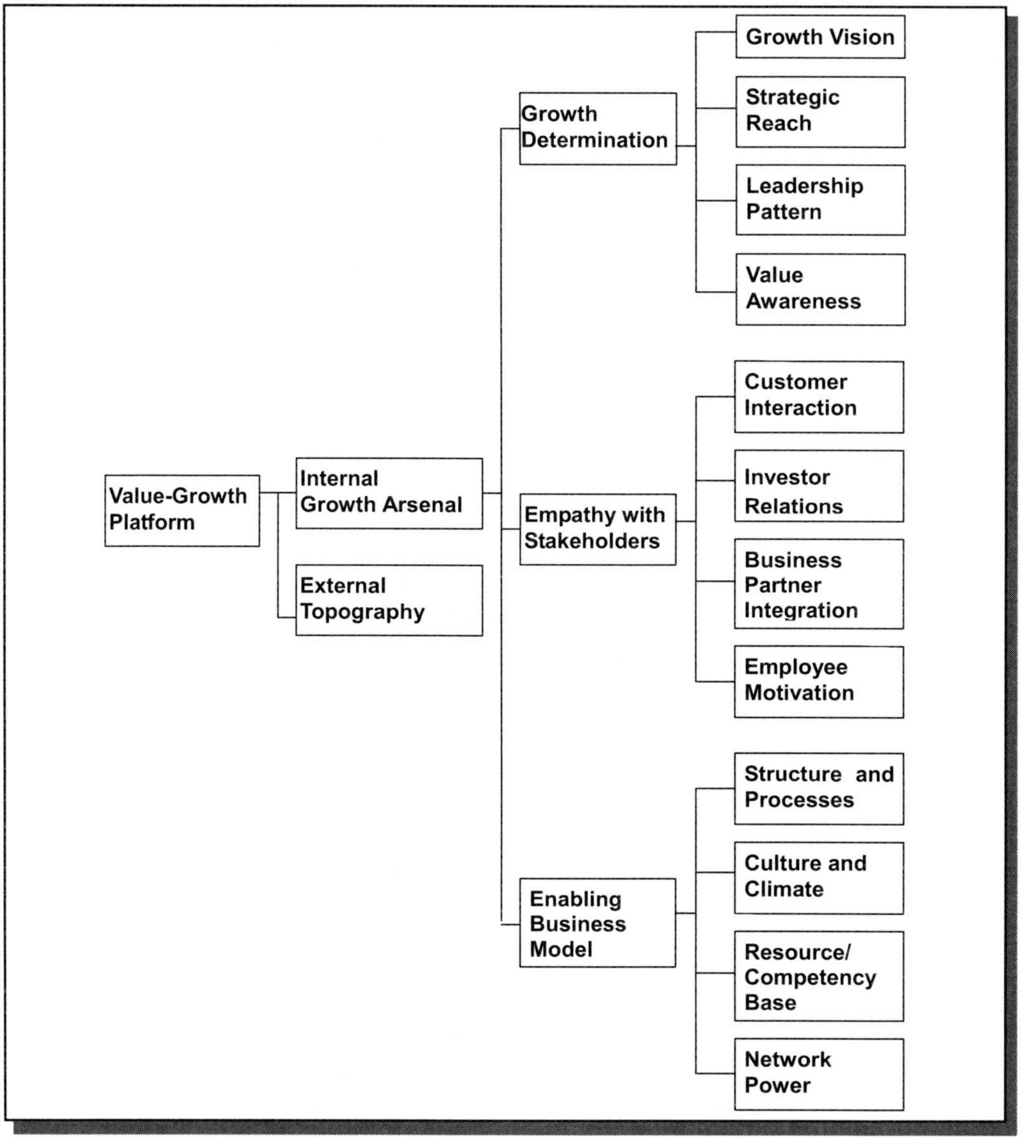

(McGrath J. et al., 2001)

J. McGrath등의 연구결과 가치성장기업은 자사 경영성과의 13%만이 자신들이 통제할 수 없는 요인에 의한 것이라고 믿는 반면 다른 유형 기업들은 전체 성과의 44%가 외부요인에 의해 결정된다고 믿고 있었다(McGrath et al. 2001). 즉, 가치성장기업은 전체성과의 87%가 자신들의 책임이며, 스스로 통제가능하다고 판단하고 있는 것이다. 가치성장기업이 되기 위해서는 Growth Determination, Empathy with Stakeholders, Enabling Business Model의 3가지를 갖추고 이들간의 균형을 유지해야한다. Growth Determination은 성장에 대한 의지의 원천이 되는 것으로, 장기적 야망과 확신이 담겨있는 성장비전과 이를 현실화하기 위해 어디서 – Where –, 어떻게 – How – 경쟁할 것인가에 대한 계획으로서 Strategic Reach, 성장에 대한 의지와 열정, 그리고 다양한 지역 및 기능전문성을 갖춘 리더십, 수익과 매출성장을 동시에 중요시하는 가치기준이 포함하고 있다.

- 이해 관계자와의 공감 – Empathy with Stakeholder – 은 기업과 핵심이해관계자들이 긍정적 관계를 구축하는 것이다. 모든 가치성장기업에서 고객은 가장 우선적으로 고려되어야 하는 이해관계자이다. 기업은 고객이 지불하는 가격이상의 가치를 제공해 줄 때에만 고수익 성장이 가능하다. 투자자관계는 기업이 주도적으로 시장기대를 관리, 자사의 가치를 제고시키기 위한 것이다. Business Partner Integration은 확장된 기업 – Extended Enterprise – 의 개념으로 공급자 및 협력업체에 접근, 가치사슬 –Value Chain – 의 혁신을 통한 성장기회를 최대화하기 위한 것이다. 조직구성원의 동기는 직원들의 기업가 정신과 열정적 참여를 이끌어내기 위한 것이다.

- 성장을 가능케 하는 비즈니스 모델은 수립된 성장비전과 전략의 성공적 실행을 좌우한다. 조직구조와 프로세스, 기업문화와 조직풍토, 자원과 역량기반은 자사의 성장전략과 부합되어야 한다. 전략이 변하면 조직구조와 프로세스도 변해야 하며, 기업문화와 조직풍토는 새로운 변화를 수용할 수 있어야 하고 필요한 자원과 역량은 개발되어야 한다. Network Power는 정부 및 관련 단체와 사업자단체 및 시장분석가 및 경쟁자등 기업외부의 경제적, 법률적 실체로부터 필요한 협력을 얻어낼 수 있는 역량을 말한다. 이들과는 적정수준의 긴장과 경쟁을 유지하면서도 준수해야 할 법적 규제와 기업윤리의 범위 내에서 필요에 따라 공동의 승리를 위한 협력이 이루어질 수 있도록 긴밀한 관계를 유지해야 한다.

2-2. Growth System

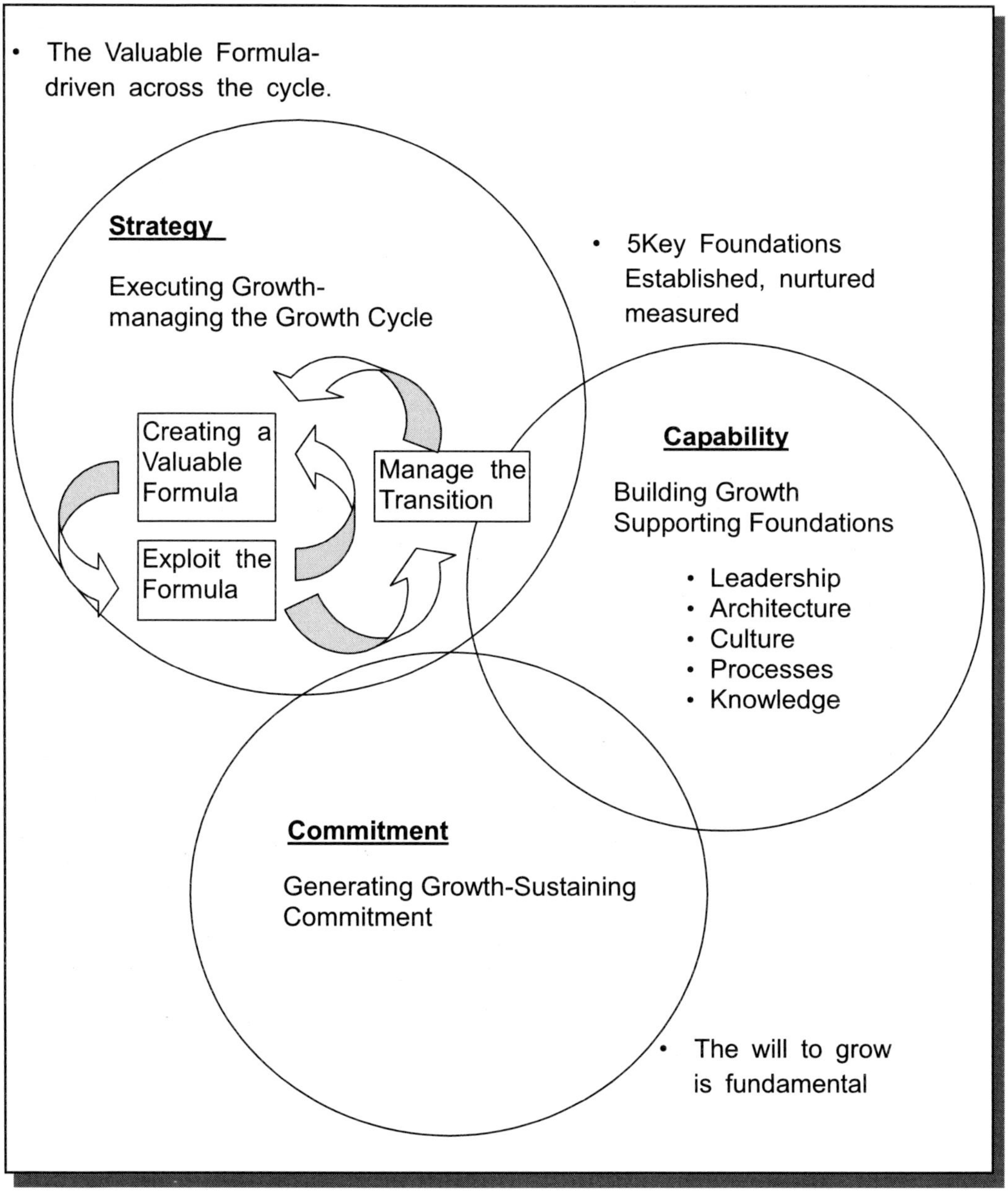

(T. T. Dooley Ⅲ., & J. M. Donovan, 1999)

- Deloitte & Touche Consulting 의 T.L. Dooley III와 J.M. Donovan은 3개의 Cornerstones로 구성된 Growth System 을 제안하고 있다.

- 지속적 성장추구에 대한 의지 - Generating Growth-Sustaining Commitment - 를 강화하고 확산시키기 위해서는, 기업가치의 증대를 위해서는 성장해야만 한다는 신념을 조직 전체가 공유하고 이를 위해 각 단위조직과 개인이 무엇을 해야하는가를 충분히 인식토록 해야한다. 또한 성장비전을 구체화한 후 조직 내 · 외부에 적극적으로 communication을 실시해야 하며, 성장에 따른 기대성과와 연계, 성과관리 및 보상과 인정체계를 구축해야 한다.

- 전략은 자사고유의 가치창출공식 - Valuable Formula - 을 개발하고 이를 활용하여 최대의 수익과 매출성장을 실현해 나가는 과정이다. 가치창출공식은 어떤 시장에 대하여 어떤 제품과 서비스를 어떤 Business System을 통하여 제공할 것인가를 개념화하여 표현한 것이다. - 강조점에서 약간의 차이는 있으나 이와 유사한 개념으로 Business Model, Repeatable Formula, Value Proposition 등이 있다. - 가치창출공식의 개발을 위해서는 자사가 목표로 하는 고객과 시장이 누구이며 제공하고자 하는 가치에서 경쟁자들과 어떤 차이가 있는가를 명확하게 해야 하며 - Focus -, 이를 위해 Business System을 어떻게 정렬하고 통합시킬 것인가 - Alignment - 에 관한 문제를 우선적으로 해결해야 한다. 한편, 기술과 고객 needs의 변화, 새로운 경쟁자의 출현과 모방 등으로 인해 모든 가치창출공식은 일정기간이 지나면 더 이상 가치를 창출하지 못하고 진부화된다. 따라서 기업은 고객과 경쟁자의 변화를 예의주시하면서 자사의 가치창출공식을 지속적으로 수정, 보완, 재설계해 나가야 한다. 개발된 가치 창출공식으로부터 최대 성과를 이끌어내기 위해서는 이를 적극적으로 글로벌화하여 새로운 시장과 고객으로 지속적으로 확장해나가야 한다. 그 과정에서 혁신 - Innovation - 과 제휴 - Alliance - 라는 2개의 전략적 무기를 효과적으로 활용해야한다. 어떤 형태의 전략적 제휴의 경험이 없는 기업은 성장에 실패할 확률이 높다.

- 특정 Leader와 개인에 의존하는 기업은 지속가능한 성장이 불가능하다. 역량은 리더십, Architecture, 문화, 프로세스 및 지식으로 구성되어 있으며, 성장을 지원하는 기반이 된다.

2-3. Growth Strategy

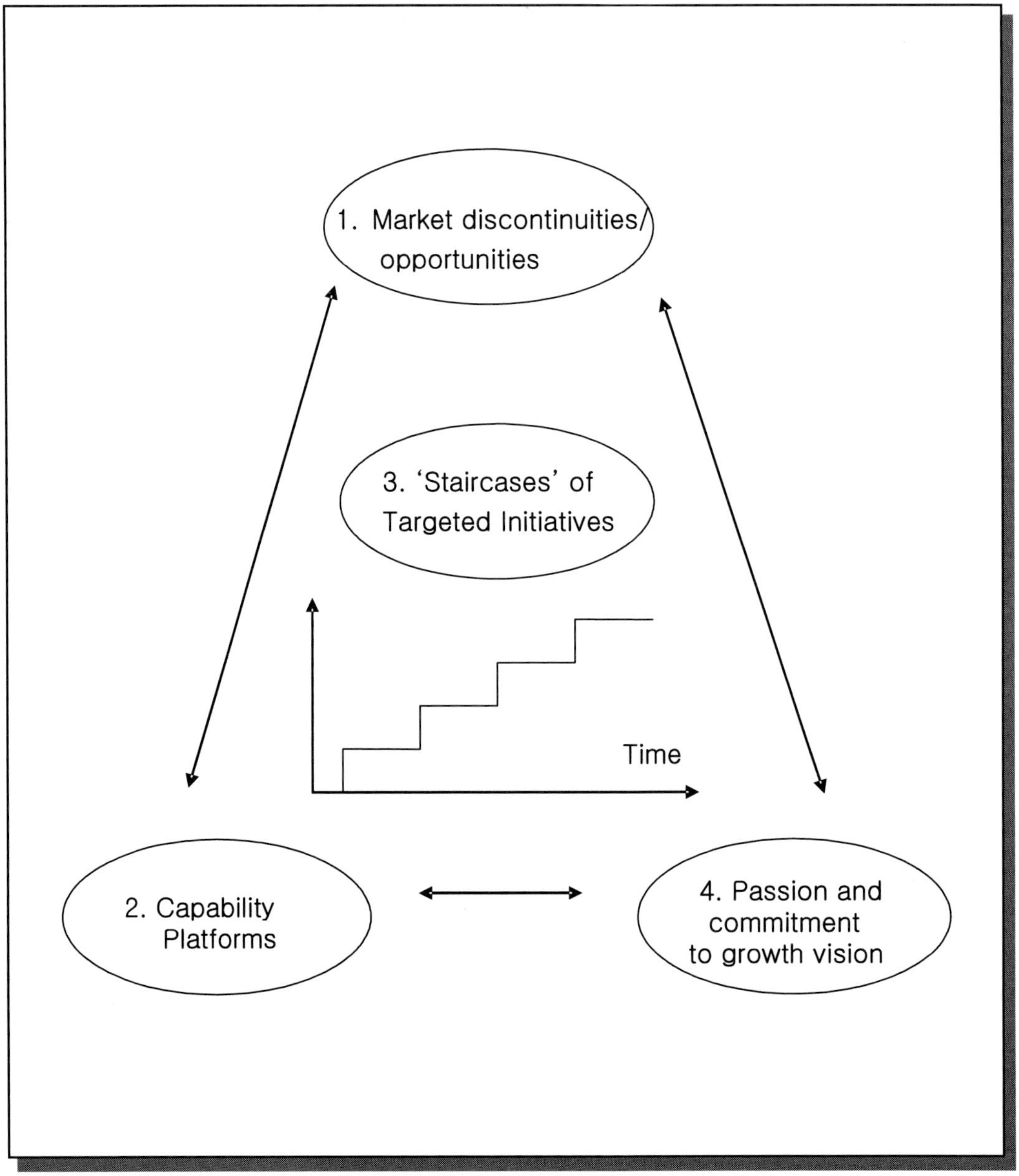

(M. Baghai, S. Coley, & D. White, 1999)

미국 경영컨설팅회사 Mckinsey는 성장전략의 구성요소로 성장기회와 역량 platform, 그리고 성장에 대한 열정과 의지를 지적하고 있다.

- 성장기회는 탈규제화나 기술적 진보 등 외부적 충격에 의해 기존시장에 불연속적 변화가 발생하거나 고객 needs의 변화가 있을 때 찾아온다. 성장기회를 파악하기 위해서는 우선적으로 확장적사고 – Expansive Mindset – 로 자신의 사업을 새로운 관점에서 접근해야 한다. 자사가 사업을 운영하고 있는 산업의 범위와 목표시장을 재정의함으로써 성장기회를 찾는 범위의 폭을 확대시켜야 한다. 대다수의 기업들은 기존 사업과 제품/서비스를 지나치게 좁게 정의하고 자신들이 지금까지 알고 있는 경험과 지식만을 근거로 다양한 기회를 충분히 검토해 보지도 않고 성공가능성을 낮게 평가, 폐기해 버리는 경우가 많다.

GE의 Jack Welch 조차 CEO 재직시 자신의 가장 큰 실수중의 하나로 해당 산업에서 'No1 or 2' 사업에만 집중하도록 요구함으로써 조직 구성원들이 사업범위를 지나치게 협소하게 정의, 수많은 성장기회를 잃어버리게 만드는 결과를 초래한 것이었음을 고백하고 있다.

- 역량 플랫폼은 기업이 보유한 인력, 프로세스, 스킬 등 사업운영 능력과 특권적 자산 및 특수한 관계의 결합체 – Bundles of Competencies, Prievileged Assets and Special Relationship– 로, 경쟁력있는 사업을 개발하고 실행하기 위한 기반이 된다. 운영 능력은 R&D, 저가 제조능력, IT 관리능력 등이며 특권적 자산은 브랜드와 유통망, 명성, 지적 재산권 등을 말한다. 특수한 관계는 정부와의 관계, 고객 및 협력업체나 공급자와의 관계 등으로 구성된다. 이외에도 성장을 가능하게 하는 능력으로서 M&A 역량, 자본 및 리스크관리 역량 등을 들 수 있다. 새로운 사업에 진출하기 위해서는 이러한 역량 플랫폼도 함께 확장되어야 한다. 보다 우월한 지위를 확보하고 유지하는 것은 필요한 역량을 얼마나 잘 구축할 수 있느냐에 달려 있다고 해도 과언이 아니다. 나아가 확보된 경쟁우위의 역량을 최대한 활용할 수 있는 새로운 사업 기회를 개발함으로써, 성장의 선순환을 구축할 수 있다.

성장계단은 성장비전의 달성을 위해 새롭게 추진하는 사업의 특성을 명확하게 파악한 후 목표에 도달하기까지의 과정을 여러 개의 관리가능한 단계로 구분, 각 단계별로 전략과제를 기술한 것이다. 계단식 성장법은 이러한 각각의 성장 계단이 요구하는 역량을 단계별로 축적해 나가면서 초기에는 성장기회에 불과하였던 성장 options 들을 자사의 핵심수익 사업으로 전환시켜 나가는 접근 방식이다.

성공적인 계단식 성장법은 일반적으로 성장 옵션 확보 -> 사업 모델 검증 -> 사업 모델의 복제와 확장 -> 수익성 관리의 4단계로 구성된다. 이러한 계단식 성장법은 시장의 불확실성에 따른 리스크를 최소화하고, 요구되는 미래역량을 단계별로 학습하면서 사업을 추진함으로써 최소의 비용으로 신속하게 성장기회에 접근할 수 있는 성장방법으로 인정받고 있다.

- 성장비전에 대한 열정과 의지는 성장비전과 전략을 설정한 후 이를 강력하고 일관되게 추진하기 위해 요구되는 리더십과 조직구조, 시스템, 인적자원 관리방식에 관한 문제를 주로 다룬다. 지속가능한 고수익 성장을 위해서는 우선적으로 성장기반을 구축해야 한다. 기존 사업에서 핵심 역량을 강화하고 전략적 사업 철수 등 선택과 집중을 통해 경쟁지위와 경쟁력을 제고하며, 우수한 사업운영으로 지속가능한 현금 흐름을 창출해야만 성장을 위한 기본적 자격을 갖추었다고 할 수 있다. 성장기반의 구축은 리더의 성장에 대한 강력한 의지를 구성원들이 함께 공유할 때 성공적으로 완수될 수 있다. 리더는 조직 구성원에게 높은 기대와 성과목표를 제시-Stretch Targets or Big Hairy Audacious Goals- 하고 이의 달성을 위해 조직구성원들이 준수해야 할 핵심적 가치를 개발, 공유해야하며, 성장의 장애 요인들을 제거하기 위한 작업, 특히 인적자원관리와 성과관리체계 및 조직구조개편과 핵심 프로세스의 혁신을 추진함으로써 조직구성원들의 성장 의지를 더욱 강화해야 한다.

  기업내에 성장에 대한 의지와 열정을 확산시키기 위해서는 기업가정신을 육성할 수 있는 제도와 시스템, 문화를 구축해야 한다. 이를 위해서는 회사내에 소규모 공동체와 같은 형태의 다양한 신규사업추진조직을 구성하고, 각 공동체를 주도하면서 신규사업 추진 과정에서의 시련을 극복 할 수 있는 사업구축자- Business Leader- 를 육성하며, 강력한 인센티브에 근거한 성과관리 및 보상체계를 설계, 운영해야 한다.

<Tips for Ideas 1-1>

Five Growth Initiatives at Morton International

- Develop new applications for existing products, technologies and processes

- Expand geographically as soon as a new Valuable Formula proves it

- Grow market share everywhere, all the time

- Execute tactical acquisitions to leverage existing competitive positions

- Continually introduce new products well in advance of competitors or even customer requests

(T. L. Dooley Ⅲ, & J. M. Donovan, 1999)

2-4. 가치성장기업으로의 전환을 위한 도전과제

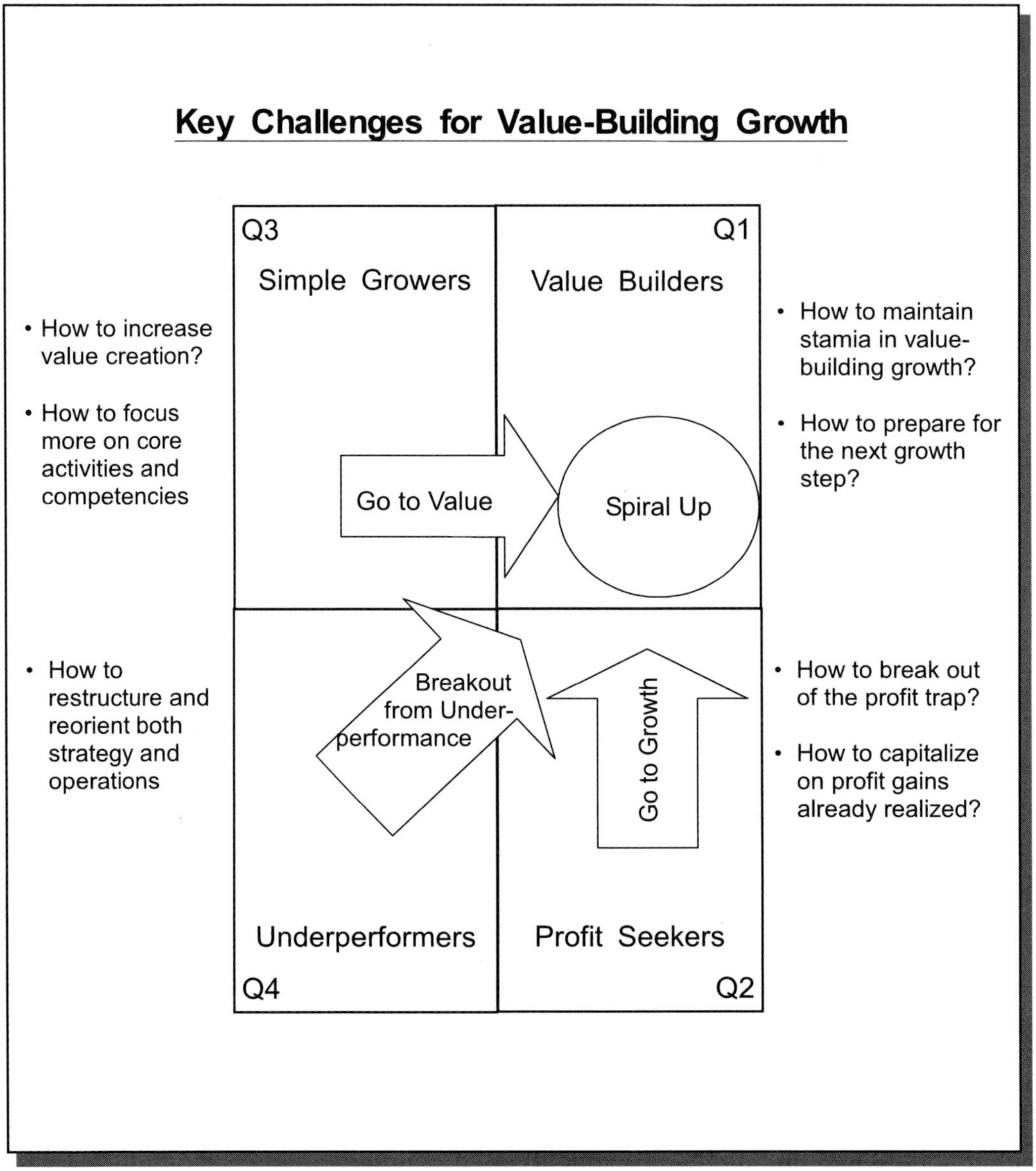

(J. McGrath, F. kroeger, M. Traem, & J. Rockenhauser, 2001)

- J. McGrath, F. Kroeger, M. Traem, & J. Rockenhauser (2001)는 가치창조성장을 이룩한 Value Builders에 대한 연구결과 이들 기업들이 항상 Value Builder로서의 지위를 유지하는 것이 아니라 부침을 거듭하고 있음을 강조하고 있다. 즉, 산업평균이상의 매출성장과 기업가치성장을 실현하는 것은 3년 정도인 반면, Simple Growers (53%), Underperformer (38%), Profit Seekers (9%)로 전락한 후 다시 Value Builders 지위를 회복하는데 필요한 기간은 평균 1.5년이었음을 밝히고 있다 – ( )의 비율은 해당 4분면에서의 회복률임. 여기서 특이한 사실은 Profit Seeker에서 Value Builders로 회복하는 비율이 Underperformer에서 Value Builders로 회복하는 비율보다 매우 낮다는 것이다. 이는 Underperformer는 보다 적극적인 구조조정과 동시에 과감한 성장전략을 추구하는 반면, Profit Seeker는 계속해서 수익성 위주의 전략을 추구하는 경우가 많음을 반영하는 것으로 판단된다. 반면에 Simple Growers에서 Value Builders로 나아가는 비율(53%)이 가장 높은 것은 Value Builder들도 M&A나 지역적 확대를 통한 성장추구과정에서 일시적인 수익성 저하로 기업가치의 성장이 지체되는 시기가 존재하나 신속하게 적절한 전략적 조치를 실행, 주식시장의 신뢰를 회복함으로써 Value Builder의 지위를 재탈환하고 있음을 보여주는 것으로 생각된다.

- **Value Builder로의 전환과 유지를 위한 도전과제**

Simple Grower의 핵심과제는 어떻게 기업가치를 증대시킬 수 있으며, 어떤 핵심 활동과 역량에 집중할 것인가를 결정하는 것이다. 이를 위해 Simple Grower는 가치를 파괴시키는 사업에서 철수하는 등 사업포트폴리오를 정비하면서 자사의 핵심사업을 제정의하고 이를 강화하는 노력을 기울여야 한다. 또한 기업가치 중심의 성과관리 및 보상체계로 전환하고, Operational Excellence를 통한 효율성증대에 집중해야 한다. 나아가 이러한 자사의 전략적 노력을 투자자에게 적극적으로 알리고 이들과 친밀한 관계를 강화하기위한 IR활동을 증대시켜야 한다.

Underperformer는 저성과 상황으로부터 탈출하기 위해 전략과 운영 모든 측면의 변화를 필요로 한다. 고수익성장을 위한 비전을 설정하고 이를 근거로 사업포트폴리오를 정비해야 하며, 핵심사업에 모든 자원과 역량을 집중해야 한다. 필요시 가치사슬 전체를 재설계해야한다. Underperformer가 Turnaround를 성공적으로 추진하기 위해서는 강력한 성장의지를 공유하고 어려운 과제를 과감하고 주도적으로 추진할 수 있는 Leadership Team을 구축하는 것이 특히 중요하다.

- Profit Seeker에서 Value Builder로 전환하기 위해서는 우선적으로 주식시장으로부터

이미 실현한 수익성에 대한 긍정적 평가를 획득하는데 집중해야한다. 이를 위해 Profit Seeker는 성장우선의 비전과 양적 목표를 제시한 후 통제중심의 조직문화로부터 성장과 기업가 정신을 강조하는 문화로의 변신을 추진해야 한다. 보다 분권화된 조직구조로 개편해야 하며, 고객/시장과 친밀한 관계를 구축, 고객에 대한 심도깊은 이해를 바탕으로 지속적인 Innovation을 추구해야 한다. 또한 시장점유율의 증대와 지역적 확장이 가능한 인수합병의 기회를 최대한 모색하고 적극적으로 실행해야 한다.

- Value Builder의 핵심과제는 고수익성장의 선순환구조를 구축하는 것이다. 지속적인 개선과 혁신 – Continuous Improvement and Innovation – 을 추구함으로써 First Mover Advantage를 계속해서 유지해야한다. 이를 위해 Value Builder는 변화와 혁신을 전 조직에서 일상화하면서 자사의 모든 역량과 자산, 경쟁지위를 최대한 활동하여 고수익성장의 기회를 연속적으로 발굴하여야 한다. 전세계적 차원에서 가치사슬을 재설계하고, Business Domain을 재정의하는 등 최대한 조직을 유연하게 유지하여야 한다. 또한 고객들의 잠재적 needs를 파악하기 위하여 시장을 선도하고 있는 Leading-edge customers와의 밀접한 관계를 강화, Market Champion으로서 Product Leadership을 유지하여야 한다. 고객과 시장의 요구에 따라 끊임없이 기존의 사업 운영방식과 조직, 전략을 혁신하고 재통합하는 유기적 조직으로 항상 거듭날 수 있는 기업들만이 Value Builder의 지위를 유지할 수 있으며, 영속적 조직– Built to Last – 과, 살아있는 조직 – Living Organization – 으로 발전할 수 있다.

<Tips for Ideas 1-2>

Seven Questions To Generate Growth Opportunities

예시-Emerson

1. How do you feel about growth and the progress of this division?

2. What are the impediments to growth?

3. What are the division's core competencies?

4. What are the division's and industry's orthodoxies about competition?

5. What are the key trends unfolding in the industry?

6. Which competitors in your industry space are creating value?

7. What are the opportunities that flow from these discussions?

(C. F. Knight, with D. Dyer, 2005)

3. 성장정책과 원칙, 신규사업추진프로세스의 정립

3-1. 성장전략의 추진원칙

Growth Policy

- Start Early
- Start Small
- Demand Early Success

(C. M. Christensen & M. E. Raynor, 2003)

Six Key Growth Principles

- Spread the risk
- Take small bites
- Balance your strategies
- Commit to superior value
- Expand growth capabilities
- Manage for growth

(M. Treachy, 2003)

• Growth Policy

성장엔진이 지속적으로 작동하게 위해서는 핵심사업이 고수익을 창출하고 있을 때 신규사업을 지속적, 주기적으로 시작해야 한다 – Start Early –. 시장규모와 수익성의 불확실성에 효과적으로 대응하는 동시에 신규사업의 실패로 회사전체가 위기상황으로 내몰리지 않아야 하며 이를 위해 처음부터 대규모로 투자하기 보다는 소규모의 신규사업에서부터 출발해야 한다 –Start Small–. 나아가 핵심사업이 어려워지는 상황이 닥치더라도 신규사업을 포기하지 않기 위해서는 가능한 최단 시일내에 수익을 창출하도록 요구해야 한다 – Demand early success –.

• Growth Principles

– Spread the risk

성장전략은 그 특성상 성공가능성이 불확실하므로 다양한 Growth initiatives로 포트폴리오를 구성하여 추진해야 한다.

– Take small bites

처음부터 특정영역에서 높은 수준의 성장목표를 설정할 경우 통제하기 어려워지므로, 문제를 분해하여야 한다. 리스크를 상쇄시킬 수 있는 다양한 영역에서 낮은 성장목표를 설정한 후 빠른 시일 내에 이를 달성한 후 다음 과제로 나아가는 것이 효과적이다.

– Balance you strategies

내부적 성장전략–organic growth–과 외부적 성장전략–전략적 제휴와 M&A–의 균형을 유지, 각각의 장점을 최대한 활용해야 한다.

– Commit to superior value

고객에게 최고의 가치를 제공할 수 있는 Value proposition을 개발하는데 집중해야 한다.

– Expand growth

조직과 조직구성원이 성장하는 방법을 알고 이를 실행하는 역량을 키우는데 집중해야 한다. 어떤 경영자도 기거나 걸어다닐줄만 아는 직원들을 데리고 달리는 회사를 만들 수는 없다.

– Manage for growth

다양한 시장조건하에서 Growth portfolio를 관리할 수 있는 시스템을 구축하여야한다. 회사내의 모든 단위조직과 개인이 성장을 최우선의 목표로 설정하고 이를 자신들의 책임으로 수용하면서 공통의 기준과 프로세스에 따라 행동할 때 지속가능한 고수익 성장은 실현될 수 있다.

3-2. 선진기업 신규사업 추진원칙

- 의사결정준거와 프로세스에 대한 합의
- Long-term profitable growth 추구
- Customer-driven expansion의 적극활용
- Repeatable formula for expansion
- Leadership economy의 추구
- Time-to-market과 투하자본회수기간의 강조

불확실성하에서 지속가능한 고수익성장을 추구하는 선진기업들은 다음과 같은 원칙하에서 신규사업을 추진하고 있다.

• 의사결정준거와 프로세스에 대한 합의

선진기업들은 신규사업의 선정과 추진과정에서 합의된 최소한의 규칙을 준수하는 범위내에서 조직구성원들이 최대한 자유롭고 창의적이며 유연하게 생각하고 행동할 것을 요구한다. 이들은 우선 사업성공의 정의와 기준을 엄격하게 규정, '추구해야 할 것'과 '하지 말아야 할 것'을 명확하게 이해, 공유할 것을 요구한다. 나아가 '어떻게 의사결정을 내려야 하는가'의 의사결정과정에 대해서도 치밀하게 관리하고 있다.

• Long-term profitable growth 추구

선진기업들은 현재 및 미래의 경영효율을 동시에 극대화하고자 한다. 많은 선진기업들은 투하자본수익률 20%이상의 수준을 요구하며, 수익성보다는 Cash Flow를 보다 중요시한다. 또한 투자의사결정시 투하자본의 규모와 기대수익률 모두를 고려할 것을 요구한다.

• Customer-driven expansion의 적극활용

글로벌 차원의 경쟁이 심화되는 상황에서 자사가 보유하고 있는 고객기반은 기업의 핵심적 자산이다. 기존고객을 유지하면서 고객의 구매점유율을 증대시킴으로써 그 자체로 지속가능한 성장의 기반이 될 뿐만 아니라 지리적 확장 등 더 큰 성장 기회도 함께 가질 수 있다. 이를 위해서는 특히 자사에 가장 충성스러우면서 최고의 수익성을 제공하는 고객들의 행동과 경험에 대한 구체적, 심층적 이해가 필요하다.

• 반복가능한 성장공식의 개발

복잡성과 리스크를 최소화하면서 사업성공확률을 제고시키기 위한 최선의 방법은 자사가 보유한 가장 성공적인 성장공식 또는 비즈니스 모델을 반복적으로 새로운 성장기회에 적용하는 것이다. 핵심사업의 성공과정에서 축적된 고객지식과 비용관리능력 및 역량을 이를 공유할 수 있는 새로운 성장기회에 이전함으로써 시간과 자원을 최대한 효율적으로 활용할 수 있다.

- **Leadership economy의 추구**

성숙시장에서 시장 점유율 1위 기업은 규모경제효과와 학습효과에 힘입어 수익성측면에서 시장점유율 차이이상의 절대적인 우위를 획득하게 된다. 강력한 핵심사업을 보유한 기업일수록 더 큰 성장기회를 가질 수 있다.

- **Time-to-market과 투하자본회수기간의 강조**

불확실하고 불연속적으로 변화하는 경영환경하에서는 새로운 시장기회를 선점하고 최단시일내에 시장을 확대하는 것이 최선의 경쟁전략이다. Cannibalization을 두려워하여 신제품의 출시를 지연시키거나, 기득권을 보호하기 위해 진입장벽을 구축하는데 자사의 모든 역량을 집중하는 것은 기업이 망하는 지름길이다. Time-to-market과 투하자본회수기간 모두에서 우수한 성과를 얻기 위해서는 대기업의 자본과 시장개발능력과 함께 중소기업의 창의성과 유연성을 요구한다. 따라서 다양한 Network의 구축은 중소기업과 대기업 모두에게 새로운 성장기회를 제공할 수 있다.

<Tips for Ideas 1-3>

신규사업선정 **Criteria**

Olam

- Financial Criteria
    - Revenue growth, Profit growth and Returns above the Cost of capital
- Rules of Games
    - Top three globally in origin product market position
    - Connectiveness to the current core of products/ countries
    - strong end-market customer presence

GE

- Elapsed time to implement
- People resources required to complete implementation
- Investment capital required to complete implementation
- Complexity and risk
- Magnitude of anticipated financial return
- Elapsed time until financial return is realized

Charles Schwab

- Rules regarding Failure
    - Don't put the company at risk
    - Take reasonable precautions against risk
    - Learning something about it

3-3. 신규사업추진프로세스의 정립

Identifying

- Idea Generation
- Screening
- Business Model의 재검토
- Issues Development/ Critical Milestones 설정
- 신규사업개발계획수립

Shaping

- 성장 Options 확보
- Incubation
- 투자계획안개발

Commercialization

- Investment
- Integration

- 지속적, 주기적 Monitoring 과 Risk Management
- Continuous Learning 'What Works and What Does not'

신규사업의 추진은 사업기회의 발굴 -Identifying-, 사업기반 조성 -Shaping-, 그리고 사업을 본격적으로 시작하는 상업화 -Commercialization- 의 3단계로 구분하여 접근하는 것이 효과적이다.

- **Identifying**

사업기회의 발굴은 아이디어 개발 → Screening → Business Model의 재검토 → 핵심이슈개발과 핵심 Milestones의 설정 → 신규사업개발계획수립의 단계로 진행한다. 아이디어 개발은 인접확장의 기회 또는 전략적 자유도-Strategic Degree of Freedom- 에서 제시한 바와 같이 자사의 기존사업 중 성장가능성이 높은 것으로 평가된 사업들의 다양한 확장기회를 검토하면서 실현가능하면서도 독창적인 사업기회를 최대한 많이 개발하는데 주력해야 한다.

성장사업기회개발을 위해 우선적으로 관심으로 가져야 할 Strategic Growth Levers는 다음과 같다 (G. K. Deans & F. Kroeger, 2004).

- What industry are you really in?
- What is our customer's growth strategy?
- Which distribution channels fuel the best growth?
- Which countries should you compete in?
- What is the best product portfolio?
- Where do mergers and acquisitions fit in?

개발된 다양한 신규사업 아이디어들은 Screening의 과정을 거쳐 성장 Option화 할 사업기회들을 선정한다. 이 단계에서는 잠재시장규모 등을 파악하기 어려우므로 재무적 증거를 Screening기준보다는 자사의 Vision/성장전략 및 역량과의 부합 정도-Strategic Fit-, 기존핵심사업과의 관련성 및 Synergy 창출기회-Better-off Test-, SCP 모델-Structure-Conduct-Performance-을 활용한 산업 매력도-Attractive Test- 및 진입비용검증-Cost-of-Entry Test-등의 결과를 적극적으로 활용한다. 리스크를 최소화하면서 성장기회를 최대한 활용하기 위해서는 자사의 Business Model을 반복적으로 적용할 수 있어야 한다. 이를 위해서는 1차 Screening 과정을 거쳐 선정된 신규 사업기회에 대해 자사의 기존사업의 비즈니스 모델을 적용시킬 수 있는가를 검증해야 한다. 차별화된 Market Offerings를 자사의 비즈니스 모델의 최소한의 수정만으로도 제공할 수 있는 사업기회를 우선적으로 선정한다. 한편, 이러한 Screening은 최고경영층 및 관련 단위조직구성원들간에 사전에 합의된 단순하고 명확하며 일관된 준거와 프로세스 하에서 진행되어야 한다.

Screening준거와 Business Model의 검증과정을 거쳐 선정된 사업기회들을 성장 Option화하기 위해서는 먼저 예상되는 사업추진과정에서의 Issues와 Assumptions를 도출한 후 이를 검증할 시기와 방법을 제시한 Critical Milestones를 설정해야 한다.

신규사업개발계획은 지금까지의 Screening 및 Business Model의 검토과정에서 분석된 결과와 핵심이슈 및 가정, Critical Milestones를 포함하여 각각의 신규 사업 기회들에 대한 가능한 성장 Options을 제시함으로써 완성된다. 성장 Options은 소규모의 자체 R&D투자, Venture기업에 대한 지분투자 또는 M&A와 전략적 제휴 관계 구축 등 다양한 방식을 활용할 수 있다.

여기서 중요한 것은 이러한 성장 Options는 미래의 성장기회를 확보하기 위한 Probing & Experimentation 차원의 투자로 인식해야한다는 것이다. 물론 안정된 시장 및 기술적 조건하에서는 이러한 성장 Options확보를 위한 노력들이 시간과 비용의 낭비로 보일 수 있으나, 불확실성이 심화되고 있는 경영환경하에서는 최소의 비용으로 지속가능한 고수익성장기회를 확보할 수 있는 최선의 방법이라고 해도 과언이 아니다.

개발된 신규사업개발계획을 검토하는 과정에서 최고경영층이 특히 관심을 가져야 할 문제영역들로 G. K. Deans 와 F. Kroeger (2004)는 다음 7가지를 제시하고 있다. 이들은 성장전략과 신규사업추진 계획수립시 일반적으로 빠지기 쉬운 함정들이다.

- Geographical Barriers

지리적 확장은 대부분의 성장전략에서 우선적으로 고려하는 성장기회이지만 실제로는 매우 리스크가 높은 전략이다. 국제화, 글로벌화의 경험이 풍부한 리더와 신뢰할 수 있는 외부사업파트너를 확보해야만 성공할 수 있다.

- Growth Culture

조직내부 고위경영진의 성장에 대한 의지는 지속가능한 고수익 성장을 위한 핵심 성공요소이다. 많은 경영자들은 성장아이디어들에 대해 'Yes, But~'의 태도를 보인다.

- The Hockey Stick Business Plan

미래에 대한 지나친 낙관은 경계해야할 대상이다. 성장계획이 내포하고 있는 Assumptions를 철저하게 분리하고 이를 집중적으로 검토해야 하며, 자사의 성장전략실천역량에 대한 객관적 접근이 필요하다. 많은 성장계획들은 Assumptions를 이미 검증된 사실-Fact-이나 당연히 주어지는 것으로 간주, 이를 검증하기 위한 어떠한 노력도 하지 않는 경우가 많다.

- The Forecasting Dilemma

성장전략을 성공적으로 실행하기 위해서는 Sales-driven, Market-facing Forecasting

System에 대한 투자가 필수적으로 요구된다. 지나치게 낙관적이거나 비관적인 예측은 수익성의 악화나 현상유지에만 집착하는 결과를 초래한다.

- The IT Barrier

지식정보사회에서 IT Infra에 대한 지속적 투자는 지속가능한 성장을 위한 핵심기반이 된다. 고객중심 성장전략이나 Value Network의 혁신 등 대부분의 성장전략들은 IT Infra의 지원 없이는 실현자체가 불가능하다.

- Growth Catalyst and Leadership

성장을 위해서는 적극적, 주도적으로 성장을 추진할 수 있는 리더와 기업가 정신 및 'Can-do'의 신념을 보유한 내부 인력을 확보해야 한다. 장기간 현상유지 또는 수익성추구에 집중한 기업들의 경우 'How to grow'에 대한 역량과 경험미비가 성장추진의 가장 큰 장애요인이 되고 있다.

- Mergers and Acquisitions

성장에 대한 강박관념을 가진 기업들이 가장 손쉽게 접근하는 성장수단이 M&A 이다. 그러나 M&A전략에서 지적하고 있는 바와 같이 대부분의 M&A는 비용대비 기회를 과도하게 높게 평가되고 있을 뿐만 아니라 통합과정에서 많은 어려움에 직면하게 된다.

• Shaping

Shaping단계는 성장 Options를 확보한 후 Incubation의 과정을 거쳐 본격적으로 투자할 신규사업을 최종적으로 선정하는 과정이다. 성장Options의 확보는 Small, Cheap and Fast Probes의 성격을 가진 소규모 투자이며, Incubation은 투자된 성장 Options에 대한 지속적, 주기적 Monitoring을 통하여 'What works and what does not'을 학습하는 과정이다. 이 과정에서는 특히 Identifying단계에서 도출한 Issue/Assumptions를 사전에 설정한 Critical Milestones에서 집중적으로 검토, 사업화의 가능성과 타당성을 검증하는데 주력해야 하며, 나아가 향후 예상되는 Risks를 도출하고 Risk회복계획을 수립해야 한다. 특히, 사업성공에 결정적인 영향을 미치는 Key Issues/Assumptions에 대한 검증결과는 해당사업의 계속적 추진에 대한 Go/NoGo의 결정에 신속하게 반영되어야 한다. 이를 위해서는 보다 객관적인 평가가 가능한 조직내부 인재와 고위경영층 그리고 조직외부 전문가와 핵심 고객으로 구성된 신규사업투자평가위원회를 조직, 운영하는 것이 효과적이다. 이 조직은 일회적인 투자의사결정을 위한 것이 아니라, 신규사업개발계획에 포함된 Critical Milestones에 따라 평가 및 Go/No의 의사결정을 내릴 수 있도록 항구적으로 운영되어야 한다. 투자계획안은 자사가 사전에 설정한 재무적 준거를 포함, 시장지위 및 Synergy창출기여가능성 등의 모든 신규사업선정준거를 충족시킬 수 있을 것으로 검증된 신규사업기회들에 대해 개발한다. 여기에는 지금까지의 학습의 결과를 종합, 미래의 기대현금흐름을 예측한 후 해당산업의 현재가치를 평가, 투자수익목표 달성가능성을 집중적으로 검토하는 등 다양한 재무적 분석을 실시해야 한다. 투하자본수익률과 유형자산투자금액, 예상투자회수기간과 시장규모 등이 일반적으로 빈번하게 사용되는 재무적 준거들이다 -참고 <Tips for Idea 1-4> The Feasibility Criteria for Judging New Opportunity's Business Potential-.

• Commercialization

상업화단계는 성공가능성이 높은 성장 Options에 대해 투자를 집행하고, 성장에 대한 강력한 의지와 열정으로 사업성장을 실현하면서 자사의 사업포트폴리오내에서 신규사업의 역할을 지속적으로 조정, 통합해 나가는 과정이다. 물론 투자 이후의 모든 과정에서도 지속적, 주기적인 Monitoring과 'What works and what does not'에 대한 학습은 계속되어야 한다.

<Tips for Ideas 1-4>

The Feasibility Criteria for Judging New Idea's Business Potential

- Is it proprietary
- Are the initial production costs realistic
- Are the initial marketing costs realistic
- Does the product have potential for very high margins
- Is the time required to get to market and to reach the break-even point realistic
- Is the potential market large
- Is the product the first of a growing family
- Is there an initial customer
- Are development cost and calendar times realistic
- Is this a growing industry
- Are the product and the need for it understood by the financial community?

(N. H. Morris, & D. F. Kuratko, 2002)

4. 성장기회의 개발

4-1. Options for Growth

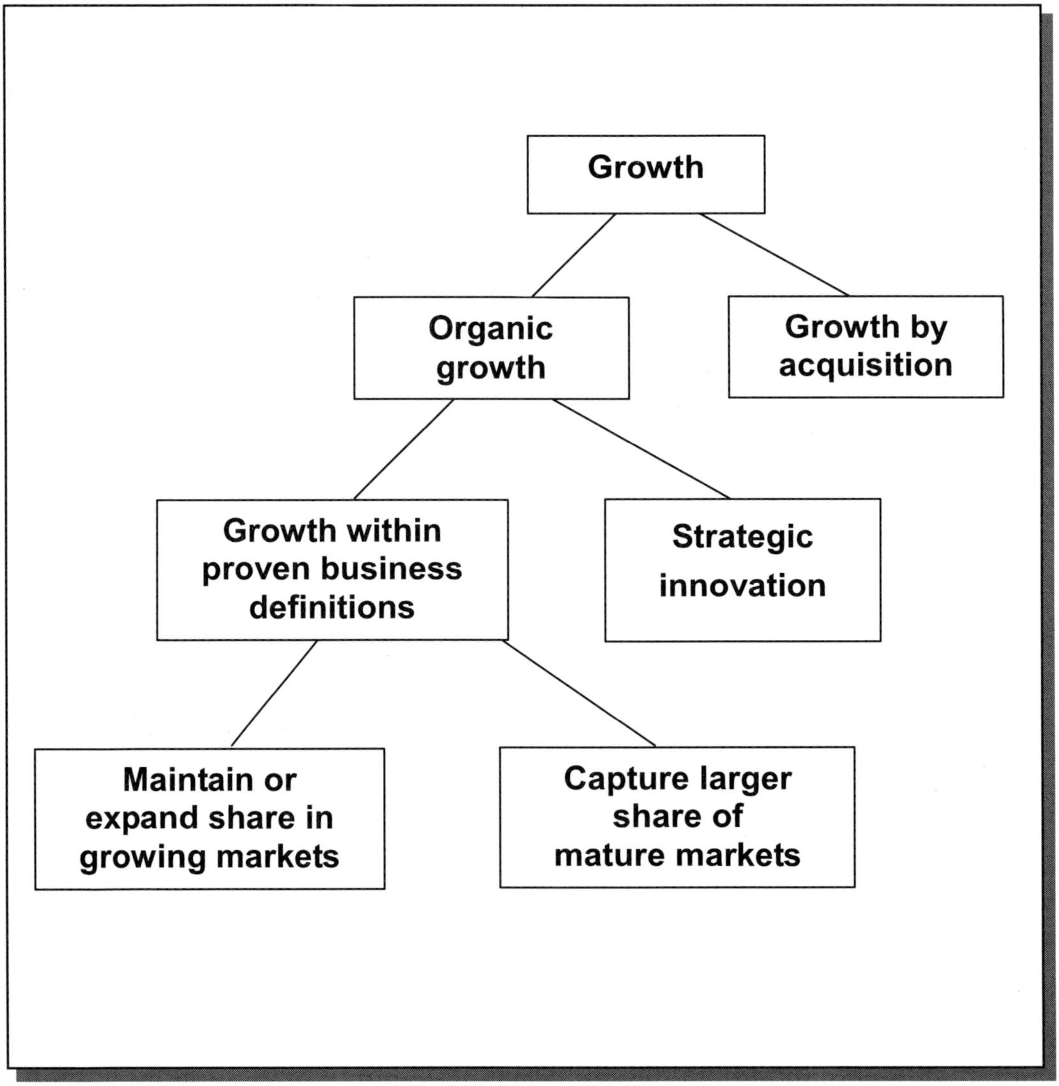

(V. Govindarajan & C. Trimble, 2006)

- 기업 성장의 방법은 크게 기업 외부의 타기업을 인수하여 매출 성장을 달성하는 외부적 성장 -External Growth-과 기업 내부에서 지속적으로 성장을 달성해 나가는 유기적 성장 또는 내부적 성장-Internal Growth-으로 구분할 수 있다. 외부적 성장은 인수자금만 확보되면 실행하기 쉬우나 기업가치증대라는 측면에서 성공확률은 낮은 반면 유기적 성장은 전략의 개발과 실행은 어려우나 그 결과는 신속하게 기업가치증대로 연결된다.

- 유기적 성장은 전략적 혁신 -Strategic Innovation-에 의한 성장과 기존 사업 모델 내에서의 성장 -Growth within Proven Business Definition-으로 구분된다. 전략적 혁신은 3가지의 기본적인 전략적 이슈 즉 'Who is your customer', 'What is the value you offer to the customer', 그리고 'How do you deliver that value' 중 최소한 한 가지 이상의 이슈를 지금까지와는 전혀 다른 관점에서 창의적으로 정의, 새로운 비즈니스 모델을 개발함으로써 성장을 달성하는 것이다. 전략적 혁신은 증명되지 않은 비즈니스 모델이므로 실험과 검증의 과정을 거쳐야 하나 성장이 정체된 성숙시장기에서는 가장 매력적인 성장 option일 뿐만 아니라 비약적 성장-Breakthrouth Growth-의 기회를 발견할 수도 있다.

- 기존 사업 모델내에서의 성장은 지역적 확대나 새로운 성장산업에 진출하여 시장점유율을 유지 또는 증대시키는 Option과 제품/서비스의 혁신, 가치사슬 -Value chain- 이나 유통채널의 혁신 등의 방법으로 성숙시장에서의 점유율을 증대시키는 option으로 구분할 수 있다.

4-2. Seven Strategic Degrees of Freedom

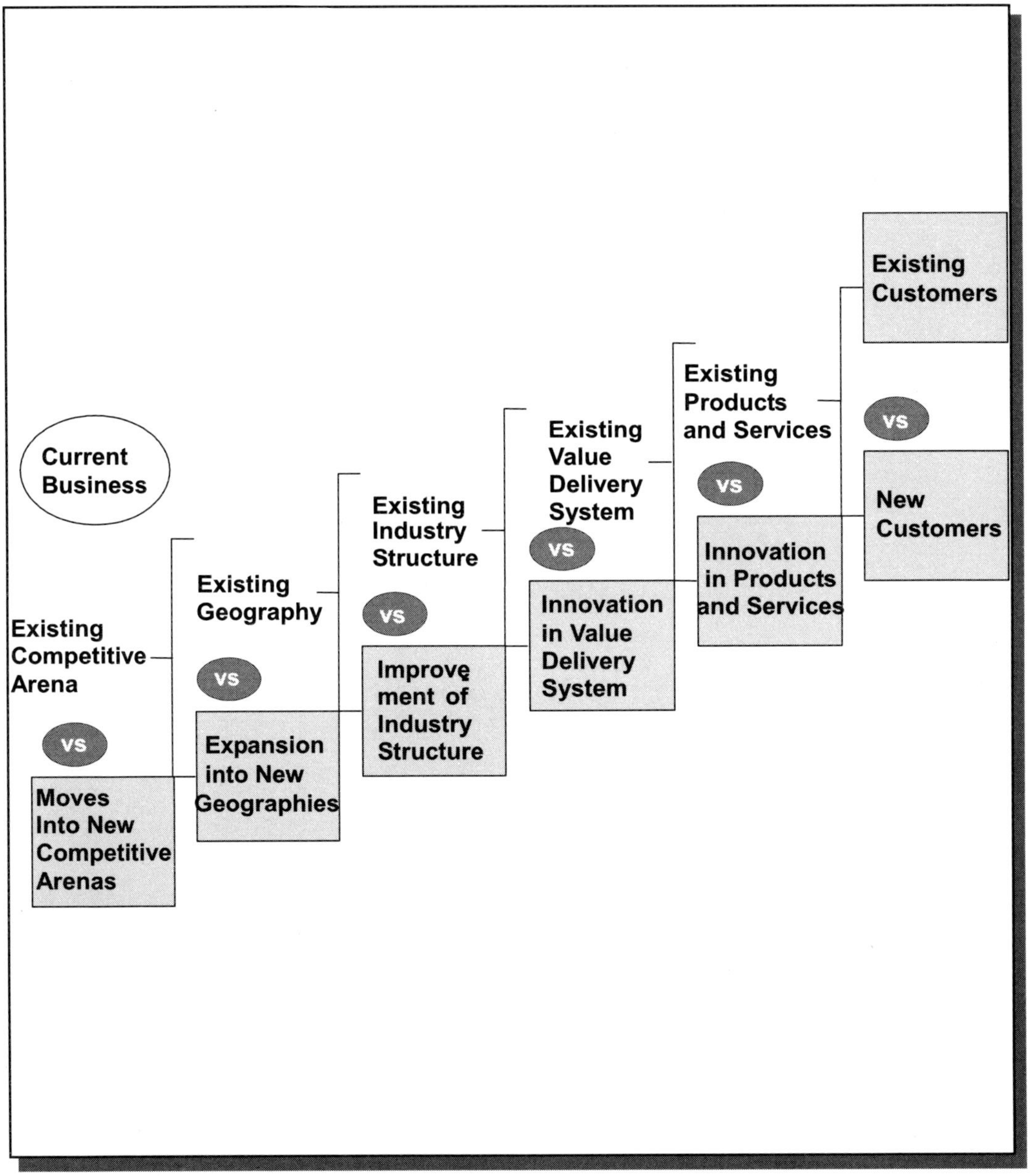

(M. Baghai, 1996)

- Seven Strategic Degrees of Freedom은 성장기회발견을 위한 7단계 사고확장법이다. 자사의 기존사업을 새로운 관점과 보다 폭 넓은 사고로 조망해 보면 감추어진 많은 기회를 발견할 수 있다.

제 1단계: 기존고객에게 기존제품을 더 많이 팔 수 있는 방법은 무엇인가

제 2단계: 기존제품을 새로운 고객에게 판매할 수 있는 방법은 없는가

제 3단계: 어떤 새로운 제품과 서비스를 도입하면 매출을 크게 증대시킬 수 있을 것인가

제 4단계: 새로운 가치 전달체계 -유통채널-를 개발함으로써 매출을 증대시킬 수 있는 기회는 없는가

제 5단계: 현재의 산업구조를 재편할 기회는 없는가

제 6단계: 새롭게 진출할 수 있는 지역은 어디이며, 그 방법은 무엇인가

제 7단계: 현재의 사업영역 외 새롭게 진출가능한 사업영역은 어디인가

- Seven Strategic Degrees of Freedom은 새로운 성장기회를 발견하기 위해 고객, 제품/서비스, 가치전달체계, 지리적 위치, 그리고 현재의 산업구조와 사업영역이라는 5가지 성장방향에서 접근, 사업을 확장할 수 있는 범위의 폭을 최대화하고 있다. 반면에 M&A나 전략적 제휴 등은 이러한 성장방향에 도달하기 위한 성장 수단임을 이해해야 한다.

4-3. The Stretch Growth Model

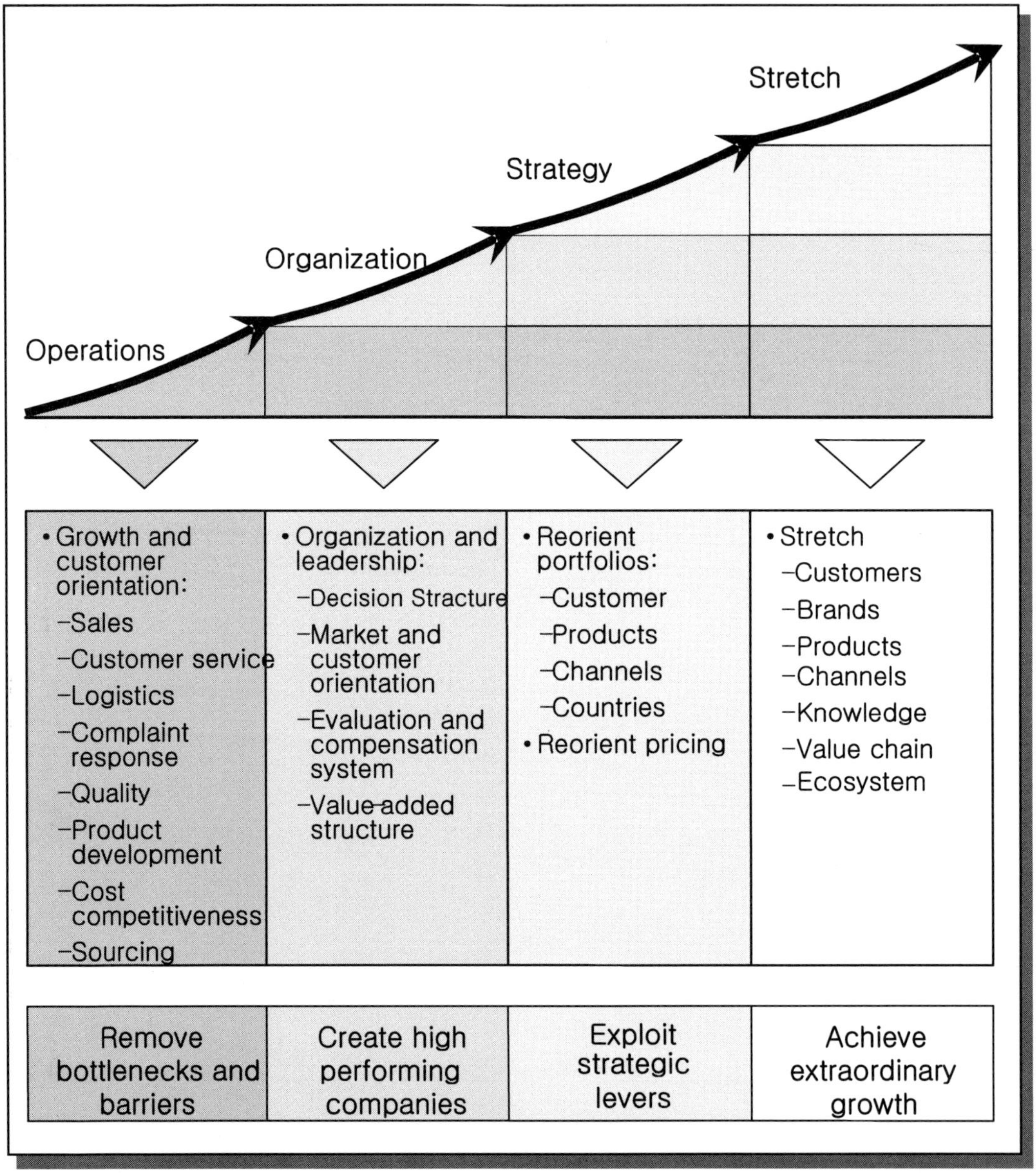

(G. K. Deans, & F. Kroeger, 2004)

- A.T. Keaney의 G.K. Deans, & F. Kroeger는 성장기업들의 Growth Initiatives는 Operation → Organization → Strategy → Stretch의 4단계로 구성되어 있으며, 이들 모든 Growth Initiatives들을 최대한 효과적으로 활용할 때 고수익성장을 실현할 수 있음을 강조하고 있다.

- **Operations**

대부분의 기업은 기능부문간 Bottleneck과 장애요인을 제거, 현재의 사업운영방식을 개선함으로써 60%이상의 미래성장잠재력을 실현할 수 있다. 예를 들어 산업재 회사 20 ~ 60%, 도 · 소매업 80 ~ 90%를 차지하고 있는 구매 비용의 경우 구매프로세스를 혁신함으로써 총비용의 6 ~ 13%까지 절감할 수 있다. Operations는 4단계 성장모델에서 상대적으로 가장 쉽고 리스크도 적은 성장전략이다.

- **Organization**

조직구조측면의 장애요인을 제거, 조직구성원들의 역량이 최대한 발휘되도록 함으로써 미래성장잠재력의 25%이상을 추가로 실현할 수 있다. 단위조직간 갈등을 최소화하고 팀중심적 조직으로 개편하며, Workout Meeting 등의 방법으로 유능한 인재들이 자유롭게 활동할 수 있는 기반을 마련하고, 명확하고 효율적인 의사결정체계와 핵심프로세스의 재설계 및 성장을 지원할 수 있는 평가/보상체계로의 전환 등이 우선적으로 포함되어야 한다.

- **Strategy**

고수익성장기업은 처음부터 비약적 성장을 추구하기보다 자사의 기존 사업을 재정의, 새로운 사업기회를 발견하는데 집중한다. 여기에는 기존의 가치사슬 -Value Chain - 을 분리 또는 재통합하거나, 기존고객과 유통채널로부터의 성장기회 발굴, 지역적 확장, 제품포트폴리오의 재설계, M&A기회개발 등이 포함된다.

- **Stretch**

Stretch는 자사의 사업구조를 과감하게 전환, 비약적 성장을 추구하는 것으로 가장 창조적인 반면 실패할 가능성도 매우 높다. Stretch는 자사가 보유한 핵심역량과 유 · 무형 자산 - Customers, Brands, Products/Services, Channels, Knowledge, Value Chain, Ecosystem - 을 기업전체 차원에서 창의적으로 재통합, 제조업에서 서비스업 또는 Solution Provider로 전환하는 등 자사의 사업자체를 재정의 하거나, 지금까지 존재하지 않거나 무시되었던 White Spaces 시장에서 고수익 성장이 가능한 시장을 발견하거나, 혁신적 신제품을 개발함으로써 실현된다.

4-4. 비약적 성장의 기회개발

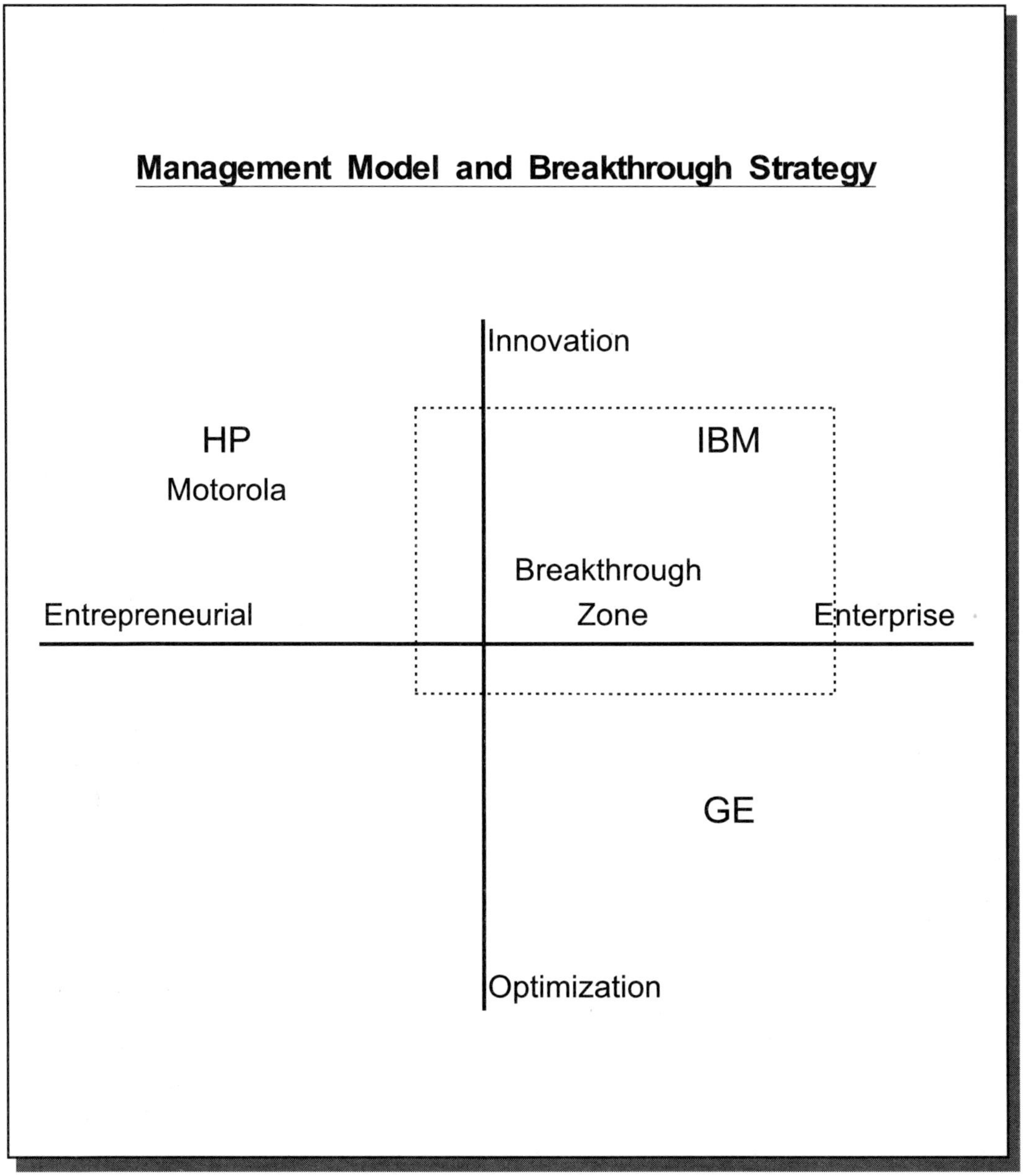

(B. Davidson, 2004)

- Bill Davidson은 Countrywide Credits, Southwest Airlines, Progressive Insurance, Charles Schwab, IBM, Dell 등 매출 및 기업가치를 비약적으로 성장시킨 기업들을 집중적으로 연구하였다. 그는 Enterprise – Entrepreneurial과 Optimization – Innovation의 2개 차원을 중심으로 3가지 유형의 경영모델을 제시하고 있다. Enterprise – Enterpreneurial 차원은 특정기업이 자사가 보유한 모든 자원과 역량을 통합하여 단일의 목표와 전략에 집중하는 것과 분권화된 조직체계하에서 각 개인과 사업부의 기업가적 자율, 책임경영을 최대한 허용하는 것 중 어느 것을 보다 강조하는 가에 따라 구분한 것이다. 반면에 Optimization – Innovation 차원은 인적, 물적 자원의 최적운영과 지속적인 혁신 중 어느 것을 보다 강조하는가에 따라 구분한 것이다.

- GE way는 기업전체 차원의 최적화로 특징지어진다. GE는 스스로를 지주회사 – Holding Company– 가 아닌 하나의 통합된 기업 – An Integrated Enterprise – 로 규정지으며, 250여개의 사업부를 서로 연계, 하나의 기업임을 강조하고 있다. 임원계층도 기업가적 역량보다는 Enterprise Mindset을 갖춘 GE Guy를 선호하고 있다. GE는 혁신을 통해 비약적 성장을 추구하기 보다는 #1, or #2의 사업을 중심으로 사업구조를 집중화하고 원가를 절감하며, 지속적인 인적 구조조정과 M&A를 통해 시장지배적 지위를 강화하는데 주력하는 기업이다.

- HP는 분권화된 조직에서 개인의 기업가적 혁신과 노력을 바탕으로 성공한 회사이다. HP에서 조직구성원이 성공하기 위해서는 새로운 사업부를 필요로 할 정도의 혁신적 신제품을 개발하는 것이 최선의 방법이다. 그러나 1990년대 이후 하나의 통합된 Computing Solution을 요구하는 고객의 요구에도 불구하고 다양한 기술적 기반을 갖는 제품을 공급하는 등 분권화된 사업부가 HP 전체 차원의 최적화에 대한 고려없이 과도하게 자율적으로 운영된 결과 차세대 통합시스템개발과정에서 조정 coordination 의 문제가 발생되고 있다. 최근 HP와 Motorola에서 과거의 유산인 기업가 정신과 함께 사업부문간 건설적 협력을 강조하고 있는 것도 이러한 문제를 해결하기 위한 노력이다.

- Breakthroughs는 첨단의 정보기술과 과감한 Process innovation을 활용, 기업경영 전반에 걸친 대규모의 성장 Initiatives를 장기적으로 추진하여 고객에게 차별화된 제품과 서비스를 공급함으로써 확고한 경쟁우위를 확보, 재무 및 운영성과를 비약적으로 증대시키는 기업이다. 이들은 비용우위와 고객서비스, 성장과 Operational Excellence, 핵심사업의 강화

와 신사업개발, 매출성장과 수익률을 동시에 달성하고자 하며, 주주뿐만 아니라 모든 이해관계자에게 최대의 효용을 제공하고자 한다. IBM의 Lou Gerstner의 경우 사업 및 인력구조조정과 원가절감 등 Optimization을 추구하기보다 IBM의 기술포트폴리오 - Technology portfolio -, 인적자원 - People resources -을 통합하여 고객에게 장기적인 솔루션을 제공하는 기업으로 전환함으로써 'Big Blue'로서의 명성을 회복하는데 성공하였다. IBM은 자신들이 보유한 인재와 브랜드, 고객기반이라는 핵심 자산을 통합, 고객이 필요로 하는 서비스와 솔루션중심의 혁신적 Business Model과 이의 실행을 위한 핵심전략을 개발하고 여기에 전사적 역량을 집중하는 Enterprise/Innovation방식에 의한 비약적 성장전략을 선택한 것이다.

- <Tips for Ideas 1-5> Breakthrough strategy principles는 기업전체 차원에서의 역량을 통합, 지속적 혁신을 통하여 비약적 성장을 이룩한 기업들의 핵심전략들을 보여주고 있다. 이들은 높은 수준의 성과목표, 소수의 핵심전략과제에 역량 집중, 고객에 대한 심도깊은 이해와 지식에 기반한 New Business Model의 개발, 지속적인 프로세스혁신, 인적자원의 효과적 활용 및 비약적 성장기회의 발굴과 이의 지속적 확장을 통한 성장추구로 그 특징들을 요약할 수 있다.

<Tips for Ideas 1-5>

Breakthrough strategy principles

- Pursue outrageous objectives
- Focus on the future
- Place primary emphasis on customer knowledge and relationships, and secondary emphasis on cost reduction
- Emphasize process innovation over improvement of existing activities
- Focus on a few critical core initiatives that span the entire enterprise
- Use human resources in new, creative ways with structured empowerment
- Identify and exploit new growth opportunities by breakthroughs

(B. Davidson, 2004)

5. Business Model과 성장전략의 개발

5-1. Business Model의 정의와 기능

Functions of Business Model

- To articulate the value proposition
- To identify a market segment
- To define the structure of the firm's value chain
- To specify the revenue generation mechanisms for the firm and estimate the cost structure and target margins of producing the offering
- To describe the position of the firm within the value network linking suppliers and customers
- To formulate the competitive strategy

(H. Chesbrough, 2003)

- 수익을 창출하지 못하는 성장은 그 기업의 가치를 파괴한다. 기업의 수익은 제품/서비스의 판매에서 나오는 것이 아니라 비즈니스 모델의 결과물이다. 기업이 보유한 기술과 자산, 역량이 어느 정도 수익을 창출하는가는 그 기업이 어떤 비즈니스 모델을 채택하는가에 따라 큰 차이를 보일 수 있다.

• Business Model의 정의와 구성요소

비즈니스모델은 이 용어를 사용하는 사람마다 그 의미에서 약간의 차이가 있으며, 명확하게 합의된 준거들은 아직까지 마련되지 않고 있다. 가치공식-Value Formula-, 수익 모델 - Profit Model- 등의 용어들이 비즈니스 모델과 유사한 의미로 사용되기도 한다. H. Chesbrough는 비즈니스 모델의 개념이 내포하고 있는 다양한 기능들을 다음과 같이 정리하고 있다.

• Value Proposition

가치제안은 기업이 자사의 시장제공물- Market Offering-이 고객에게 어떤 가치를 제공할 것인가를 규정한 것이다. 가치제안은 고객이 자사의 시장 제공물을 사용함으로써 얻을 수 있는 Benefits를 고객관점에서 기술해야 하며, 나아가 왜 고객이 우리의 시장 제공물을 사야 하는가에 대한 명확한 해답을 줄 수 있도록 독특하고 차별화된 방식으로 설계되어야 한다. 이를 위해서는

- What customer problem are you solving?
- How important a problem is to the customer?

를 중점적으로 검토하여야 한다.

• Market Segment

비즈니스 모델은 목표시장 또는 고객군을 명확하게 설정하고 있어야한다. 명확한 Value Proposition과 목표시장은 조직구성원에게 자신들이 하지 말아야 할 것을 알려 준다. 어떤 기업도 모든 고객의 니즈를 동시에 충족시켜 줄 수 없다. 우리의 고객이 누구인가를 아는 것 못지않게 우리의 고객에서 제외해야 할 시장을 아는 것도 중요하다.

• Value chain

Value Proposition과 목표세분시장이 결정되면, 고객에게 가치를 개발, 전달하기 위한

방법 - How to deliver- 을 결정해야 한다. 여기서는 전체가치사슬에서 자사가 어떤 지위를 가질 것이며, 이를 위해 어떤 활동을 중점적으로 수행할 것인가를 검토해야 한다. 일반적 의미에서의 비즈니스 모델은 이러한 가치창출활동을 주로 의미한다. 이 단계에서 특히 중요한 것은, Value Proposition 과 일치하는 가치가 개발, 전달될 수 있도록 Value Chain이 설계되어야 하며, 이 과정에서 자사가 정당한 이익을 확보할 수 있어야 한다는 것이다.

- **Cost Structure and Target margins**

비즈니스 모델은 자사가 어떻게 가치를 포착하고 -Value Capturing-, 수익을 확보할 것이며, 이를 위해 비용구조를 어떻게 가져가야 하는가를 보여줄 수 있어야 한다. 기업은 고객이 자사의 Market Offerings에 대해 기꺼이 지불하고자 하는 가격 즉 경제적 가치에서 비용을 제외한 만큼의 가치를 창조하며, 창조된 가치는 고객과 자사, 공급자에게 배분된다 - 여기서 고객은 '경제적 가치-구매 가격'만큼의 가치를 차지한다-. 따라서 기업은 1차적으로 비용대비 경제적 가치가 큰 제품/서비스를 제공하는데 집중해야 하며, 그 가운데 자사의 정당한 몫을 수익으로 확보할 수 있는 방법을 강구해야 한다. 이를 위해서는 직접판매 방식뿐만 아니라 대여나 재무적 서비스 제공, 소모품과 A/S제공, 가입비 부가 등 다양한 방법이 활용될 수 있다. 시장점유율이 높은 기업이 항상 수익성이 높은 것은 아니다. 목표고객의 경제적 수준과 거래편의성 등을 고려하여 수익모형을 효과적으로 설계해야만 지속가능한 고수익성장을 실현할 수 있다.

- **Value Network**

Network경제하의 비즈니스 모델은 자사가 고객, 공급업자, 그리고 보완제품/서비스개발업자 등 다양한 Network참가자들과 보다 강력하고 신뢰로운 관계를 구축하기 위한 방법과 이를 위한 자사의 역할을 제시해야 한다. Network참가자들이 각자의 역량을 최대한 발휘하는 가운데 유기적으로 연계되어 있을 때 Network전체는 더 큰 가치를 창조할 수 있으며, 각자의 노력에 상응한 수익이 배분될 때 신뢰가 형성된다.

- **Competitive Strategy**

지속 가능한 고수익 성장을 위해서는 경쟁자의 위협을 약화시키는 동시에 자사의 이익을 효과적으로 보호할 수 있는 전략적 통제시스템을 구축해야 한다. 이를 위해서는 핵심자원에 차별적으로 접근하는 능력이나 비용우위의 확보, 유통망 통제, 경쟁사가 모방하기 어려운 내부 프로세스, 고객이 높은 가치를 부여하는 명성과 독점적 기술 등을 확보하여야 한다.

- 비즈니스 모델은 지금까지 제시한 요소들이 고객의 우선순위와 일치되고 내부적으로 일관성이 있으며 상호보완적일 때 시장에서 강력한 힘을 발휘할 수 있다. 이를 위해 기업은

- 고객에게 가장 중요한 것은 무엇인가
- 오늘의 수익성의 원천은 어디에 있는가
- 내일의 수익은 어디에 존재하는가
- 수익을 창출할 수 있는 영역의 시장을 어떻게 점유할 것인가를 지속적으로 자문해 보아야 한다.

어떤 비즈니스 모델도 영속적인 가치를 가질 수 없다. 기업은 자사의 비즈니스 모델이 시장에서 효과적으로 기능하여 계속해서 가치를 창조하고 있는가를 지속적, 주기적으로 점검해야 한다. 자사의 비즈니스 모델을 평가하기 위해서는 매출액 대비 수익률, 수익성장률, 자산효율성, 매출액 대비 시장가치, 기타 전략적 통제지표들을 활용할 수 있다.

5-2. Business Model 의 검증과 확장-계단식 성장법

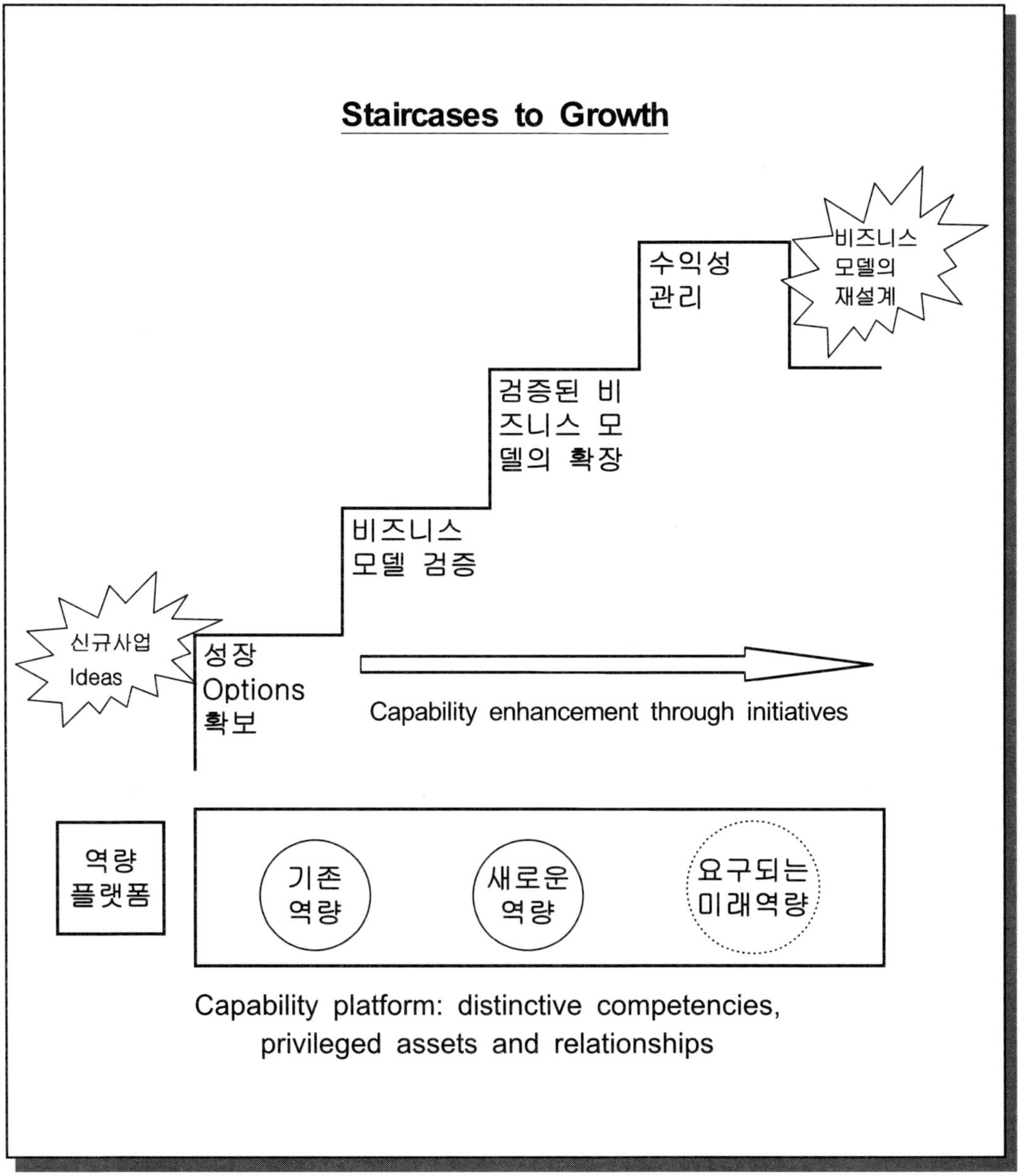

(M. Baghai, S. Coley & D. White, 1999. 저자재구성)

• 계단식 성장법의 의의

기업이 신규사업에서 성공하기 위해서는 시장의 불확실성에 효과적으로 대응하는 동시에 사업추진에 필요한 역량을 구축하여야 한다. M. Baghai등은 이를 위한 최선의 방법으로 계단식 성장법을 권고하고 있다. 과거 국가 주도의 고도압축성장시대의 국내 대기업들은 선진국에서 이미 검증된 비즈니스 모델을 도입, 처음부터 대규모의 투자를 통해 시장을 선도하면서 비약적 성장을 이루었으나, 국내시장이 글로벌 시장의 일부로 편입되고 있는 오늘날까지 이러한 접근방식으로 성장을 추구한다는 것은 현실적으로 거의 불가능하다고 해도 과언이 아니다. 물론 사업특성상 자본집약적 산업이나 경쟁구조상 초기의 시장지배력 확보가 핵심사업성공요소의 하나인 경우 초기의 과감한 투자가 필요할 수도 있으나, 대부분의 경우 시장의 불확실성에 효과적으로 대처하면서 필요한 역량을 구축하기 위해서는 계단식으로 접근하는 것이 효과적이다.

• 성장 Options의 확보

조직 내·외부로부터 수집된 다양한 신규사업Ideas는 잠재적 시장규모와 수익성, 핵심사업과의 관련성, 초기투자규모와 투자회수기간 등 기업이 내부적으로 설정한 준거에 따라 Screening과정을 거쳐 투자의사결정을 내리게 된다. 선정된 사업들이 실제 사업화의 단계로 진입하기 위해서는 성장Options을 확보해야 한다. Options는 미래에 특정한 행동을 할 수 있는 권리를 말하며, 미래예측과 가설이 틀릴 경우 옵션을 행사하지 않을 수도 있음을 의미한다. 성장Options의 확보는 미래의 성장기회를 확보하기 위한 소규모 투자로 이루어지며, Option의 행사는 기회를 적극적으로 활용하기 위하여 상대적으로 큰 규모의 회수하기 힘든 투자를 실행하는 것이다. 가능한 성장Options으로는 사내 연구개발프로젝트 팀의 구성, 시장조사, 소규모 인수, Venture기업투자, 소규모 해외지사설립 등을 들 수 있다. 1차 Screening과정을 거친 신규사업들에 대한 성장Options가 확보된 후에는 추가적으로 사업추진에 필요한 정보수집과 학습의 과정을 거쳐 Options을 적극적으로 행사할 사업을 선정하고, 해당산업의 비즈니스 모델을 설계한다.

• 비즈니스 모델 검증

개발된 비즈니스 모델은 시장에서의 검증을 통과하는 과정에서 상당한 수준의 수정과 보완을 거쳐야만 자사 고유의 성공적인 비즈니스 모델로 완성될 수 있다. 이 단계의 핵심과제는 선정된 Option을 사업화하기 위한 방법을 찾아 이를 실행하면서 시장잠재력을 재점검하고, 필요한 새로운 역량을 개발하면서 비즈니스 모델을 체계적으로 검증해 나가는 것이다. 이러한 과제들을 효과적으로 실천하기 위해서는 Milestone Planning을 활용하는 것이 도움이 된다. Milestone Planning은 사업추진과정에서 핵심과제를 완료해야 할 적정시기를 집중적으로 관리할 수 있을 뿐만 아니라, 전체사업을 이해하고 비즈니스 모델이 내포하고 있는 가정들을 검증할 수 있는 구체적 방법론을 제시함으로써 필요역량의 개발과정도 함께 점검할 수 있다는 측면에서 신규사업의 추진에 큰 도움이 된다. 보다 효율적인 사업추진을 위해서는 프로젝트를 추진하는데 가장 어렵고 시간이 많이 소요되는 경로 즉 Critical Paths를 결정한 후 각 단계별로 사업의 승패를 좌우할 핵심적 가정들을 파악, 이들 가정과 역량개발을 검증하기 위한 Key issues 및 검증방법의 lists를 작성하는 것이 필요하다. 이들 Key issues 들은 Critical path를 통과할 때 마다 집중적으로 검토되어야 하며 그 결과에 따라 사업계획과 비즈니스 모델을 재평가, 수정 · 보완하는 과정을 거쳐야한다. 이 단계에서 향후 추진계획과 미래예측의 타당성도 함께 검토해야 한다.

• 검증된 비즈니스 모델의 확장

이 단계의 목표는 가능한한 최단기간 내에 시장지배력을 강화하는 것이다. 이를 위해서는 지금까지 신규사업추진과정에서 축적된 역량과 성공가능성이 검증된 자사 고유의 비즈니스 모델을 최대한 활용할 수 있는 새로운 시장기회들을 발굴하고, 반복적으로 비즈니스 모델을 적용함으로써 리스크를 최소화하는 가운데 성장모멘텀을 가속화해야 한다. 비즈니스 모델의 반복을 통한 확장은 대부분의 고수익성장을 실현하고 있는 기업들의 공통된 특징 중의 하나이다 (C. Zook, 2004). 복잡성을 최소화하면서 성장스피드를 제고시키고, 학습효과를 극대화하면서 조직구성원의 역량을 집중시킬 수 있으며, 자본투입의 필요성을 최소화하면서 사업확장을 가속화할 수 있다는 것은 비즈니스 모델의 반복에 의한 성장추구전략이 갖는 최대의 강점이다. 새로운 성장기회에 비즈니스 모델을 반복 적용하는 과정에서도 지속적인 수정과 학습이 요구된다. 비록 검증된 비즈니스 모델이라고 하더라도 모든 지역, 모든 고객/시장에 원형 그대로 적용될 수는 없으며, 적극적 적응–Active Adaptation–의 과정을 통해 이를 개선해 나가야 한다. 따라서 최단기간 내에 시장지배력을 강화하기 위해서는 학습과 적응속도를 가속화하는 가운데 보다 빈번하게, 보다 빨리, 보다 집중적으로 확장을 추구해야 한다. 계획수립보다는 행동을 통한 학습–Learning by doing–을 강조해야하며 사업성공에 대한 열정과 분석 및 피드백을 위한 객관성을 함께 강조해야 한다(M. Baghai, S. Coley & D,White, 1999).

이 단계에서 적극적 적응을 위해 Milestones가 설정되어야 할 Key issues는

1) 비즈니스 모델이 새로운 성장기회에서 성공하기 위한 최선의 방법은 무엇인가
2) 성장잠재력의 범위를 어디까지 확장할 수 있는가
3) 새로운 성장계단으로 도약할 수 있는 방법은 무엇인가로 요약될 수 있다.

• 수익성 관리

부분적 수정을 거친 비즈니스 모델의 반복으로 신속한 확장이 성공, 시장지배력을 확보하는 단계까지 신규사업이 성장하게 되면, Operational excellence의 실현을 통한 수익성의 극대화에 집중해야 한다. 또한 사업 개발프로세스를 표준화, 제도화하여 추가적 확장을 시도하면서 비용절감과 혁신을 통한 가치증대에도 집중해야 한다. 필요시에는 산업구조의 재편을 위한 M&A의 기회도 적극적으로 모색, 규모 경제의 실현을 추구해야 한다.

• 비즈니스 모델의 재설계

어떤 비즈니스 모델도 영구적인 생명력을 가질 수 없으며, 고객니즈의 변화나 산업구조의 재편, 새로운 경쟁자의 출현 등으로 비즈니스 모델 자체의 근본적인 재설계가 필요한 시기에 직면하게 된다. 예를 들어 IBM은 자사의 비즈니스 모델을 근본적으로 재설계, Solution Provider라는 새로운 비즈니스 모델의 실현을 위해 지속적인 사업구조조정의 과정을 추진하고 있다. 주문생산방식으로 미국내 컴퓨터 조립산업의 수익 대부분을 차지고 있는 Dell의 경우에도 소비자가 노트북을 보다 선호하게 되면서 자신이 직접 매장을 방문, 자신이 원하는 모델을 선택하는 방식으로 구매행동이 변화함에 따라 기존의 Internet기반의 주문생산방식의 비즈니스 모델을 재설계해야 할 상황에 직면하고 있다. 따라서 지속가능한 고수익 성장을 위해서는 자사의 비즈니스 모델이 언제, 어디서 가치를 창출할 수 있으며, 언제 더 이상 가치를 창출할 수 없는가를 점검하면서, Creating-Exploiting- Transition의 과정을 신속하면서도 유연하게 관리해야 한다.
(T. L. Dooley Ⅲ, & J. M. Donovan, 1999)

5-3. 성장전략 개발프로세스

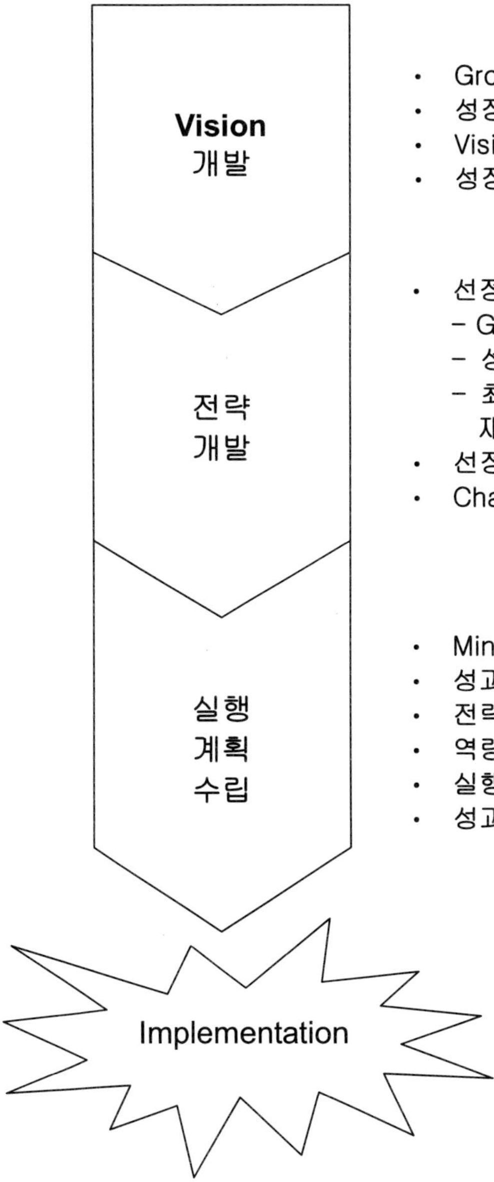

- Growth diagnosis
- 성장기회파악
- Vision scenarios개발/선정
- 성장사업의 선정

- 선정된 성장사업에 대한
  - Growth initiatives와 Business model의 검토
  - 성장전략대안의 개발과 평가
  - 최적 성장전략의 선정과 Business model의 재설계
- 선정된 성장전략과 사업포트폴리오의 통합
- Change Program 설계

- Minimum required growth rate 결정
- 성과목표와 성과측정지표 선정
- 전략과 조직의 Alignment
- 역량 및 조직개발 계획수립
- 실행 Roadmap 설계
- 성과평가와 Monitoring System 설계

성장전략의 개발과 실행은 Vision 개발→전략개발→실행계획수립의 단계로 진행된다.

• Vision 개발

– Growth Diagnosis

현재 자사의 경영성과와 기업가치, 전략과 조직, 그리고 역량이 지속가능한 고수익성장을 위한 체계를 갖추고 있는가를 진단한다.

– 성장기회파악

기업외부환경분석을 통하여 자사가 운영하는 산업 및 제품군들의 산업구조와 고객 니즈 및 기술 변화, 경쟁자의 전략과 경영성과를 검토함으로써 성장가능성이 높은 사업들을 도출한다.

– Vision Scenarios 개발과 선정

Growth Diagnosis와 성장기회분석결과에 기초하여 5~10년후 자사가 되고자하는 바람직한 모습에 관한 Vision scenarios를 도출한 후 최고경영층과의 합의하에 하나의 Vision statement를 결정한다.

– 성장사업의 선정

성장기회분석 결과 도출된 성장잠재력이 높은 사업/제품군들 중 확정된 vision에 부합되는 사업/제품군을 성장사업으로 선정한다.

• 전략개발

– 성장사업에 대한 성장전략대안 개발

성장사업으로 선정된 사업들에 대해 가능한 성장전략 대안들을 개발한다. 이를 위해서는 먼저 기존의 성장Initiatives와 Business Model의 Impact 와 문제점들을 검토한 후 기본적인 개선방향을 도출해야 한다. 성장전략Alternatives를 개발하기 위해서는 Where to compete–Industries, Products, Customers, Channels, Regions–, How to compete–Value proposition, Business system, Core competence, Growth vehicle–, 그리고 When to compete– Timing of entry/exit, Sequence of moves, Speed of implementation의 3가지 영역의 Issues 들을 중점적으로 검토해야한다. 전략대안들의 개발과정에는 외부환경과 내부역량 그리고 기존 및 잠재적 경쟁자들을 고려하여야 한다. 그 결과 경쟁자와 구별되

는 독특한 Output 과 모방하기 힘들 정도로 효율적인 Process를 제시할 수 있어야 할 뿐만 아니라 이들 경쟁우위요소를 지속적으로 유지할 수 있는 방법도 함께 제시하여야 한다. 전략은 자사가 시장에서 보다 우월한 성과를 창출하기 위해 해야할 일과 활동에 대한 선택을 기술한 것이다. 따라서 최종적으로 선정된 각 사업의 성장전략과 Business Model은 장단기적 Financial Impact 및 잠재적 Risk에 대한 분석결과는 물론 주어진 환경조건하에서 단순하고 명확하되 '자사가 보유 또는 접근가능한 역량으로 실행가능한가', 수익을 창출할 수 있는가', '자사의 경쟁지위를 지속적으로 강화할 수 있는가'를 중점적으로 평가한 후 선택해야 한다.

– 선정된 성장전략과 사업포트폴리오의 통합

각 사업별로 선정된 성장전략은 회사전체의 사업포트폴리오의 관점에서 통합되어야 한다. 어떤 기업도 한정된 자원과 역량으로 모든 사업에서 지속가능한 고수익 성장을 달성할 수 없다. 성공적 확장을 위해서는 먼저 최적화–Optimization–가 이루어져야만 한다. 사업포트폴리오는 각 사업의 현재 및 미래 수익창출능력에 따라 회사의 보유자원을 효과적으로 배분하기 위한 것이다. 여기에는 전략적 투자사업, 성장추구사업, 수익추구 사업, 매각 또는 철수 대상사업 등이 포함된다. 기업의 영속적 생존과 성장을 위해서는 지속적, 주기적으로 각 사업의 역할을 재규정하는 과정을 통하여 선택과 집중이 이루어져야 한다.

– Change Program 설계

새로운 전략은 새로운 조직을 요구한다. 전략은 변화하는 외부환경에서 기업이 나아가야 할 새로운 경로를 모색하기 위한 것이며, 조직구조와 프로세스의 재설계, 성과관리와 보상체계 및 인적자원관리체계의 혁신은 물론 조직구성원의 가치와 행동규범에서의 혁신이 뒤따라야만 성공할 수 있다. Change Program설계는 새로운 전략추진에 따른 전반적 조직개발 방향과 Key Challenges를 도출하고 이를 실행하기 위한 변화추진 조직과 Change agents의 육성, 리더십 개발, 교육훈련 및 Communication 프로그램의 개발 등에 관한 계획수립을 포함해야 한다.

• 실행계획 수립

– Minimum required growth rate 결정

실행계획수립의 첫 단계는 최소요구성장률을 결정하는 것이다.

이를 위해서는

1) The industry's organic growth rate

2) Factors related to industry's consolidation

3) The company's competitive position

4) Shareholder expectation을

우선적으로 고려해야 한다 (G. K. Deans & F. Kroeger, 2004).

- 성과목표와 성과측정기준 설정

성과목표는 최소요구성장률과 함께 각 사업부문의 잠재력을 최대한 반영하여 Stretch Goal Setting의 방식으로 접근한다. 이러한 방식으로 설정된 높은 수준의 목표는 효과적인 성과관리 및 보상체계와 강력한 리더십의 지원이 있어야만 조직구성원의 잠재력을 최대한 이끌어낼 수 있으며, 'Being the best'에 대한 강력한 동기를 유발할 수 있다. 지속가능한 고수익 성장을 위해서는 각 사업부문의 가치를 재평가한 후 주어진 시장환경에서 최우수 성과를 달성하는 회사와 비교하며 성장잠재력을 평가해야 한다.

성과목표는 각 사업부문의 회사전체의 사업포트폴리오내에서의 역할을 고려하여 차별적으로 부여된 성과측정기준에 따라 설정되어야 한다 - <Tips for Ideas 1-5> Criteria for Strategic Goal Clarity 참조 -.

- 전략과 조직의 Alignment

전략과 조직의 Alignment는 자사내에서 이루어지는 모든 단위조직 및 개인의 활동과 자원배분의 우선순위가 전략과 일치되도록 정렬시킴으로써, 조직의 역량을 집중하는 동시에 전략실행과정을 효과적으로 통제하기 위한 것이다. 전략과 조직의 Alignment는 설정된 회사의 성과목표를 각 단위조직 및 개인의 목표로 세분화, Scoring system in the game을 구체화하는 성과관리체계를 구축하는 과정에서부터 출발해야 한다. 한편, 자원배분의 우선순위는 각 사업부별 예산수립 및 통제 과정을 통해 구체화되어야 한다.

- 역량 및 조직개발계획 수립

새로운 전략은 새로운 역량을 필요로 한다. 조직의 모든 인적, 물적 자원은 전략이 필요로 하는 역량을 개발할 수 있도록 재배치 되어야 하며, 조직구조와 프로세스, 평가- 보상체계, 인적자원관리체계는 효과적인 전략실천과 역량개발을 지원할 수 있도록 재설계되어야 한다. 역량개발계획은 전략개발단계에서 수립한 전반적 Change Program의 방향에 따라 기업전체가 공유해야 할 역량과 각 사업부별 전략실행을 위해 요구되는 역량을 구분하여 개발하되, 개인역량개발을 위한 인적자원육성 전략뿐만 아니라 이를 체계화, 조직화하여 조직역량으로 발전시키기 위한 방안도 검토해야 한다.

조직개발계획은 기업전략 및 사업부전략을 효과적으로 지원할 수 있도록 기업 전체 및 각 사업부의 조직구조와 프로세스, 평가 및 보상체계, 인적자원관리체계를 재설계하고 이를 조기에 정착시키기 위한 Communication 및 교육훈련계획 등 변화관리 계획을 수립하는 것이다.

– 실행 Roadmap 설계

효과적 전략실행과 변화관리를 위해서는 모든 전략적 행위가 일정한 수순에 따라 일치된 방향으로 전개되어야한다 – An orchestrated sequence of actions–. 실행 Roadmap은 Early wins 획득 등 전략적 행위– Strategic moves–가 최대의 효과를 얻을 수 있도록 단계별로 해야 할 활동과 시기, 실행에 대한 책임을 기술한 것이다.

– 성과평가와 Monitoring System 설계

실행과정에서의 지속적, 주기적 성과평가와 Monitoring을 위한 방법과 시기, 책임자, 피드백 방식은 계획수립단계에서 결정되어야 한다. 여기에는 전략 자체의 환경적합성과 자사와의 적합성을 점검하기 위한 Strategy Review의 과정도 포함되어야 한다. 대부분의 전략적 기회는 일시적, 단기적이다. 따라서 모든 전략은 학습의 과정으로 인식되어야 하며, 지속적 주기적으로 환경적합성 및 자사 내부역량과의 적합성을 재점검하고 필요한 개선 보완 조치를 신속하게 결정해야 한다.

<Tips for Ideas 1-6>

Criteria for Strategic Goal Clarity

- Aspirational
  - Defines a desired future state that is a stretch where aspiration exceeds resources but is still within probability
- Behavioral
  - Turns the ideas of strategy into day-to-day behaviors that employees can do
- Customer Focused
  - Emphasizes values added to external stakeholders, particularly customers of the organization; Focuses the strategy from the outside in
- Disciplined
  - Woven into the fabric of the firm, including hiring, training, resource allocation, compensation, decision making and technology
- Energizing
  - Inspires and excites, creating emotional energy and passion for the goals
- Focused
  - Focuses a few critical priorities rather than an unlimited number

(D. Ulrich, & N. Smallwood, 2003)

5-4. 성장포트폴리오 관리

Three Horizons of Growth

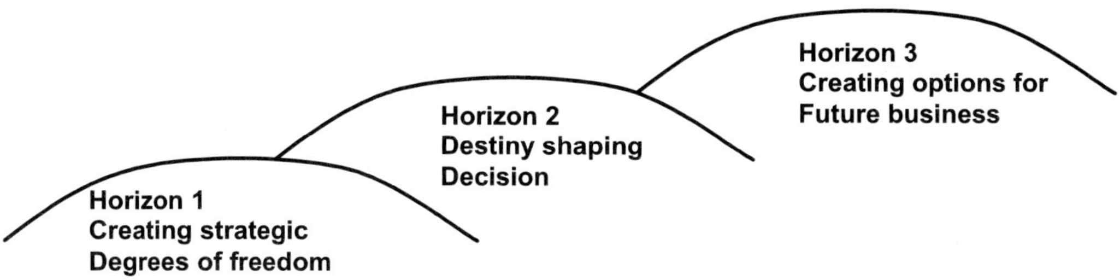

Type of business	Core business	New business and extensions of existing business fueling future growth	Options to build future businesses
Management imperative	Unlock incremental growth, then manage for values as the business declines	Exercise options, assemble required capabilities, and drive business-building capabilities	Source options for future growth and test viability of business concepts
Primary focus	Bottom - line performance and profitability	Top-line growth and capital efficiency	Future potential and robustness against multiple scenarios

(M. Baghi, S. Coley & D. White, 1999)

- 어떤 사업도 영속적으로 성장할 수 없다. 기업이 지속적으로 성장하기 위해서는 특정사업의 성장이 한계에 도달하였을 때 이를 대체 또는 보완할 수 있는 일련의 성장사업들로 구성된 성장사업파이프라인을 구축하여야 한다.

- Three Horizons of Growth는 지속가능한 성장을 위해 기업이 관리해야할 사업을 3가지 유형으로 구분하고 있다.

  Horizons 1은 기존의 핵심사업으로 구성되며, 지속적으로 경쟁지위를 강하하면서 최대의 이익을 창출, 새로운 성장사업들을 지원해야 하는 과제를 안고 있다.

  Horizons 2 는 하나의 컨셉이 구체화되어 급격하게 성장하는 신규사업이나 기존사업의 확장으로 구성되며, 미래성장을 주도해 나갈 사업들이다. 이익보다는 매출성장과 자본효율성이 중요시 된다.

  Horizons 3 는 미래에 추진할 유망사업들을 미리 옵션 형태로 확보해둔 프로젝트성격의 사업들로 구성된다. 이들 옵션들은 수많은 신규사업 아이디어들을 기업 고유의 준거에 따라 Screening한 후 가능성이 높은 아이디어들에 대해 소규모로 투자하거나 사업화한 것이다. R&D 프로젝트나 전략적 제휴, Joint Venture등이 여기에 해당된다. 충분히 검증된 기회는 아니지만 높은 잠재력을 갖고 있으므로 다양한 Options를 확보하고 유지하는 것이 유리하다.

- 이들 3개의 성장 Horizons은 각 사업의 성숙도에 관계없이 동시에 관리되어야 한다. 현재의 핵심사업을 강화하면서 동시에 지속가능한 성장을 촉진시킬 수 있는 새로운 사업들이 추진되고 있어야 한다. 또한 Horizons2의 사업들은 Horizons1 으로 시의적절하게 전환되어 기업전체의 매출 및 수익저하가 발생되지 않도록 해야한다.

  기업의 장기적 건강성을 증대시키기 위해서는 Horizons1, 2, 3간의 균형을 유지하는 것이 중요하다. Horizons2의 사업들이 모두 Horizons1의 핵심사업이 될 수 없으며, Horizons3의 수많은 옵션들 중 일부만이 Horizons2의 신규성장사업으로 전환될 수 있다. 따라서 성장사업파이프라인은 실린더형이기보다는 깔때기(Funnel)형을 이루게된다. Horizons들 간의 균형을 유지하기 위해서는 각 Horizons에 대한 적정투자배분이 이루어져야한다. 지속 가능한 성장기업은 신규투자의 ⅓ 또는 ⅔를 Horizons2와 Horizons3 에 배분하고 있다.

  여기서 균형이란 핵심사업이 정체 또는 쇠퇴하는 경우 새로운 성장엔진이 적기에 공급될 수 있도록 준비하는 것으로 각 Horizon에 어느 정도의 투자를 할당해야 하는가는 산업의 변화속도, 불확실성의 정도, 자본조달능력, 그리고 투자자들의 리스크감수의도 등을 종합적으로 고려해야 한다.

6. 성장역량의 개발

6-1. 혁신추구와 성장을 위해 요구되는 역량 - RPV Framework

Growth Capability

Capability
- RPV Framework -

Resources	Processes	Values
Things or assets that organizations can buy or sell, build or destroy.	Established ways companies turn resources into products or services.	The criteria by which prioritization decisions are made.
Example: • People • Technology • Products • Equipment • Information • Cash • Brand • Distribution channels	Example: • Hiring and training • Product development • Manufacturing • Planning and budgeting • Market research • Resource allocation	Example: • Cost structure • Income statement • Customer demands • Size of opportunity • Ethics

(C. M. Christensen, S. D. Anthony, & E. A. Roth, 2004)

• Resources, Processes, Values

C.M. Christensen 등은 혁신을 통한 성장을 위해 요구되는 역량으로 자원 – Resource – 과 프로세스 – Processes – 그리고 가치 – Values – 를 지적하고 있다.

자원은 기업이 보유하고 있거나 접근가능한 자산으로 자금, 유통망, 제품, 설비와 같은 유형자원 – Tangible Resources – 과 기술, 브랜드, 사람, 고객 DB와 같은 무형자원 – Intangible Resources – 로 구분된다. 프로세스는 자원을 제품/서비스로 전환하기 위해 기업이 일하는 방식 또는 기술 – Ways of doing business or skill – 로 공식/비공식 프로세스와 문화로 구분된다. 프로세스는 조직자원 – Organizational Resources – 으로도 지칭되며 신제품개발이나 제조, 마케팅조사, 자원할당, 계획 및 예산수립 프로세스 등이 포함된다. 프로세스는 그 특성상 반복적인 작업을 효율적으로 완성하기 위한 것이므로 시간이 지나더라도 쉽게 변화하지 않는다. 가치는 우선순위를 결정하는 의사결정의 준거 또는 동기로서 그 기업의 과거 투자의사결정의 역사나 손익계산서 및 비용구조를 분석, 검토해 봄으로써 그 기업이 우선적으로 중요시하는 핵심가치를 파악할 수 있다.

• 성장과정에서의 역량의 역할과 이동경로

자원과 프로세스는 성장을 가능하게 하는 역량 – Enablers – 인 반면 가치는 성장을 제한하는 요소 – Constraints – 로 작용한다. 또한 역량은 기업의 성장과 함께 개인 → Visible, conscious processes and value → Culture로 진화해간다. Venture 기업이 초기단계에서 더 이상 성장하지 못하거나 소멸하는 가장 큰 이유도 기업가 개인의 역량을 프로세스화하는데 실패하기 때문이다. 대기업이 관료화의 덫에 사로잡혀 신속한 환경대응 역량이 저하되고 경쟁력을 상실하는 것도 프로세스를 문화로 전환하지 못하고 있기 때문으로 볼 수 있다.

• 성장을 위해 우선적으로 요구되는 역량

성장 특히 혁신 – Disruptive innovation – 을 통한 성장을 위해서는 핵심 경영관리자와 리더의 선발 프로세스와 투자의사결정 프로세스 그리고 성장사업에 적합한 새로운 Value 즉 우선순위 준거가 중요하다. 성장사업을 위해 필요한 새로운 역량을 확보하기 위해서는 1) 필요역량을 보유한 타기업의 인수, 2) 기존 프로세스와 가치의 변화를 통한 내부개발, 3) 분사화 등 독립적 조직의 설립 후 문제해결에 필요한 새로운 프로세스와 가치의 개발 등의 3가지 방법을 활용할 수 있다. 어떤 방법이 보다 효과적인가는 새로운 성장사업과 기존 핵심사업과의 관계, 역량개발의 난이도, 기존 보유역량과의 Gap의 정도, 역량개발을 위해 허용가능한 시간 등이 종합적으로 고려되어 결정되어야 한다. – '성장조직의 설계와 운영' 참조

6-2. 성장역량플랫폼과 개발방법

역량플랫폼의 구성요소

역량플랫폼	예시
운영스킬	• IT관리 • 연구개발 • 제품디자인 • 저가제조
특권적 자산	• 유통망 • 브랜드 • 명성 • 고객정보 • 인프라 • 지적 재산
성장을 가능케 하는 스킬	• 인수 및 합병 후 관리 • 자금 및 리스크 관리 • 자본관리
대내외 관계	• 고객 • 공급업체 • 협력업체 • 정부/시민사회단체

(M. Baghai et al, 맥킨지 옮김 2000)

- Baghai M. 등은 성장을 위한 역량으로 타기업에 대해 실질적인 경쟁우위를 가져다 줄 수 있는 차별적 역량을 강조하면서 4개의 역량 플랫폼을 제시하고 있다.

- 운영스킬은 조직역량을 협의로 정의할 때 주로 활용되는 개념으로 기업의 인력과 프로세스, 시스템 등에 내재된 스킬을 의미한다. 차별화된 기업의 능력은 성장기업들이 경쟁자와 유사한 수준의 유형자산으로부터 더 많은 수익을 창출하게 하며, 새로운 기회로부터 더 큰 가치를 창출할 수 있게 한다. 그러나 운영 스킬만으로는 적극적인 확장이나 비약적 성장을 기대할 수 없다. 운영스킬은 성장을 위한 발판인 동시에 필요조건으로 볼 수 있다.

- 특권적 자산은 모방과 복제가 어렵고 이를 보유한 기업에게 강력한 경쟁우위를 안겨주는 유·무형의 자산을 지칭한다. 유통망, 브랜드와 명성, 고객정보, 지적재산권 등의 특권적 자산은 다양한 성장기회를 제공해 주는 동시에 사업추진 과정에서 경쟁우위의 기반이 된다.

- 성장을 가능케 하는 스킬은 특정시장이나 사업부문에서 다른 시장이나 사업부문으로 이전가능한 스킬로서 대기업의 경우 본사에서 이를 집중적으로 개발, 관리하게 된다. 인수합병 역량과 파이낸싱 및 리스크 관리역량, 자본관리 스킬을 보유한 기업은 비약적 성장의 기회를 가질 수 있다. 특히 저성장시대에서는 이들 역량 없이는 산업평균이상의 고수익성장이 거의 불가능하다고 해도 과언이 아니다.

- 대내외 관계는 오늘날 그 중요성이 더욱 크게 부각되는 역량이다. 기존 고객과의 관계는 신제품/서비스의 개발 과정에서 중요한 역할을 할 뿐만 아니라 System Selling 및 Solution Selling의 기회도 제공한다. 공급업체 및 협력업체와의 관계는 글로벌경제에서 Network을 통한 원가절감의 기회와 비약적 성장의 기회를 제공한다. 정부, 지역사회, 시민사회단체와의 관계는 지리적 확장을 위한 강력한 경쟁우위요소인 동시에 이들과의 관계가 원만하지 못할 경우 기업의 사회적 책임에 대한 요구가 증대되는 상황에서 기업의 생존 자체가 불가능해진다.

• 역량 집합의 구축

역량이 지속적으로 경쟁우위의 원천이 되기 위해서는 시장/고객으로부터 경쟁업체보다 그 가치가 우월한 것으로 인정받아야 하고, 모방하기 어려워야 하며, 다른 역량으로 대체하기 힘든 것이어야 하고, 지속성이 있어야 하며, 거래를 통해 쉽게 확보하기 힘든 것이어야 한다. 하나의 역량이 이들 요소들을 모두 갖추기 힘들므로 확고한 경쟁우위를 확보하기 위해서는 여러 개의 역량이 결합된 역량집합을 구축하는 것이 효과적이다. Wal-Mart, Toyota, Dell, IKEA, Southwest 등의 경쟁우위의 원천이 무엇인가를 누구나 알고 있으면서도 이를 쉽게 따라할 수 없는 것은 이러한 이유 때문이다.

- **역량의 개발방법**

불확실한 경쟁환경하에서는 명확한 성장전략을 수립하고 성공을 위해 요구되는 역량을 구체화한 후 여기에만 집중한다는 것은 거의 불가능하다고 해도 과언이 아니다. 이러한 상황에서 최선의 대안은 먼저 자사만의 강력한 역량을 개발한 후 이러한 역량을 적극적으로 활용할 수 있는 다양한 전략대안들을 개발, 경영환경의 변화에 유연하게 대처해 나가는 것이 효과적이다. 역량의 개발을 위해서는 조직구성원에 대한 교육훈련 및 전략적 육성을 통한 내부개발과, 전략적 제휴와 라이센스 계약 등을 통해 차용하는 방법, 그리고 필요한 역량을 보유한 인력의 신규채용이나 기술구매 또는 기업인수 등 외부로부터 구매하는 방법이 있다. 그러나 역량의 차용이나 구매는 스스로 타기업이 인정하는 최소한의 역량을 보유하고 있으며 내부적으로 필요한 역량을 개발할 수 있을 때에만 성공적으로 자사의 역량으로 전환할 수 있다.

<Tips for Idea 1-7>

Guidelines for Developing Peripheral Vision

- You must ask the right questions to identify what you don't know so that you can explore the edge of the business.
- You must balance active scanning with splatter vision (undirected searches) to probe deeply with these focusing questions.
- You often must identify new sources of information or new ways of scanning to unveil important but hidden parts of the periphery.
- You can use triangulation with multiple methods to help clarify ambiguous signals and interpret fuzzy signals at the periphery.
- You often must actively prod and probe to learn more about empirically promising or threatening signals.
- Although you must occasionally commit strongly, you may have to stay flexible with a sound portfolio of strategic options as well.
- Peripheral vision is a capability that any organization can develop and strengthen, just as people can.
- Superior peripheral vision requires leadership with strategic foresight that sets an example and encourage the sharing of insights and concerns.

(G. S. Day, & P. J. H. Shoemaker, 2006)

6-3. 고수익성장기업의 조직역량

High-Growth Companies' Salient Attributes of Capability Foundations

Foundation	Differentiating Attributes
Leadership	• Believable, deeply committed growth vision • Strong leader development programs • Drive for market dominance • Understanding of where value is created
Architecture	• Focus on core competencies - Invest them, organize around them, leverage them across businesses • Tight performance metrics • Team structure
Culture	• Vision with defined goals communicated • Close to the customer • Norms and structure that foster teamwork • Very demanding yet very rewarding
Processes	• Well-developed innovation processes - In place and structured, with highly defined metrics • Effective alliance development process • Critical growth processes identified and redesigned
Knowledge	• Customer information / communication • Intellectual capital leveraged • Broad shareholder information sharing

(T. L. Dooley Ⅲ, & J.M. Donovan, 1999)

T.L. Dooley Ⅲ, & J.M. Donovan은 자본 비용이상의 고수익과 우수한 매출성장을 지속적으로 창출하는 가치창조기업들의 특징을 Leadership, Architecture, Culture, Process 그리고 Knowledge의 조직역량을 중심으로 설명하고 있다.

Leadership은 차세대 리더를 육성하고 성장비전을 직원들에게 효과적으로 전파, 공유함으로써 최고경영층의 인적 구성이 변하더라도 비전이 장기적 관점하에서 지속적으로 추진되도록 하는 능력이다. 고수익 성장기업은 성장비전의 실현에 대한 강한 집착과 헌신을 보이며, 강력한 리더 육성프로그램을 개발, 시행한다. 또한 경쟁에서 승리하고 시장을 지배하고자 하며, 어디서 가치가 창출되는가를 잘 알고 있다.

Architecture는 현명한 기업 - Intelligent Enterprise - 즉, 자기자신과 경쟁상대를 정확하게 파악한 후 자신이 해야 할 것과 하지 말아야 할 것을 잘 알고 이를 실천하는 기업의 능력이다. 자사의 강점이 되는 핵심역량에 집중적으로 투자하고 조직화하며 이를 최대한 효과적으로 활용한다. 강력한 성과중심조직을 추구하며, 조직구성원의 능력이 최대로 발휘될 수 있는 팀 중심의 조직구조를 운영한다.

가치창조기업의 문화는 비전과 목표를 공유하며, 팀웍을 육성할 수 있는 규범과 조직구조를 강조하고, 조직구성원에 대해 많은 것을 요구하는 대신 성과에 대한 보상도 크다. 또한 고객needs를 최우선으로 모든 의사결정과 내부 프로세스가 운영된다.

기업의 모든 프로세스는 고객에게 최고의 가치를 제공할 수 있도록 설계, 운영되어야한다. 신제품개발 프로세스는 성공확률을 최대한 제고시킬 수 있도록 효과적으로 설계되고 평가되며, 전략적 제휴는 상호이익을 최대화할 수 있도록 대상선정에서부터 협상과 계약, 사후관리프로세스가 운영된다. 또한 성장 비전과 전략을 실천하기 위해 요구되는 핵심프로세스를 파악하고 이를 지속적으로 수정, 보완 재설계하고 있다.

가치창조기업은 지식추구의 학습조직이다. 고객정보를 지속적으로 수집, 축적, 지식자본화하며, Best Practices를 발굴, 체계적인 communication을 통해 전체조직이 공유토록 한다. 축적된 지식자본을 모든 경영활동에서 실질적인 성과창출에 기여할 수 있도록 활용한다. 기업가치를 극대화하기 위해 주주와 광범위한 정보를 공유, 긍정적인 투자자관계를 유지하는 능력 또한 우수하다.

6-4. Global Network 경제의 요구역량 - 무형자본

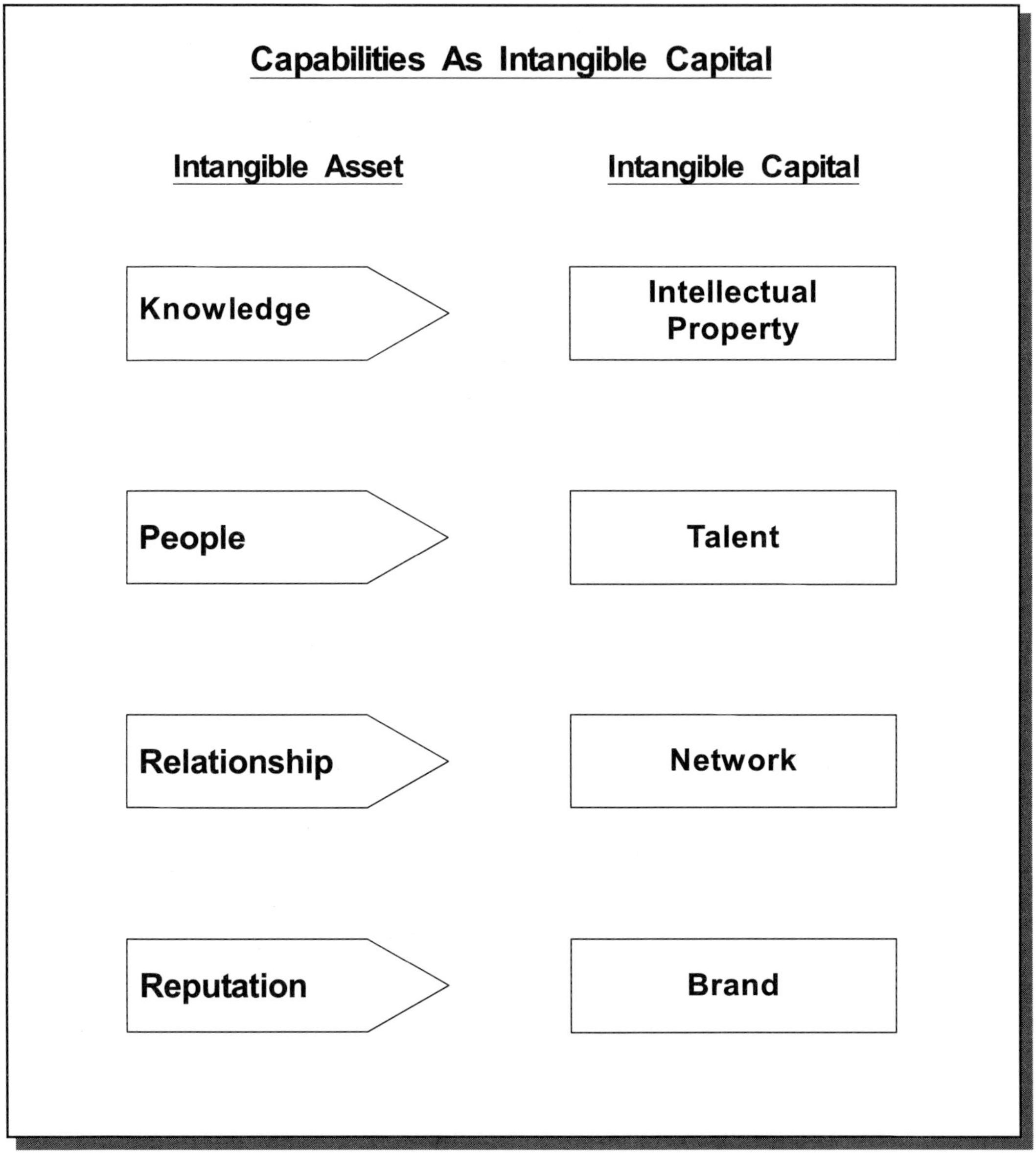

(L. Bryan, J. Fraser, J. Oppenheim, & W. Rall, 1999)

- 경제구조가 글로벌화, 디지털화 될수록 유형자산과 금융자본의 중요도는 하락하는 반면 무형자산의 중요도는 증대된다. 미국의 경우 1982년도에는 유형자산이 시장가치의 62%, 무형자산이 38%를 점유하였으나, 2000년에는 무형자산이 85%, 유형자산이 15%를 점유, 유형자산과 무형자산의 중요성이 완전히 역전되고 있다(D. Ulrih, & Smallwood, 2003).

기업내부에 축적된 무형자산은 무형자본으로 전환되어야한다. 이는 마치 고정자산을 자산유동화증권 등의 발행을 통해 자본화, 지속적 성장추구를 위한 자본으로 활용하는 것과 같다. 특히 지식과 인력, 관계, 명성은 무형자본으로 전환시 활용가치가 클 뿐만 아니라 강력한 경쟁우위 원천이 될 수 있다.

• 지식에서 지적 재산으로

지식은 조직내부에 축적된 know-how, know-what, know-why와 산업구조나 고객행동에 대한 특정 경험과 정보 등으로 구성된다. 대부분의 지식은 암묵적으로 존재하기 때문에 새로운 제품이나 지역, 기능 등으로의 이전이 매우 어려운 특성을 갖고 있다. 기업내부 개인과 시스템/프로세스에 축적되어있는 이러한 지식들을 발굴, 통합하여 전체 조직구성원들이 자유롭게 활용할 수 있는 형태로 전환할 경우, 단기적 성과 향상뿐만 아니라 장기적 성장에 크게 기여할 수 있다. 나아가 자사가 보유한 지식을 법적 보호를 받을 수 있는 지적재산- 특허, 독점적 DB, 저작권, 산업기밀 등 - 으로 전환, 독점적 지배력을 행사함으로써 강력한 경쟁지위를 확보할 수 있다.

• 인력을 인재로

많은 기업들은 개인적으로 우수한 자질과 잠재능력을 갖춘 사람은 많으나 실제 사업에서 우수한 성과를 창출하는 인재는 극소수에 불과함을 호소하고 있다. 지속적으로 고수익성장을 주도하는 기업은 '할 수 있는 능력을 가진 사람'을 '최고의 성과를 창출하는 인재'로 만드는 역량이 탁월하다. 인재는 모든 무형자본의 근간이 되는 것으로, 필요한 인재를 확보하고 이를 효과적으로 활용할 수 없는 기업은 어떤 무형자본도 보유할 수 없다. 인재는 자신이 가진 지식과 스킬을 활용해 새로운 가치를 창조해내는 사람이므로, 고수익성장을 추구하고자 하는 기업은 자사의 성장전략이 필요로 하는 인재가 어떤 유형의 전문적 스킬과 지식을 갖추어야 하는가를 자신들이 개발하고자 하는 비즈니스 및 해결해야 할 문제유형과 관련지어 구체화해야 한다. 인력을 인재로 육성하기 위해서는 단순한 교육훈련만으로는 불가능하며 일을 통한 육성과 코칭, 멘터링, Community of Practice-Cop-의 구축 등을 활용, 기업전체를 학습조직화하고, 체계적인 이동과 배치전환 및 후계자육성체계를 효과적으로 운영하여야 한다.

- **관계를 Network으로**

고객, 공급자, 협력업체와 중요한 정보나 사업아이디어를 교환하면서 친밀한 관계를 유지하는 것은 기업의 지속가능한 생존과 성장의 필수조건의 하나이다. 관계는 계약당사자들만이 특권적으로 접근할 수 있는 사업동반자들의 Network으로 전환, 무형자본화할 때 더 큰 가치를 갖게 된다. 글로벌 경제구조에서는 어떤 기업도 자신의 역량만으로 시장을 지배할 수 없으며, 다양한 지역의 다양한 사업파트너 및 고객과 새로운 관계를 확대해 나가는 과정에서 관리해야 할 관계의 수가 급격하게 증가하게 된다. 여기서 신뢰할 수 있는 사업파트너로 구성된 강력한 Network를 구축한 기업들은 상호작용비용을 최소화하면서 각자가 가장 잘 할 수 있는 사업에 집중함으로써 지속가능한 고수익성장이 가능해진다. 글로벌 기업은 '소유가 아닌 지배'전략으로 글로벌시장을 주도할 수 있는 반면, Network내 가치사슬 - value chain - 의 특정기능에서 고도로 전문화된 수많은 중소기업들은 보다 효과적으로 글로벌시장에 접근할 수 있게 된다. 이러한 Network은 담합적 관계 - Collusive Relationship - 가 아닌 Network 참가자에게 지속적인 가치를 제공할 수 있는 상호가치기반 관계 - Mutual Value-based Relationship - 가 되어야한다.

- **명성을 브랜드로**

브랜드는 명성에서 창출되는 무형자본으로 제품/서비스뿐만 아니라 기업자체도 브랜드화할 수 있다. 경제구조의 글로벌화로 공급자수가 급격히 증대할수록, 신뢰할 수 있는 브랜드의 가치는 기하급수적으로 증대하게 된다. 고객이 신뢰하는 브랜드는 상호작용 비용을 낮추고 구매리스크를 최소화하는 동시에 브랜드 소유자에게 가격프리미엄과 매출 증대효과를 가져다 준다.

- 무형자본이 보다 강력한 힘을 발휘하기 위해서는 역량플랫폼과 같이 하나의 무형자본을 기반으로 다양한 무형자본이 유기적으로 결합되어야 한다. 무형자본은 활용할수록 더 큰 가치를 창출하는 수확체증의 과정을 거치므로, 무형자본의 소유자에게 지속가능한 고수익성장의 기회를 제공한다. 반면에 유형자산을 많이 소유하는 것은 유연성과 전략적 자유도를 제한하는 결과를 초래할 수 있다.

<Tips for Ideas 1-8>

What we have and haven't done to improve growth

예 시 - Emerson

What we have done in the first years of the growth program

- Reached out for some large initiatives more than in the past
- Added resources that would not have been available in the past
- Geographic initiatives have been a success (e.g. Asia)
- Cost and quality of our product have improved to form a good basis for growth.
- Used acquisitions to change the mix to a higher growth profile.
- Time-to-market program has improved product development
- Overall program and resource analyses helped as understand and manage for higher growth.

What we haven't done in the first years of the program

- Created a "passion" for growth
- Gotten sufficient creativity into our process
- We are still constrained "served market" definitions.
- Found a sufficient number of large projects and programs – business initiatives.
- Added marketing takeouts as we have planned
- Resource additions have been less than we identified.
- Changed the compensation or incentive system.
- Confronted lack of brand equity problem in many products
- Appointed a "Growth champion"
- Stopped applying time and resources to assets that will never grow.
- Integrated the business strategies with growth process
- Created technology road maps in our divisions
- Powered "system" integrated products, services and buy outs that provide "solutions" for our customers
- Improved large - account management

(C. F. Knight & D. Dyer, 2005)

6-5. 성장전략실현을 위한 요구역량의 도출방법

Resources and Capabilities Audit

Resource/ Capability	Is it scarce	Is it mobile	Is it scopable	Is it source of enduring adventage

(D. Dranove & S. Marciano, 2005)

Resources and Capabilities Requirement Assessment

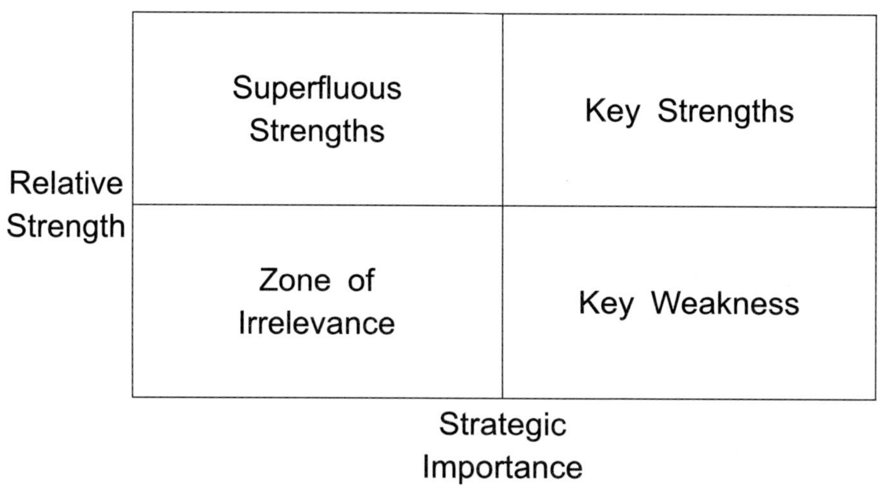

(R. Grant, 1998)

기업의 지속적 생존과 성장을 위해서는 경쟁우위의 기반이 되는 자원과 역량을 보유해야 한다. 여기서 자원-Resources-은 기업이 소유하고 있는 것 - Things the firm possess-으로 자금과 기술, 입지, 설비, 유통채널 등을 지칭하며 역량- Capability- 은 자신이 특별히 잘할 수 있는 것- Things the firm does well -으로 제품개발, 구매, 제조, 설계, 재무관리, 마케팅과 판매 Network구축 등이 해당된다. 한편, 기업이 수익을 얻기 위해서는 자신이 보유한 자원과 역량이 희소하고 - Scarcity-, 쉽게 이동하기 어려워야 한다- Immobile -. 나아가 장기적으로 고수익성장을 지속하기 위해서는 확장가능성- Scopability -이 높아야 한다. 자신이 보유한 자원과 역량을 활용, 새로운 시장이 요구하는 새로운 제품/서비스를 보다 낮은 비용으로 생산할수록 확장가능성이 높아진다.

• Resources and Capabilities Audit

개발된 성장전략의 실현을 위해 우선적으로 자사가 개발해야 할 자원과 역량을 파악하기 위해서는 먼저 자사가 현재 보유하고 있는 자원과 역량의 강 · 약점을 진단해야 한다. 이를 위해서는 자사가 현재보유하고 있는 자원과 역량을 기술 한 후 각각의 자원과 역량에 대해 Scarcity와 Immobility를 평가한다. 보유자원과 역량이 Scarce and Immobile의 경우 Scopability를 평가한다. 이 결과는 실제 경영성과와의 상호관련성을 검토해봄으로써 그 논리적 타당성들을 검증할 수 있다. 마지막으로 Scarcity, Immobility, Scopability에 대한 합의된 평가결과에 근거하여 자사의 보유 자원과 역량이 지속적인 경쟁우위의 원천으로서 어느 정도 강력한 힘을 가질 수 있는가를 평가한다.

• Resource and Capabilities Requirement Assessment

특정 성장전략의 실현을 위해 우선적으로 요구되는 자원과 역량을 기술토록 한다. 그 후 도출된 자원과 역량항목에 대해 전략적 중요도- Strategic Importance -와 상대적 강도 -Relative Strength -를 평가해야 한다. 상대적 강도는 Resources and Capabilities Audit 결과를 반영해야 하며, 전략적 중요도는 고객니즈와 행동, 산업구조분석 결과 및 Best Practices 조사결과 등을 집중적으로 검토함으로써 결정할 수 있다. 상대적 강도와 전략적 중요도에 대한 평가결과 Key Weaknesses에 해당되는 자원과 역량 항목들을 우선적으로 개발해야 할 항목으로 선정해야 한다. 여기서, Key Weakness로 선정된 모든 자원과 역량을 자사가 직접 개발해야 하는 것은 아니다. Network경제하에서는 자사가 필요로 하는 모든 자원과 역량을 직접 보유하기보다는 타기업이 보유한 자원과 역량에 접근하고 이들을 효과적으로 활용할 수 있는 프로세스를 구축하는 것이 중요하다.

6-6. 첨단산업에서의 경쟁우위를 위한 요구역량

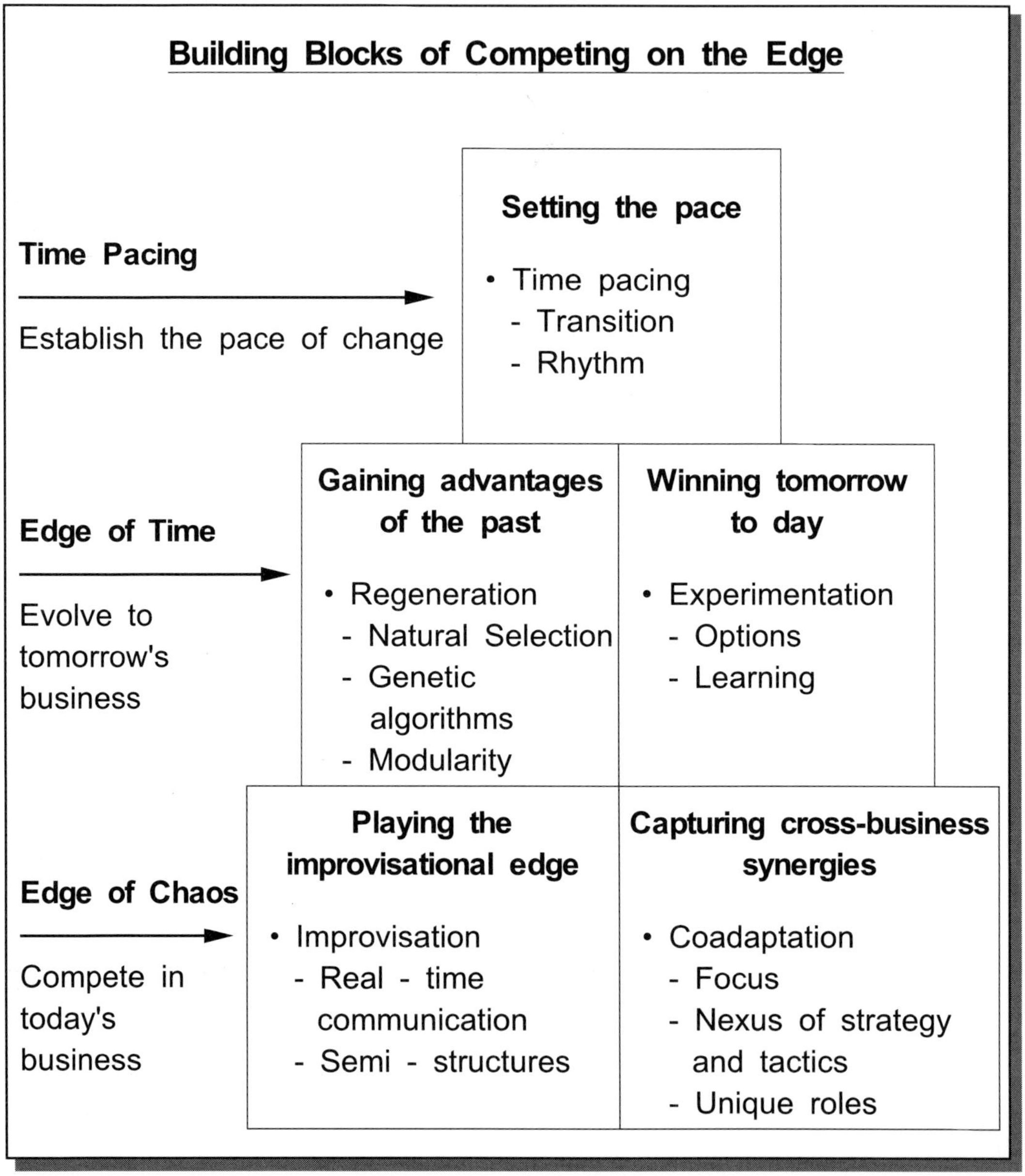

(S. L. Brown & K.M. Eisenhardt, 1998)

S. L. Brown과 K. M. Eisnenhardt는 정보통신산업과 같이 경쟁이 심하고 변화의 속도와 폭이 예측하기 힘들 정도로 급격하게 변화하는 첨단산업에서는 'Competing on the Edge'의 원칙에 따라 경영전략과 역량개발이 이루어져야함을 강조하고 있다.

- **Semicoherent Strategic Direction – Where do you want to go**

급속하게 변화하는 산업에서는 미래를 예측하거나 통제하는 것이 불가능하다. 이러한 산업에서는 명확한 방향을 제시하고 자신이 보유한 자원과 역량을 체계적으로 개발, 집중하기보다는 새로운 경쟁우위요소를 연속적으로 개발하는 'A relentless flow of competitive advantage'를 창조해야 한다. 이를 위해서는 단기적으로는 비효율적일 수도 있으나 조직이 다양한 변화를 시도하는 가운데 올바른 전략적 방향이 자연발생적으로 출현할 수 있도록 해야한다.

- **영속적 자기혁신을 추구하는 조직 – How do you get there**

기업이 예측불가능할 정도로 변화하는 산업에서 치열한 경쟁을 뚫고 지속적 생존과 성장을 유지하기 위해서는 한편으로는 현재의 변화에 효율적으로 적응하면서 또 다른 한편으로는 수시로 변하는 새로운 경쟁우위의 원천을 확보할 수 있는 능력을 갖춘, 유연하고 지속적인 자기혁신이 가능한 조직이 되어야 한다.

1) Edge of Chaos : Compete in today's business

현재 사업에서 조직이 지속적 경쟁우위를 유지하기 위한 핵심적 이슈중의 하나는 질서와 혼란, 엄격한 통제와 자유방임사이의 어느 수준에서 균형을 유지할 것인가에 관한 것이다. 과도한 구조화와 엄격한 통제나, 지나친 자유방임으로 인한 혼란 어느 쪽에도 치우치지 않아야하며, 미리 합의된 최소한의 규칙은 엄격하게 준수하되, 그 범위내에서는 조직구성원의 유연성과 창의성을 최대한 허용하는 조직을 개발해야 한다.

개별사업은 Semi-structure와 Real Communication을 통한 적응적 문화 – Adaptive Culture–를 강조, 기본적 질서를 유지하는 가운데 개인의 자유와 창의성이 최대한 발휘되는 즉흥연주– Improviser –와 같은 형태로 운영될 때 변화에 대한 적응력을 유지하면서 경쟁우위의 원천을 지속적으로 획득할 수 있다.

개별사업들간의 관계에서도 'Too much collaboration'이나 'Too little collaboration' 중 어느 한편을 강조하기보다 회사전체의 성공과 개별사업의 성공간에 적절한 긴장이 유지되는 제한적으로 구조화된 시스템하에서 각 사업이 독자적 생존과 성장을 모색하면서 꼭 필요한 시기와 영역에서 협력적 시너지 - Collaborative Synergies -가 발휘될 수 있는, Focused Collaboration이 이루어지는 Coadaption의 관계를 구축해야 한다. 이를 위해서는 각 사업이 자신의 고유의 역할을 충실하게 수행하는 가운데 높은 성과를 창출할 수 있는 결정적 영역에서는 그 상황에 적합한 최선의 전술로 긴밀하게 협력해야 한다.

각 사업들간의 조정도 최고경영층이 직접개입하기보다는 중장기적 전략과 단기전술 모두에 유능한 중간관리자 계층에서 의사결정이 이루어지는 것이 효과적이다. 이는 leader가 없는 상황에서 구체적인 실시간 정보를 바탕으로 한 자기조직화 방식의 Coordination이 이루어지는 Receiver-based Communication과 유사하다.

2) Edge of Time : Evolve to tomorrow's business

내일을 위한 신규사업을 개발하는 과정에서는 '어느 정도 과거의 전통을 유지할 것인가'와 '미래를 위해 얼마나 준비해야 하는가'의 두가지 이슈를 우선적으로 해결해야 한다.

Regeneration은 자신의 과거를 완전히 무시하고 새로운 것만을 추구하거나 오로지 전통만을 강조하기보다, 과거의 유산에 새로운 요소를 결합하는, 자신의 과거유산을 경쟁우위요소로 활용하는 전략이다. Natural Selection의 과정을 통하여 자사의 과거유산 중 최선의 것을 효과적으로 활용함으로써 기업은 기존사업에서 수익성을 극대화하는 동시에 전통에 익숙한, 경험이 풍부한 직원들과 과거의 유산에 물들지 않은 참신한 인재들이 함께 일하는 신규사업조직을 효과적이며 신속하게 구축해야 한다. 마케팅전략은 과거의 전략과 고객, 자원과 제품을 각각 독립적인 Module로 분해한 후 이들을 새로운 시장과 고객의 Needs에 부합될 수 있도록 Rearchitecting 또는 Recombining하는 접근방식이 효과적이다. 불확실한 미래를 위한 준비는 어떠한 준비도 없이 변화방향이 보다 구체화되기를 기다리거나, 지나치게 미래를 예측하고 치밀한 계획을 수립하고자 노력하기보다는 최저의 비용으로 최대의 효과를 얻을 수 있는 Probing과 Experimentation을 적극적으로 활용해야한다. 미래의 변화가능성에 대응할 수 있는 다양한 성장Options를 확보하고, 그 진행과정과 결과를 학습함으로써 미래에 대한 통찰력을 증대시키는 동시에 앞으로 나아가야 할 전략방향과 자사가 우선적으로 해야 할 과제를 점진적으로 구체화하는데 집중해야 한다.

3) Time Pacing : Establish the pace of change

Event pacing이 경쟁자의 전략적 움직임이나 기술적 전환, 새로운 고객요구 등의 문제가 대두된 이후 이에 대응하는 방식으로 환경변화에 적응하고자 하는 반면 Time pacing은 기업이 스스로 설정한 Transition과 Rhythms에 따라 신제품/서비스의 개발과 출시 또는 새로운 지역으로의 확장을 추진하는 방식이다. Intel이 Moore의 법칙- The power of micro- processor computer chip would double every eighteen months -에 따라 신제품을 출시하는 것과 3M이 30% Rule을 통해 지속적 혁신을 독려하는 것 등은 Time pacing의 대표적 실천사례로 볼 수 있다.

Time pacing은 대부분의 Sports game에서 공수전환의 시기나 게임의 템포를 자신에게 유리하도록 조정, 상대를 자신의 pace로 끌어 들이는 사람이 승리하는 것과 동일한 원리를 활용한 것이다. 성공적 Time pacing을 위해서는 극적인 전환이 이루어질 수 있도록 Product pipeline을 효과적으로 관리해야 하며, 실제로 실행가능하면서도 시장의 동조화 - Synchronization -을 이끌어낼 수 있는 리듬을 창조해야 한다. 여기서 리듬은 Time pacing에 에너지를 부여하며, 조직내에 집중력과 긴박감- Sense of Urgency -을 불러일으킨다. 리듬은 고객이나 경쟁자, 보완제품공급자- Complementor -등 조직외부의 힘을 고려하여 각기 다르게 설정되어야 한다.

• Competing on the Edge 전략의 실행

기업이 자기혁신에 성공하기 위해서는 합리적, 기계적 방법뿐만 아니라 살아있는 유기체로서 스스로 변화하고 진화할 수 있는 자신의 능력을 효과적으로 활용해야 한다. 특히 계획적 변화가 어려운 불확실한 환경하에서는 다음과 같은 성장의 관점에서 접근해야 한다(S. L. Brown & K.M. Eisenhardt, 1998).

- Living things are grown, not assemble do
- The Starting point matters. Grow from the current position.
- Order matters. A souffl'e will only emerge, for example, if ingredients are added in the right order.
- Watch for missing links. Understand that what you temporarily have might not be part of the final system.

7. 불확실성의 관리

7-1. 전략개념의 혁신

The Transformation of Strategy

	Traditional Firm-centric View	New Co-Creation View
Goal of Strategy	Positioning a firm in a given industry space	Discovering new sources of value and new opportunities
View of Resources	Fixed: firm-centered	Expandable ; available on demand; centered on enhanced network
Critical Resources	Financial and physical assets	Talent, knowledge in the network, infrastructure for dialogue in the enhanced network
Industry Perspective	Search for stability and equilibrium	Coping with instability and disequilibrium
Responsibility for Strategy	Top Management	Organization - wide; critical role for line managers
Strategy Development	Analytical	Access to competence; resource leverage, and allocation
Time Perspective	Long-term	Long-term and short-term
Execution	Dichotomy between strategy formulation and implementation	Continuous discovery, active learning and adaptation within broad long-term direction (Strategic intent)

(C. K. Prahalad, & V. Ramaswamy, 2004)

• 전략에 대한 새로운 접근

고객과 시장에 대한 예측이 어려워지고 글로벌 Network경제가 강화됨에 따라 전략의 개념과 역할, 개발방법에서도 변화가 필요하게 되었다.

전통적으로 전략은 자사가 보유한 자원과 역량을 활용, 시장에서 경쟁지위를 강화하는 것을 목적으로 Top-down 방식으로 개발, 실행되었으나 오늘날은 다양한 조직구성원과 조직외부 고객 및 Network 참가자들이 함께 새로운 가치의 원천과 성장기회를 발견하는 과정의 중요성이 강조되고 있다.

오늘날의 전략은

- 자신이 보유하지 않은 Network내 타기업의 자원도 활용해야 하며
- 인재와 지식, IT 인프라의 중요성이 증대하고
- 불안정과 불균형 상황에 신속 유연하게 적응하는 것을 중요시 하며
- 전략의 개발과 실행에 대한 책임을 Line managers를 중심으로 전체 조직구성원이 함께 공유하며
- 분석적인 방법과 탐색과 실험을 통한 조직학습의 방법이 함께 사용되어야 하고
- 조직 내외부에서 새로운 자원과 역량에 접근, 이를 최대한 leverage한 후 자원을 배분하는 최고 경영층의 역할이 중요시되며
- 단기성과와 장기적 성장이 함께 중요시되고
- 처음부터 명확하고 구체적인 방향과 목표를 제시하기보다 장기적이며 포괄적인 방향을 설정하되 실행과정에서의 지속적인 발견과 적극적 학습 및 적응을 위한 활동이 강조되는 방식으로 변화하고 있다.

7-2. 전략개발프로세스의 관리

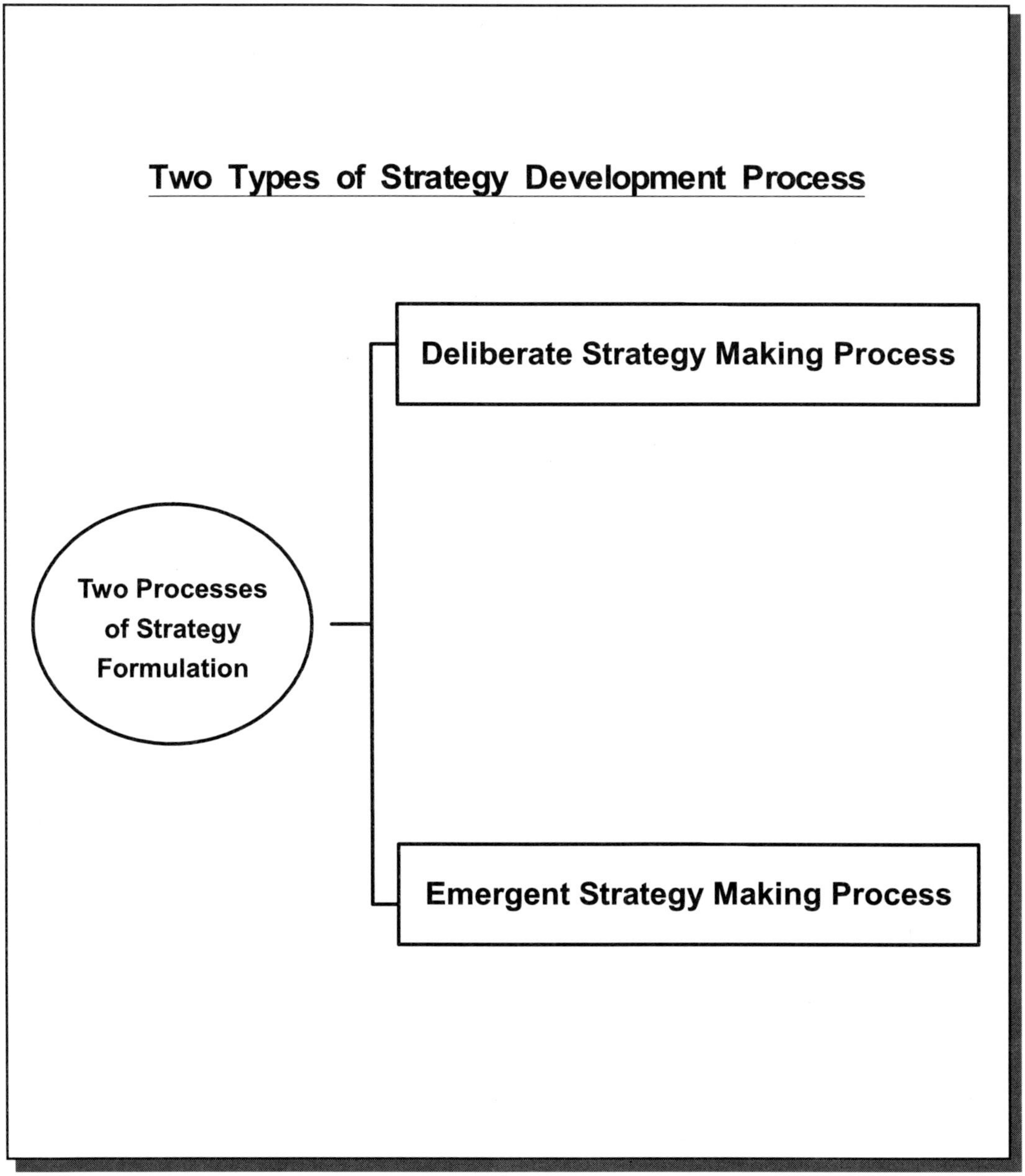

(C. M. Christensen & M. E. Raynor, 2003)

경영전략은 두가지 프로세스에 의해 개발될 수 있다.

- **Deliberate Strategy Making Process**

Top-down 방식의 Conscious and analytical project형태로 전략을 개발하는 것으로, 현재 일반적인 기업에서 주로 활용되는 접근방식이다. 전략이 성공하기 위해 요구되는 모든 가정-Assumptions-을 포함해야 하며, 실행과 관련된 모든 사람이 이해, 공유해야 하고, 외부환경 변화로 인한 예측하지 못한 영향을 받지 않아야만 실질적인 성과로 연결될 수 있다. 기존 사업에서의 수익성극대화를 추구하는 Sustaining Innovation 상황에 적합한 전략개발 방식이다.

- **Emergent Strategy Making Process**

미래에 대한 예측이 어렵거나 과거와 단절된 새로운 경영환경에서는 어떤 것이 올바른 전략인가가 명확하지 않다. Emergent process는 불확실성과 불연속성이 높은 상황에 적합한 전략개발방식이다. 여기서는 조직구성원들이 일상경영활동과정에서 다양한 전술적 우선순위설정과 투자의사결정을 경험이 축적해가면서 앞으로 변화가 어떻게 전개될 것이며 어떤 전략이 올바른 것인가를 조직구성원들 스스로 알게 되면 이를 보다 구체화하는 방식으로 전략개발이 완성된다. 따라서 Emergent process의 경우 전략을 개발한다기보다, 올바른 전략이 스스로 드러나는, 발견의 과정으로 볼 수 있다.

Emergent process에서 실질적 성과를 창출할 수 있는 전략을 발견하기 위해서는 조직구성원들이 자신들의 다양한 경험과 학습결과로부터 Viable pattern or consistency를 인식하고 구체화할 수 있어야한다.

- Deliberate process에 의해 개발된 전략도 실행과정에서 Emergent process에 의해 학습한 결과에 근거하여 지속적으로 수정 · 보완되어야 한다. 성공적인 Emergent strategy가 확인되면 이를 공유화하여 Deliberate strategy로 전환하여 효과적으로 Exploiting 할 수 있는 시스템을 구축하는데 집중해야 한다. Top- down과 Bottom-up이 유기적으로 연계되어야만 최고의 성과를 창출할 수 있는 전략이 개발되고 실행될 수 있다.

7-3. 전략개발과정에서의 불확실성관리

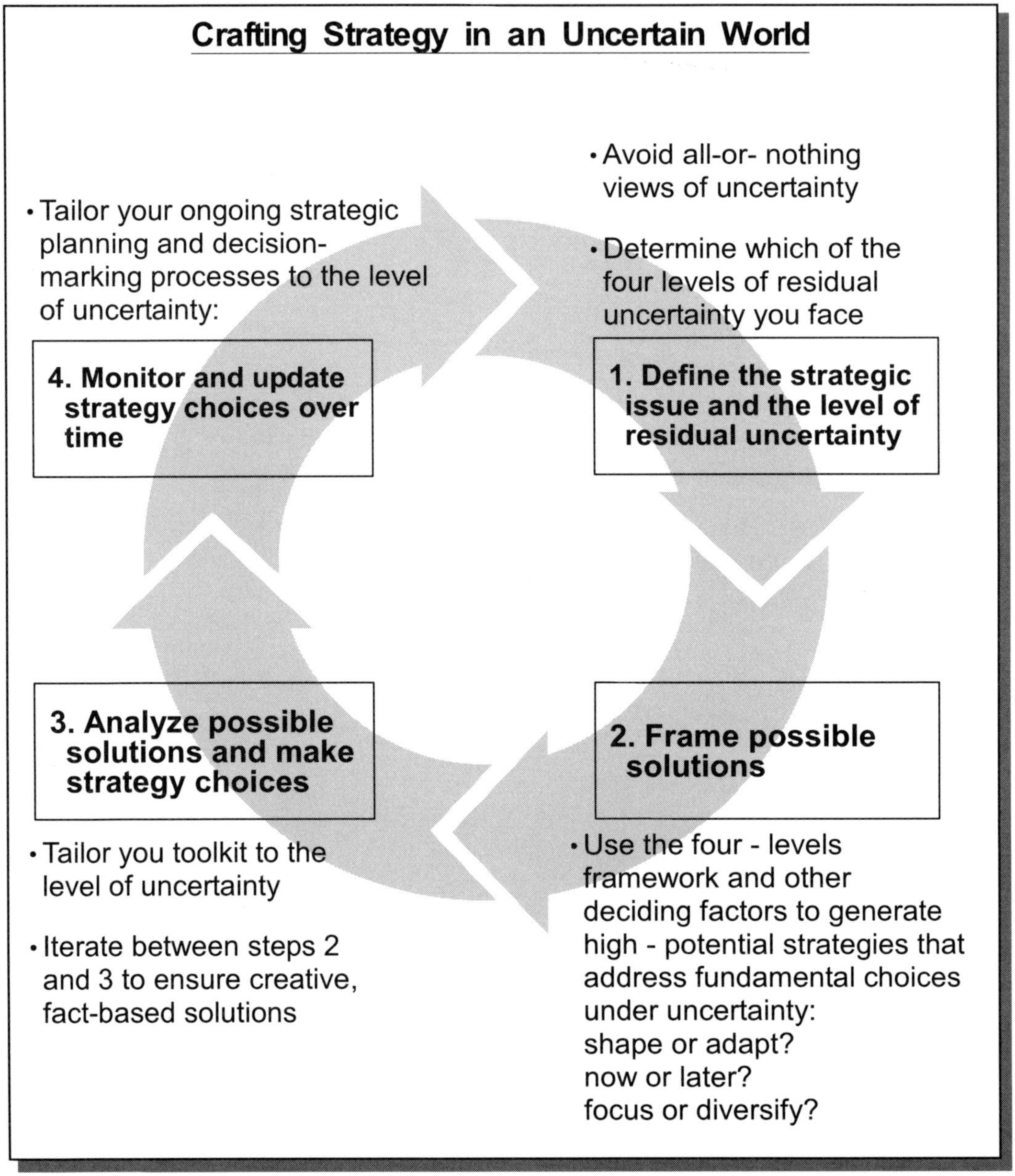

(H. Courtney, 2001)

• 성장전략과 불확실성의 관리

성장은 불확실한 미래와 미지를 향한 항해이다. 성장과정에서 직면하게 될 불확실성은 리스크와 기회를 함께 동반하고 있다. 불확실성하에서 보다 우수한 전략을 개발하기 위해서는 자신이 직면하고 있는 불확실성을 탐구하고 분해하여 자신이 알고 있는 것과 모르는 것을 분리하여야 한다. 경영환경을 분석하여 Unknown을 분리해 낼 수만 있다면 미래에 대한 전망을 가질 수 있으며 이를 근거로 보다 성공적인 성장전략을 개발할 수 있다. 전략이 불확실성을 효과적으로 관리하기 위해서는 All-or-Nothing의 접근이 아니라 Downside risk를 관리하면서 Upside opportunities를 최대화할 수 있도록 단계적, 부분적으로 개입해야 한다 - Staged, partial commitment-.

• 불확실한 세계에서의 전략개발프로세스

Phase 1: Define the strategic issue and the level of residual uncertainty

Residual uncertainty는 현재상황에서 가능한 최선의 분석 후에도 남아있는 불확실성으로, 모르는 것이 아니라 알 수 없는 것- What you can't know -이다. 불확실성은 이 Residual uncertainty의 수준에 따라 4가지로 구분될 수 있다.

- Level 1: A clear enough future
  불확실성이 future outcome에 거의 영향을 미치지 못할 정도로 낮은 수준으로 Point forecast가 가능한 수준이다.
- Level 2: Alternate future
  True or False 나 MECE - Mutually Exclusive and Collectively Exhaustive - 의 특성을 갖는 선택지의 설정이 가능한 수준이다. 여기서 MECE는 가능한 선택지 중 한가지만 옳다는 것을 의미한다. 따라서 전략의 우수성은 Outcome이 확실하게 일어날 것인가에 의해 결정된다.
- Level 3: A range of future
  가능한 Outcome을 일정한 범위의 형태로만 표현할 수 있다. 신제품/서비스에 대한 고객 수요예측 등이 여기에 해당한다.
- Level 4: True ambiguity
  Future outcomes을 현재로서는 알 수 없으며, 시간이 지나봐야 점차 그 윤곽을 알 수 있다.

대부분의 전략적 의사결정은 Level 2 또는 Level 3의 불확실성을 갖는다. Residual uncertainty의 수준은 어떤 전략적 선택을 하고자 하는가에 따라 달라지며- Issuespecific-, 회사 마다 다르다- Company-specific-. 따라서 불확실한 상황에서 전략을 개발하기 위해서는 자사가 의사결정을 내리고자 하는 Issue와 Residual uncertainty의 수준을 우선적으로 정의하여야 한다.

Phase2: Frame possible solutions

불확실성의 수준과 다른 의사결정요인들을 활용하여 자신이 선택할 수 있는 가능한 해결안들을 구성, High- potential strategies를 개발한다. 불확실한 상황에서 내려야 할 전략적 의사결정은 Shape or adapt, Now or later 그리고 Focus or diversify의 3가지로 요약될 수 있다.

- Shape or Adapt

현재의 산업구조와 경쟁자의 행위- Conduct-를 주시하면서 상황변화에 따라 스피드와 유연성을 발휘하여 매출과 수익증대의 새로운 기회를 발견하는데 집중할 것인가-Adapter- 또는 표준을 설정하거나 독자적으로 수요를 창조하는 등의 방법으로 주도적으로 산업구조를 재편할 것인가- Shaper- 를 결정하는 것이다.

- Now or Later

불확실성을 감소시키기 위해 보다 많은 정보를 수집할 수 있을 때까지 기다릴 것인가 아니면 기회를 선점하기 위해 지금 시작할 것인가의 실행시기에 관한 전략적 선택이다. Level 1의 불확실성 상황에서는 지금 시작하는 것이 유리한 반면 보다 높은 수준의 불확실성 상황에서는 경쟁자의 선점위협이 없는 한 실행시기를 연기하거나 단계적으로 접근하는 것이 바람직하다. 불확실성과 경쟁자의 선점위협이 모두 높은 상황에서는 불확실성에 따른 리스크 수준을 고려하여 Big bets 또는 Real options의 의사결정을 내려야 한다. Real options는 Downside risk를 보다 효과적으로 관리할 수 있는 수단인 반면 Big bets는 Upside gain의 기회를 증대시키는데 더 큰 관심을 갖는다.

- Focus or Diversify

매우 높은 불확실성 상황에서 어느 정도 Focus strategy를 선택할 것인가는 Risk/returns Trade-offs에 따라 결정되어야 한다. 여기서 Risk는 잘못된 전략적 선택으로 인해 야기되는 부정적 결과의 크기를 의미하는 반면, 불확실성은 가능한 Future outcomes의 범위를 의미한다. 따라서 우수한 리스크관리 의사결정을 위해서는 불확실성을 리스크로 전환해야 한다.

리스크관리를 위한 일반적인 수단으로는 Diversification과 Hedge 그리고 Insurance가 있으며, 불확실성의 수준과 기타 의사결정요인을 고려하여 리스크관리 여부 및 대응수단을 결정해야 한다.

Phase 3: Analyze possible solutions and make strategy choices

Phase 2에서 개발된 가능한 Solution을 전략개발과정에서 사용되는 Tools를 활용하여 분석한 후 최적의 Solutions를 선정하는 단계이다. Tools는 상황분석을 위한 도구와 명확한 전략적 선택을 촉진시킬 수 있는 End products 그리고 End products를 선정하기 위한 모델로 구성된다. Tool는 불확실성 수준에 따라 각기 다른 도구가 사용되어야 한다. 예를 들어 Level 1에서는 전통적인 전략개발과정에서 사용되는 Porter's Five Forces나 SWOT 분석, Discounted Cash Flow/NPV모델 등을 사용, 모든 Key value drivers에 대한 Point forecasts와 각 전략대안들의 순현재 가치를 도출하는 반면, Level 2에서는 전통적인 Tools외에 Decision trees나 Scenario planning exercises, Game theory 등을 함께 적용하여 MECE set of scenarios를 구성한 후 Decision analysis를 활용, 각각의 전략대안이 각 Scenario의 확률에 미치는 영향과 그 결과 자사가 획득하게 될 Payoffs를 평가하는 방식이 주로 사용된다. Level 3에서는 ROV-Real Option Valuation- 기법이나 System dynamics model등을 추가적으로 상황분석도구로 사용하며, Qualitative decision analysis가 중요한 전략선정의 기준이 된다. Level 4에서는 가설적 전략을 먼저 제시한 후 각각의 가설적 전략대안을 지지할 수 있는 비교가능한 사례연구 등을 활용, 가장 믿을 수 있는 -What you would have to believe- 전략대안의 근거를 제시하는 Backward Approach를 취하게 된다.

Phase 4: Monitor and update strategy choices over time

Phase 3에서 결정된 전략적 선택은 지속적, 주기적으로 경영환경변화를 Monitoring 하고, 그 결과에 따라 Update되어야 한다. 불확실성하에서 언제 어떻게 Update할 것인가를 결정하기 위한 방법으로는 Contingent Road Map과 Option Portfolio Management Principles 등을 사용할 수 있다. Contingent Road Map과 Option Portfolio Management Principles는 Level 2와 Level 3의 상황에서 효과적인 반면 Level 4의 True ambiguity상황에서는 Strategic Evolution Princples이 주로 활용된다. Strategic Evolution Principles는 기업이 매우 불확실한 상황에서 성공적으로 진화하기 위해서는 새로운 기회와 위협요인이 나타날 때 이를 신속, 정확하게 인지해야 하며, 높은 불확실성 수준하에서도 신속한 의사결정을 내릴 수 있는 경영원칙과 조직규범을 가져야한다는 전제에서부터 출발하고 있다. 이를 위해 기업은 시장정보를 수집, 전달, 종합할 수 있는 우수한 Rader Network을 보유해야 하며-Scanning-, 새로운 기회와 위협에 대해 더 많은 것을 학습할 수 있는 실험을 개발해야 하고 - Experimenting-, Scanning과 Experimenting을 통해 수집된 정보를 지속적으로 Monitoring 해야 하며, 그 결과에 따라 신속하게 투자 및 역량 개발을 위한 의사결정을 내려야 한다.

7-4. Discovery-Driven Planning

	Platform-Based	Discovery-Driven
Step 1	Make assumptions	Make projections
Step 2	Build projections based on assumptions	Determine assumptions that must prove true in order for projections to happen
Step 3	Make decisions to invest based on projections	Implement a plan to learn to test whether the critical assumptions are reasonable
Step 4	Implement the strategy	Invest to implement the strategy

(C. M. Christensen., S. D. Anthony, & E. A. Roth, 2004)

• Discovery-driven planning의 배경

Discovery-driven planning은 미래예측을 위한 지식과 정보가 부족한 상황에서 시장의 불확실성에 효과적으로 대처하기 위하여 가설을 중심으로 계획을 수립하고 실제 사업추진 과정에서 수집되는 정보에 의거, 가설을 검증하고 그 결과에 따라 지속적, 주기적으로 계획을 수정해 나가는 경영계획수립기법이다. 이 기법은 실제 사업추진과정에서 계획수립 시 예상했던 것과 다른 상황이 발생할 경우 처음 계획하였던 사업전략과 비즈니스 모델을 적극적으로 수정하는 동태적 접근으로, 시장에서 통할 수 있는 전략과 비즈니스 모델을 빠른 시간 내에 적극적, 체계적으로 찾아내는 것을 주된 목적으로 한다.

• Discovery-driven planning의 절차

일반적으로 기업에서 사용하는 Top- down방식의 경영계획은

1) 미래에 대한 가정과 사업성공의 전제가 되는 가정들을 미리 설정하고
2) 이들 가정이 과거 경험에 비추어 사실임을 전제로 Financial projection을 실시하며
3) Financial projection에 대한 최고경영층의 승인을 얻은 후
4) 전략을 실천하는 순서로 추진된다.

반면에 Discovery-driven planning은 계획수립단계에서 간과하기 쉬운 리스크가 높은 암묵적 가정들을 체계적으로 검증하기 위해 다음과 같은 프로세스로 진행된다.

1) Make projections

사업성공을 위해 요구되는 목표필요수익의 설정과 이의 실현을 위해 요구되는 매출 및 비용을 산출한 역손익계산서와 허용가능한 비용을 구성하는 생산/판매/서비스 및 이를 제공하기 위한 활동을 파악, 추정운영계획서를 개발한다. 추정운영계획서는 동종 또는 유사 산업의 표준을 고려하여 개발하되 경쟁사와 차별화된 Value Network을 구성하는데 집중한다.

2) Determine assumptions that must prove true in order for projections to happen.

역손익계산서와 추정운영계획서상의 경영성과가 실제로 현실에서 구현되기까지 사실로 확인되어야 할 가정들의 리스트를 작성한다. 이들 가정은 그 중요성의 정도에 따라 구분되어야 한다. 검증되어야 할 Critical Assumptions List가 확정된 후에는, 이들 가정을 언제, 어떻게 검증할 것인가를 연구하여 Milestones를 결정해야한다. Milestones는 사업추진을 위해 해야 할 활동과 주요가정의 검증을 위해 해야 할 활동들을 단계별로 기술한 것이다.

3) Implement a plan to learn to test whether the critical assumptions are reasonable.

계획을 실천하는 과정에서 각 단계별로 사업성공에 결정적으로 영향을 미치는 Critical Assumptions가 합리적이었는가를 검증하고 그 과정에 수집된 정보와 지식을 체계화한다. 가능한한 최소의 비용으로 가장 중요한 가정들에 대한 정보수집이 이루어지도록 노력해야 한다.

4) Invest to implement the strategy.

사업성공에 큰 영향을 미치는 결정적 가정들이 충분히 사실로 확인된 후에는 경영계획을 본격적으로 추진하기 위해 필요한 투자의사결정을 내린다.

- 기존사업의 경우 경영계획수립과정에서 설정하고 있는 가정들은 과거 경험과 지식에 비추어 대부분 사실로 인정할 수 있으나, 신규사업에서 설정된 가정들은 사업이 실제로 진행되는 과정에서 검증되어야만 사실로 인정받을 수 있다. Discovery-driven planning 은 역 손익계산서와 추정운영계획서, Critical Assumptions List, 그리고 가정검증을 위한 Milestones 의 4가지의 도구를 활용하여 신규사업의 가능성을 실제 사업을 진행해가면서 점검하는 'A disciplined process that accelerates learning what will and won't work' 으로 규정할 수 있다.

<Tips for Ideas 1-9>

Two Visions for Improving the Finance Operation

Vision A
• Increase targets, measures, and controls • Improve financial and accounting expertise • Tighten top-down planning and control • Manage costs through tighter budgets • Measure to tighten accountability • Manage risk through better procedures

⇩

Vision B
• Reduce targets, measures, and controls • Improve business analysis skills • Enable local managers to respond to events • Eliminate costs that add no value • Measure to learn and improve • Manage risk by raising competences

(J. Hope, 2006)

7-5. 기존사업과 신규사업의 경영계획수립방법차이

Proven and mature business	New and Unproven business
Accountable for results	Accountable for learning
Details	Critical unknowns
Predictions	Underlying logic
Numbers	Trends
Forward-looking	Forward-looking and historical
Annual cycle	Monthly or quarterly
Financial measures	Leading indicators

(V. Govindarajan & C. Trimble, 2005)

- V. Govindarajan과 C. Trimble은 신규사업을 위한 경영계획과 사업모델이 이미 검증된 성숙사업과 어떻게 달라야 하는가를 7가지 측면에서 밝히고 있다.
  - Predictions are revisable

    기존사업의 경우 1년에 한번 경영예측을 실시하지만 신규사업은 다양한 실험적인 사업활동이 어떤 결과를 야기시키는가를 예측하는 능력을 학습하는데 집중해야 한다. 정보가 축적되고 학습이 이루어지면서 예측은 수정되어야 한다.
  - Plans emphasizes critical unknowns

    기존사업의 경영계획은 매우 구체적으로 기술되어 있으나, 신규사업은 지식과 정보의 부족으로 인하여 구체적 계획을 수립하는 것이 불가능하다. 신규사업의 경영계획은 사업추진에 꼭 필요한 정보와 지식-Critical unknowns or assumptions-을 검증하고 확인하는데 주안점을 두어야 한다.
  - The theories underlying the predictions are explicit

    신규사업에서는 예측 그 자체 보다 그러한 예측을 하게된 근거가 되는 이론이 중요하다. 따라서 신규사업의 경영계획에서는 어떤 이론적 근거하에서 그러한 예측을 하게 되었는가를 밝히고 이를 실제 사업추진과정에서 검증해야하며 필요시 이를 적극적으로 수정하는 Active adaptation의 과정을 거쳐야 한다.
  - Predictions are trends

    기존 사업의 경영계획은 구체적인 수치를 예측하나, 신규사업에서는 전반적 추세를 질적 방식으로 예측하고 이를 실제 추세와 비교해야 한다.
  - Performance reviews include history

    기존사업의 경영계획은 주로 최근의 성과를 중심으로 분석하나 신규사업에서는 보다 장기간에 걸친 역사적 추세를 함께 분석하여야 한다.
  - Revisions are frequent

    신규사업의 경영계획은 학습을 촉진시키기 위해 월별, 분기별로 수립되고, 성과평가가 이루어져야 한다.
  - Plans emphasizes leading indicators

    기존사업의 성과측정기준은 주로 재무적 지표를 중요시하지만 신규사업은 고객 및 운영지표와 같은 선행지표를 중심으로 구성되어야 한다.

- V. Govindarajan과 C. Trimble은 신규사업의 경영계획을 수립하기 위한 방법으로 Theory Focused Planning- FTP-을 제안하고 있다. 이들은 핵심가정- Critical assumptions

-의 검증을 중요시하는 Discovery-driven planning이 불확실성의 크기를 과소평가하고 있음을 지적하고, 보다 효율적인 학습을 위해서는 특정사업이 어떤 과정을 거쳐 어떻게 성공할 수 있는가를 밝히는 이론적 모델을 먼저 구축한 후 실제 사업추진과정에서는 이 이론적 모델을 검증하고 수정하는데 주력해야 한다고 주장하고 있다. 이들이 제안한 Theory Focused Planning의 절차는 다음과 같다.

Step 1. Describe how the business work
- What actions will lead to success? How?

Step 2. Identify metrics
- What can we measure?

Step 3. Establish goals
- What constitutes success on multiple dimensions?

Step 4. Create spending guidelines
- How much do we need to spend, and when, to achieve success?

Step 5. Predict performance
- Given the budget we have established, what result do we expect?

Step 6. Identify critical unknowns
- What assumptions have we made that could either make or break the business?

Step 7. Analyze disparities between predictions and outcomes.
- What evidence have we gathered?
- Can we validate or invalidate portion of our theory? Can we resolve any critical unknowns?

Step 8. Revise the plan
- Based on lessons learned, do we need to change our plan? If so, how?

제2부 성장전략 Options

1. 핵심사업의 강화
2. 인접확장전략
3. 고객중심 성장전략
4. 신제품/서비스개발전략
5. Market Driving 또는 Value Innovation 전략
6. Value Chain 혁신과 Networking 전략
7. 글로벌화 전략
8. M&A전략

1. 핵심사업의 강화

1-1. 지속가능한 성장을 위한 핵심사업의 역할

핵심사업의 3차원

1. Competitive Position	• Weak followership / Parity / Weak Leadership / Strong market leadership
2. Market Dynamics	• Total meltdown / Turbulent boundries /Stable or low growth / Strong growth
3. Financial Performance	• Full potential / Underformance

(C. Zook, 2004)

• 핵심사업과 성장의 관계

지속가능한 성장은 현재 가장 잘 되고 있는 사업의 성과를 극대화하는데서부터 출발해야 한다. 핵심사업이 강력할수록 주식시장에서 더 큰 가치를 창출하며, 고수익 창출이 가능한 인접영역으로 확장할 수 있는 기회도 함께 커진다. 지속적으로 가치를 창출하면서 최소한 10년 동안 년 평균 5.5% 이상 성장한 기업의 80%는 시장지배적 지위-상대적 시장점유율 1.2 이상-를 갖는 하나의 핵심사업을 보유하고 있으며, 17%는 시장지배적 지위를 갖는 복수의 핵심사업을 보유하고 있는 반면 핵심사업 없이 가치창출과 성장을 동시에 달성한 기업은 5% 미만에 불과하다는 사실은 지속가능한 성장의 기반으로서 핵심사업의 중요성을 구체적으로 보여주고 있다 (C. Zook & J. Allen, 2001).

• 핵심사업의 파악

강력한 핵심사업을 구축하기 위해서는 우선적으로 자사가 현재 운영하고 있는 사업들 중 어떤 사업이 핵심사업인가를 파악한 후 이를 중심으로 적절한 사업경계를 설정해야 한다. 핵심사업은 시장에서 자사가 가장 큰 경쟁우위를 창출할 수 있는 제품군, 고객군, 기술을 중심으로 규정되어야 한다. 핵심사업의 파악을 위해서는 다음 5가지 자산을 확인해야 한다.

- 잠재수익성이 가장 큰 기존고객
- 가장 차별화된 전략적 역량
- 자사의 경영성과에 결정적인 영향을 미치는 제품의 매출
- 가장 중요한 유통경로
- 위 항목을 지원할 수 있는 지적 재산과 브랜드, Network 등 무형자산

• 핵심사업의 3차원

핵심사업은 첫째 강력한 선도기업 - Market leadership -의 지위를 보유하거나, 둘째 현재 높은 성장률을 보이고 있는 역동적인 산업에 속해 있거나, 셋째 자사의 성장잠재력을 최대한 실현하고 있는 사업이다. 이러한 핵심사업에서의 경쟁지위는 쉽게 변화하지 않는다. Bain & Company가 미국내 501개 회사를 대상으로 조사한 결과에 의하면 2-5위의 시장지위를 갖는 회사가 10년내에 Top Two에 진입한 경우는 12%에 불과하며 1,2위의 지위가 역전된 경우도 29%에 불과한 것으로 나타나고 있다 (C. Zook, 2001).

1-2. 핵심사업에서의 성과극대화 방안

- 비용우위의 확보
- 핵심고객기반 강화
- 시장점유율 증대
- Market Repositioning
- Brand / 제품군 합리화
- Pricing을 통한 수익증대
- 자본확보역량 강화
- 조직구조와 시스템, 프로세스혁신

- A. T. Kearney의 조사연구에 의하면 미국의 CEO들은 자신들의 회사가 현재 자사가 보유하고 있는 잠재력의 50%정도밖에 발휘하지 못하고 있는 것으로 생각하고 있다고 한다. (G.K. Deans & F. Kroeger, 2004). 이는 현재 평균적인 수익만을 창출하고 있는 기업들도 자사가 보유한 자원과 역량의 잠재력을 최대한 이끌어내는 것만으로도 비약적인 고수익 성장을 실현할 수 있을 뿐만 아니라 새로운 성장사업의 기회도 크게 증대시킬 수 있음을 의미한다.

핵심사업에서의 성과극대화를 위해 우선적으로 고려할 수 있는 전략들은 다음과 같다.

• 비용우위의 확보

원가절감은 정도의 차이는 있을지 모르나 기업이 어떤 차별화 전략을 선택하는가에 관계없이 공통적이며 기본적으로 추구해야 한다.

평균적인 기업의 경우 Sourcing and vendor management의 개선만으로도 총비용의 6-13%를 절감할 수 있다(G.K. Deans & F. Kroeger, 2004).

비용절감을 위해 선택할 수 있는 중요한 전략과제들은 다음과 같다.

- 규모경제와 학습효과의 구현
- 공정기술과 제품설계 방식의 개선
- Input costs의 절감과 생산성증대
- 고정/간접비 절감과 유연화, 자산활용도제고
- 핵심프로세스 개선

원가와 품질, 시간과의 경쟁에서 승리하기 위해 기업은 자사의 비용구조를 치밀하게 분석, 핵심 Cost drivers와 각각의 가치창출활동-Value activities-에 원가를 배분, 이들 Value activities의 효율성을 최대한 증대시킬 수 있는 개선방안을 마련하되 조직구성원의 자발적인 Disciplined Behaviors의해 통제될 수 있는 조직구조와 System을 구축, 운영해야 한다.

• 핵심고객 기반강화

글로벌차원의 경쟁심화로 고객의 선택권이 증대된 오늘의 경영환경에서는 기존고객의 유지가 고객수익성의 제고와 함께 마케팅의 최우선적 목표가 되어야 한다. 고객 충성도를 강화하면서 고객 수익성도 함께 증대시키기 위해서는 자사가 우선적으로 집중해야 할 전략적 가치가 높은 핵심 고객군을 선정, 이들의 가치기준에 적합한 독특하고 차별화된 Market Offerings를 제공해야하며 - Shape customer's value criteria-, 전환비용을 최대한 증대시키는 등- Increase switching cost-, 고객의 선택권을 제한할 수 있는 마케팅전략을 개발해야 한다. 이를 위해서는 자사가 선정한 고객군의 구매의사결정과정과 기준은 물론 제품의 사용에서 폐기까지의 전체 소비과정에서의 고객 needs와 이들이 경험하는 문제에 대한 심층적 이해를 필요로 한다. - 제2부 3. 고객중심 성장전략 및 4. 신제품/서비스 개발전략 참조 -

• 시장점유율증대

일반적으로 높은 시장점유율은 수익을 증대시킨다. Bain & Company는 강력한 선도기업의 투하자본수익률은 25.4%인 반면 평균적 기업은 14.3%, Followers는 8.6%에 불과하며, 33개 산업에서 Top Two의 기업들이 전체산업중 40%의 매출, 70%의 수익, 80%의 시장가치를 차지하고 있는 것으로 보고하고 있다(C. Jook, 2004).

시장점유율을 증대시키기 위해서는

- 차별화된 제품개발과 강력한 유통망의 구축으로 경쟁자의 시장점유율을 잠식하거나
- 특정 세분시장을 선택, 고객충성도를 강화시킬 수 있는 독특한 가치제안을 개발한 후 이 세분시장에서의 성공을 발판으로 점진적으로 시장을 확대하는, 2보 전진을 위한 1보 후퇴의 전술을 선택하거나
- 동종업체를 인수하는 등의 전략적 대안을 고려할 수 있다.

• Market Repositioning

Market Repositioning은 자신이 속한 산업내에서 성장하는 시장에 집중, Market mix를 변화시킴으로써 고수익성장을 실현하는 전략이다. 이 전략이 성공하기 위해서는 경쟁자보다 먼저 새로운 성장시장을 파악, 신속하게 진입함으로써 First Mover Advantages를 확보해야 한다. 새롭게 성장하는 세분시장은

- 고객의 구매결정 기준이 변할 때 : Shifts in buying criteria
- 비약적인 기술 및 프로세스혁신으로 보다 낮은 가격으로 높은 가치를 갖는 제품/서비스를 제공할 수 있을 때 : Leaps in customer value
- Life stages, Geography, Economics 등 인구론적 변인에서 새로운 추세가 형성될 때 : Trends in demographics

출현하는 경우가 많다(M. Treacy, 2003). Market Repositioning은 일회적인 사건이 아니라 일상경영활동 과정에서 지속적인 모니터링과 함께 추진되어야 하며, 신속한 진입을 최우선의 목표로 해야 한다. 이와 동시에 자사의 주력 세분시장의 성장잠재력과 수익성을

주기적으로 점검, 적극적인 사업구조조정이나 창의적, 혁신적 Business Model의 개발 등의 조처가 함께 이루어져야 한다.

• Brand/ 제품군 합리화

시장의 지역적 확대와 고객needs의 다양화에 대해 지금까지 기업은 시장을 세분화하고 각 세분시장에 적합한 차별화된 브랜드 및 제품 라인을 구축하는 방식으로 대응하였다. 그러나 오늘날에는 브랜드와 제품라인의 지속적인 증가로 인하여 독특한 Positioning이 도리어 힘들게 되었을 뿐만 아니라 복잡성과 비효율성을 증대시키는 결과를 야기하게 되면서 브랜드 및 제품군의 합리화의 필요성이 대두되고 있다. 이러한 사실은 Unilever의 1600여 개 브랜드 중 하위 1200개의 브랜드매출이 1999년 회사 전체 매출의 단지 8%만을 점유하고 있었다는 사실에서 쉽게 확인할 수 있다(N. Kumar, 2004).

현재 Weak Followers의 지위에 있는 기업에게 브랜드와 제품군 합리화는 지속적인 생존을 위한 핵심적인 과제로 인식되어야 한다. Chrysler가 위기상황에서 생존을 유지할 수 있었던 것도 자사의 역량이 최대한 발휘될 수 있는 성장시장을 파악, 선택과 집중을 통해 핵심사업을 단순화한 후 원가절감과 효율성 제고를 위해 모델, 공급자, 부품에서의 복잡성을 감소시킴으로써 새로운 고수익 성장의 발판을 구축하는데 성공하였기 때문이다.

브랜드/제품군의 합리화 과정에서 우선적으로 고려해야 할 목표는 고객 및 매출감소를 최소화하면서 각 브랜드/제품군이 명확하고 구체적인 목표 세분시장과 독특한 Positioning을 가질 수 있도록 Portfolio를 구축하는 것이다.

브랜드/제품군 합리화의 일반적 절차는 다음과 같다 (N. Kumar, 2004).

- Conduct a brand portfolio audit
- Determine the optimal deletion strategies
- Select appropriate brand deletion strategies
- Develop a growth strategies for the surviving brands

한편 브랜드/제품군 합리화로 Market Variety를 최적화한 후에는 Business Process와 조직구조, System의 단순화를 함께 추구해야 한다.

기업이 성장하는 과정에서 필연적으로 브랜드/제품군의 복잡성이 증대할 수 밖에 없으며, 지나친 브랜드/ 제품군의 축소는 매출감소로 연결된다. 따라서 성장과 수익을 동시에 달성하기 위해서는 지속적으로 브랜드/제품군의 Portfolio를 점검하고, 각각의 브랜드/제품군의 역할을 새롭게 규정한 후 브랜드/제품군 합리화 과정을 주기적으로 실행해야 한다. 핵심사업을 방어하고 확장하는 역할과 새로운 성장사업을 위한 역할, 그리고 미래를 위한 option

으로서의 역할을 수행하는 브랜드/제품군들이 유기적으로 연계되어 있을 때 지속가능한 고수익성장이 가능하다.

- **효과적 Pricing을 통한 수익증대**

많은 기업들이 수익성제고를 위한 원가절감에는 많은 노력을 기울이는 반면 가격에 대해서는 상대적으로 관심을 덜 기울이는 경향을 보이고 있다. 이는 가격은 자사가 독자적으로 결정할 수 없다는 인식과 회사내부적으로 개별 제품/서비스별로 가격을 설정, 관리하는 관행에서 주로 기인하는 것으로 판단된다.

Pricing을 통해 수익성을 증대시키기 위해서는 활동기준원가-ABC, Activity Based Costing-정보 및 CRM정보를 통해 얻을 수 있는 고객별, 제품군별, 유통채널 별 수익성 분석결과와 제품라이프사이클 분석결과, 세분시장별 구매결정 요인 및 Willing to Pay 조사결과, 그리고 제품간 상호의존성 분석자료, 고객가치분석자료 등을 효과적으로 활용해야 한다. 특히 개별 제품별 수익성은 물론 고객수익성 및 자사의 총수익을 증대시킬 수 있는 적극적 수요관리 차원에서 접근해야 한다. 이를 위해서는 Customer management 및 Yield management에 의한 Dynamic Pricing Technique와 Assortment management technique 등을 활용하는 것이 효과적이다.

Pricing을 통해 수익성을 증대시키고자하는 기업에게 다음의 지침들은 큰 도움이 될 것이다(H. Simon, F.F. Bilstein & F. Luby, 2006).

- Segment your customers by preferences and willingness to pay.
- Reshape your product offering according to customers' willingness to pay.
- Promote your products heavily if you know the real impact.
- Understand the implications of price increases.
- Raise price if you can offer a better value proposition.
- Raise prices to preserve profits in a declining market.
- Increase prices for selected customer segments.
- Use price as an indicator of value for a "Low involvement" product.
- Be careful changing prices when costs change.
- Remember the profit-building and profit-destroying actions when negotiating prices.
- Learn when to sacrifice customers satisfaction in favor of profit.
- Launch loyalty programs only if competitors can't copy them.

- Don't create customer entitlement.
- Resist the urge to cut price proactively.
- Encourage sales people to discount less.
- Get the monetary incentives right.

• 자본확보역량 강화

Weak Follower가 다양한 성장option을 선택할 수 없는 것은 무엇보다도 선도 기업대비 자본에 대한 접근이 제한되어있기 때문이다. 지속가능한 고수익 성장을 위해서는 현금확보가 가능한 자본시장에서 높은 평가를 받을 수 있도록 자본구조를 개선해 나가야 한다.

자본구조의 설계와 관리를 위한 일반적인 절차는 다음과 같다 (T. Koller, M. Goedhart & D. Wessels, 2005)

- Project financing surplus or deficit.
- Set target credit rating and ratios.
- Develop capital structure for base case scenario.
- Test capital structure under downside scenario.
- Decide on current and future actions.

• 조직구조와 시스템, 프로세스 혁신

지금까지 제시한 7가지 핵심사업 성과극대화 전략은 조직역량의 지원이 함께 이루어질 때 더 큰 성과를 창출할 수 있다. 전략에 부합되는 보다 유연하며 경계 없는 조직구조의 설계와 정보공유 및 의사결정체계, 핵심process의 재설계와 Outsourcing을 활용한 Value network의 재설계, 고수익성장을 확인할 수 있는 핵심성과지표의 개발과 보상과의 연계, 그리고 우수한 인재가 자신의 역량을 최대한 발휘할 수 있는 인적자원 관리체계 및 조직문화의 구축은 기업이 어떤 성장전략을 추구하던 공통적으로 요구되는 조직 혁신 과제들이다.
- 참조 제3부 지속가능한 '성장을 위한 조직개발전략' 참조-

1-3. 핵심사업에의 집중을 위한 사업구조조정계획수립프로세스

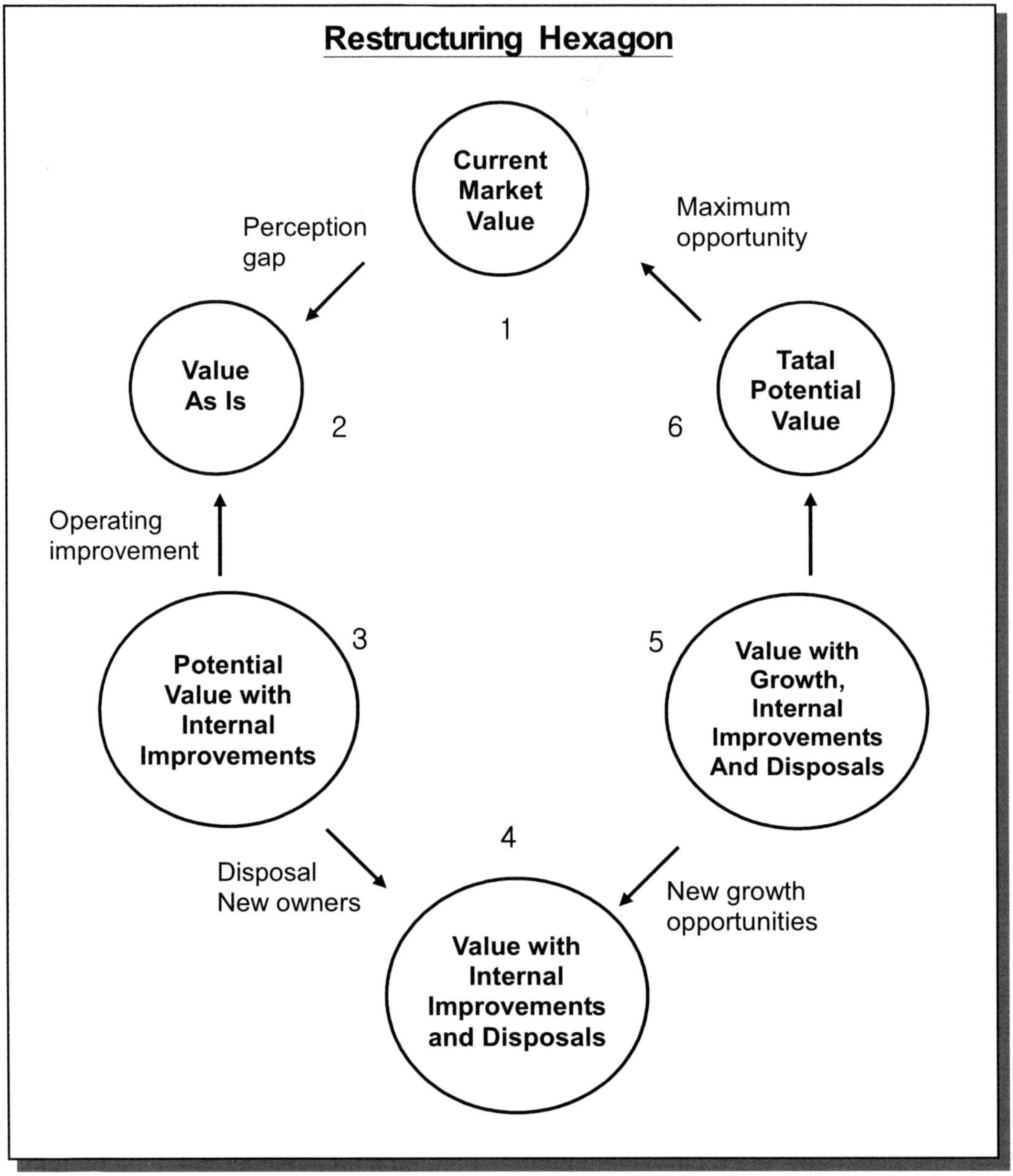

(T. Copeland, et al., 2000)

- Restructuring Hexagon은 자사의 기존사업들을 6가지 측면에서 분석, 기업가치를 극대화할 수 있는 최선의 사업구조조정 전략을 수립하는 것을 목적으로 한다. 이를 위해서는 우선 현재 시장가치를 철저하게 분석한 후 각 사업부들의 가치를 Discounted Cash Flow 방식으로 추정, 그 차이를 확인해야 한다. 그 후 기업내부적으로 운영효율성을 제고시킴으로써 기대할 수 있는 잠재적 가치 - Potential value with internal improvement - 와 사업철수 또는 사업부 매각등 외부적 방법을 함께 적용하였을 때 기대할 수 있는 잠재 가치 - Value with internal improvement and disposals - 를 추정한다. 여기서 사업철수 또는 매각은 각 사업단위의 가치창출 잠재력, 모기업의 각 사업단위로부터 가치를 이끌어 낼 수 있는 능력과 자원의 한계, 각 사업단위간 기대시너지, 보유자산과 사업의 가격, 거래비용과 규제장벽, 자산유동화의 가능성 등을 고려하여 결정한다. 운영효율성 제고와 사업철수/매각 후 추정 기업가치에 선택적 인수합병이나 신규 R&D 투자, 지역적 확대, 신규 합작회사 설립 등 실현가능한 새로운 성장기회들의 미래가치를 더하면 Value with growth, internal improvements and disposal을 얻을 수 있으며, 그 결과에 부채비율 조정을 통한 법인세 감세효과와 같은 Financial engineering의 결과를 더하면 총잠재가치 - Total potential value - 를 얻을 수 있다. 사업구조조정 계획은 이 Total potential value를 최대화할 수 있는 최선의 전략과 구체적인 실행계획으로 구성되며, 이의 성공여부는 추정된 Total potential value가 실제 자본시장에서 시장가치로 현실화되는 정도에 의해 결정된다. 여기서 새로운 성장기회에 대한 투자를 위해 필요한 현금은 사업철수/매각과 운영효율성 제고를 통해 확보한 현금 및 Financial engineering을 통한 현금흐름 변화와 부합되어야 한다.

- Restructuring 전략은 일회적 사건이 아니라 경영환경의 변화와 자본 시장의 반응을 점검, 지속적, 주기적으로 수정, 보완하여야 하며 일상경영계획에 반영하여야 한다.

1-4. 시장지배력 강화를 위한 경영원칙

The Principles of Hardball

- They focus relentlessly on competitive advantage.
- They strive to convert competitive advantage into decisive advantage.
- They employ the indirect attack.
- They exploit their employees' will to win.
- They draw a bright line in the caution zone.

(G. Stalk & R. Rachenauer, 2004)

G. Stalk 과 R. Lachenauer는 자본주의 시장경제체제하에서 기업의 존재이유는 경쟁에서 승리하는데 있으며, 기업들이 치열하게 경쟁할수록 사회전체는 보다 풍요롭고 건강해진다는 주장하에 Dell, Wal-mart, Toyota, Southwest Airlines 등 경쟁을 통해 지속적으로 시장지배력을 강화해 나가는 Hardball Players의 특징들을 제시하고 있다.

- **They focus relentlessly on competitive advantage.**

Hardball Players는 자신들이 무엇을 어떻게 해야만 경쟁에서 승리할 수 있는가를 명확하게 인식하고 있다. 이들은 경쟁우위요소에서 자신들이 현재 어떤 위치에 있는가를 냉정하고 엄격하게 평가한 후 경쟁자들과의 격차를 지속적으로 확대하기 위해 집요하게 노력한다.

- **They strive to convert competitive advantage into decisive advantage.**

Hardball Players들은 자신들의 경쟁우위요소를 지속적으로 강화하여 결정적 우위요소로 전환하는 능력이 우수하다. 결정적 우위 요소는 경쟁자가 도저히 따라올 수 없을 정도로 시장지배력을 강화시키며, 강화된 시장지배력은 다시 고수익성장의 기회를 제공한다. 이들은 자신들의 강점을 강화하는데 집중하며, 어떤 게임에서든 이들 강점을 최대한 활용, 결정적인 승리를 추구한다.

- **They employ the indirect attack.**

Hardball Players들은 경쟁자들과 직접적으로 대결하기보다는 간접공격을 통하여 결정적 승리를 얻고자 한다. 군사작전에서도 강력한 적과 정면 대결해서 결정적 승리를 얻었던 경우는 거의 없다.

- **They exploit their employees' will to win.**

Hardball Players는 직원들이 현재에서 안주하지 못하도록 끊임없이 긴장을 조성하고, 철저하게 행동지향적이 될 것을 요구한다. 승리는 오로지 자신이 스스로 승리할 것이라는 것을 확신하는 자만이 가질 수 있다.

- **They draw a bright line in the caution zone.**

Hardball Players는 게임에서 법률적으로나 사회적으로 허용될 수 있는 것과 해서는 안되는 것의 경계를 명확하게 설정하고 이를 철저하게 준수한다. 이를 위해서는 다음 사항들을 우선적으로 검토해야 한다.

- Will the proposed action break any law?
- Is the proposed action good to the customer?
- Will competitor be directly hurt by the action?
- Will an action hit a nerve with a special interest group in a way that might damage the company?
- Will the action provoke positive change?

- Hardball players는 단기적 처방이나 현실과 적당하게 타협하여 문제를 해결하기 보다는 모든 자원과 역량을 집중하여 오로지 경쟁에서 승리하는 것만을 집요하게 추구하는 기업이다. 이들은 불법이 아닌 한 무슨 수를 사용해서라도 주어진 목표와 임무를 완수하고자 하며, 승리를 위해 자신의 모든 것을 던질 준비가 되어 있는 리더와 직원들을 육성한다. 이러한 Hardball의 규칙은 원가 및 역량 우위가 경쟁에서 결정적으로 중요한 산업에서 특히 큰 위력을 발휘한다.

<Tips for Ideas 2-1>

Key Elements of the Management Process

예 시 - Emerson

- **Keep it simple**
- **Commitment to planning**
- **Strong systems of follow-up and control**
- **Action-oriented organization**
- **Operational excellence**
- **Creating an environment in which people can and do make a difference**

(C. F. Knight, & D. Dyer, 2005)

1-5. Industry Life-Cycle과 성장전략

Industry Changes From Birth To Maturity

Emerging Stage	Shakeouts	Mature Stage
• Many small operators	• Smaller number of larger competitors	• 'Shopping mall' structure
• No technical standards	• Multiple standards	• De facto standards
• Fast growth	• Faster growth	• Slower growth
• Ease of entry and exit	• Entry and exit barriers	• Mobility barriers
• High degree of specialization	• High degree of specialization	• Standardization and specialization
• Excess capacity	• Rationalized capacity	• Renewed capacity
• Local focus	• National focus	• Global focus
• Many local or regional brands	• National brands	• Mega brands and niche brands

(J. Sheth, & R. Sisodia, 2002)

모든 산업은 그 생애주기에 걸쳐 S-Curve 형태의 집중도를 보이며, 그 과정에 수많은 기업들이 흥망성쇠를 거듭한다. 산업생애주기 각 단계별 특징을 이해하는 것은 성장전략수립을 위한 필수전제조건이 된다.

• Emerging Stage

새로운 산업이 태동하는 단계에서는 진입 및 퇴출 장벽이 낮아서 수많은 중소기업들이 등장하고 사라진다. 이들 중소기업들은 보통 특정 지역에 기반을 두고 있으며 차별화된 제품/서비스와 기술적 역량을 보유하고 있다. 기술적 표준을 선점하기 위한 치열한 경쟁속에서 산업전체적으로는 빠른 규모성장이 이루어진다. 이 단계에서의 성장기회는 산업표준을 설정하여 기술적 리더십을 획득하거나 전략적으로 높은 가치를 갖는 자산을 선점하고, 향후의 기술발전에 따라 출현가능한 새로운 성장기회들에 대한 Portfolio of Options를 확보, 어떤 방향으로 산업진화가 이루어지더라도 신속 유연하게 대응할 수 있는 시스템을 구축해야 한다. 재무적으로 높은 순현금흐름 유출에 대응할 수 있는 자금력을 확보해야 하며 전문기술인력을 확보, 유지하면서 다방면의 인지도 제고에 집중해야 한다.

• Shakeouts

대기업들간의 경쟁이 심화되면서 규모성장과 산업집중도 모두 급격하게 증대하는 단계이다. 아직까지는 복수의 표준이 공존하는 가운데 높은 수준의 전문화가 이루어진다. 수요증가로 인해 수요-공급이 점차 균형을 이루게 되지만, 그에 상응하여 진입 및 퇴출 장벽도 강화된다. 국가차원에서의 인지도 확보를 위한 경쟁이 이루어진다. 이 단계에서는 생산설비 및 제품Line 증대경쟁으로부터 탈피, Product /Customer Mix를 합리화하면서 서비스품질 제고, 차별화가 가능한 세분시장개발로 관심의 방향을 전환해야 한다.

• Mature Stage

다양한 제품을 공급하는 소수의 경쟁자를 중심으로 전체 산업이 집중, 균형을 이루는 단계이다. 보통 3개 정도의 Generalist 대기업-Rule of Three-과 다양한 전문기업들을 중심으로 산업구조가 재편된다. 실질적인 표준이 정착되고, 국내시장의 저성장 상황이 계속되면서 지속적인 시장세분화로 제품라인 및 Brand수가 급속하게 확대되며, 가격난조현상이 나타나고 서비스비용이 증대한다. 이 단계에서는 특정 세분시장에서의 확고한 경쟁우위를 기반으로 동종기업의 인수합병 등을 통해 전체산업에 대한 시장지배력을 강화하는데 주력하면서, 글로벌 시장에서의 성장기회를 적극적으로 모색해야 한다. 운영효율성의 개선을 통한 투하자본수익률의 증대, 유통차별화와 영업력 강화, 역량 및 사업포트폴리오의 재검토를 통한 사업구고조정의 점진적 추진과 이를 지원하기 위한 유동성 확보에 재무적 노력을 집중해야 한다.

1-6. 성숙시장에서의 경쟁전략

Five Major Types of the Market Players

- Full-Line Generalists
- Portfolio Generalists
- Product Specialists
- Market Specialists
- Super Niches

Prevailing Rules

Generalist	Rule of Three; Three players dominate
Product or Market Specialist	Rule of Two; Two players vie for lion's share
Super Niches	Rule of One; One player is a de facto monopoly

(J. Sheth, & R. Sisodia, 2002)

J. Sheth와 R. Sisodia는 다양한 산업의 성숙기시장을 시장점유율과 ROA를 중심으로 분석, 성숙기시장의 구조적 특징을 밝힌 후 각 단계별 경쟁전략의 방향을 제시하고 있다.

• Generalist와 Specialist

산업집중도가 최고조에 도달한 성숙기시장은 크게 Generalist와 Specialist의 2가지 유형의 기업들로 구성된다. Generalist는 규모와 스피드를 바탕으로 Volume을 중요시하며, 효과성 보다는 효율성을 강조한다. 이를 위해 Generalist는 다양한 제품/서비스라인을 넓은 범위의 시장에 복합적 유통채널을 통해 제공한다. Specialist는 수익성에 초점을 두고 독특한 Product Offerings를 목표시장에 집중된 채널을 통해 배타적으로 공급한다. 이들은 효율성 보다는 효과성을 중요시하며 제품의 혁신과 마케팅을 강조한다. 한편, Generalist는 다시 Full-Line 및 Portfolio의 2가지 유형으로, Specialist는 Product 및 Market specialist와 Super Niches의 3가지 유형으로 세분화할 수 있다.

• 성숙기시장의 구조적 특징

- 대부분의 성숙기시장은 3개의 Major Players와 다양한 Product or Market specialists로 구성된다.
- Generalist의 재무적 성과는 일정수준까지는 -약 40%- 시장점유율이 증가하면 함께 증대되지만 그 수준을 초과할 경우 규모의 비경제와 규제증가 등 정치적 문제가 발생하면서 정체되는 경향을 보인다.
- Specialist는 전체시장에서의 시장점유율이 증가하면 재무적 성과가 도리어 약화되지만, Specialty Niche내에서 시장점유율을 증가시킬 경우 성과도 함께 증대한다. Super Niche player로 성공하기 위해서는 해당 Niche내에서 약 80~90%의 시장을 점유, 독립적 지위를 구축해야 한다.
- Market Leader가 70% 이상의 시장을 점유할 경우 Full-Line Generalist가 출현하기 어려우나 이러한 상황이 지속적으로 유지되기는 어렵다. Market Leader가 50~70%의 시장을 점유할 경우 Third Full-Line Generalist가 출현하기 어려우나 장기적으로 새로운 No.3의 Generalist가 Market Leader의 시장지배력과 관계없이 출현한다. Market Leader가 40%이하의 시장을 점유할 경우 제4의 Generalist 가 일시적으로 출현할 가능성이 있다.
- 특정 Generalist의 시장점유율이 10%이하일 경우 진퇴양난의 Ditch 상황으로 내몰리게 된다. 이 기업은 다시 시장점유율을 증대시키거나 Specialist로서 생존을 모색해야 한다. 전체

시장이 위축될 경우 #1과 #2간의 경쟁은 #3를 Ditch상황으로 밀어내지만, Specialists에게는 이들간의 경쟁이 거의 영향을 미치지 않는다. Specialists의 사업영역에 진출한 Generalist는 대부분 실패한다.

- #1은 가장 큰 R&D투자에도 불구하고 가장 비혁신적이다. 따라서 #1은 Fast-Follower 전략을 추구하는 것이 유리하다. #3가 보통 가장 혁신적인 경향을 보이지만 혁신의 성과는 #1이나 #2에게 빼앗기는 경우가 많다. 따라서 #3는 자신들의 Innovation에 대해 법적 보호를 획득하거나, #1이 모방하기 힘든 차별화된 전략을 개발해야 한다.
- #3가 안정적으로 현재의 지위를 유지하기 위해서는 가능한한 Ditch상태로부터 멀리 떨어져있어야 한다. Ditch상태의 회사는 최악의 경영성과를 보여주며 생존이 의문시되는 경우가 많다. 이 상황에 처한 기업은 그들을 방해할 #3가 없을 경우에는 Big Player로 재도약할 수 있다. 그렇지 않을 경우 자사의 독특한 자원으로 지속가능한 경쟁우위를 확보할 수 있는 Defensible Niche를 발굴, Specialist로서 생존을 모색해야 한다.

- **시장지위와 경쟁전략**

  - Strategies for #1 Company

    Be a "Fast follower" in innovations.

    Push for the adoption of industry-wide standards.

    Develop world-class marketing and advertising through single or dual global positioning.

    Use multiple distribution channels.

    Emphasize both low costs and product differentiation, and focus on volume over margin.

    Grow the market.

    Avoid dogmatic thinking.

  - Strategies for #2 Company

    <u>Generic Strategies</u>

    Engage in productive marketing

    Focus on value

    Close the efficiency gap with the #1 company

Conditional Strategies

Clone the leader-but be smart about it.

Topple the leader.

Challenge the leader.

Co-exist with leader through segmentation.

- Strategies for #3 Company

  Innovate and differentiate.

  Concentrate resources for best opportunities.

  Use guerilla marketing.

  Take calculated risks.

  Promote vertical partnerships.

  Seek out horizontal partnerships.

- Strategies for Specialists

  Maintain exclusivity and product/market share.

  Keep the specialty pure, but create specialties as needed.

  Practice target marketing and avoid segment creep.

  Offer sales expertise, great personal service and superior experiences.

  Shun fixed costs.

  Create entry barriers.

  Avoid the regional specialist's path.

  Control growth.

2. 인접확장전략

2-1. 인접확장의 유형

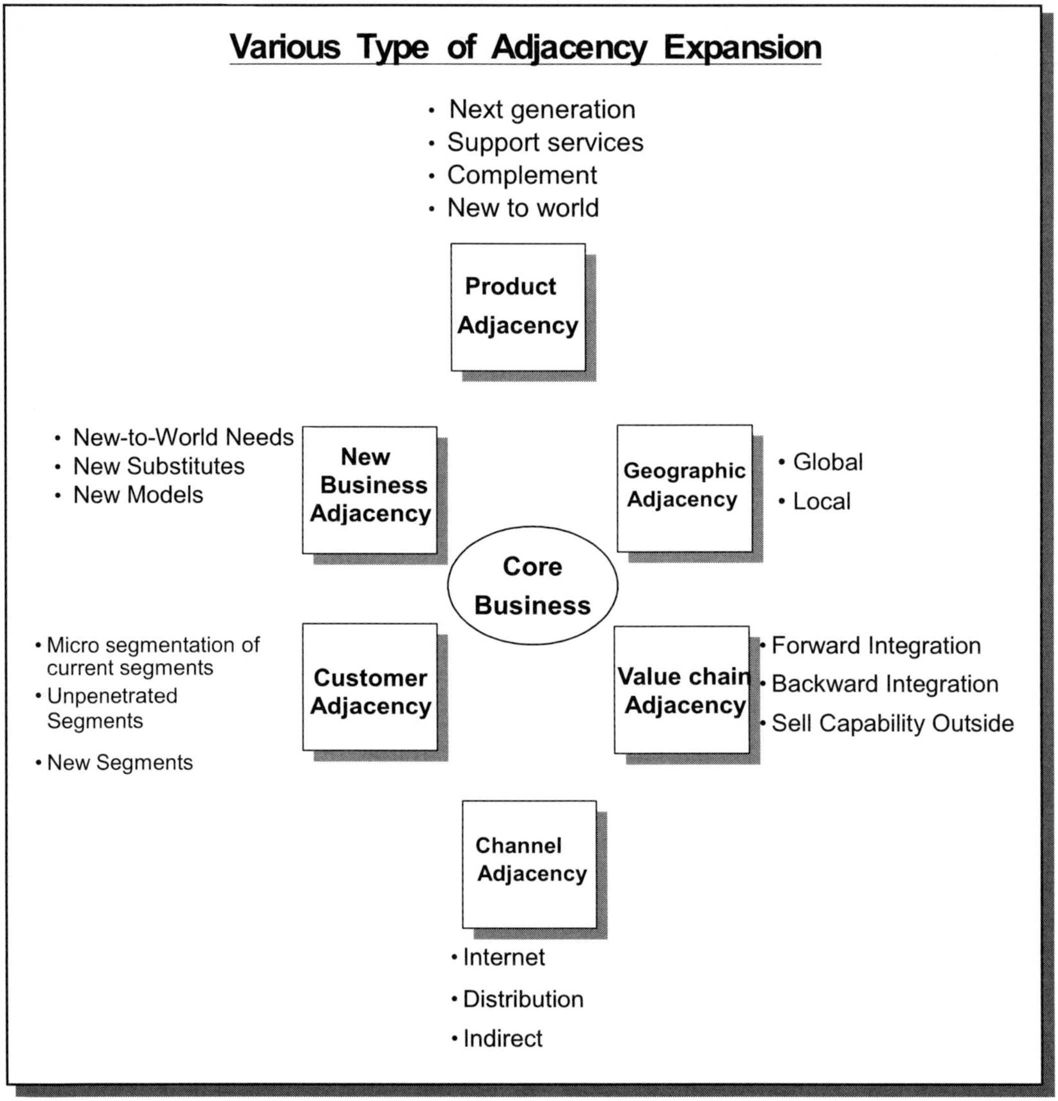

(C. Zook, 2004)

- 지속가능한 고수익 성장을 위해서는 우선적으로 기존 핵심사업에서 실현가능한 최대성과를 창출하면서 이들 핵심사업의 경계를 점진적으로 확장해 나가는 것이 효과적이다. 비관련사업의 M&A 등을 통해 일시적으로 매출 및 자산의 획기적 증대를 추구한 성장전략은 장기적으로 고수익성장에 성공한 경우가 매우 드물다는 사실에서 성장전략으로서 인접확장 – Adjacency Expansion – 의 가치는 아무리 강조해도 지나치지 않다.

- 인접확장전략은 자사의 가장 강력한 핵심사업의 주변에 위치하는 6가지 인접영역으로 진입하는 것이다. 이들 6가지 영역은 제품, 지역, 가치사슬, 유통채널, 고객, 신사업으로 구성된다.

- Product Adjacency는 신제품/서비스를 기존의 핵심고객에게 판매하는 것으로 성공률이 가장 높다. 축적된 고객 needs와 문제에 대한 이해를 기반으로 한다. 최근 IBM, GE 등의 대기업이 Service 또는 Solution Provider로의 변신을 추구하는 것도 여기에 해당되는 성장전략이다. 고객의 구매점유율 – Share of Wallet – 증대를 목표로 한다.

- Geographic Adjacency는 기존제품과 서비스를 새로운 지역에 제공하는 것으로 대체로 평균이하의 성공률을 보이고 있다. Global Standard를 유지하면서도 각 지역의 독특한 needs에 유연하게 대응해 나갈 수 있어야 한다. 따라서 반도체, 석유화학 등 범용제품 – Commodity – 화된 제품일수록 지역적 확장을 보다 용이하게 추구할 수 있다.

- Value Chan Adjacency는 기존 가치사슬의 상류 또는 하류에 진입하는 것으로 매우 어려운 인접확장 전략이다. 가치사슬 내 현재의 자사의 위치에서 멀어질수록 핵심사업에서 벗어나며 그 결과 리스크가 증대한다. Merck, LVMH의 유통 및 소매사업 진출 후 사업 양도는 Value Chain Adjacency의 어려움을 잘 보여 준다. 국내의 경우 CJ의 물류사업진출 등도 여기에 해당한다.

- Channel Adjacency는 새로운 유통채널망을 구축하는 것으로 성공과 실패에 따른 리스크는 높으나 성공할 경우 높은 보상이 따른다. Dell의 Indirect retail channel 사업철수가 전형적인 사례이다.

- Customer Adjacency는 기존 제품/기술을 수정하여 새로운 고객에게 판매하는 전략으로 기존 세분시장을 보다 세분화하여 제품/서비스의 차별화를 강화하거나 미진출 세분시장에 진입하는 등의 방법이 있다.

- New Business Adjacency는 자사의 강력한 역량을 기반으로 새로운 사업을 구축하는 것으로 인접확장전략 중 가장 어렵다.

- 이들 6가지 유형의 인접확장 전략은 하나의 유형을 일관되게 추구하는 경우도 있으나 대개의 경우 다양한 유형이 서로 혼합되어 연속적으로 이루어진다. - A service of interlocking moves -.

  미국과 영국기업들이 최근에 시도하였던 181개의 인접확장전략 중 New Business 25, Movement up or down the Value Chain 21, New Channel 15, New Customer Segments 36, Geographic Expansion 30, Major New Product Launch 54의 빈도를 보여주고 있으며, 이중 27%만이 성공적인 것으로 평가되고 있다. 이들 인접확장의 성공에 결정적인 영향을 미치는 요인으로는 핵심사업의 지위와 경영능력이 지적되고 있다. 예를 들어 Major Product Launch 의 경우 특정회사가 특정사업에서 지배적 지위에 있을 경우 Follower 보다 성공확률이 3배정도 높은 것으로 나타났다.

<Tips for Ideas 2-2>

Evaluating New Product Ideas – Medtronic -

General Factor	Specific Factor	Scale	Total Point
Size of Target Market	Incidence malady	Indefinable — 1,000,000 — 1,000,000,000 (0, 5, 10, 15, 20)	
	Product usage	One per many patients — One per patients (0, 5)	
	Cost-effecting for health ease system	No — Yes (0, 5, 10)	
	Application of product	other, Spire, brain, Brain. haunt, Meat (0, 5, 10, 15, 20)	
Significant Point of difference	Treatment evaluation	Similar to existing appneades — Be new than existing a appraises — Clearly superiont Existing appreaises (0, 5, 10)	
	Clearness of function	Questionable or incretion — Direct crease and effect (0, 5, 10)	
Product Quality	Restore natural physiology	Partial — Total (0, 5, 10, 15, 20)	
	Restore viability	Partial — Fall (0, 5, 10, 15, 20)	
	Characteristic of product	0, 5, 10, 15, 20	
	Mode of operation	0, 5, 10, 15, 20	
	Product development team	0, 5, 10, 15, 20	
Access to Market	Physician users know Medtronic name?	0, 5, 10	
	Investor's ability willing-ness to be champion	0, 5, 10, 15, 20	
Timing	Technologies in place	No — Partial — Yes (0, 5, 10)	
	Entrepreneur in place	No — Partial — Totally (0, 5, 10)	
	Social acceptance	0, 5, 10	
Miscella-neous	Gut feel	0, 5, 10, 15, 20	
Total			

(Binghem Jr.F.G., Gomes R.,& Knowles P.A., 2005)

2-2. 인접확장의 핵심성공요소

Transformation Through Adjacencies :
The Four Multiplier Factors

1. Strong or Dominant Core	
2. Adjacencies that satisfy criteria	• Potential leadership economics • Robust profit pool • Relatedness to the core
3. Repeatable adjacency formula	
4. Replicable, adaptable processes to manage adjacencies	• Complexity management • The new math of execution • Exit management

(C. Zook, 2004)

인접확장전략은 다음 4개 요인이 효과적으로 상호작용할 때 승수효과를 창출하게 된다.

• Strong and Dominant Core

인접확장은 강력하고 지배적인 핵심사업을 중심으로 이루어져야 한다. 핵심사업의 경쟁지위가 강하고 – Strong Market Leadership –, 시장성장이 빠르며 – Strong Growth –, 재무적으로 실현가능한 최대의 성과를 이끌어내고 있을 때 – Full Potential – 인접확장도 성공할 가능성이 크다. 따라서 인접확장을 추진하기 위해서는 우선적으로 자사의 핵심사업이 무엇인지부터 정의한 후, 이 사업의 경쟁지위 – Competitive Position –, 와 시장의 역동성 – Market Dynamics – 그리고 재무적 성과 – Financial Performance – 를 중심으로 핵심사업의 현재상태를 평가, 그 결과에 따라 단계적으로 인접확장을 추구해야 한다. 자사의 핵심사업은 잠재적으로 가장 수익성이 높은 기존고객을 보유하고 있으며, 가장 차별화된 전략적 역량을 보유하고 있고, 결정적인 제품의 매출이 가장 높고, 핵심 유통망을 갖추고 있으며, 이러한 요인들을 지원할 수 있는 특허나 브랜드등 전략적 자산을 보유하고 있는 사업이다. (C. Zook, & J. Allen, 2001)

• Adjacency that Satisfy Criteria

인접확장은 잠재적으로 새로운 시장에서 마켓리더의 지위를 획득할 가능성이 높고, 수익성이 높은 시장을 보유하고 있으며, 핵심사업과의 관계가 가까울수록 성공가능성이 높다. 마켓리더는 시장지배력과 영향력이 강하고 규모의 경제로 인한 원가우위를 확보할 수 있을 뿐만 아니라 산업전체의 수익 – Industry Profit Pool – 을 통제할 수 있으므로 모든 성장전략 추진시 자사가 시장지배적 사업자가 될 수 있는 가능성을 우선적으로 검토해보아야 한다. Profit Pool은 산업의 규모, 현재 및 잠재적 수익 및 이 수익으로 자본비용을 상쇄할 수 있는 정도를 기준으로 평가해야 한다. 핵심사업과의 거리는 1) 고객 2) 경쟁자 3) 비용구조 4) 유통채널 5) 역량의 공유정도를 기준으로 평가한다. 핵심사업과의 거리는 사업성공가능성을 보여주는 결정적 지표가 된다. 핵심사업과의 거리가 멀어질수록 사업성공의 가능성은 급격하게 저하된다.

• Repeatable Adjacency Formula

고수익 성장을 장기간 지속할 수 있는 최선의 방법은 소규모의 인접확장을 반복적으로 실행하는 것이다. 이를 위해서는 반복가능한 인접확장의 공식 – Repeatable Adjacency

Formula – 를 개발, 유사한 전략을 반복적으로 실행함으로써 학습과 경험효과를 극대화해야한다. 반복가능한 공식을 활용함으로써 기업은 성장을 추진하는 과정에서 직면하게 되는 수많은 과제를 효율적으로 처리할 수 있으며 실패에 따른 비용을 최소화하면서 조직의 집중력을 유지할 수 있다. 1~2개의 인접확장 공식을 집중적으로 계속해서 실행하는 기업만이 지속적 성장이 가능하다. Wal-Mart, IKEA 등은 자사고유의 인접확장공식을 반복적으로 시행, 지속가능한 고수익성장을 창출하고 있는 대표적 사례이다.

반복가능한 인접확장 공식은

첫째, 단기간 내 많은 성장과제를 동시에 추진하는데 따른 복잡성의 최소화,

둘째, Cycle Time의 획기적 단축을 통한 신속한 전략추진으로 기회선점

셋째, 조직구성원들이 자사의 전략을 명확하게 이해하는데 따른 전략추진의 일관성강화

넷째, 투자자들의 신뢰제고

다섯째, 사업의 구체적인 세부사항에 이르기까지 Know-How 축적

여섯째, 학습곡선효과 – Learning Curve Effect – 의 창출을 통한 리스크의 최소화 등의 단기간내 성장을 가속화하는데 필요한 역량을 강화하는데 크게 도움이 된다.

- **Replicable, Adaptable Processes to Manage Adjacencies**

다양한 분야로의 인접확장을 추구하는 과정에서 조직내부적으로는 필연적으로 성장기회와 성장목표에 대한 관점의 차이로 인해 갈등이 유발될 수 밖에 없다. 이러한 상황에서 모든 것을 최고경영층의 의사결정에 의존하게 되면 조직구성원의 창의적 사고와 유연한 적응이 불가능하게 된다. 반면에 일선담당자에게 과다하게 권한을 위임하게 되면 복잡성과 리스크가 증가하게 되고 사업아이템의 선정과 실행과정에서 전략적 집중력을 상실, 귀중한 자원과 시간을 낭비하게 되는 결과를 초래하기 쉽다. 성공적으로 지속가능한 고수익 성장을 실현하기 위해서는 신규사업추진 과정에서 직면하게 되는 복잡성과 리스크를 효율적으로 관리해야 한다. 이를 위해서는 최고경영층에서부터 신규사업을 추진하는 실무담당자에 이르기까지 성장사업의 선정기준과 의사결정 프로세스에 대한 합의가 이루어져야한다. 성장사업의 선정 기준은 사업성공에 대한 정의 – Definition of Success – 를 합의를 통해 도출하는 과정에서 설정될 수 있다. 여기에는 출시 또는 실행까지의 소요기간 – Elapsed time to implement or market –, 예상되는 수익(률)의 크기 – Magnitude of anticipated financial return – 와 요구되는 인력과 투자자금의 규모 – People and investment capital required to complete implementation –, 그리고 복잡성과 리스크 – Complexity and risk – 등이 포함된다. 의사결정프로세스에 대한 합의는 성장사업의 개발을 위한 아이

디어개발과 사업아이템선정, 실험과 Probing, 추가적인 투자결정, 실행 및 출시에 이르기까지의 전과정에 걸쳐 이루어지는 다양한 의사결정 필요사항들 중 핵심적 사안들을 누가 어떻게 결정할 것인가에 대한 단순하면서도 엄격한 기준과 규칙에 관한 합의를 이루는 것이다 - Deciding how to decide -.

성장추진과정에는 수많은 선택과 Go/No-Go 의 의사결정을 수반한다. 이 과정은 한편으로는 치밀한 분석과 신중한 의사결정을 필요로 하는 반면 또 다른 한편으로는 조직구성원의 창의성과 유연성을 요구한다. 경쟁자가 하니까 우리도 한다거나 막연한 고객/시장의 needs에 대한 검증되지 않은 추론이나 가정에 근거하여 추진한 성장사업은 대부분 실패로 귀결될 수 밖에 없다. 따라서 조직구성원들의 자유와 창의성, 유연성과 스피드는 단순하며 명확한 성장사업선정 준거와 엄격한 의사결정프로세스 및 규칙의 범위내에서 최대한 허용되어야 한다. 이러한 준거와 규칙은 새로운 성장기회를 추구할 때마다 반복가능한 동시에 상황에 따라 유연하게 운용되어야하므로 최고경영층과 전체 조직구성원사이에 성장의 목표와 방법에 대한 충분한 이해와 합의가 선행되어야 한다. 나아가 이미 추진중인 사업에 대한 철수결정도 처음 설정한 성장사업 선정준거에 따라 냉정하게 평가되어야 한다. 사람들이 이미 추진중인 사업을 적절한 시기에 쉽게 포기하지 못하는 것은 자신의 관점과 일치하는 정보를 우선적으로 탐색한 후 이를 근거로 기존의 관점을 확증하려하는 반면 자신의 관점과 상반되는 정보에 대해서는 그 가치를 평가절하하는 경향 - Confirmation Bias -과, 신규사업이 기대성과를 창출하기까지 앞으로 계속 투입되어야 할 비용이나 시간 보다는 이미 투자된 자금과 인력, 시간에 대한 손실을 - Sunk Cost Fallacy - 먼저 생각하려는 경향에서 기인한다.

새로운 프로젝트에 쏟아 부은 개인적 열정과 노력도 주변사람이 기대성과를 달성하기 힘들다고 평가하는 사업에 대해 더욱 집착하게 만드는 요인이 된다 - Escalation of Commitment -. 수익에 대한 전망도 처음 프로젝트나 사업을 계획할 때 설정하였던 수치에 집착, 최소한의 수정만을 허용하려함으로써 접근, 문제를 더욱 악화시키기도 한다. - Anchoring and Adjustment -.이러한 4가지 심리적 오류뿐만 아니라 사업이나 프로젝트의 철수로 인한 인사상의 불이익이나 인적 구조조정에 대한 불안도 합리적 Exit Management를 더욱 어렵게 만드는 요인이다. (J.T. Horn, Lovallo, & S.P. Viguerie, 2006) 이러한 상황에서는 지금까지 해당 성장 사업이나 관련 프로젝트에 전혀 관여하지 않았던 전문가에게 새로운 관점에서 성장사업선정 준거를 적용하여 그 가치를 평가하게 하거나, 계획수립시 Contingent Roadmap도 함께 작성한 후 사업초기 설정하였던 가정과 다른 결과가 나왔을 경우 과감한 철수결정을 내리도록 하는 것이 효과적이다.

3. 고객중심 성장전략

3-1. 마케팅 전략의 변화

마케팅전략의 변화

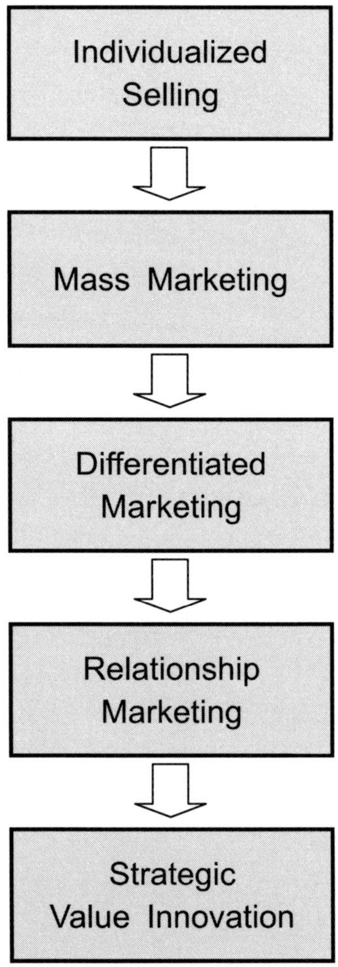

- Individualized Selling은 1800년대 중후반까지 시장의 지리적 경계가 비교적 분명하게 구분되던 시기에 생산자 또는 판매자가 특정지역 시장의 요구에 적합한 제품을 생산, 개별적으로 판매하던 방식이다. 가격 역시 판매자와의 개인적 협상이나 동업자 조합의 담합에 의해 결정되었다.

- Mass Marketing은 대량생산된 제품을 어떻게 판매할 것인가에 집중하는 판매중심의 마케팅전략이다. 제품가격은 Cost Plus 방식으로 결정하되 가능한한 낮게 설정, 시장점유율 증대를 통한 규모경제의 이익을 최대화하는데 주된 목표를 두고 있다. R&D를 통해 지속적으로 새로운 제품을 개발, 공급하는 대신 고객 서비스는 최소화하며, 제품에 적합한 유통채널을 대중시장과 사치품시장의 두가지 채널로만 구축하므로 대다수의 고객은 생산자 또는 판매자가 지정해 주는 범위 내에서 매우 제한적인 선택권만을 가질 수 있다.

- Differentiated Marketing은 시장조사 결과에 근거하여 자사가 선정한 세분시장이 원하는 것이 무엇인가를 파악한 후 이들 세분시장에 적합한 이미지를 개발, 표준적 제품에 점진적 혁신은 더하여 최대한 차별화된 Product offering을 개발하고자 한다. 여기서 서비스는 전술적 무기로 활용된다. 가격은 세분시장별 이미지의 지각된 가치 – Perceived Value – 를 고려하여 결정하며, 유통채널은 목표세분시장에 도달하는 최적의 접근방식을 선택한다.

- Relationship Marketing은 더 이상 새로운 고객을 확보하기 힘든 저성장 시장에서 자사에게 더 큰 이익을 줄 수 있는 가치있는 고객 – Valued Customer – 을 확보, 유지하는데 주안점을 둔 전략이다. 한 사람만의 세분시장 – Segments of One – 은 제품이 아닌 맞춤형 솔루션을 요구하므로, 다양한 제품과 서비스를 효과적으로 통합한다. 여기서 서비스는 강력한 전략적 무기가 되며, Direct Marketing을 통한 판촉활동과 한자리에서 모든 Needs를 해결할 수 있는 Multiplex 형의 Specialty Stores의 유통채널을 필요로 한다. 가격 역시 각 고객군별로 차별화하여 설정된다.

- Strategic Value Innovation은 경쟁자가 인식하지 못한 고객의 잠재적 Needs를 파악하여 혁신적인 가치제안 – Value Proposition – 을 개발, 지금까지 존재하지 않았던 새로운 시장을 창출해 내는 전략이다. 이 전략은 미래 시장의 추세에 대한 예리한 통찰을 바탕으로 고객 자신도 제대로 인식하지 못하고 있던 잠재적 Needs를 혁신적인 비즈니스모델 또는 가치제안을 통하여 해결해줌으로써 게임의 규칙 자체를 변화시키고자 한다. 이를 위해 기존

의 산업간 경계나 가치사슬 구조를 파괴하며, 고객이 지불하는 가격대비 고객가치를 획기적으로 제고시킬 수 있는 수준의 가격을 설정, 단기간내에 새롭게 창조된 시장에서 지배적 위치를 차지하고자 한다 (예: Swatch, FeDex, Southwest 등). 마케팅 커뮤니케이션은 제품이나 서비스를 판매하기보다 자사의 새로운 가치제안을 어떻게 소비해야 하는가를 알리는 고객 교육 – Customer Education – 과 'Amazing new find'에 대한 대중의 관심과 흥미를 유발할 수 있는 Value Marketing을 선호한다. (N. Kumar, 2004)

<Tips for Ideas 2-3> Five Cost Principles behind the Construction of Value Network은 유럽의 저가항공사 Easy Jet이 우수한 서비스를 획기적으로 낮은 가격에 제공하기 위해 설정한 Value Network의 설계원칙을 보여주고 있다.

- 5가지 유형의 마케팅전략은 비록 출현한 시기에서는 차이가 있으나, 특정 유형이 어떤 상황에서도 보다 우수하거나 효과적이라는 것을 의미하지는 않는다. 따라서 현재 자사가 운영하고 있는 각 사업과 제품의 진화단계와 시장여건 등을 고려하여 최선의 기본적 마케팅전략 유형을 선정해야 하며, 실행과정에서도 보다 유연하게 마케팅전략과 전술을 운용하여야 한다.

<Tips for Ideas 2-3>

Five Cost Principles Behind the Construction of Value Network

예시 : Easy Jet

1. Avoid fixed costs whenever possible.

2. If there are any fixed costs, make them work harder than the rest of the industry

3. Eliminate generally accepted variable costs whenever it makes sense, such as travel agents

4. Keep any variable costs to a minimum, such as airport fees

5. Examine whether variable costs factors associated with service can be converted into revenue generators

(N. Kumar, 2004)

3-2. 고객중심 성장전략의 유형

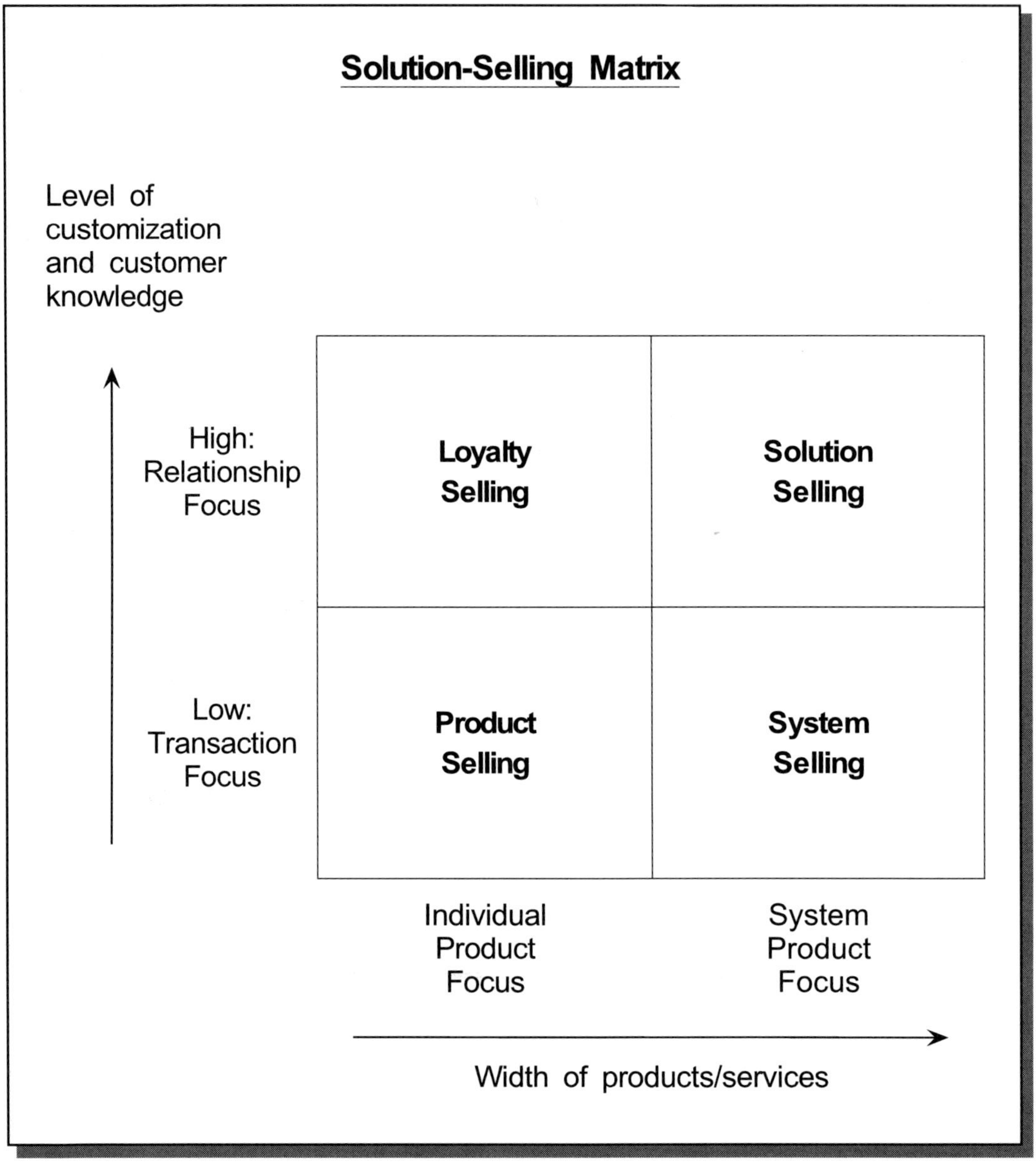

(N. Kumar, 2004)

- 고객과 기업간의 관계는 '요구되는 Customization 및 고객에 대한 지식 수준'과 고객에게 제공하는 '제품/서비스의 범위'라는 두개 차원에 따라 4가지 유형으로 구분할 수 있다.

- Stand-alone Product Selling은 기업과 고객간의 전형적인 거래관계로 고객이 자신의 책임하에 제품을 선택, 구매한다. 제품의 가격과 품질이 특히 중요한 구매결정요인이 된다.

- System Selling는 특정고객에게 다양한 제품/서비스를 일괄공급하는 방식의 거래관계로 고객입장에서는 자신이 원하는 다양한 제품/서비스를 구매하기 위해 정보를 수집하고 많은 판매자를 상대해야하는 불편을 줄이는 등 거래비용을 획기적으로 절감할 수 있다. 판매자의 입장에서는 기존의 Sales Force와 채널을 활용, 매출증대를 이룰 수 있다. 복잡성 비용의 증가로 기대하는 수익성을 확보하는 것이 쉽지만은 않은 성장전략이다.

- Loyalty Program Selling은 회사의 명성이나 Brand에 대한 충성도가 높은 고객에게 그들의 Needs와 문제에 대한 심도깊은 이해에 근거하여 개발된 Customized Product/Service를 제공하는 것으로, 주로 매출성장 보다는 수익성에 우선을 두고 있다. 고객의 충성도가 강하고 제품/서비스가 차별화되어 있을수록 고객은 높은 가격 이상의 가치를 인식한다. 때로는 Brand Pyramid나 Family Brand를 개발하거나 Up selling과 세분시장을 확대함으로써 수익성과 매출성장을 함께 도모하기도 한다.

- Solution Selling은 개별고객의 Needs와 개별고객이 자사의 제품/서비스/기술을 사용하는 상황에 대한 깊은 이해를 바탕으로 다양하면서도, Customized된 제품과 서비스와 함께 전문적 지식과 정보를 결합하여 개별고객의 문제를 그들의 입장에서 최선의 방식으로 해결, 고객의 매출을 증대시키거나 비용을 절감하는 등 고객에게 높은 가치를 갖는 솔루션을 제공하는 것을 목표로 한다. Solution Selling은 특히 기술적 변화가 빠르거나 고도의 전문적인 지식과 정보를 필요로 하는 산업에서 제품/서비스 자체보다 그러한 제품/서비스를 효과적으로 활용하는 방법에 대한 전문적 지원을 필요로 하는 고객을 대상으로 활성화 되어있다. Solution Selling은 다양한 서비스로 인하여 가격비교를 어렵게 할 뿐만 아니라 고객의 비지니스에 대한 심도깊은 이해를 바탕으로 고객충성도를 지속적으로 제고, 장기계약을 통하여 지속가능한 고수익을 창출하는 데 집중한다.

3-3. 고객중심 성장전략개발프로세스

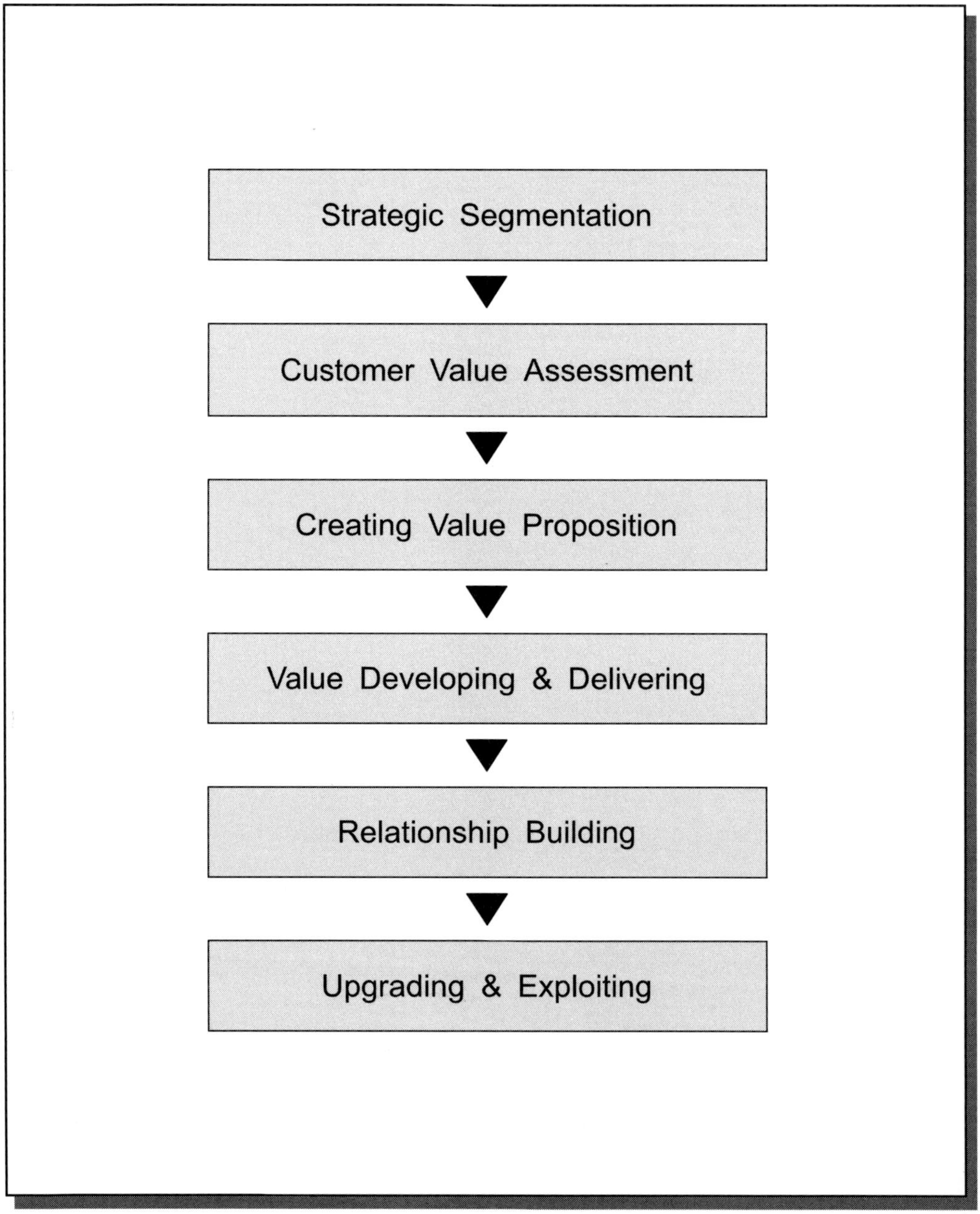

- 글로벌화, 디지털화와 지속적 혁신은 고객 Needs의 다양화와 고객선택권은 증대시키는 반면 기존제품의 수명주기를 단축하고 진부화를 촉진시키며 가격경쟁을 심화, 수익성을 악화시킨다. 이러한 상황에서 기업은 고객 이탈을 최소화하면서 자사에 최대의 이익을 가져다 줄 수 있는 고객군을 선택, 이들이 그 가치를 인정하는 차별화된 제품/서비스와 효과적으로 가치를 전달할 수 있는 시스템을 집중적으로 개발함으로써 장기적 고객관계를 유지하는 동시에 가격인하 압력으로부터 탈출, 지속가능한 고수익성장의 기반을 구축해야 한다.

• Strategic Segmentation

경쟁자가 모방하기 힘든 진실로 차별화된 가치를 보유한 제품/서비스를 고객에게 전달하기 위해서는 '어떤 기업도 모든 잠재적 고객의 수요를 만족시킬 수 없다'는 전제하에서 자사의 역량을 집중해야 할 고객군을 선정해야 한다. 전략적 시장세분화는 자사의 기존 및 잠재적 고객을 유사한 Needs와 문제를 가진 고객군으로 구분하는 것이다. 여기서 고객군은 각 고객군내의 차이는 최소화하는 대신 고객군간의 차이는 최대화하도록 – Minimizing within variances and maximizing among-group variance – 분류되어야 하며, 일정수준 이상의 규모경제를 실현할 수 있을 정도의 크기가 되어야한다.

고객군별 차별화된 성장전략을 수립하기 위해서는 기존 및 잠재적 고객을 거래지향 고객 – Transactional Customer –, 관계지향 고객 – Relationship Customer –, 그리고 전략적 파트너 – Strategic Partners – 로 구분해야 한다. 거래지향고객은 핵심제품 – Generic or Expected Products 수준 – 만을 필요로 하는 고객으로, 일관된 품질과 주문 및 배송의 편의성 및 가격경쟁력만을 중요시 한다. 이들은 제품에 대해서 풍부한 지식을 갖고 있는 고객들로 공급자의 제품/서비스사용에 따른 전문적 서비스나 지원을 필요로 하지 않는다. 관계지향 고객은 제품 유형과 가능한 서비스에 대한 지식부족으로 공급자의 기술 및 Innovation에 대한 지원을 필요로 하는 고객으로, 현재 제공되는 제품/서비스뿐만 아니라 제품/서비스의 구매와 사용을 위한 특별한 기능과 개인화된 서비스를 추가적으로 요구한다 – Augmented Products –. 전략적 파트너는 자신의 문제를 저비용으로 완전히 해결해주기를 요구하는 고객으로 공동연구개발이나 전문인력의 파견 또는 교환근무, 기계장치나 설비의 설치와 운영과정에의 참여와 책임, 통합운영 등을 기대하는 고객이다 (F. Webster Jr. E, 2002).

고객군 분류시에는 이러한 3가지 유형의 고객군의 특성이 나타날 수 있도록 자사 사업에 적합한 Segmentation Variables를 설정하여야 한다. Segmentation Variables는 세분시장을 구분하는 기준이 되는 요인들로서 지역이나 Demographic Variables, 라이프스타일등의 Psychographic Variables등의 Identifier – Who they are – 와 기대하는 고객 Needs

및 Benefits, Application usage situation, Sensitivity to marketing mix, Purchasing behavior 등 Responsible Variables - What they want - 모두를 적용할 수 있으나, Needs-based Segmentation이 이루어질 수 있도록 고객행동 측면에서 고객군별 특징적 요인을 밝히는데 주력해야 한다.

자사 사업의 특성과 고객 Needs를 기준으로 고객군 분류가 완료되면 각 고객군들을 명확하게 구별지우면서도 각 고객군내에서는 동질적임을 보여줄 수 있는 특성들을 결정하여 보다 분명하게 각 고객군의 차이를 파악할 수 있도록 한다 - Segment Identification -.

이 과정에서 특정 고객군에서 Market offering differentiation의 기회가 거의 없거나 다양한 역량을 보유한 경쟁자가 많을 경우와 고객의 구매형태가 매우 공격적이며 거래지향적일 경우에는 Strategic Partner로서의 가치가 거의 없는 것으로 간주하여 이들을 제외해야 한다. Relationship Customers와 Strategic Partner선정시 특히 중요한 것은 이들에게 차별화된 Market offerings와 Solution 제공시 이에 상응한 가격을 지불할 의도가 있는가 - Willing to pay -를 판단할 수 있는 요인들을 중점적으로 분석하는 것이다.

- **Customer Value Assessment**

고객가치 평가는 각 고객군에게 보다 우수한 가치를 제공할 수 있는 잠재적 기회를 파악하기 위한 것이다. 이를 위해서는 각 고객군내 고객의 매력도 - Attractiveness - 와 고객수익성 - Profitability - 을 평가할 수 있는 기준을 마련해야 한다. 고객수익성의 분석을 위해서는 고객생애가치 분석과 활동기준원가 - Activity Based Costing - 분석 방법 등이 유용하게 활용될 수 있다. 또한 고객이 기대하는 Benefits와 고객이 우선적으로 가치를 부여하는 요인 그리고 구매과정에서의 Cost에 대한 관점-구매 가격 또는 Total Cost-을 이해해야 한다. 각 고객군내에서도 어느 정도 수준의 고객관계를 개발, 유지할 것인가에 따라 차이가 있음을 인식해야 한다.

- **Value Developing & Delivering**

가치개발과 전달 전략은 목표고객 - Target Customers - 을 선정하고 가치제안 - Value Proposition - 을 구체화하며 개발된 가치제안에 근거한 Market offerings를 개발한 후 이러한 가치를 실현할 수 있는 Network을 설계하는 단계이다. 목표고객 - Who to serve - 의 선정은 자사의 독특한 역량과 자원을 고려하여 목표 고객군의 수를 결정하고 특히 적극적으로 집중해야 할 핵심고객 - Key Accounts - 을 결정하는 것이다. Market Leadership을 추구하는, 풍부한 자원과 역량을 보유한 기업의 경우에는 다양한 유형의 고객군 모두에 대해 독특한 Marketing Mix로 접근하여 - Differentiated Targeting - 규모경제와 함께 시너지 효과를 기대할 수 있는 고객 포트폴리오 - Portfolio of Customers - 를 추구하는 반면, 자원과 역량이 제한된 기업은 특정 고객군에만 집중할 수도 있다 - Concentrated Targeting -. 목표고객의 선정시에는 자사가 집중하지 말아야 할, 기꺼이 포기할 수 있는 고객이 누구인가도 함께 명확하게 해야 한다.

가치제안 - Value Proposition - 의 개발은 'What to offer' 즉, 고객에게 전달하고자 하는 가치가 무엇인가를 규정하는 것이다. 가치제안은 자사만이 독특하게 제공해줄 수 있는 가치가 무엇인가 - USP, Unique Selling Proposition - 를 개념적으로 구체화한 것으로, '왜 내가 당신의 제품과 서비스를 사야하는가'에 대한 고객의 질문에 대한 응답으로 볼 수 있다. 단, 이 응답은 제품/서비스 자체의 속성이 아닌 이 제품/서비스를 사용함으로써 고객이 얻을 수 있는 Customer benefits의 관점에서 규정되어야 한다. 가치제안이 독특하고 차별화될수록 소모적인 가격경쟁에서 벗어날 수 있으며, 나아가 완전히 새로운 시장을 창출할 수도 있다. 가치제안이 특정 고객군의 마음에 깊이 각인될 경우 명성- Reputation -과 Brand로 발전, 회사의 핵심적인 무형자산이 된다. 특정 브랜드에 대한 고객의 지식과 감정의 강도는 고객의 구매의사결정에 직결되므로, 강력한 브랜드 자산을 가질수록 더 큰 고수익성장의 기회를 가질 수 있다. Valued Customer의 선정과 Value Proposition의 개발이 완료되면 각 고객군별로 Segment story board를 구성, 개발된, Positioning strategy가 얼마나 매력적인가를 검증하면서 제품/서비스개발에 필요한 핵심개념을 종합하고 구체화하는 것도 도움이 된다.

Market Offering의 개발은 경쟁자와 차별화되면서도 각 고객군별로 독특한 제품/서비스의 개발과 적정가격을 설정하는 것으로 이미 개발된 Value Proposition에 부합되어야 한다. Market Offering의 개발시에는 무엇보다도 이 제품과 서비스를 필요로 하는 고객이 누구인가 - Who needs it - 에 대한 대답을 명확하게 해야 한다. 고객은 제공되는 제품/서비스의 가치에 상응하는 가격을 기꺼이 지불할 의도가 있고 이를 지불할 수 있는 - Willing and able to pay - 개인 또는 조직이다. 고객이 지각한 가치 대비 가격을 높게 설정하거나 기대하는 가격을 지불할 수 없는 고객을 가정하여 개발된 Market Offering는 실패할 수 밖에 없다. 이러한 불완전한 Market Offering는 고객 Needs뿐만 아니라 고객의 제품구매를 위한 정보수집에서 구매, 사용 및 폐기에 이르는 Consumer consumption chain내 고객의 활동과 비용구조, 역량 및 제품/서비스에 대한 고객의 지식수준에 대한 이해부족으로부터 기인한다. 따라서 Market Offerings의 개발단계에서는 단순히 제품/서비스의 물리적 특성이 갖는 가치 뿐만 아니라 이 제품/서비스가 제공해 줄 수 있는 가치가 무엇이며 구매에서 사용, 폐기에 이르기까지 고객의 어떤 문제를 해결해 줄 수 있는가를 명확하게 전달할 수 있는 Communication 전략도 함께 수립되어야만 진정한 차별화를 이룰 수 있다. 보다 차별화되고 독특한 Market Offerings의 개발을 위해서는 다음의 4가지 Key Issues가 우선적으로 고려되어야 한다(N. Kumar, 2004).

첫째, 현재 이 산업에서 당연하게 생각하는 속성 중 어떤 것을 제거 - Eliminate - 할 수 있는가

둘째, 어떤 속성을 산업 표준 이하로 낮출 - Reduce - 수 있는가

셋째, 산업표준 보다 증대되어야 할- Increase - 속성은 무엇인가

넷째, 지금까지 이 산업이 제공하지 못했던 어떤 새로운 속성을 창조 - Create - 해야 하는가

개발된 Market offering를 목표고객에게 전달하기 위해서는 Value Proposition에 부합되는 Value Network을 설계해야 한다. 대부분의 마케팅전략에서 Value Proposition에서 설정한 개념 및 전략방향과 실제 고객에게 전달된 가치가 일치되지 못하거나 차별화가 미흡한 것은 가치개발과 전달 체계로서 Value Network을 효과적으로 설계하지 못한데서 기인한다. Value Network은 'How to deliver the value proposition to the valued customer'를 규정한 것으로, 단순히 Marketing Mix의 4P - Product, Price, Place, Promotion - 의 관점 뿐만 아니라 다기능적 관점과 확장된 기업 - Extended Enterprise - 의 관점에서 접근하여야 한다. 이는 고객에게 보다 우수한 가치를 낮은 가격으로 제공하기 위해서는 기능부문으로서의 마케팅부문의 역량이나 특정기업의 역량만으로는 불가능하며, 제품개발에서 원재료 구매와 생산에 이르는 운영 - Operation -, 판매, 유통, A/S에 이르기까지 고객에게 가치를 전달하는 과정에 참여하고 있는 모든 공급자, 협력업체, 유통업자가 긴밀하게 Network화 되어야만 가능하기 때문이다. 각 고객군별, 세분시장별로 차별화된 가치를 전달하기 위해서는 이들 확장된 Value Chain에서 어디까지를 공유하고 어디를 자사로부터 분리할 것인가를 결정해야하는 어려운 과제를 해결해야 한다. 예를 들어 Transactional Customers 대해서는 제품개발은 자사가 수행하되 Operation과 유통은 전적으로 외부 Network을 구성하는 사업파트너에 의존하는 반면, Strategic Partner 고객군에게 제공되는 핵심 제품/서비스는 자사가 가치개발과 전달을 위한 전체 Value Chain을 통합하는 등의 전략적 의사결정을 필요로 한다. 더구나 이러한 Value Chain의 분리와 해체가 글로벌차원에서 이루어지는 경영여건하에서는 자사가 집중해야 할 영역을 선택하고 특정영역에서 신뢰할 수 있는 전문적 기능과 역량을 보유한 다양한 지역의 다양한 기업들과 Network을 구축할 수 있는 기업만이 고객에게 약속한 가치를 성공적으로 전달 할 수 있다.

4Ps를 무기로 시장점유율과 매출증대를 위해 전술적 차원에서 접근하였던 과거의 마케팅 기능만으로는 오늘의 경영환경에서 결코 독특하며 차별화된 Value Proposition을 개발, 전달할 수 없는 것은 이러한 Value Network의 변화에 기인한다.

• Relationship Building

고객군별로 차별화되어 개발된 Marketing Offerings는 각 고객군에 접근하여 가치를 전달하는 방식에서도 차별화되어야 한다. 고객과의 관계구축방법으로 기업고객의 경우 Transactional Sales, Consultative Sales, Enterprise Selling의 3가지 유형으로 구분할 수 있다. (F. Webster Jr. E., 2002)

Transactional Sales는 자사의 제품/서비스를 보다 많은 고객에게 판매, 시장점유율을 제고시키는데 주력하는 전통적인 방식으로, Transactional Customers에 대한 관계구축방식이다. 보다 많은 주문 획득을 위한 효율적인 Sales Rep.의 방문 판촉활동과 유통채널 관리 및 주문처리시스템이 우선적으로 요구된다. Transactional Customers는 자신이 필요로 하는 것이 무엇인지를 잘 알고 있는 고객군이므로 자신이 원하지 않는 Sale Rep.의 방문을 회피하고자 하므로 보다 효율적인 Sales Force와 외부 유통채널의 관리를 필요로 한다.

Consultative Selling은 제품/서비스의 구매와 사용에 대한 보다 전문화된 지식을 필요로 하는 Relationship Customers에게 전문화된 Sales Force 및 유통업자가 고객이 필요로 하는 정보와 기술적, 전문적 지원을 제공함으로써 고객문제를 해결하는 고객관계 구축방식이다. 이 경우 전문적인 Sales Force와 유통업자는 Market Offerings의 일부가 되며, 고객은 그에 상응한 가격을 지불해야 한다.

Enterprise Selling은 Straregic Partners로 선정된 고객의 새로운 지식에 대한 요구를 통합, 고객의 사업성공을 자사가 직접적으로 지원하는 역할과 책임을 수행하는 고객관계방식이다. 이 과정에 자사의 제품/서비스는 물론 고객사가 요구하거나 보다 성공적인 사업을 위해 필요하다고 판단될 경우 경쟁사의 제품/서비스까지 공급한다. Enterprise Selling은 기존의 Buyer - Seller간의 경계를 파괴하고 새로운 관점에서 각자의 역할을 재정의, 공동의 승리를 추구한다. 최종소비자가 개인 고객인 경우 Consultative Selling은 충성스런 고객에게 자사의 제품과 서비스를 중심으로 이를 맞춤형으로 제공하는 - Cross Selling, Up Selling - Loyalty Selling과 유사하며, Enterprise Selling은 고객의 요구와 문제해결을 위해 자사가 취급하지 않는 제품/서비스에 대한 정보와 지식까지 제공하는 Solution Selling에 해당하는 것으로 볼 수 있다. 최근 국내 은행들이 소수의 핵심고객에게 자사의 금융상품뿐만 아니라 채권, 주식, 부동산에 이르기까지 다양한 재테크에 대한 지식을 제공하는 Private

Banking은 기업고객에 대한 Enterprise Selling과 유사한 방식의 Solution Selling에 의한 고객관계구축 노력으로 볼 수 있다.

고객군별 차별화된 관계구축이 성공하기 위해서는 우선적으로 Sales Force의 역량이 뒷받침되어야 한다. Consultative Selling 나아가 Enterprise Selling은 고객이 Sales Rep의 전문적 역량을 인정하고 그에 상응한 대가를 지불할 의도가 있을 경우에만 성공할 수 있다. 특히 Enterprise Selling은 특정기능과 관련된 제품/서비스 및 산업에 대한 전문성 뿐만 아니라 개별고객의 사업과 문제에 대한 심층적인 이해가 전제되어야만 상호신뢰에 바탕을 둔 고객관계구축이 가능하다.

• Upgrading & Exploiting

고객중심 성장전략은 그 복잡성으로 인하여 실행과정에 수많은 장애요인과 저항이 발생할 수 있다. 어떤 고객을 어떤 고객군에 배정할 것인가를 결정하는 문제에서부터, 무조건 가격이 낮아야만 더 많은 제품/서비스를 판매할 수 있다는 믿음하에 고객수익성보다는 다음 주문에만 집착하는 Sales Force의 저항 등을 예로들 수 있을 것이다. 특히 고객의 Needs와 관계구축방식간의 차이로 발생가능한 고객과의 갈등을 유연하게 처리하는 데 많은 관심과 주의를 기울여야 한다. 고객은 자신이 어떤 고객군에 분류되었는지에 대해 알려고 하지 않을 뿐만 아니라 이해하지도 않으려 한다. Relationship Customers가 Transactional Customers와 동일한 가격수준을 요구하거나, 역으로 Transactional Customers가 Relationship Customers에 상응한 서비스를 요구할 수도 있다. 이러한 갈등이 빈번하게 발생할 경우 고객불만으로 인한 고객이탈을 초래하거나 과도한 고객관계관리 비용으로 인해 수익성의 악화로 연결될 수 있다. 고객군별 성장전략은 새로운 관계에 대해 고객과 공급자 모두 편안함을 느낄 수 있을 경우에만 성공할 수 있다. 이를 위해서는 효과적인 고객관계관리 체계 및 프로세스의 설계와 함께 주도면밀한 Customer Communication 활동이 요구된다. 또한 각 고객군별 고객정보를 Update하고, Market Offerings를 수정, 보완하며, 고객군 분류체계를 재설계하고, 새로운 고객관리전략을 실현하기 위한 Sales force에 대한 재교육등은 지속적으로 추진되어야 할 과제이다. 이러한 지속적인 노력에도 불구하고 특정 고객군에서 기대하는 성과를 창출하지 못할 경우에는 해당 고객군으로부터 철수, 자사의 역량을 가장 잘 발휘할 수 있는 고객군에 집중하기 위한 사업구조조정까지 고려해야 한다.

특정 사업에서 개발된 고객군별 성장전략의 개발/실행능력은 다양한 성장기회에 대해 반복적으로 활용가능한, 자사만의 독특한 사업추진공식이 될 수 있다. 이 과정에서 중점적으로 고려되어야 할 Key Issues는 다음과 같다.

- 이 사업에서 가장 가치있는 고객은 누구인가, 지금까지 동종업계에서 제공하는 모든 Market Offerings에 대해 이들 고객은 보다 우수한 가치를 가진 제품/서비스에 대해 그에 상응한 가격을 지불할 의도와 능력을 갖고 있는가, 만족하지 못하거나 필요한 것을 전혀 제공받지 못한 고객은 없는가
- 우리는 어떤 경쟁자보다도 우수한 Benefit을 제공할 수 있거나 훨씬 낮은 가격을 가진 가치제안을 개발할 수 있는가
- 우리는 세분화된 고객군과 차별적 고객관계를 구축할 수 있는 시스템과 프로세스, Sales Force와 마케팅채널을 보유하고 있는가, 목표고객군의 Needs와 문제해결을 지원해 줄 수 있는 역량은 단기간내 개발가능한 것인가

3-4. Customer Loyalty 강화프로그램의 개발

성숙시장에서 신규고객의 획득은 경쟁심화와 시장정체, 마케팅비용의 증가로 매우 힘든 반면 기존고객의 유지는 상대적으로 적은 비용으로 더 큰 매출 및 수익성 증가를 기대할 수 있다. 높은 고객충성도는 지속적인 반복구매로 연결되며, Web을 통한 입소문 – Word of Mouth – 효과로 신규고객 확보까지 촉진시킬 수 있다. 시장의 80%는 20%의 고객이 지배한다는 마케팅에서의 파레토법칙은 여전히 유효하며, 고객수익성을 우선적으로 고려할 경우 핵심고객의 충성도는 아무리 강조해도 지나치지 않을 것이다.

• Best Customers의 선정

대부분의 기업은 자사의 핵심고객이 누구인지를 제대로 모르고 있거나, 알더라도 각 단위조직간, 계층간 의견의 일치를 이루지 못하고 있다. 이들은 기존고객의 유지와 고객충성도의 중요성은 이해하나, 자사의 고객이 이탈하는 이유에 대해서는 각기 다른 견해를 갖고 있으며 그 결과 일관된 고객유지를 위한 전략의 수립과 실행을 어렵게 한다. Customer Loyalty강화를 위해서는 우선적으로 자사의 가장 중요한 고객이 누구이며, 이들이 이탈하는 원인에 대해서 파악해야 하며 그 결과를 전체 조직이 공유해야 한다. 잠재적 Best Customers는 자사의 고객 DB에서 구매금액과 구매 제품/서비스의 종류, 구매패턴 등을 기준으로 선정한 후 이들 고객들을 다시 고객유형 및 고객행동 관점에서 정의하는 과정을 통하여 추출할 수 있다. 1차적으로 선정된 잠재적 Best Customers에 대해서는 고객수익성과 고객의 생애가치 – Lifetime Value – 를 분석, 그 결과에 따라 Best Customers를 확정한다. 고객수익성분석은 개별고객의 수익성평가, 수익성 분포 – Profitability Distribution – 의 평가 그리고 수익성에 영향을 미치는 요인의 도출이라는 3가지 관점에서 접근해야한다. 이를 위해서는 판매관리비등 간접비를 효과적으로 제품/서비스와 고객별로 배분할 수 있는 활동기준원가계산 – ABC : Activity Based Costing – 의 절차와 방법을 활용한다. 고객의 생애가치는 특정고객을 전 생애에 걸쳐 유지할 경우 자사에 가져다 줄 수 있는 매출과 수익을 평가한 것이다. Best Customers의 가치는 매출가치 – Revence Value –, 수익가치 – Profit Value –, 현재 전체 보유고객대비 Best Customers의 상대적 매출/수익점유율, 시간경과에 따른 가치변화 패턴 – Pattern of Value over time – 등을 고려하여 평가해야 한다.

• Value Attributes의 확인

고객충성도가 높아질수록 가격의 중요성은 상대적으로 낮아지는 반면, 가격외의 다른 구매결정요인들의 중요성이 증대한다. Value Attributes는 고객이 가치를 부여하는 제품/서비스의 속성으로, 고객경험 – Customer Experience – 의 분석을 통해 확인할 수 있다. 설문조사, Focus Group Interview 또는 질적 연구방법으로서 인류학적 접근방식 등의 방법론을 활용할 수 있다. Best Customers에 대한 Value Attributes의 상대적 중요도를 결정할 때 우선적으로 고려되어야 할 요인들은 다음과 같다. 이들 요인들은 고객만족도를 결정하는 핵심요인들과 동일하다(T. Collinger, 2003).

- Product Performance ; Does this do what I expect it to do?
- Price : What are (all the) costs to use this?
- Information : I can see why and how to buy and use this.
- Privilege : If I buy, I get _____, and the more I buy, the more I get.
- Surprise and Delight : I never expected (then) to do this for me.
- Delivery System : It's how I transact with the company to have the product or service.

Best Customers의 상대적 중요도를 파악한 후에는 현재 자사의 제품/서비스에 대한 Value Attributes별 만족도를 평가하여 Best Customers의 중요도 평가결과와의 Gap을 확인한다. 이때 주요 경쟁자의 제품/서비스에 대한 고객만족도 평가 결과도 함께 분석하면 보다 효과적인 Loyalty Program을 설계할 수 있다.

• Loyalty Program의 설계

Loyalty Program의 설계를 위해서는 먼저 목표를 설정해야 한다. 매출증대, 고객수익성의 증대 또는 기존고객의 유지 중 어느 것을 우선적인 목표로 할 것인가가 명확해야만 이에 상응한 Loyalty Program를 설계할 수 있다. 일반적으로 성숙기시장의 경우 수익성을 우선적인 목표로 하되 Best Customers의 반복구매율을 제고함으로써 매출성장도 함께 달성하고자 하는 접근방식이 효과적이다. 가격을 희생하더라도 시장점유율을 증대시켜 매출성장을 달성하려는 접근방식은 장기적으로 고객의 충성도를 저하시키게 된다. Best Customers에 대한 목표설정이 이루어지면 고객 포트폴리오의 지속적 강화를 위해 차하위 수준의 중요고객 – Next Best Customers – 에 대한 목표를 설정토록 한다.

Loyalty Program의 설계는 조사된 Best Customers의 Value Attributes에 대한 상대적 중요도에 근거하여 Eliminate / Decrease / Increase / Create해야 할 Value Attributes를 선정한 후, 목표에 부합되면서 경쟁자와 차별화될 수 있는 Loyalty Program을 설계한다. Loyalty Program에서는 특히 서비스프로그램/시스템을 중심으로 Market Offerings가 개발되어야 하며, 설정된 양적 목표대비 Loyalty Program실행에 따른 예상

직 · 간접비용을 산출, 비용대비 기대성과를 최대화할 수 있는 프로그램 개발이 요구된다.

Loyalty Program 개발 후에는 이의 효과적 실행을 지원할 수 있도록 조직구조와 핵심프로세스, Sales Force 및 유통채널에 대한 평가/보상체계의 재설계가 함께 이루어져야 한다. 특히 조직구조는 선정된 Best Customers에 마케팅활동이 집중되고 그 성과가 명확하게 평가될 수 있도록 설계되어야 한다.

• Communication Planning

Best Customers가 중요시하는 Value Attributes가 확인되고, 이에 근거하여 Loyalty Program의 목표와 구체적 내용이 설계된 후에는 이를 효과적으로 목표고객에게 전파할 수 있는 Communication Plan을 수립해야 한다. Best Customers의 반복구매와 Up-selling을 통하여 고수익성장을 추구하는 목표를 설정하고도 Mass Advertising을 추진할 경우 신규고객 1인당 획득비용은 급격하게 증가하는 반면 기존고객의 반복구매는 정체되는 결과를 야기시킬 수 있다. Best Customers와 가망고객은 Value Attributes는 물론 목표도 다르므로, Communication 전략의 목표와 매체기획- Media Planning - 도 달라져야하며, 자원도 목표의 우선순위에 부합되도록 배정되어야 한다.

• 실행과 평가 · 피드백

Loyalty Program의 성과는 목표설정시 선정된 성과지표를 중심으로 평가되어야 하며, 그 결과는 전체 조직이 공유, 지속적인 개선이 이루어질 수 있어야 한다. 오늘날의 발전된 IT는 개별고객의 구매습관까지 파악할 수 있을 정도로 충분한 지원이 가능하므로 목표달성을 확인하기 위해 무엇을 측정해야하는가만 명확하게 합의되어 있다면 Loyalty Program이 어떤 성과를 창출하였으며 그 과정에서 어떤 선행변인 - Leading Indicators - 이 어떤 후행변인 - Lagging Indicators - 에 어느 정도 영향을 미치고 있는가의 인과관계 - Causal Relation ship - 에 대한 추적까지 가능하다. 이러한 분석결과는 Loyalty Program의 내용과 Communication Plan에서 우선적으로 개선해야 할 과제를 보다 구체적으로 제시해 줄 수 있다.

3-5. Solution Provider로의 전환을 위한 도전과제

Products-to-Solutions : Three Vs' Transformation

	Product Focus	Solution Focus
Valued Customer	Almost all customers	Segment focus
Value Proposition	"Better" products with service	End-to-end solutions that reduce customer costs and risks or increase revenues
Value Network		
R&D	New technology focus	Customer problem focus
	Stand-alone products	Modular products
	Proprietary products	Open, standards-based
Operations	In-house manufacturing of products	Partner with best providers and be product agnostic
	Limited supply-chain complexity	Many interdependent partners requiring high coordination
Service	Cost center, bundled free with products	Profit center, unbundled from products
Marketing	Cost-plus product pricing	Value-based pricing
	Product sales	Multiyear service contracts
	Salesperson as order taker	Salesperson as consultant
	Geographical coverage	Industry experts
	Volume-based commissions	Service-based commissions
Distribution	Products sold through many channels	Become a value-added reseller (VAR)

(N. Kumar, 2004)

- Solution Selling은 기술력과 명성은 보유하고 있으나 글로벌화와 경쟁심화로 제품의 가격경쟁력을 상실해가고 있는 선진국의 대기업들이 특히 매력적인 성장기회로 인식하고 있으나, 전통적인 제품중심기업과의 근본적인 비지니스 모델의 차이로 인하여 실질적인 Solution 중심기업으로의 변신을 위해서는 수많은 난관을 극복해야 한다. N.kuma (2004)는 Value Customer - Who to serve -, Value Proposition - What to offer -, 그리고 Value Network - How to deliver -의 관점에서 제품중심기업과 Solution 중심기업과의 차이를 설명하고 있다.

• Value Customer

대부분의 고객은 특정제품의 기능을 구매하기보다 자신의 Needs와 문제를 해결해 줄 수 있는 Solution을 원하지만, 그에 상응한 대가를 지불할 능력과 의도를 가진 사람은 매우 한정되어 있다. 또한 Solution을 제공하는 기업도 자신이 보유한 역량과 제품/서비스로 해결해 줄 수 있는 고객의 Solution이 매우 제한되어 있으므로 자사가 목표로 하는 고객과 문제유형을 명확하게 설정해야 한다.

• Value Proposition

제품중심기업은 경쟁자보다 우수한 제품과 서비스를 제공하는데 주력하나 Solution 중심기업은 고객에 대한 심도깊은 이해를 바탕으로 고객의 비용과 리스크를 감소시키거나 매출을 증대시켜 줄 수 있는 Customized Solution을 제공하는 것을 목표로 하며, 그 과정과 결과에 대한 책임도 고객과 공유하고자 한다. 고객은 제품을 구매하여 자신들이 직접 문제를 해결하기보다 Solutions를 구매함으로써 신속하게 과제를 완수할 수 있고 운영과정에서의 시행착오를 줄일 수 있을 뿐만 아니라 전문가와 지원 인력의 확보, 유지에 필요한 간접비를 줄이면서 자신들은 보다 핵심적인 활동에 전념할 수 있게 된다.

• Value Network

제품중심기업은 신기술을 활용, 자사가 독점적 소유권을 가질 수 있는 제품을 개발하는데 주력하나 Solution중심기업은 고객의 문제를 해결하기위해 자사 및 타사의 다양한 Module화된 Components와 제품들을 통합하여 'Plug and play 방식의 products'를 개발하는데 초점을 둔다. 나아가 Solution Provider는 상호공유가 가능한 개방된 표준에 근거하여 제품을 설계함으로써 지속적인 System 운영과 서비스지원을 용이하게 해야 한다.

제품중심기업이 특정제품을 독점하기 위해서는 소수의 공급자로부터 원재료와 부품을 납품받아 자사내부에서 직접 조립하거나 생산해야만 한다. Solution중심기업은 개별고객의 문제를 해결해 줄 수 있는 최선의 Hardware와 Software를 생산하는 다양한 기업과 Network을 구축해야만 한다. 필요한 경우 유사한 기능을 보유한 자사제품이 있음에도 경쟁사 제품을 사용함으로써 비용을 절감하거나 전체 최적화를 달성해야 한다. 따라서 제품중심기업과 같이 최첨단, 최고 성능에 대해 집착하는 것은 Solution 중심기업으로의 전환에 장애가 될 수도 있다. 전체는 부분의 합이 아니며 최고의 제품과 Components를 통합하였다고 해서 개별고객의 문제를 최적으로 해결해 주지 않는 경우가 많다. HP의 경우에도 'A culture of great engineering'과 각 단위조직 및 개인의 기업가 정신을 강조하는 HP Way가 Solution 중심기업으로의 전환에 장애가 된다는 지적을 받고 있다.

제품중심기업에서 서비스는 제품과 함께 공급되며 비용으로 간주되나, Solution Provider는 제품과 서비스를 분리, 별도의 장기서비스공급계약을 체결함으로써 지속가능한 고수익을 추구한다.

마케팅 측면에서 제품중심기업은 제조원가와 판매관리비에 일정이윤을 더한 Cost-Plus 방식의 가격설정이 일반적이며, 영업사원은 담당지역 내에서 제품을 판매하고 수주량에 따라 인센티브를 받는 Order- taker의 역할을 수행한다. Solution중심조직에서 가격설정은 공급자가 고객에게 Solution을 제공하는 과정에서의 Cost와 이 Solution에 대해 고객이 지각한 가치 사이에 적절한 균형이 이루어지는 수준에서 결정된다. 따라서 Solution Provider는 자사의 Solution이 고객에게 보다 높은 가치를 제공할수록 더 높은 수익을 얻을 수 있으므로 Customized Solution 개발에 더욱 집중하게 된다.

Solution중심기업에서 영업사원은 고객관리자 - Account Manager - 이자 산업전문가로서 Consultant의 역할을 수행하면서 고객기업이 제품이나 서비스가 아닌 전체 Solution을 구매할 수 있도록 해야 한다. 따라서 영업사원은 자사의 제품/서비스와 문제해결역량에 대한 지식과 함께 고객회사의 사업에 대한 심도깊은 이해를 바탕으로 고객이 당면하고 있는 문제를 진단하고 고객요구에 적합한 완전한 Solution을 개발할 수 있는 역량을 보유해야 한다.

마지막으로 제품중심기업은 다양한 채널을 통해 제품을 판매할 수 있으나 Solution중심기업은 특정분야에 대한 전문적 지식을 활용하여 개별고객에게 Customized Solution을 제공해 줄 수 있는 Value-added Reseller(VAR)만이 유통채널에 참여할 수 있다.

<Tips for Ideas 2-4>

Strategy People, Structure, Process, Reward의 Integration

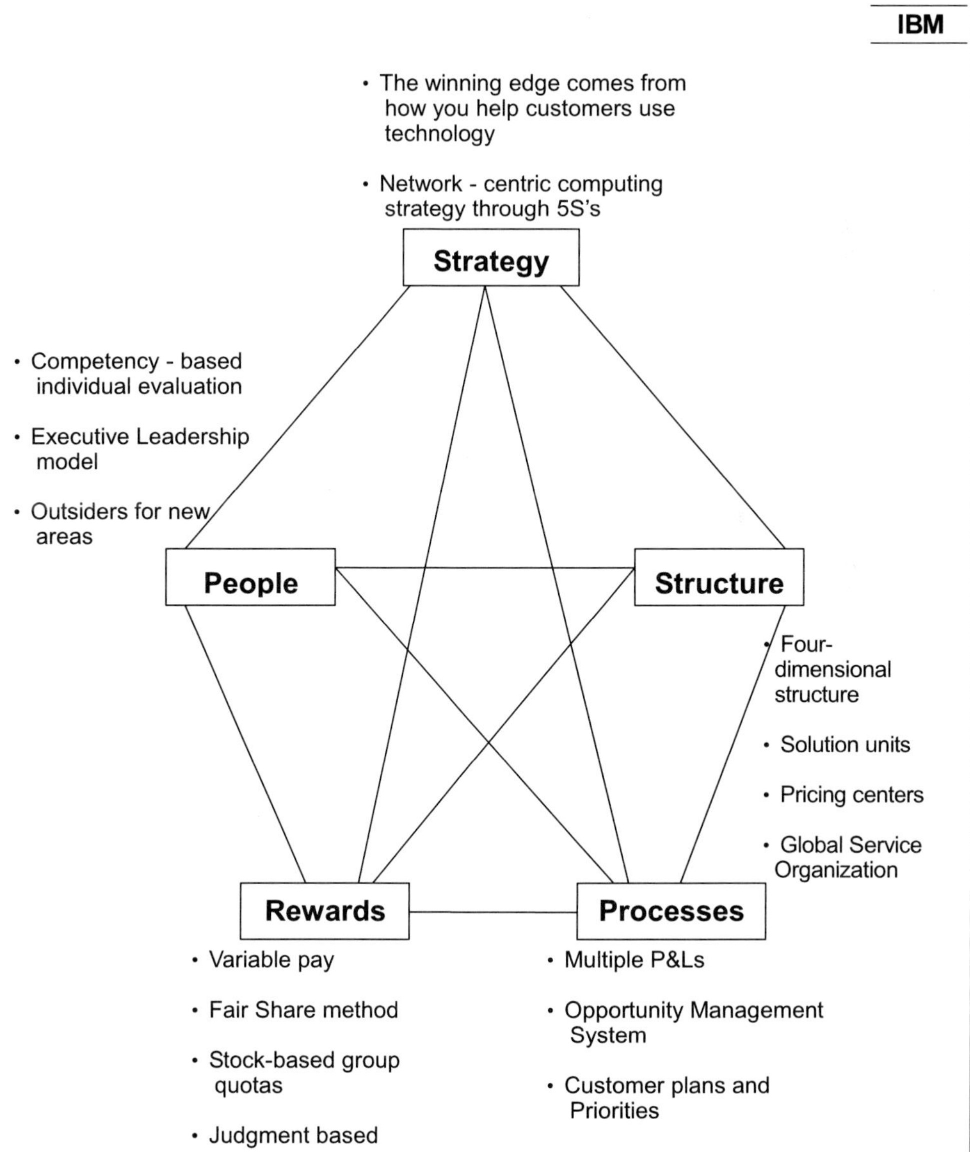

(J. R. Galbraith, 2005)

4. 신제품/서비스개발 전략

4-1. 신제품 실패의 원인

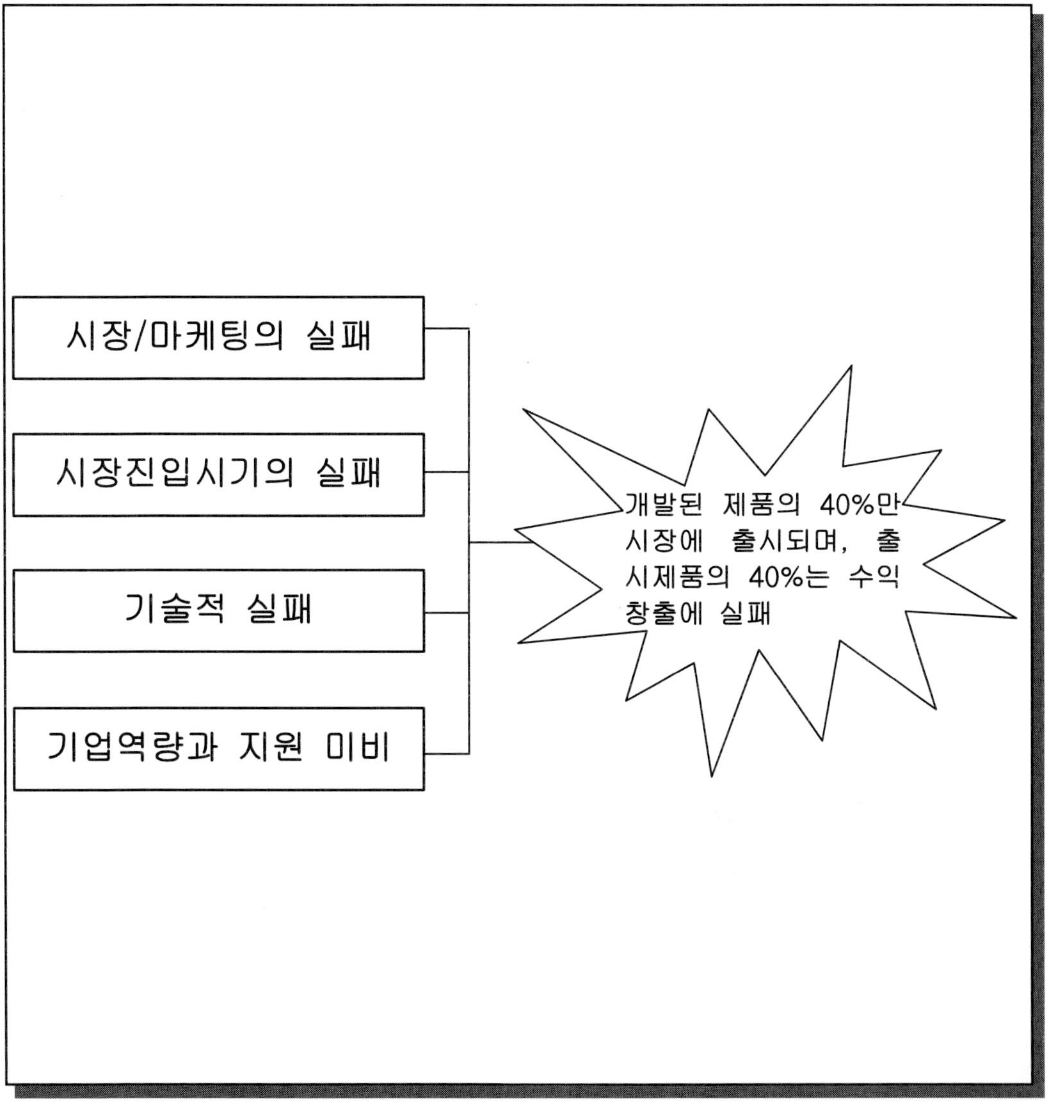

기업에서 개발을 시도한 신제품의 60%는 시장에 출시해 보지도 못하고 중도 폐기되며, 출시된 제품 중 40%는 적정수익의 창출에 실패한다. 그 결과 신제품개발에 투자된 자본의 75%는 상업적으로 실패하고 있다. 신제품 실패의 원인은 크게 시장/마케팅의 실패, 시장진입시기선정의 실패, 기술적 결함, 기업역량과 지원의 미비로 구분할 수 있다.

- **시장/마케팅의 실패**
  - 잠재시장 규모에 대한 판단오류
  - 제품차별화와 포지셔닝의 모호
  - 고객 Needs에 대한 이해 부족
  - 적정 유통채널의 확보 실패
  - 경쟁자의 반응에 대한 고려 미흡
  - 정부규제의 영향에 대한 분석 미흡

- **시장진입시기의 실패**
  - 시장출시의 과도한 지체
  - 지나친 조기출시
  - 경기변동 등 거시 경제요인에 대한 지나친 낙관과 가정

- **기술적 실패**
  - 성능과 품질 결함
  - 디자인실패

- **기업역량과 지원미비**
  - 신제품개발 프로세스 관리체계 미비
  - 투자의사결정기준의 모호 : 투자규모와 투자회수시기에 대한 판단 모호
  - 조직역량과 문화와의 부조화
  - 리더십의 비효과성

4-2. 가치중심의 신제품/서비스개발전략

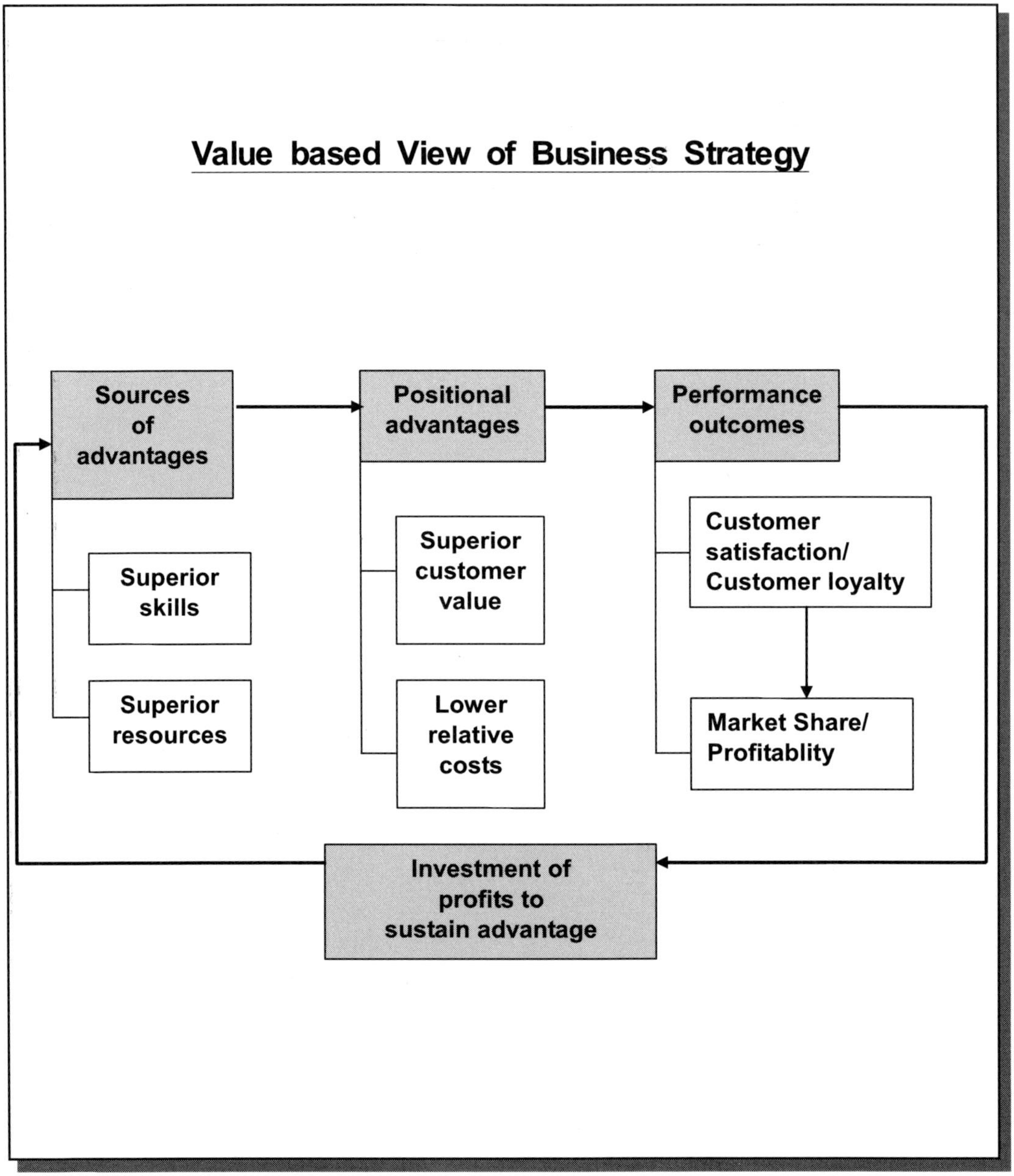

(G. S. Day & R. Wenskey, 1988. F. E. Webster Jr. 2002에서 재인용)

- S. Day와 R. Wensky는 경쟁우위의 원천으로서 자사의 독특한 자원과 역량이 경쟁지위에서의 우위로 전환되기 위해서는 경쟁자보다 낮은 비용으로 고객에게 보다 우수한 가치를 제공해야 함을 강조하고 있다.

- D. Dranove와 S. Marciano (2005) 역시 가치창조의 관점에서의 Market Offerings 개발을 강조하고 있다. 이들은 가치를 특정기업의 고객이 향유하는 Benefit와 생산 Costs–Production costs or costs of goods sold– 의 차이(B–C)로 정의하고 있다. 여기서 B는 특정 제품/서비스가 고객에게 주는 Benefit or Happiness로서, 여기에는 고객이 구매, 사용, 보관, 폐기에 이르기까지의 User costs가 포함된다– G.S. Day와 R. Wensly의 관점에서 고객가치는 여기서의 Benefits의 개념과 유사하다–. B는 그 제품을 구매하면서 고객이 기꺼이 지불하고자 하는 최대량 – Maximum amount that consumers would be willing to pay to purchase the product – 이다. 따라서 특정기업이 창출한 가치 V = B–C이며 이는 다시 거래가격 P를 기준으로 할 때 B–P 와 P–C의 2개로 분해될 수 있다. B–P는 고객이 구매가격보다 더 많이 향유하는 가치이며, P–C는 공급자의 제품단위당 수익을 나타낸다. 그 결과 경쟁시장하에서 고객에게 가장 큰 잉여가치를 제공하는, B–P가 가장 큰 기업은 가장 높은 시장점유율을 차지하게 된다. 반면에 가장 높은 P–C를 제공하는 기업은 단위당 수익률이 가장 높다.

- 결국, 가장 성공적인 Positioning 즉 Value Proposition은 어떤 경쟁자보다도 높은 수준의 B–C를 제공해야 한다. 이를 위해서는 B를 증대시키거나 C를 절감해야한다.
  - Options to Improve B
    - Enhance physical characteristics of the product
    - Bundle complementary products or service
    - Bundle sale or delivery goods / Reduce buyer purchase costs
    - Improve product image
    - Create uniqueness in drastically different ways
  - Options to Reduce C
    - Drive cost reductions through product market activities
    - Control cost driver within the firm's activities
    - Dramatically reconfigure firm's value chain

4-3. 제품/서비스의 진부화와 대응전략

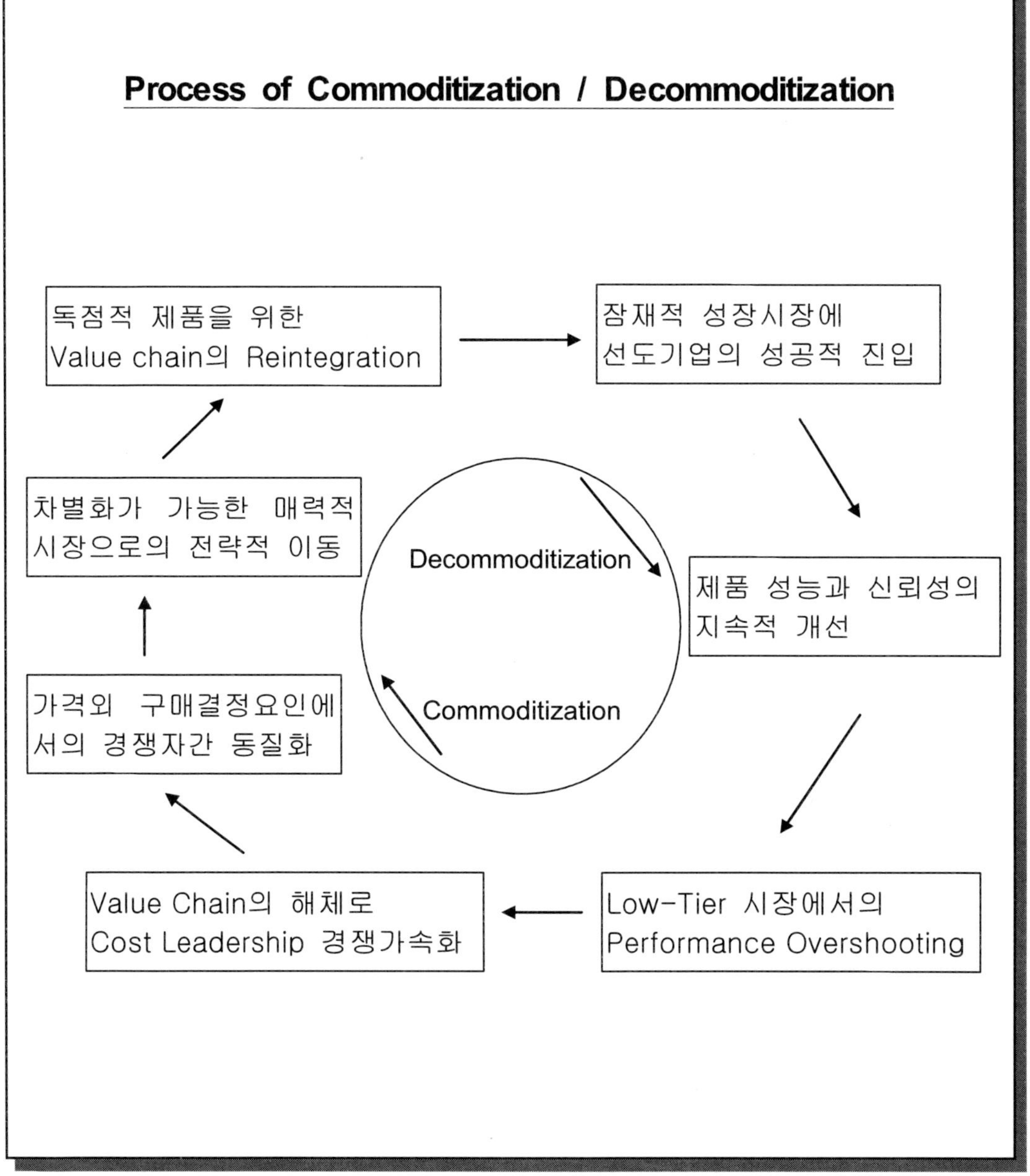

(C. M. Christenson, 2003, C. M. Christensen & M. E. Raynor 2003, 저자 재구성)

- 모든 제품은 그 생애주기의 최종단계에서 진부화 또는 범용제품화 – Commoditization – 의 과정을 거치게 된다. 이 단계에서 고객은 경쟁자간 제품의 성능과 품질 등에서 거의 차이를 발견할 수 없어 가격위주로 구매 여부를 결정하며, 그 결과 공급자의 수익성은 급속도로 악화된다. C.M. Christensen은 이러한 제품진부화의 과정을 기술발전속도와 고객 Needs의 차이를 중심으로 설명하고 있다.

• Process of Commoditization

선도기업이 새로운 기술이나 비즈니스 모델을 활용하여 신제품/서비스를 개발, 독점적으로 잠재적 성장가능성이 높은 시장에서 발판을 구축하게 되면서 경쟁이 시작된다. 이 단계에서 제품의 성능은 Not-Good-Enough의 상태에 있어, 고객은 제품의 기능이나 품질을 중심으로 구매를 결정한다. 이 단계에서 시장규모는 매우 한정될 수 밖에 없다. 그러나 지속적 기술발전으로 제품의 성능과 신뢰성이 향상되면서 – Sustaining Innovations – 보다 다양한 고객 Needs를 충족시킬 수 있게 되면서 시장규모가 급속하게 확대된다. 이 단계에서 일부 고객들은 자신들이 사용하지 않는 기능이나 필요이상의 품질수준에 대해서까지 가격을 지불해야 하는데 대해 불만을 갖는 Performance Overshooting 현상이 발생한다. 이러한 고객 불만은 지속적인 Process Innovations과 기술의 표준화로 Modular Architecture로의 진화를 촉진, 적극적 Outsourcing을 통한 원가절감경쟁을 가속화시키게 된다. 제품성능과 품질 중심의 경쟁에서 동일한 표준과 Components의 경쟁으로 경쟁기반이 변화하면서 고객은 점차 경쟁자간 제품의 성능과 신뢰성, 편의성 등에서 차이를 발견하기 어려워지며, 그 결과 가격을 중심으로 구매결정을 내리게 된다. 이러한 현상은 Performance Oversupply가 먼저 발생한 Low-end 시장에서 시작하여 점차 Higher-end 시장으로 확산되면서 제품/서비스 전체가 진부화되는 단계에 도달하게 된다.

• Process of Decomoditization

제품/서비스의 진부화로 수익성 악화에 직면하게 된 공급자가 매력적 이익을 얻기 위해서는 차별화된 Product Offerings를 개발, 최적의 고객에게 제공해야 한다. 이를 위해서는 우선적으로 Not-Good-Enough의 구매결정요인이 무엇인지를 Value Chain 전체에 걸쳐 파악해야 한다. 여기에는 제품의 디자인, 특정기능, 유통채널의 편의성, 보다 전문적인 서비스제공 등 다양한 차별화요인들이 포함될 수 있다. 여기서 기존기업이 보다 매력적인 수익을 확보하기 위해서는 Up-market으로의 이동이 불가피하며, 이러한 전략적 이동의 성공 여부는 Not-Good-Enough 상태의 Performance-defining Subsystems을 정확하게 파악하고 여기에 집중하는 역량에 달려있다. 고객에게 차별화된 제품서비스를 독점적으로 공급하기 위해서는 지금까지 비용절감을 위해 Outsourcing에 의존하였던 많은 기능을 재통합해야 한다. 잠재적 성장시장에서 재통합된 선도기업이 새로운 성장을 시작하면서 또 다른 Commoditization의 과정이 시작하게 된다.

- 결국 Commoditization의 과정은 기술적 발전과 함께 고객의 핵심구매결정요인이 Funltionality → Reliability → Convenience → Price로 변화해가는 과정이며, Decommoditization은 공급자가 악화된 수익성의 회복을 위해 고객이 요구하는 Performance를 재정의하고 이를 근거로 제품/서비스의 차별화를 추구하는 과정으로 요약할 수 있다. 제품/서비스를 차별화 시킬 수 있는 요인은 <Figure 2-1> Differentiation Variables와 같다.

<Figure 2-1>

Differentiation Variables

Product	• Form - size/shape / Physical structure.. • Feature - varying features that supplement the product's basic function • Performance Quality / Conformance Quality • Durability / Reliability / Repairability • Style (product's look and feel to the buyer) / Design
Services	• Ordering ease / Delivery / Installation Customer training / Customer consulting / Maintenance and repair/ Miscellaneous
Personnel	• Competence / Courtesy / Credibility / Reliability / Responsiveness / Communication
Channel	• Coverage / Expertise / Performance
Image	• Symbols / Media / Atmosphere(Physical plant) / Events

<Tips for Ideas 2-5> Framework for Ideatifying Possible Breakthrough Ideas for Mature Products는 성숙기 제품을 혁신하기위한 아이디어를 개발하는데 효과적으로 활용될 수 있다.

<Tips for Ideas 2-5>

Framework for Identifying Possible Breakthrough Ideas for Mature Products

예시

- Natural changes in the size of industry market potential
- New uses or new user segments
- Innovative product differentiations
- Add new product lines
- Stimulate non users
- Stimulate light users
- Increase amount used on each use occasion
- Close existing product and price gaps
- Create new product-line elements
- Expand distribution coverage
- Expand distribution intensity
- Expand distribution exposure
- Penetrate substitutes' positions
- Penetrate direct competitions positions
- Defend firm's present position

(J. A. Wwver 1986, in P. Kotler, 2003 재인용)

4-4. 제품/서비스혁신과 Disruptive Innovation Theory

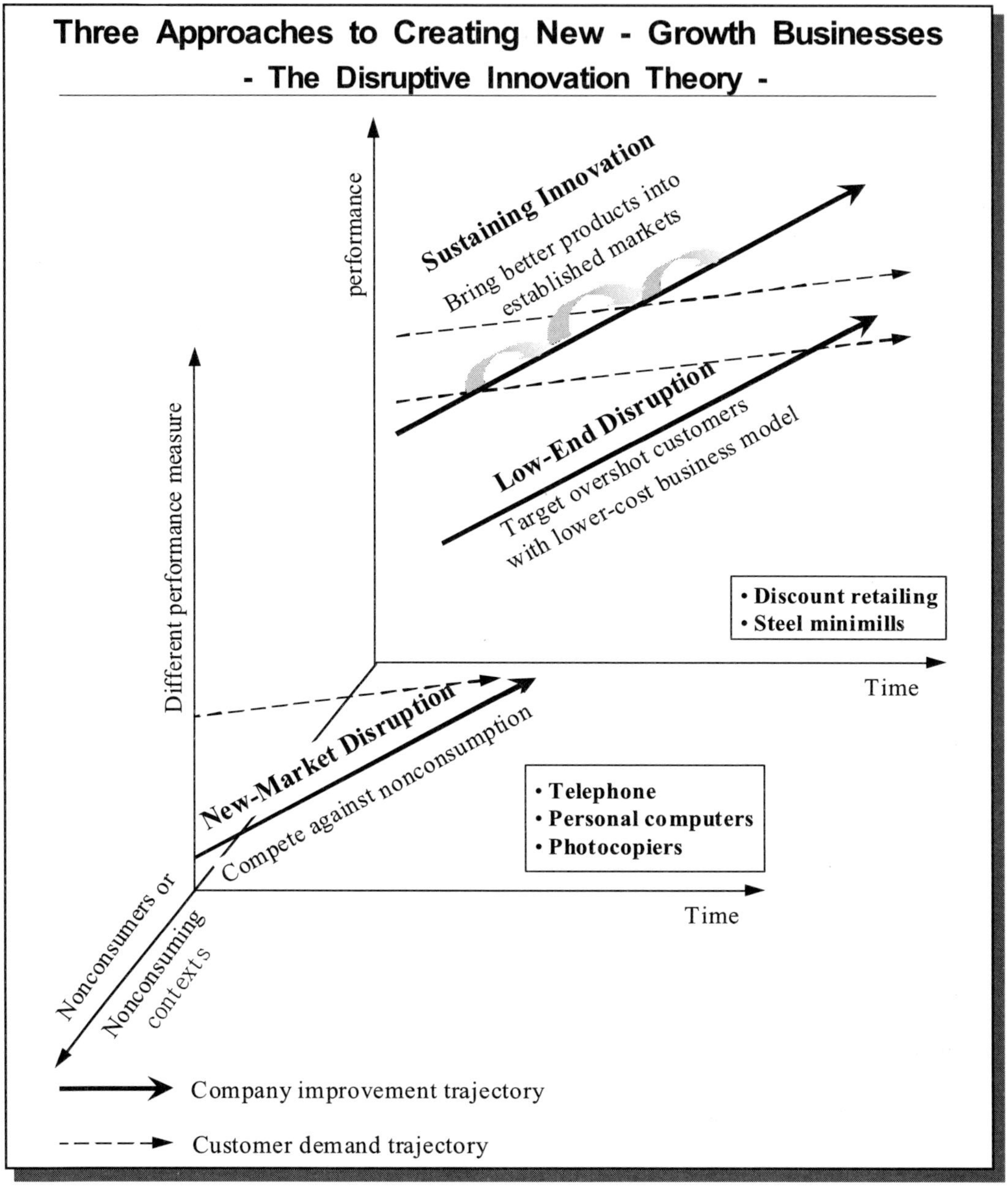

(C. M. Christensen, S. D. Anthony, & E. A. Roth, 2004)

• Disruptive Innovation Model

C.M. Christensen 등은 기존의 선도기업은 Sustaining Innovation을, 신규진입자는 기존 기업이 무시하거나 경쟁을 회피하는 Disruptive Innovation 에서 경쟁우위를 얻을 수 있음을 밝히고 있다. Disruptive Innovation Model의 전제가 되는 핵심적 주장은 다음과 같다.

1) 기업은 지속적인 기술혁신으로 고객에게 계속해서 보다 우수한 제품과 서비스를 제공할 수 있으나, 대다수의 고객은 기업이 제공하는 성능 중 일부만을 사용한다. 또한 고객군별로 자신들이 요구하는 제품과 서비스의 성능에서 큰 차이를 보인다. 어떤 고객들은 최고의 개선된 성능의 제품과 서비스를 요구하는 반면 최소한의 성능만으로도 충분히 만족하는 고객들도 있다.
2) 기술발전 속도는 고객이 기술을 받아들이고 이를 실제로 활용하는 능력보다 거의 항상 빨리 진화한다. 고객은 처음에는 제품과 서비스의 Functionality를 중요시하나 기술발전으로 이러한 Needs가 충족되면 Reliability → Ease of use : Convenience → Customization → Price를 중심으로 구매의사결정을 내린다.
3) Innovation은 Sustaining Innovation과 Disruptive Innovation으로 구분되며, Disruptive Innovation은 다시 Low-End Disruption과 New-Market Disruption으로 구분된다.

• Sustaining Innovation

Sustaining Innovation은 기존시장의 가장 매력적인 고객군을 목표로 한다. 이들 고객은 보다 개선된 성능의 제품과 서비스를 선호할 뿐만 아니라 이에 대해 기꺼이 보다 높은 가격을 지불할 의도와 능력을 가진 사람들이다. Sustaining Innovation은 이들 고객들 중 제품과 서비스의 성능과 품질에 대해 가장 까다롭고 기대수준이 높은 고객들이 우선적으로 중요시하는 요인들을 중심으로 가치제안을 - Value Propositions - 을 설계하고 Market Offerings를 개발한다. Sustaining Innovation을 추구하는 기업은 현재 자신들이 보유한 경쟁우위요소와 기존의 운영프로세스를 최대한 활용하여 이윤극대화를 추구하고자 한다. 따라서 신규진입자가 Sustaining Innovation의 목표시장의 규모와 수익성의 매력도만을 보고 기존기업보다 더 나은 성능의 제품과 서비스를 제공하는 방식으로 접근하여 경쟁에서 승리하는 것은 거의 불가능하다고 해도 과언이 아니다.

• Low - End Disruption

Low - End Disruption은 Sustaining Innovation과 같이 기존시장을 목표로 하는 점에

서는 동일하나 가장 비매력적인 고객군을 우선적으로 공략하고자 한다는 점에서 큰 차이가 있다. 이들 고객군은 기존기업이 제공하는 다양한 제품/서비스의 성능과 품질 중 일부만 필요로 하며, 자신들이 사용하지 않는 성능과 품질에 대해서까지 가격을 지불해야한다는데 대해 불만을 가진 고객들이다. Low-End Disruption을 추구하는 기업은 이들 Mainstream 시장 내 Low-End Tier의 고객들에게 이들이 이만하면 충분하다고 생각하는 - Good Enough - 수준만의 성능을 갖춘, 보다 단순하고 편리한 제품과 서비스를 보다 낮은 가격으로 제공하고자 한다. 이들은 저가 제품으로도 매력적인 이익을 창출하기 위해서 낮은 매출총이익률을 높은 자산활용도로 극복하는 Low-cost Business Model을 추구한다. 기존 기업들은 신규진입자가 Low-End Disruption을 추구하는 초기단계에서는 이를 무시한다. 반면에 신규진입자는 일단 Low-End Tier의 고객군에서 발판을 구축한 후에는 Sustaining Innovation을 추구, 보다 매력적인 고객에게 접근하기 위해 지속적으로 제품과 서비스의 성능과 품질을 개선해 나가게 된다. 기존기업들은 Disruptive Innovation기업과 경쟁이 거의 불가능한 상황이 되어서야 자신들의 핵심적인 고객기반까지 잠식당했음을 뒤늦게 인식하게 된다.

- **New Market Disruption**

New Market Disruption은 현재 기존기업이 제공하는 제품과 서비스를 구매하고 사용하는데 필요한 돈이나 기술이 없어 여기에 접근하지 못하는 No Consumption의 고객을 목표로 한다. 예로서 복사기와 컴퓨터의 기능은 필요로 하나 Xerox나 IBM의 대용량 고성능의 제품을 구매하고 사용하는데 필요한 돈과 기술은 없는 고객에게 휴대용 복사기나 PC를 개발, 제공하는 것을 들 수 있다. 이들 New-Market Disruption에 의해 개발된 제품은 전통적으로 중요시되었던 제품속성에서는 매우 조잡하나 - 예 : 처리속도 등 - 그 단순성과 편리함, 파격적으로 낮은 가격으로 지금까지 존재하지 않았던 새로운 시장을 창출한다. New-Market Disruption의 고객은 이러한 제품과 서비스를 기존제품/서비스와 비교하기보다 '아무것도 갖지않은 상태'와 비교하므로 제품성능에 대해 Good - Enough으로 인식한다. New-Market Disruption은 저가격과 시장진입초기 단계에서의 낮은 판매량으로도 수익창출이 가능한 비즈니스모델을 개발해야만 재무적으로 성공할 수 있다.

<Tips for Ideas 2-6>

A Range of Options
-Innovativeness As It Applies to Products and Services

New-to-the-world products/ services

↑

New-to-the-market products/ services

↑

New product / service lines in a company

↑

Additions to product / service lines

↑

Product improvements / revisions

↑

New applications for existing products / services

↑

Repositioning of existing products / services

↑

Cost reductions for existing products / services

(M. H. Morris, & D. F. Kuratko, 2004)

4-5. 제조업의 서비스사업개발 전략

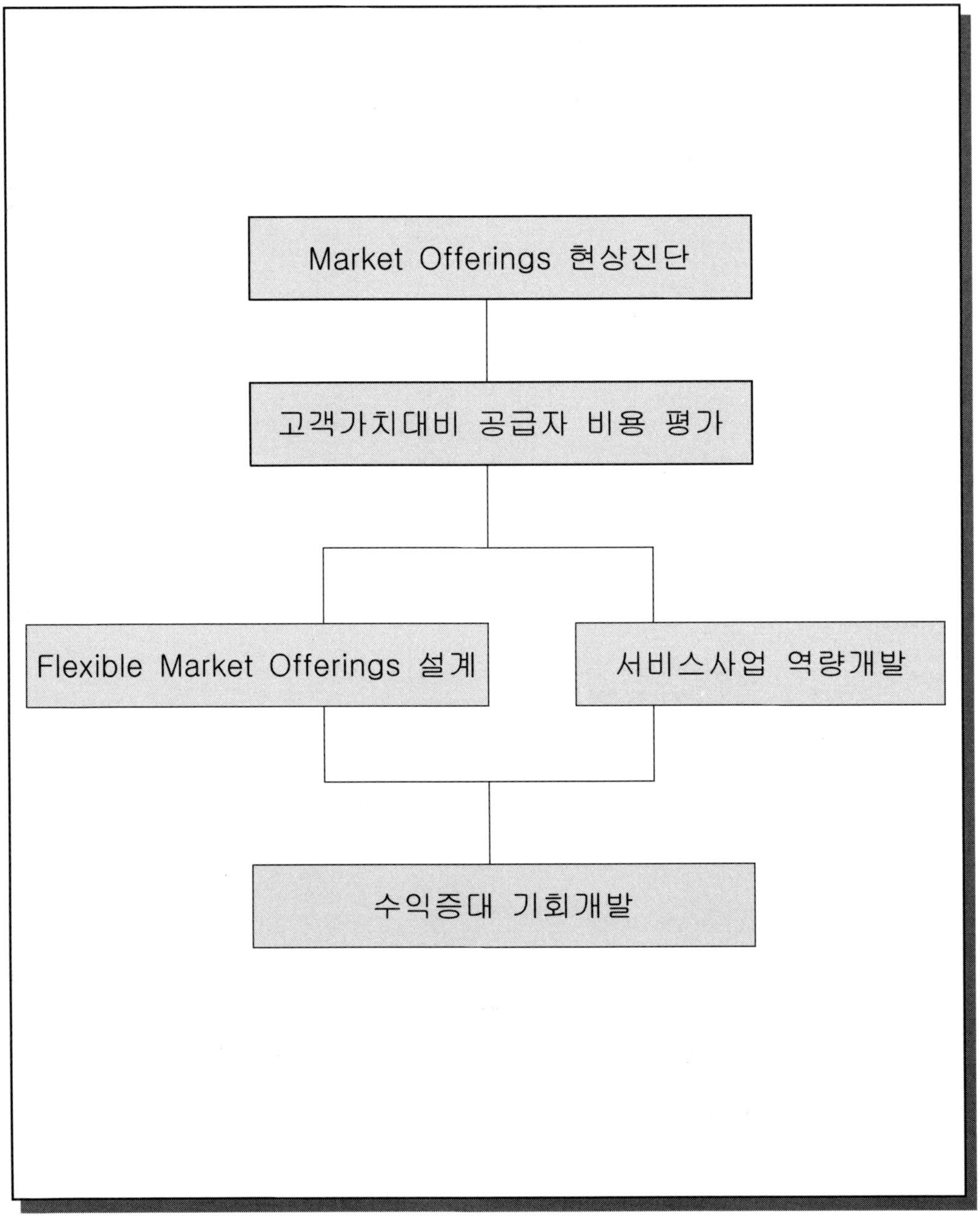

• 지금까지 제조업 특히 산업재 시장에서 대부분의 서비스는 별도의 비용청구없이 고객에게 제공하는 것으로 인식되고 있다. 제품의 진부화– Commoditization –로 가격경쟁이 심화되고 신규고객 확보가 매우 제한된 성숙시장에서는 서비스가 중요한 매출원이 될 수 있다. 예를 들어 Otis Elevators는 전체매출의 2/3를 서비스부문에서 창출하고 있으며, GE는 자사가 판매한 모든 항공기 엔진의 현재 상태를 Monitoring 할 수 있는 장치를 부착, 예방정비활동에 대한 서비스까지 유료로 제공하고 있다. 서비스는 경쟁사와 자사의 제품을 차별화시킬 수 있는 핵심적인 수단이며, 그 자체가 중요한 수익창출원일 뿐만 아니라 향후 Solution Provider로의 전환시 사업성공의 기반이 되는 산업 및 개별고객에 대한 심도깊은 정보와 지식을 제공해 준다. 그러나 모든 고객이 서비스에 대해 동일한 가치를 부여하지 않을 뿐만 아니라 지금까지 고객권리의 일부로서 당연히 무료로 주어지는 것으로 인식되었던 서비스를 유료화한다는 것은 매우 어려운 과제이다.

• Market Offerings 현상진단

서비스를 제품에서 분리하여 사업화하기 위해서는 우선 현재 자사가 제공하고 있는 서비스의 범위를 파악해야 한다. 지금까지 대부분의 제조업체들은 세분시장 또는 고객군별로 차별화된 제품 + 서비스의 패키지를 제공하거나 – Bundles of products and services –, 모든 고객에게 동일한 Market Offerings를 제공– Vanilla offering – 하는 방식을 선호하고 있다. 심지어 일관된 기준이나 세분시장의 구분 없이 각 개별고객과의 협상에 의해 특정 서비스가 제공되는 경우도 있다. 그 결과 동일 세분시장 또는 고객군내에서도 개별고객의 사정에 따라 서비스가 불필요한 고객은 가격할인을 요구하는가 하면 어떤 고객에게는 서비스의 질과 양에 대한 불만이 고객이탈의 원인이 되기도 한다.

자사가 제공하는 서비스의 범위를 파악하기 위해서는 고객의 기본적 문제를 해결해 줄 수 있는 기초적 기능과 성능을 보유하고 있는 핵심제품 – Core Products – 을 제외하고 고객에게 제공되는 모든 유 · 무형의 자원과 지원활동을 서비스로 간주, 자사가 제공하고 있는 모든 서비스의 종류와 유형을 파악하여야 한다. 고객이 자사 제품을 보다 편리하면서도 효율적으로 구매, 사용, 폐기할 수 있도록 제공되는 서비스는 일반적 의미에서의 서비스와 서비스프로그램, 그리고 시스템으로 구분된다.

<Figure 2–2> Examples of Augmenting Services, Programs and Systems 참조 –

현재 자사가 제공하는 서비스의 유형과 종류가 파악된 후에는 세분시장별로 또는 모든 고객에게 공통적으로 제공되는 표준서비스 – Standard service – 와 세분시장 또는 특정 개별고객에게만 제공되는 무료서비스 그리고 고객의 요구에 의한 유료서비스로 구분토록

한다. 이 결과를 분석해 보면 대부분의 기업은 자사가 제공하고 있는 서비스의 종류에 놀랄 것이며 자사의 제품은 잘 알고 있으나 서비스는 잘 모르고 있었음을 인식하게 될 것이다.

<Figure 2-2>

Example of Augmenting Services, Programs and systems

Services	• Corrective / remedial services - Problem solving / trouble shooting / operations assistances • Fulfillment - Availability assurance / order quantity/ logistics / delivery / installation / maintenance / training / returns / warranty
Programs	• Economic - deals / terms / conditions / freight / co-op allowances / rebates / bonuses / risk-sharing agreements / gain-sharing agreements • Relationships - Advice and consulting / Specification /co- design / co-development / process engineering / process redesign / cost reduction / responsiveness to information requests / joint marketing research / co-promotions / communications / partnering / participation in other customer programs
Systems	• Linking - Online customer support / shared material resources planning / information exchange (EDI) • Efficacy - Internet and extranet ordering and payment / online product technical support and expert systems / logistics management systems

(J. C. Anderson, G. J. Carpenter, & J. A. Narces, in D. Iacobucci, ed., 2001)

그러한 서비스가 명확한 기준 없이 고객에게 제공되고 있고 – 세분시장의 구분이 없거나, 동일 세분시장 내 개별고객에게 제공되는 서비스에서 많은 차이가 있다 – 표준서비스와 Option 서비스가 모호 – 유료화 되어야 할 Option 서비스가 무료로 제공 – 하며, 서비스에 대한 자사의 책임도 애매함을 알 수 있다.

• 고객가치대비 공급자 비용평가

자사가 제공하는 서비스가 고객에게 어느 정도의 가치를 갖는가를 파악하기 위해서는 이 서비스로 인해 고객이 얻게 되는 부가가치 및 리스크와 비용절감효과 뿐만 아니라 서비스 내용을 조정하였을 때 고객에게 미치는 영향에 대한 광범위한 분석을 필요로 한다. 고객이 구매를 위한 정보수집에서부터 제품/서비스를 획득 – Acquisition Cost – 하고 보유하며 – Possession Cost – 사용 후 – Usage Cost – 최종 폐기 – Disposal Cost – 에 이르기까지 직 · 간접비용의 Total Cost의 관점에서 실제 고객이 자사의 서비스가 제공되지 않았을 때 수행해야 할 활동과 이 활동을 위해 소비해야 할 자원을 기준으로 고객가치를 추정할 수 있다.

공급자 비용 또한 각 서비스항목에 대한 단위당 활동기준원가를 산출하되 매우 엄격한 기준을 적용하기보다 조직내외부에서 각 서비스에 대한 공급자비용을 설명 시 수용될 수 있는 수준에서 추정하는 것으로 충분하다. 고객가치 역시 가치를 매우 구체적인 금액으로 산출하기보다 각 서비스 항목이 고객에게 줄 수 있는 부가가치 또는 비용절감항목이 어떤 것들이며 각 서비스가 갖는 고객가치의 상대적 크기가 어느 정도인가를 확인할 수 있는 수준에서 추정하는 것이 좋다. 이 정도의 정보만으로도 어떤 서비스 항목이 고객가치대비 공급자 비용이 높고, 전략적으로 의미가 없는 서비스 항목 – Value Drains – 이 어떤 것들인가를 확인할 수 있다.

• Flexible Market Offering 설계

Flexible Market Offering는 각 세분시장 또는 고객군이 공통적으로 요구하는 최소수준의 '제품 + 서비스'를 표준으로 제공하는 대신 개별고객이 별도로 요구하는 서비스는 Option으로 제시한다. 각 세분시장에 대해 특정 서비스 항목은

1) 제공하지 않거나
2) 무료로 제공하거나
3) 유료화 또는 고객과의 협상에 의한 Option으로 제공할 수 있다.

반면에 서비스는

1) 새로운 서비스
2) 기존의 Standard service
3) 기존의 Optional service 의 3가지로 구분할 수 있다.

이들 서비스 전개 방식과 서비스 유형에 따라 Market Offerings는 다음의 9가지 유형으로 설계할 수 있다.

<Figure 2-3>

Flexible Market Offering Strategy Matrix for Service, Program and Systems

Status \ Service Element	Service Element Deployment		
	Do not Market	**Market as Standard**	**Market as Option**
Existing Standard Service	Prune from Standard Offering	Retain in Standard Offering	Recast as Surcharge Option
Existing Optional Service	Discontinue Option	Enhance Standard Offering	Retain as Value Added Option
New Service	Keep on Shelf	Augment Standard Offering	Introduce as Value Added Option

(J.C. Anderson, G.S. Carpenter,& J. Narus, in D. Iacobucci ed., 2001)

기존의 표준서비스 중 각 세분시장내의 모든 고객이 높은 가치를 부여하는 서비스는 표준서비스로 하되, 고객가치보다 공급자 비용이 높은 서비스나 대부분의 고객이 사용하지 않는 서비스는 Option으로 전환하거나 Outsourcing하는 것이 바람직하다. 반면에 많은 고객이 필요로 하는 새로운 서비스는 표준에 추가하여 경쟁사 대비 경쟁력을 강화하며, 경쟁자와 차별화하기 힘든 서비스는 지속적인 비용절감을 추진, 최소수준에서 충족되도록 한다.

기존의 표준 서비스를 유료화된 Option 서비스로 전환하는 것은 특히 어려우므로, 공급자 비용은 높은 반면 간헐적으로 제공되는 서비스 - 훈련, 설치, Retrofitting 등 - 부터 우선적으로 유료화를 시도하는 것이 고객의 저항을 최소화할 수 있다. 기존의 Optional services는 다양한 고객의 다양한 Needs를 모두 충족시켜줄 수는 없으므로 수익성이 높은 고객이 요구하는 서비스들만을 선정, Option으로 제공하는 것이 필요하다.

새로운 서비스를 Option으로 제공하기 위해서는 이러한 서비스를 제공하기 시작하는 시기가 특히 중요하며, 새로운 서비스를 표준서비스에 포함시키는 것은 이로 인해 신규사업의 기회를 창출할 수 있을 경우에만 시도하는 것이 유리하다.

• 서비스사업 역량개발

서비스는 그 자체로서 중요한 수익원인 동시에 경쟁자와의 차별화를 이룰 수 있는 핵심 경쟁 우위요소가 될 수 있다. 특히 고객이 구매의사결정시 가격만을 우선시하는, 제품의 성능이나 품질, 거래편의성 등에서 경쟁자와의 차이를 거의 인식하지 못하는 범용제품 - Commodity - 의 경우 서비스가 유일한 차별화요인이 되기도 한다. 개발된 Flexible Market Offerings가 시장과 고객으로부터 그 가치를 인정받기 위해서는 동일한 유형의 서비스에 대해서도 경쟁자들과 그 품질의 차이를 고객이 인정할 수 있도록 서비스역량을 강화해야 한다.

- 기반기술의 확보와 전문성 강화

수익성 높은 고객들이 빈번하게 경험하면서도 고객의 사업에 큰 영향을 줄 수 있는 문제점들을 선택, 이들 문제들을 해결하기 위해 우선적으로 필요한 서비스를 파악한 후 이들 서비스의 전문성을 강화하기 위해 요구되는 기반기술을 선정, 집중적으로 육성해야 한다.

- 고객 지식의 심화

제공되는 서비스가 고객으로부터 높은 가치를 인정받기 위해서는 Customization이 이루어져야 한다. Customized service를 위해서는 고객사의 사업과 운영프로세스 뿐만 아니라 자사 제품을 누가 언제 어떻게 사용하며, 어떻게 응용되고 있는가에 대한 심도깊은 지식을 축적해야 한다. 나아가 산업추세와 고객의 경쟁사에 대한 지식 및 Best Practices에 대한 정보를 수집, 분석, 가공하여 서비스와 함께 제공할 때 그 서비스는 더 큰 가치를 갖게 된다.

• Sales Force 역량강화

많은 고객들은 구매의사결정과정에서 경쟁사와의 가격비교에만 관심을 갖는 경향이 있다. 이때 Sales Force는 자사의 제품/서비스, 특히 서비스가 줄 수 있는 고객가치를 중심으로 대화함으로써 고객의 구매의사결정의 참조준거를 변화시켜야 한다. 많은 고객은 자신들의 운영프로세스의 효율성에 대한 이해가 부족하므로 Sales Reps가 축적된 고객지식과 기술적 전문성 그리고 자사 서비스의 고객가치에 대한 분석결과를 활용, 제품가격이 아닌 고객의 Needs와 문제를 해결하기 위한 방법에 대해 대화하고 Proposals를 제시할 수 있는 역량을 갖출 때 서비스의 수익사업화가 가능하다.

- **수익증대 기회 개발**

Flexible Market Offerings는 다양한 수익증대의 기회를 제공한다.

– 매출증대

New Service가 강화된 표준서비스 또는 Optional services를 제공하기보다 기존 제품의 구매증대 또는 독점적 공급계약을 요구하거나, 고객이 요구하는 최소한의 서비스만을 제공하는 대신 그에 상응한 수준의 가격을 인하해줌으로써 매출을 증대시킬 수 있다. 이때 고객수익성과 공급자의 서비스비용에 대한 치밀한 분석이 요구되며, 세분시장 또는 고객군별 시장전략을 고려하여야 한다.

– 수익성 증대

Optional services를 제공하면서 그에 상응한 수준의 가격인상을 요구하거나 거래 과정에서의 다양한 금전적 혜택을 제외하는 대신 일정 비율로 가격을 인하해줌으로써 – 예 : 자사 물류창고에서 현금 구매시 – 실질적인 가격인상 효과를 얻을 수 있다 – Pocket Price 인상 –. 다양한 Pricing exceptions는 수익성을 악화시킬 수 있으므로 거래가격과 공급자의 순 매출로 간주할 수 있는 가격과의 차이를 지속적으로 모니터링할 경우 수익을 증대시킬 수 있는 많은 기회를 발견할 수 있다.

– Optional services의 유료화

경쟁사와 Service 품질에서 명확한 경쟁우위를 유지할 수 있을 경우 고객의 저항을 최소화하면서 해당 서비스를 유료화할 수 있다.

– Solution Selling 기회개발

강화된 서비스역량을 기반으로 고객기업과 공동연구개발 또는 Business Process Innovation 과정에 참여함으로써 Solution Selling의 기회를 개발할 수 있다. 이때 Collective Risk-Sharing 또는 Gain-Sharing 방식의 계약을 체결함으로써 수익증대와 함께 자사의 Solution – Selling 역량개발기회도 가질 수 있다.

- 지금까지 제품구매시 당연히 무료로 제공되는 것으로 인식되고 있던 Service를 수익사업화 하기 위해서는 실행과정에서 고객 및 경쟁사와의 관계를 충분히 고려하여 신중하게 접근하여야 한다. 예를 들어 가격인상시 새로운 서비스를 함께 제공할 경우 가격인상과 함께 고객에게 자신이 선택할 수 있는 다양한 Optional services를 제시하거나 Tailored-Value Package를 선택토록 하는 등 고객의 선택권을 증대시키려는 노력이 필요하다. 그러나 이러한 모든 노력들은 고객이 가격이 아닌 가치를 우선적으로 고려하여 구매의사결정을 내릴 수 있도록 효과적인 Communication과 고객교육이 함께 이루어질 때 성공할 수 있음에 유의해야 한다. 공급자가 고객에게 그 가치를 충분히 검증받을 수 있는 질 높은 서비스를 제공하고, 고객이 가격이 아닌 가치를 중심으로 구매할 때 Win - Win의 관계가 성립된다. 나아가 공급자는 잃어버릴 고객보다 새로운 성장기회에 집중하여 보다 적극적이며 과감하게 서비스의 사업화를 추진함으로써 사업구조를 고도화하고자 하는 의지를 가져야만 제품진부화로 인한 수익성악화의 악순환으로부터 벗어날 수 있다.

4-6. 첨단산업에서의 경쟁전략

Rules of Competing on the Edge

Strategy

1. Advantage is temporary.
2. Strategy is diverse, emergent, and complicated.
3. Reinvention is the goal.

Organization

4. Live in the present.
5. Stretch out the past.
6. Reach in the future.
7. Time pace change.

Leadership

8. Grow the strategy.
9. Drive strategy from business level.
10. Repatch business to markets and articulate the whole.

Key Strategic challenge is to react quickly, anticipate when possible, and lead change where appropriate.

(S. L. Brown & K. M. Eisenhardt, 1998)

• Managing the strategic challenges of change

S. L. Brown과 K. M. Eisenhardt는 경쟁이 심하고 변화의 속도가 빠른 첨단산업에서는 게임의 규칙이 일반적 기업과 달라야함을 강조하면서 핵심적 전략과제로서 'Reacting, Anticipating, Leading'을 제시하고 있다.

Reacting은 상대적으로 변화의 수준이 가장 낮은 상황에 대한 대응전략이다. 기대하지 못했던 고객의 수요나 경쟁자의 신제품의 출시 등의 상황에 대해 보다 나은 제품이나 서비스를 제공하거나 기존제품을 새롭게 포장하는 등의 방식으로 대응하는 것이다.

Anticipating은 글로벌화나 새로운 세분시장과 기술의 출현 등의 상황을 미리 예상하고 기술적 Options을 창조하거나 새로운 세분시장에 진입하기 위한 유통채널을 개발하고 자원을 재정비하는 등의 전략을 실행해야한다. 변화의 수준이 중간 정도에 해당하는 상황에서의 대응전략이다.

변화와 그로 인한 불확실성의 수준이 가장 높은 상황으로, 고객의 기대를 재정의하는 등 산업표준 자체를 재설정하거나 혁신적인 기술을 창조해야 하는 상황에서는 다른 경쟁자들이 자사를 뒤따라오도록 변화와 혁신을 Leading하는 전략이 요구된다.

• Rules of comporting on the edge

Strategy

1. Advantage is temporary

모든 전략은 일시적인 것으로 간주해야 하며, 경쟁우위의 새로운 원천을 지속적으로 발굴해야만 한다. 변화를 새로운 기회로 인식하고 이를 주도적으로 활용하는 기업만이 지속가능한 성장을 이룰 수 있다.

2. Strategy is diverse, emergent, and complicated

전략은 처음부터 명확한 방향과 목표를 가진다기보다 약간은 모호하면서도 공통의 방향을 향하고 있는 – Semicoherent strategic direction –, 느슨하게 서로 연결된 다양한 전략적 시도들의 집합체이다. 따라서 전략은 다양한 탐색과정에서 스스로 emerging하는 것이며 그 후 이를 shaping하고 articulating 해야한다.

3. Reinvention is the goal

변화하는 환경에서 지속적으로 고수익을 보장할 수 있는 사업은 존재하지 않는다. 장기적으로 높은 수익성을 유지하는 최선의 방법은 오늘의 핵심사업에서 수익을 최대화하면서 동시에 내일의 새로운 매출원천을 지속적으로 개발하는 것이다.

Organization

4. Live in the present

변화에 효과적으로 적응하기 위해서는 우선순위와 책임을 명확하게 하기 위해 필요한 최소한의 구조만을 구축해야 하며, 일상적인 경영활동에서는 조직구성원들의 자율적인 행동을 최대한 허용해야 한다. What to structures 뿐만 아니라 what is not structured에도 함께 관심을 가져야 한다.

5. Stretch out the past

자사가 가진 과거의 강점을 최대한 활용하되 결코 과거에 사로잡히지 않아야 한다. 과거의 유산중 어떤 것을 보존해야 하며 어떤 것은 포기해야 하는가를 지속적으로 검토해야 한다.

6. Reach into the future

오늘을 살면서 미래도 함께 생각해야 한다. 미래를 위해 오늘을 희생하지 않도록 하기 위해서는 reacting과 anticipating, leading을 위한 다양한 전략적 시도들이 동시적으로 관리되어야 한다. 단기, 중기, 장기의 Time horizon을 동시에 관리하기 위한 성장포트폴리오의 구성과 관리역량이 중요하다.

7. Time pace change

자신이 스스로 설정한 리듬과 템포에 따라 신제품/서비스의 수를 결정해야 한다 리듬이 만들어내는 신 · 구 제품/서비스간 전환과정을 효과적으로 관리해야 한다.

Leadership

8. Grow the strategy

불확실한 경영환경하에서는 아무리 치밀하게 신규사업의 계획을 수립하더라도 계획대로 성장이 이루어지지 않는다. 새로운 성장기회가 저절로 부각될 수 있도록 스스로 성장할 수 있는 역량을 제고해야 한다. 새로운 성장전략이 자연스럽게 출현하기 위해서는 수순이 특히 중요하다. 현재에서 출발하여 과거를 끌어들이고 이를 미래의 기회와 연결지워야 하며, Time pacing으로 끝나야 한다.

9. Drive strategy from business level

각 사업부가 스스로 책임지고 성장전략을 수립하고 실행하도록 해야 하며 기업차원에서는 이를 지원하는 데 집중해야 한다.

10. Repatch business to markets and articulate the whole

새롭게 출현하는 기회에 따라 사업을 지속적으로 realigning 해야 하며, 새로운 아이디어와 전략이 출현할 때 이를 효과적으로 Shaping하고 Articulating해야 한다. 이를 위해서는 변화하는 시장의 Pattern을 인식하고 여기에 맞추어 각각의 사업을 Modular방식으로 Rematch, 전체를 재구성하는 것이 효과적이다.

5. Market Driving or Value Innovation 전략

5-1. 가치혁신전략의 유형

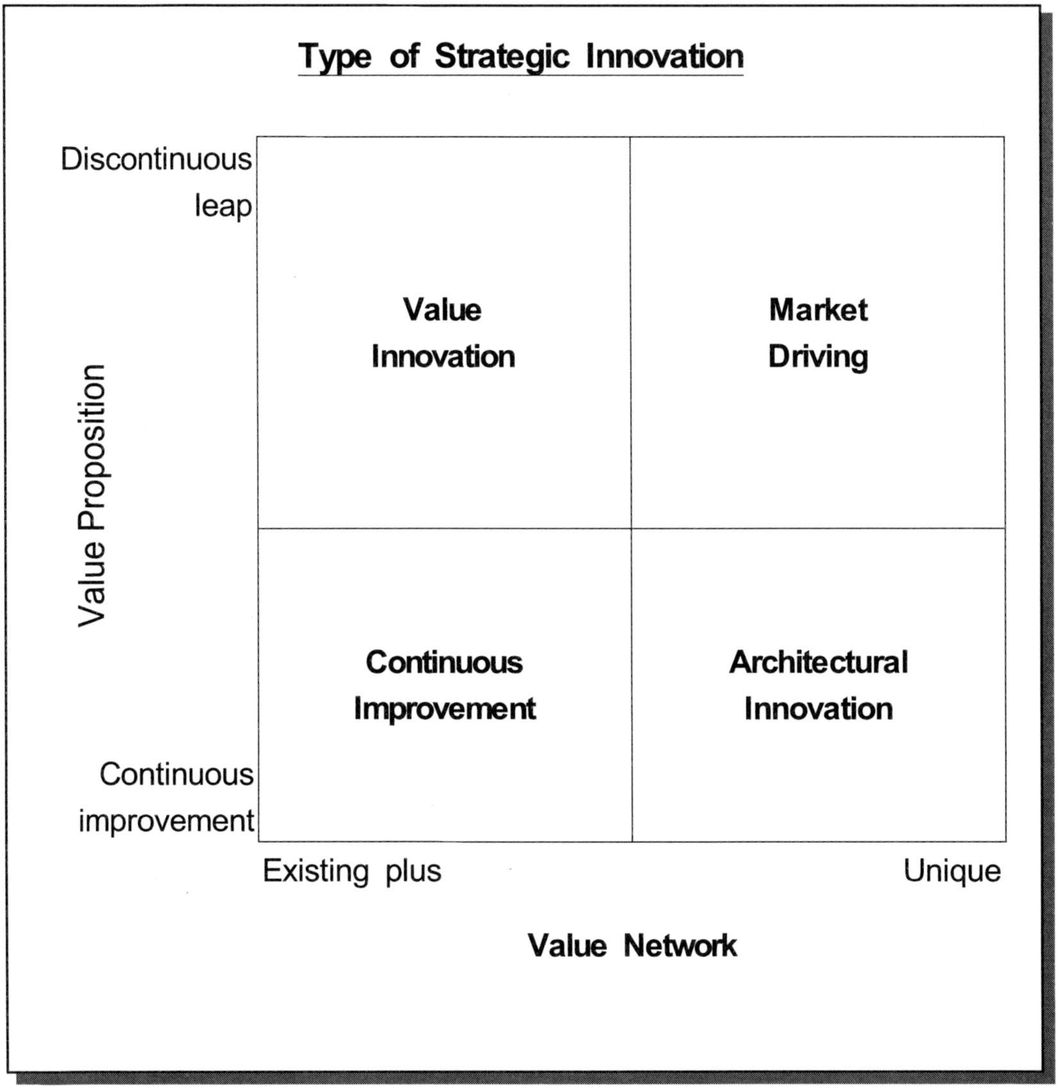

(N. Kumar, 2004)

- Market Driving 전략은 글로벌화와 디지털화로 기업간 경쟁이 심화되고 제품/서비스의 차별화가 어려워지면서 최근에 가장 큰 관심은 받고있는 고수익성장전략이다. 이 전략은 Market Driving(N. Kumar, 2004, G. S. Carpenter et al., 2001), Strategic Innovation (B. Govindarajan & C. Trimble, 2006) Blue Ocean Strategy 또는 Value Innovation (W.C. Kim & R. Mauborngne, 2005) 등 여러 경영학자와 컨설턴트 들이 다양한 명칭을 부여하고 있으나, Innovation에 대한 접근방식과 강조점에서의 약간의 차이에도 불구하고 목표고객과 가치제안 및 가치개발과 전달방식에서의 혁신을 강조하고 있다는 점에서는 거의 동일하다고 할 수 있다.

- N. Kumar는 전략적 혁신을 Value Proposition－What to offer －과 Value Network － How to deliver－ 의 2개 차원의 설계방식에 따라 4가지 유형으로 구분하고 있다. 여기서 Market Driving은 기존의 Value Proposition과는 전혀 다른 차원에서 설계된 제품/서비스를 자사만의 독특한 Value Network 구축을 통해 제공하는 것인 반면 Value Innovation은 Value Proposition, Architectural Innovation은 Value Network만을 혁신적으로 설계한 것을 지칭하고 있다. 한편, W. C. Kim과 R. Mauborgne는 Value Proposition 의 혁신을 실질적으로 제품/서비스화하기 위해서는 Value Network의 혁신이 필수적으로 요구된다는 의미에서 Market Driving과 Value Innovation을 동일시하고 있다.

- Market Driving은 기존의 STP－ Segmentation, Targetting, Positioning－ 에 의한 제품/서비스의 개발 방식과는 달리 고객의 제품/서비스의 구매 및 사용습관과 행동을 근본적으로 변화시킬 수 있는 가치제안을 획기적인 Value Network을 통해 개발하고 전달함으로써 고객가치를 극대화하고자 하는 혁신전략이다.

  Market Driving전략은 Southwest Airlines, Swatch, FedEx, IKEA 등 다수의 성공사례들을 통해 그 가능성만은 충분히 인정되고 있으나 불확실성과 이에 따른 리스크 부담이 높기 때문에 실제 전략개발과 실행과정에서는 실험과 학습을 통한 가정과 가설의 검증을 위한 집중적 노력을 필요로 한다.

5-2. Market Driving추구기업의 특징

혁명적 **Business Model**의 창조와 집중

산업간, 세분시장간 경계의 파괴

가격 대비 고객가치의 획기적 증대

Architecture Innovation에 의한 **Value Chain** 재구축

혁신적 **Customer Communication**

역량의 기업문화화

• Market Driving은 고객이 원하는 것을 제공하기보다 고객들이 자신들이 진실로 원하는 것이 무엇인지를 알 수 있도록 도와줌으로써- To help what buyers learn what they want - 경쟁우위를 얻고자 한다. 이를 위해 Market Driving은 고객들로 하여금 전혀 다른 관점에서 브랜드의 차이를 지각토록 하고 -Perception-, 새로운 가치판단 준거에 따라 브랜드의 차이를 평가하여 자사의 브랜드를 선호토록한 후 -Preference-, 최종적으로 자사 브랜드를 선택 - Choice- 해야만 하는 논리를 개발하는데 집중한다 -G. S. Carpenter, R. Glazer & R. Nakamoto, 2001).

Market Driving전략은 새로운 게임의 룰을 만들고 고객이 이를 학습토록 함으로써 경쟁우위를 획득하고자하므로 고객이 이미 자신이 원하는 것이 무엇인지를 잘 알고 있다고 가정하고 STP-Segmentation, Targetting, Positioning -와 4P - Products, Price, Place, Promotion - 를 무기로 목표세분시장에 적합한 제품/서비스의 개발과 제공을 강조하는 전통적인 마케팅 전략이나, Customization과 고객군별 차별화된 Market Offerings 또는 솔루션의 개발과 제공을 강조하는 Relationship Marketing과 다음과 같은 측면에서 큰 차이를 보이고 있다.

• 혁명적 Business Model의 창조와 집중

Market Driving을 추구하는 기업은 혁명적 기업가들의 미래의 추세와 충족되지 못하고 있는 고객의 잠재적 Needs에 대한 영감과 직관에 의해 개발된 독창적 비즈니스 모델에 따라 운영된다. 이러한 비즈니스 모델은 차별화와 Cost leadership, 창의성과 효율성과 같은 양립하기 어려운 전략적 목표들을 동시에 추구함으로써 고수익 성장을 달성한다. 이들 기업은 해당산업에서 불문율로 간주되었던 게임의 규칙들로부터 탈피, 혁명적인 가치제안과 운영 및 수익모델을 추진하는 과정에서 직면하는 수많은 장애요인들에도 불구하고 지속적인 실험과 학습을 통하여 자신의 초기 아이디어를 실현시킬 수 있는 사업 모델을 구체화하고, 여기에 조직의 모든 역량을 집중함으로써 성공할 수 있었다. 이들 혁명적 기업가들이 비약적 성장이 가능한 새로운 시장으로서 소위 Blue ocean의 창조에 성공할 수 있었던 것은 그들이 해당 산업에 대한 실질적 경험이 거의 전무하거나 미숙하였기 때문으로 보는 사람들이 많은 것도 이러한 배경에서 그 원인을 찾을 수 있다.

• 산업간, 세분시장간 경계의 파괴

기업간 경쟁심화는 시장세분화를 촉진, 대다수의 기업은 규모경제를 실현할 수 없어 수익성 악화에 직면하게 된다. Market Driving을 추구하는 기업은 기존의 산업간 경계와 세분시장을 파괴, 새로운 시장을 창출함으로써 규모경제를 실현한다. 정밀기계전자산업에 속하는 시계를 패션산업의 액세서리화하며 - SWATCH -, 항공여행을 대중교통화하고 - Southwest Airlines -, 1등석 항공여행객을 자가용비행기 소유자로 만들고-NetJet-, 소규모 도시의 교외에 대형할인점을 세우며 - Wal Mart -, Luxury Brand를 대중화하는 - Coach - 등 고객의 잠재적 Needs를 새로운 관점에서 접근, 그들의 구매습관을 변화시킴으로써 규모경제실현이 가능한 새로운 고객과 시장을 창출한다.

- **가격대비 고객가치의 획기적 증대**

Market Driving 추구기업은 고객의 기대를 초월하는 획기적 가치를 제공하는 대신 대중적 고객이 쉽게 접근할 수 있는 수준의 가격을 설정함으로써 고객가치를 극대화한다. 이들은 기존산업에서 당연시되던 가치창출요인 들의 상당수를 제거- Eliminate -하거나 축소하는 -Reduce- 대신, 지금까지 제공하지 않았던 새로운 가치창출요인을 창조하거나 -Create- 증대시키는 -Increase-, 선택과 집중의 방식으로 기존기업과 확연히 차별화되는 제품/서비스를 저비용으로 개발, 제공한다. 산업간, 세분시장간 경계의 파괴로 확대된 Mass Market의 고객기반은 낮은 수익률에도 불구, 높은 매출성장으로 고수익창출을 가능하게 한다.

- **Architecture Innovation에 의한 Value Chain 재구축**

명확하게 차별화된 Market Offerings와 Cost Leadership은 어떤 사업에서든 경쟁우위를 위한 핵심적 요건이다. 차별화를 위해서는 Value Chain내의 다양한 기능을 통합, 자사 내부에서 직접 수행해야 하며 이 과정에서 Cost는 불가피하게 증가하게 된다. 그러나 Blue Ocean의 New Market을 창조하는 기업은 원가절감을 위해 Value Chain을 해체, 자사는 핵심기능에 집중하는 대신 가능한 한 많은 기능을 외부의 사업파트너에 의존하면서도 엄격한 표준과 치밀한 Interface의 관리를 통해 고객의 희생을 최소화하면서 최고의 편익을 최저비용으로 제공하고 있다.

- **혁신적 Customer Communication**

고객가치는 기능적 가치와 경제적 가치, 그리고 심리적 가치로 구분할 수 있다. Market Driving을 추구하는 기업은 우수한 기능적, 경제적 가치 뿐만 아니라 신뢰, 관계, 명성과 같은 무형자산을 활용, 고객에게 최고의 심리적, 정서적 가치도 함께 제공한다. 제품과 서비스를 판매하는 것이 아니라 자신들이 제공하는 Market Offerings를 어떻게 소비하고 어떤 상황에서 어떻게 즐겨야하는지를 알리는데 집중한다. 고객에게 제공된 즐겁고 유쾌한 새로운 경험은 충성도가 높은 Mania층의 입소문 – Buzz Network –과 대중매체의 관심과 흥미를 유발, 급속도로 고객기반을 확대하는 촉매제가 된다.

- **역량의 기업문화화**

Market Driving 추구 기업은 대개 창의적이며 뛰어난 직관을 가진 개인기업가의 아이디어로부터 시작하였으나 – CNN, Wal-Mart, SWATCH, Virgin, FeDex 등–, 이들은 자신들의 역량을 Process화하고 기업문화화 함으로써 성공할 수 있었다. 고객에게 즐겁고 놀라운 경험을 제공하기 위해서는 조직구성원들 스스로 진실로 즐겁고 유쾌한 마음으로 자신의 역할을 완수해야만 한다. 핵심역량이 소수의 핵심인재나 제도와 프로세스, 시스템에만 의존할 경우 쉽게 모방할 수 있으나 생활의 일부로서 기업문화화되어 전체 조직구성원의 행동규범으로까지 내재화되어 있을 경우 모방이 거의 불가능하다고 해도 과언이 아니다. 고객에게 최고의 가치를 최저의 비용으로 제공한다는 공통의 목표를 달성하기 위해 조직구조와 운영 프로세스, 시스템이 일관되게 Alignment 되고 모든 조직구성원들이 자신들이 해야 할 것과 하지 말아야 할 것을 명확하게 인식하고 이를 자발적, 의욕적으로 실천할 때 역량은 기업문화와 된다. 엄격한 프로세스와 규율하에서 자유와 창의성을 최대한 발휘하는 기업만이 비약적 성장이 가능한 새로운 시장을 창조하고 이를 지속적으로 지배할 수 있다.

5-3. Market Driving전략개발 프로세스

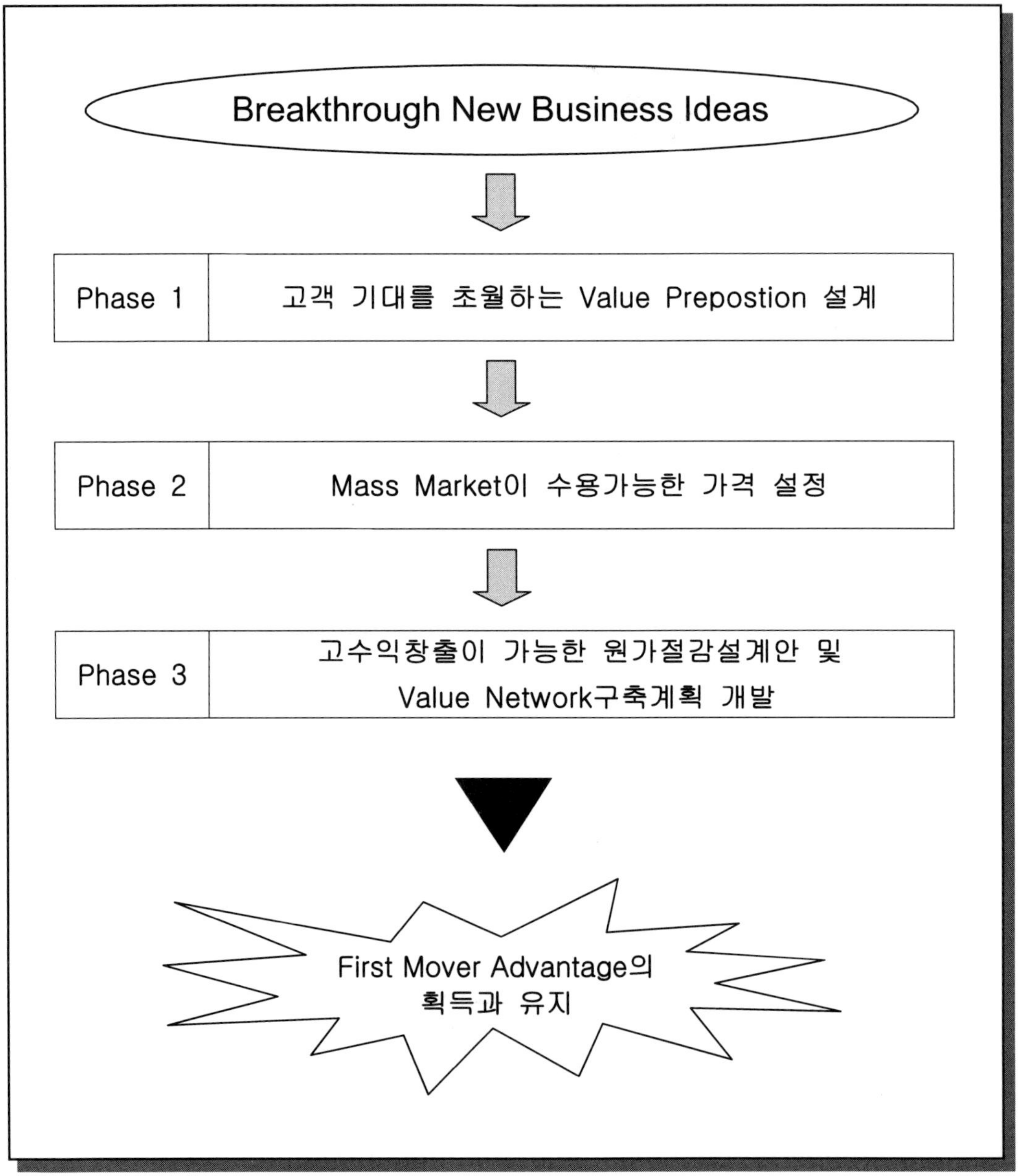

(W. C. Kim & R. Mauborgne, 2005, 저자 재구성)

어떠한 혁신적 사업아이디어도 아이디어 자체만으로는 쉽게 모방이 가능하다. Market Driving 추구전략으로 지속가능한 고수익 성장을 달성하기 위해서는 고객가치를 획기적 증대시킬 수 있는 Value Proposition과 Price, Cost가 효과적으로 연계된 Market Offering를 개발, 가능한 한 빠른 시간 내에 Mass Market을 구축함으로써, First Mover Advantage를 지속적으로 유지해야한다.

- **Phase 1: 고객기대를 초월하는 Value Proposition 설계**

신규사업의 아이디어가 비약적 성장이 가능한 새로운 시장의 창조로 발전하기 위해서는 우선적으로 고객의 기대를 초월할 수 있는 효용 – Utility – 또는 편익 – Benefit–을 제공, 고객가치를 극대화해야 한다. 이를 위해서는 가망고객의 제품/서비스의 구매와 사용, 폐기 과정에서 특히 고객의 구매의사결정에 큰 영향을 미칠 수 있는 가치창출요인들을 파악한 후 이들 가치창출요인들을 중심으로 자사만의 독특한 Value Proposition을 개발해야 한다. 개발된 Value Proposition은 고객가치를 극대화하면서도 비용을 최소화할 수 있도록 선택과 집중이 이루어져야 하며 – Focus –, 경쟁사와 명확하게 차별화 될 수 있어야 하고 – Divergent–, 고객에게 강력한 메시지와 호소력을 가질 수 있도록 – Compelling Tagline– 설계되어야 한다. 이를 위해서는 <Figure 2–4>의 Value Innovation을 위한 Key Questions을 검토하는 것이 도움이 된다.

<Figure 2–4> Key Questions for Value Innovation

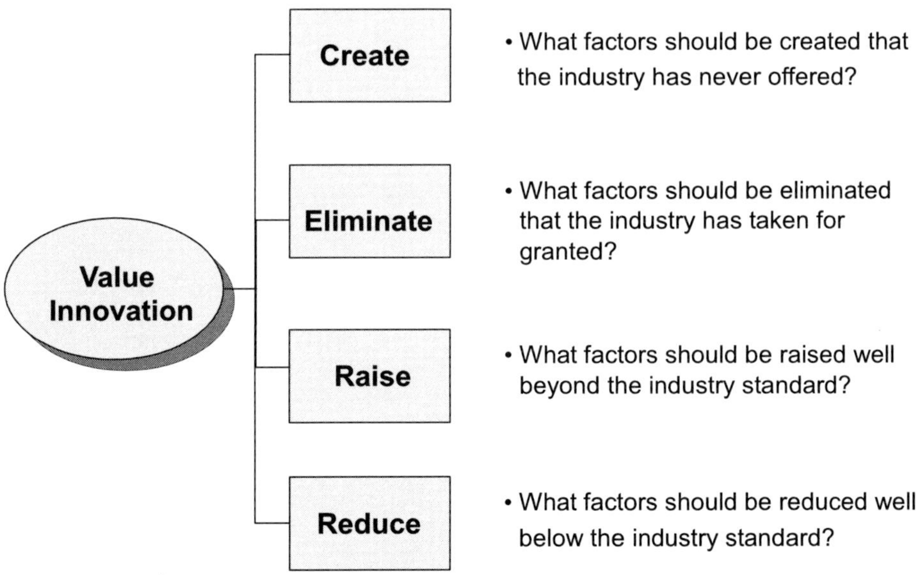

(W. C. Kim, 1999)

• Phase 2: Mass Market이 수용가능한 가격설정

Market Driving 추구전략은 차별화된 제품/서비스를 높은 가격에 판매하거나, 표준화된 제품/서비스를 저가격으로 판매하는 일반적인 마케팅전략 및 가격설정방식과 많은 차이를 갖고 있다. 비약적 성장이 가능한 신시장을 창출하기 위해서는 고객이 거절하기 힘든 수준의 가격을 제시하고 이를 계속해서 유지함으로써 가능한 최단기간내에 최대의 고객을 확보해야 한다. 이러한 Strategic Pricing과 결합된 Exceptional Utility는 First Mover Advantage를 강화, 경쟁사의 모방을 어렵게 한다. W.C.Kim과 R. Manborgne는 Strategic Pricing을 위한 구체적 방법을 2단계로 구분하여 제시하고 있다 (W.C.Kim & R. Mouborgne, 2005)

Step 1: Identify the price corridor of the mass

The price corridor of the mass'는 가망고객을 최대화 할 수 있는 가격의 범위를 말한다. 이를 설정하기 위해서는 동종산업의 동종의 제품/서비스 가격 뿐만 아니라 동일한 목적의 고객 Needs를 충족시켜 줄 수 있는 타 산업의 대체 제품/서비스의 가격과 이들의 가격 민감도를 파악해야 한다. 예로써 패션시계의 가격설정기준으로 젊은 여성들이 일상적으로 구매, 사용하는 반지와 팔찌의 가격과 비교하거나, 항공요금 설정기준으로 열차나 버스와 같은 대중교통요금을 비교대상으로 선정하는 것을 들 수 있다. 이 단계의 핵심은 동종업계 내의 경쟁제품/서비스 뿐만 아니라 고객이 대체재 또는 대안으로 선택 할 수 있는 타 산업까지 포함하여 이에 대응할 수 있는 가격범위를 설정하는 것이다.

Step 2: Specify a level within the corridor

제 2단계에서는 예상되는 경쟁자들의 신규진입을 최대한 억제할 수 있는 가격 수준내에서 최고의 가격을 선정하는 것을 목표로 한다. 이 가격은 제품/서비스가 특허 등 법적보호를 받는 정도와 자사가 보유한 독점적 자산이나 핵심역량의 정도에 의해 결정된다. 또한, Exceptional Customer Utility로 높은 Benefit Advantage를 보유한 경우 높은 가격민감도의 고객들에 대해서는 가격을 동종업계 또는 타 산업의 대체재와 동일한 수준으로 유지하여 시장을 확대하는 데 주력하는 것이 유리하며, 가격 민감도가 낮은 고객들에 대해서는 경쟁자 대비 Premium Price를 설정, 수익률도 함께 제고할 수 있는 수준에서 가격을 설정토록 한다 (D. Dranove & S.Marciano, 2005).

지금까지 Value Proposition 설계 단계에서 설정된 목표 가망고객군의 규모와 Pricing 단계에서 설정된 가격으로서 New Business Model의 매출규모를 결정할 수 있다. 한편, 여기서 설정된 가격은 실제 운영과정에서 다양한 Pricing Model을 적용, 가능한한 신속하게 시장을 확대할 수 있도록 설계되어야 한다. 예를 들어, 리스나 할부 등 Financial

Service를 함께 제공할 수 있으며 (자동차, 정수기, 복사기 등) 핵심제품의 가격은 낮게 설정하는 대신 소모품 등 유지비용을 높게 설정하는 –HP의 프린터– 등의 방법을 활용함으로써 보다 많은 고객들의 가격부담을 최소화 할 수 있다. Southwest Airlines의 경우 가격을 평균적인 항공사보다는 매우 낮게, 자동차여행에 소요되는 비용과는 유사하거나 약간 높게 설정, 자동차여행객이라는 새로운 고객군을 포함하는 항공시장을 개척하였다.

• Phase 3 : 고수익창출이 가능한 원가절감설계안 및 Value Network 구축계획개발

Market Driving 전략은 Benefit Advantage는 물론 Cost Advantage 도 함께 추구함으로써 고수익성장을 달성하고자 한다. 이를 위해서는 Target Costing의 방식으로 접근하는 것이 효과적이다.

Target Costing은

- 설정된 판매가격으로부터 허용가능한 원가를 도출하며
- 이의 달성을 위한 제품/서비스의 사전 설계를 중시하고
- 제품수명주기 전체에 걸친 총원가의 절감을 목표로 하며
- 기업 외부 Value Chain Partners의 적극적 참여를 필요로 한다.

Target Costing은 일반적으로 2단계의 과정을 거쳐 이루어진다.

1단계는 판매가격으로부터 필수이익을 먼저 설정한 후 목표원가를 설정하는 것이다. 여기서 필수이익은 새로운 Market Offerings를 통해 얻고자 하는 수익규모로서 주로 가중평균자본비용 –WACC –를 감안한 투하자본수익률– ROIC – 이나 매출총이익률 – ROS, Return on Sales – 을 기준으로 산출한다.

2단계는 목표원가의 달성방안을 개발하고 이를 실행하는 것이다. 여기서는 목표원가와 초기원가추정치를 비교하여 그 Gap을 확인하고, Gap을 줄일 수 있는 원가절감설계안을 도출한 후, 설계안에 따라 Market Offering을 개발한다. 물론 개발된 Mark Offerings를 고객에게 제공하는 과정에서도 목표원가를 달성하기 위해 지속적 개선노력을 집중해야 한다.

특히 원가절감 설계안개발시에는 Value Proposition 설계단계에서 개발된 Focus, Divergent, Compelling Tagline을 갖춘 가치제안에 충실한 Market Offering을 개발, 생산하기 위한 프로세스설계와 원가분석, Values Engineering의 실시 등을 반복적으로 수행, 달성가능원가를 추정해야 한다. 최종적으로 도출된 달성가능원가가 추후 지속적 개선노력으로도 Gap을 극복할 수 없을 정도로 목표원가와 큰 차이가 날 경우 2단계에서 설정된 가격수준을 조정하거나 Value Proposition을 수정하여야 한다. 최악의 경우 혁신적인 사업아이디어 자체를 포기해야 한다.

목표원가와 일치하는 수준의 달성가능원가를 도출하고 이를 실제로 달성하기 위해서는 자사 내부의 원가혁신노력과 함께 Architecture Innovation에 의한 Value Chain전체의 재설계가 필수적으로 요구된다. 비약적 성장이 가능한 새로운 시장을 창조한 기업이 성공할 수 있었던 것은 혁신적인 사업아이디어 그 자체보다도 이러한 아이디어를 구체화, 고객기대를 초월하는 Market Offering을 대다수의 대중고객이 충분히 수용가능한 수준의 가격으로 제공할 수 있었기 때문이다.

Market Driving의 추구를 위한 Idea가 실행되기 위해서는 Networking 역량을 포함한 최고수준의 Operation 역량의 개발이 함께 이루어져야한다. 공급자와 채널 등 다양한 분야에서 가장 전문화된 기업들과 강력한 파트너십으로 연결된 Network은 품질의 손실 없이 우수한 제품/서비스를 최저비용으로 제공하는 가격혁명의 기반이 된다. 물론 자사가 독점적인 기술표준을 개발, 이를 중심으로 독과점적 경쟁지위를 추구할 수도 있으나, 기술격차가 갈수록 축소되는 글로벌화된 경쟁시장에서 장기간에 걸쳐 자사의 독점적 지위를 유지한다는 것은 거의 실현 불가능하다고 해도 과언이 아니다. 반면에 기능별로 전문화된 기업들과의 강력한 Network은 First Mover Advantage와 함께 경쟁자가 모방할 수 없는 Isolating Mechanism으로 작용, 지속가능한 경쟁우위를 유지할 수 있는 힘이 된다 (D. Dranove, & S. Marciano, 2005).

• First Mover Advantage의 획득과 유지

독점적 지배가 가능한 기술보다는 혁신적 아이디어에서 출발하는 Market Driving 추구 전략은 경쟁자의 모방에 취약한 특성을 갖고 있다. 유사한 아이디어와 사업모델을 가진 경쟁자가 증가하면 파괴적인 가격경쟁으로 연결되고, 사업모델의 독특성을 상실하면서 빠르게 진부화 -Commoditization- 되어 버린다. 경쟁자의 진입을 억제하기 위해서는 첫째, 자사의 핵심역량을 중심으로 강력한 Value Network을 구축해야 하며, 둘째, 가능한한 최단기간내에 시장점유율을 확대, First Mover Advantage를 획득하여야 한다. First Mover는 판매자의 명성 - Seller reputation -과 학습효과 - Learning economics-, 그리고 전환비용- Switching Cost-이라는 3가지 요인에 의해 경쟁우위를 가질 수 있다(D. Dranove, & S. Marciano, 2005). 따라서 혁신적 Customer communication으로 Buzz Network을 구축하고 대중매체의 관심을 유도하며, 창의와 학습의 기업문화를 강화하여 조직구성원의 문제해결역량을 강화하는 동시에 운영프로세스의 지속적 개선을 도모하며, 고객의 경제적, 심리적 전환비용을 높이기 위해 핵심구매결정요인에서의 차별성을 지속적으로 강화해나가야 한다. 이를 위해서는 상호신뢰에 기반한 강력한 파트너십으로 무장한 전문성을 갖춘 공급자 및 유통채널의 적극적 참여와 지원이 뒷받침되어야 한다.

<Figure 2-5>

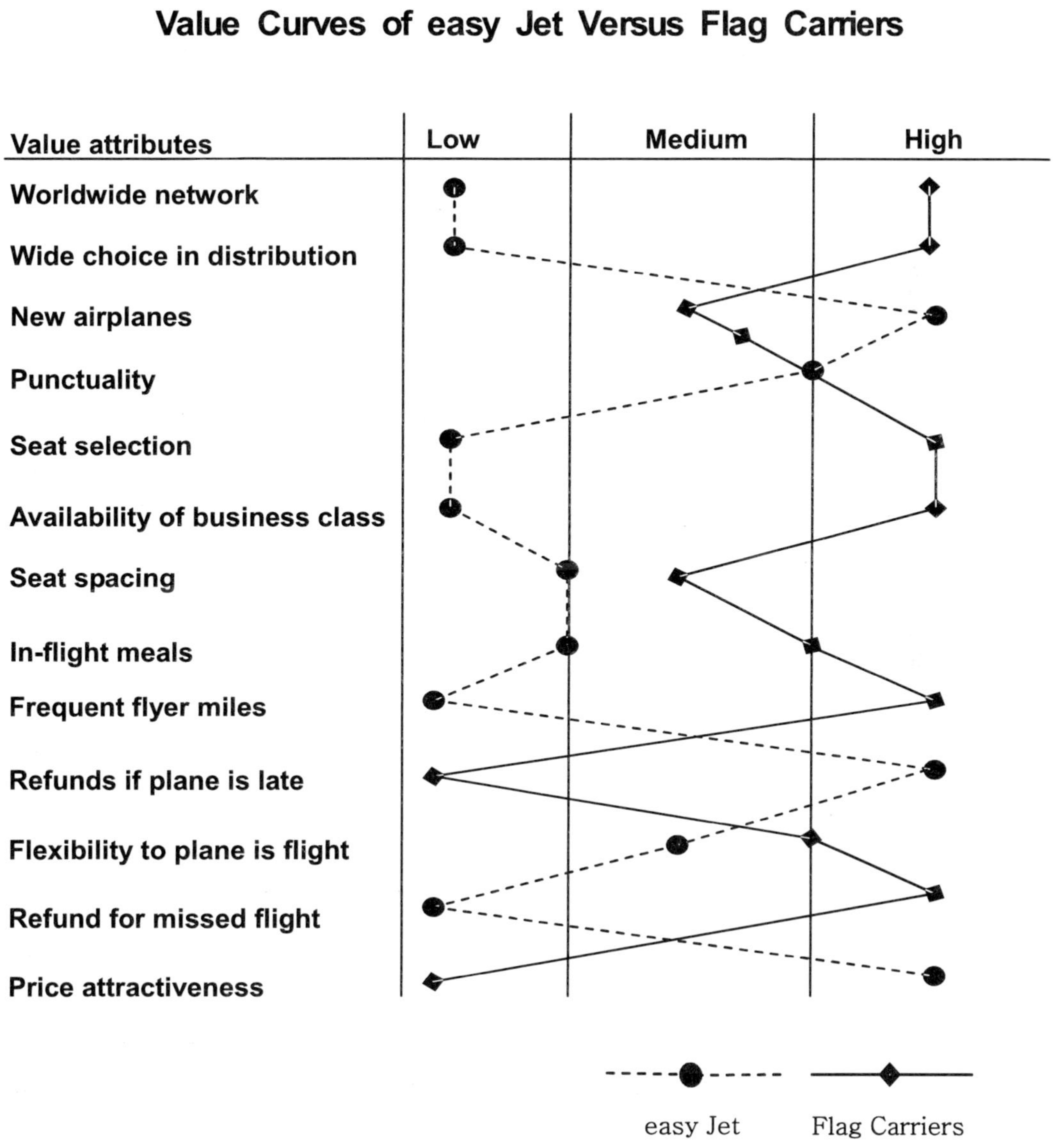

(N. Kumar, 2004)

6. Value Chain 혁신과 Networking 전략

6-1. Business Network의 성장배경과 Network효과성

Business Network의 성장배경

- 시장자유화와 규제완화로 인한 글로벌 경제의 촉진
- 디지털 정보기술의 급속한 발전
- 기업/국가간 기술 및 지식격차의 축소

Elements of Business Network Health

- Producitivity
- Robustness
- Niche Creation

(M. Iansiti & R. Levien, 2004)

• Business Network의 형성과정과 전략적 가치

다양한 규모와 전문성을 보유한 개별기업들이 느슨하게 연결되어 상호의존하면서 지속적 생존과 성장을 추구하는 Business Network은 20세기말 각국의 시장자유화와 규제완화에 힘입어 형성되기 시작한 글로벌화와 디지털정보기술의 발전, 그리고 기업간, 국가간 기술 및 지식격차의 축소로 급속하게 그 영역을 확장해가고 있다. 초기의 Business Network은 지역, 국가간 인건비 및 기술격차를 활용, 수익성악화에 대응하기 위한 원가절감 목적으로 단순기능의 Outsourcing형태를 중심으로 진행되었으나, 점차 자신들이 가장 잘할 수 있는 기능과 역량개발에 집중, 전문성을 제고하면서 자신들이 보유하지 않은 타기업의 역량과 자원을 효율적으로 활용, Innovation과 인접시장으로의 성장기회를 증대시키는 방향으로 발전하게 되었다. Wal-Mart, Microsoft, IKEA, Li& Fung, NIKE 등의 기업들은 자신들의 내부적 역량과 함께 자신들이 의존하고 있는 사업파트너들의 Network전체의 역량을 증대시키고 이들이 제공하는 기회를 최대한 활용함으로써 급속한 성장을 이룩할 수 있었던 대표적인 회사들이다.

• Business Network의 효과성을 결정하는 요인

Business Network은 공동운명체로서의 성격을 갖는다. 이는 마치 생물학적 생태계 -Biological Ecosystem-에서 각 개체의 운명이 전체 생태계를 구성하는 다른 종들의 운명에 의존하는 것과 유사하다. 상호의존하는 생태계에서는 각 개체가 지속가능한 생존과 번영을 위해서는 생태계전체가 건강해야만 한다.

M. Iansiti와 R. Levien은 Business Network의 건강성을 구성하는 요인으로 Productivity와 Robustness, 그리고 Niche Creation의 3가지 요인들을 제시하고 있다.

1) Productivity

Business Network의 생산성은 보다 낮은 비용으로 새로운 제품과 서비스, 기능을 제공할 수 있는 혁신의 효과성에 의해 측정가능하며, 다음 3가지 기준이 우선적으로 고려되어야 한다.

- Factor Productivity: ROIC 등
- Change in productivity over time
- Delivery innovation

2) Robustness

Robustness는 환경변화에 대한 Business Network의 적응능력과 이의 지속성을 의미한다. Robust network에 소속된 기업은 상대적으로 보다 예측가능한 환경하에서 운영되므로 자신들을 위협할 수 있는 외부의 충격을 보다 쉽게 흡수하거나 완화시킬 수 있다.

Robustness는
- Survival rate
- Persistence of ecosystem structure
- Predictability
- Limited obsolescence
- Continuity of use experience and use cases 의 정도로 측정할 수 있다. 이를 위해서는 상호연결된 기업들의 다양한 공동체가 안정된 Hub를 중심으로 구성되어 있어야 한다.

3) Niche Creation

건강한 Business Network은 지속적인 통합과 혁신을 통하여 새롭고도 다양한 역량과 가치있는 틈새시장을 창조한다.

특정 Business Network의 Niche Creation의 효과성은
- Growth in firm variety
- Growth in product and technical variety 에 의해 측정될 수 있다.

결국, 건강한 Business Network은 소속된 개별기업들의 생존을 위협하기 보다는 다양한 기업들과 함께 일하는 과정에서 지속적인 자기혁신을 고취, Network 전체가 Zero-Sum이 아닌 Positive-Sum을 창출함으로써 공동의 번영을 추구하는 생태계로 정리할 수 있다.

<Tips for Ideas 2-8>

The Power Versus Trust Game

	The Power Game	The Trust Game
Modus Operandi	Create fear	Create trust
Guiding Principles	• Pursue self-interest • Win-lose	• Pursue what's fair • Win-win
Negotiating Strategy	• Avoid dependence by playing multiple partners off against each other	• Create interdependence by limiting the number of partnerships
	• Retain flexibility for self but lock in partners by raising switching costs	• Both parties signal commitment through specialized investments, which lock them in
Communication	Primarily unilateral	Bilateral
Influence	Through coercion	Through expertise
Contracts	• "Closed," or formal, detailed, and short-term	• "Open," or informal and long-term
	• Use competitive bidding frequently	• Check market prices occasionally
Conflict Management	• Reduce conflict potential through detailed contracts	• Reduce conflict potential by selecting partners with similar values and by increasing mutual understanding
	• Resolve conflicts through the legal system	• Resolve conflicts through procedures such as mediation or arbitration

(N. Kumar, 2004)

6-2. Network 전략의 유형

Business Network Strategies

Keystone

Dominator

Hub Landlord

Niche Player

(M. Iansiti & R. Levien, 2004)

- M. Iansiti와 R. Revien은 Business Network 전체가 보다 효율적이며 혁신적인 성과를 창출하기 위해서는 Network내의 다양한 기업들을 상호연계시키고 있는 Hub firm이 Keystone의 역할을 얼마나 효과적으로 수행하는가에 달려있다고 주장한다. 그들은 생물학적 생태계와 복잡계에 대한 연구결과 및 다양한 Business Networks에 대한 심층적 분석결과에 근거하여 이들 Hub firm의 역할과 Network의 최일선에서 지속적으로 차별화된 제품/서비스와 프로세스를 창출하는 Niche Player의 역할수행방식에 따라 4가지 유형의 Network 전략을 구분하고 있다.

• Keystone strategy

Keystone은 Network 전체의 운영과 혁신의 기반이 되는 Operating leverage로서 Platforms를 창조하고 이를 광범위하게 확산시키며, Network 전반의 건강을 증대시키기 위해 적극적인 역할을 수행한다. 그들은 전체 Network중 최소한의 Node만을 점유하며, Network에 참여한 다양한 기업들에게 새로운 가치를 창출할 수 있는 기회를 최대한 제공한다. 이들은 Network 전체의 Pie를 증대시키는데 관심을 집중하며 그 결과를 Network참가자와 공유하고자 한다. 이를 위해 이들은 Platforms를 창조하고 Network내에서 발생하는 문제에 대한 솔루션을 공유하는데 집중한다. Keystone에게 부여된 핵심과제는 지속적인 가치창출을 유지할 수 있는 역량을 개발하는 것과 Network 간의 창출된 가치의 분배과정에서 적절한 균형을 유지, 우수한 기업들을 Network에 유치하고 이를 유지시키는 것이다. Dell, Li&Fung, Microsoft 등이 Keystone의 역할을 성공적으로 수행하고 있는 대표적인 기업들이다.

• KeystoneDominator

Dominator는 Network을 소유하거나 지배함으로써 자사의 이익을 극대화하고자 한다. 이를 위해 이들은 Network내 대부분의 Nodes를 자사가 직접소유하거나 수직 수평적으로 통합하고 있다. 가치창출도 자사의 주도하에 이루어지며, 창출된 가치의 대부분을 독식한다. Dominator 전략은 선택적으로 사용할 경우 단기간 내에 Network을 단순화, 안정화시킬 수 있으나 장기적으로는 Network 전체의 건강을 악화시키게 되어 지속적으로 유지되기 어렵다. 과거의 AT&T, IBM과 보다 최근의 DEC-Digital Equipment Corporation - 등이 대표적으로 Dominator의 역할을 수행하였다.

• Hub Landlord

Hub Landlord는 Network을 직접적으로 소유하거나 통제하지 않으면서 자사의 이익을 극대화하고자 한다. 대부분의 가치창출은 Network 참가자들에 의해 이루어짐에도 불구하고 창출된 가치의 대부분을 Hub Landlord가 가져간다. 이러한 유형의 Network전략은 지속적으로 유지되기 어렵다. AOL이 대표적인 기업이다.

• Niche Player

Niche Player는 Keystone 또는 Dominator가 Network에 제공한 Platforms 와 서비스를 최대한 활용하면서 특정 영역에서 자신만의 전문화된 역량을 개발하는데 집중한다. 이들은 Edge Firms로서 혁신을 주도한다. Network 전체가 새롭게 창출하는 가치의 많은 부분은 이들의 노력과 역량이 결집된 결과이다. Niche Player는 고유의 전문화된 역량을 보유하고 있으므로 자신들이 창출한 가치의 많은 부분을 차지하고자 한다. 만약 Keystone 또는 Dominator가 자신들의 역량과 성과에 상응한 보상제공이 미흡하다고 판단될 경우 새로운 Network을 찾아 나서기도 한다. Niche Player가 자신만의 차별화된 역량을 개발하기 위해서는 소속 Network 전체를 심도깊게 분석하고 Keystone 또는 Dominator의 특성에 대해 철저하게 이해해야 한다. Niche Player의 이러한 노력은 Keystone 또는 Dominator에게 자신들이 창출한 가치에 대한 정당한 보상을 요구할 수 있는 기반이 되며, 추후 Keystone 또는 Dominator가 그들의 역할을 제대로 수행하지 못하여 Network 전체가 위기에 처하는 상황이 오더라도 자신들을 보호할 수 있는 기반이 된다. 따라서 Niche Player는 자신들과 Keystone 또는 Dominator와의 관계설정시 어느 정도의 강도로 상호작용할 것인가를 신중하게 고려하여야한다. 특정 Keystone 또는 Dominator와 Tight coupling의 관계를 형성할 경우 의존성이 심화되고 리스크와 Switching cost 가 매우 높은 반면, Network에 참가하기 위해 요구되는 최소수준의 자산만을 투자하는 Loose coupling의 관계를 구축하면 상황변화에 보다 유연하게 대처할 수 있으나 Keystone이나 Dominator가 이러한 관계를 허용할 수 있을 정도로 자신들만의 독특한 역량을 보유해야만 가능하다.

건강한 Business Network은 질적으로 보다 전문화 되어있고 양적으로 다양하면서도 풍부한 Niche Player를 유치, 육성, 유지할 수 있다. Dominator 전략하에서는 실질적인 Niche Player 가 성장하기 어려우며, 그 결과 지속적인 혁신능력이 약화되면서 장기적으로는 Network 전체가 공멸할 수도 있다.

<Tips for Ideas 2-9>

Business Network의 가치극대화를 위한 Keystone의 역할

- Create high-value, sharable assets
- Leverage direct customer connections
- Create and manage physical and information hubs
- Support uniform information standards
- Create, package and share state-of-the-art tools and building blocks for innovation
- Establish and maintain performance standards
- Build or acquire financial assets for operating leverage
- Reduce uncertainty by providing powerful platforms

(M. Iansiti, & R. Levien, 2004)

6-3. Network 환경에서의 성장 전략

Three Broad Strategic Imperatives in New Business Strategies

Dynamic Specialization

Connectivity and Coordination

Leveraged Capability Building

(J. Hagel Ⅲ & J. S. Brown, 2005)

Network환경에서 기업은 공동의 목표를 추구하는 전문화된 타기업들과 함께 일하는 가운데 자신만의 독특한 핵심역량을 개발하는 방법을 학습해야 하며, 나아가 Network 전체의 집합적 역량 강화를 위해 주어진 자신의 역할을 완수해야 한다. J. Hagel과 J.S. Brown은 Global 경제구조하에서는 전략적 경쟁우위의 원천이 Network중심의 역량개발에 있음을 강조하면서 이를 위한 3가지의 필수 전략과제를 제시하고 있다.

- **Dynamic Specialization**

Global Network 환경에서 지속가능한 생존과 성장을 유지하기 위해서는 자사가 세계적 수준에서 경쟁우위를 획득할 수 있는 역량을 선택하고 이의 개발에 모든 노력을 집중해야 한다. 이를 위해서는 자신이 선정한 핵심역량과 관련된 핵심 프로세스를 제외한 모든 기능들에 대해 Outsourcing 또는 적극적 해외이전 – Offshoring –을 검토해야 한다. Outsourcing은 초기에는 원가절감 차원에서 추진되었으나 오늘날에는 보다 전문화된 기업들이 증가하면서 Innovation과 성장의 기회로서 그 중요성이 더욱 증대되고 있다.

- **Connectivity and Coordination**

Network 환경에서 고객에게 높은 가치를 제공할 수 있는 차별화된 제품/서비스를 제공하기 위해서는 특정기능영역에서 전문화된 다양한 기업들의 활동을 효과적으로 연결하고 통합, 조정할 수 있어야 한다. 이러한 연결과 통합, 조정의 어려움으로 인해 지금까지 많은 기업들은 Outsourcing과 Offshoring을 표준화된 범용제품을 저비용으로 생산, 공급하기 위한 방법으로 주로 활용하였으나, 최근의 IT 기술발전과 증대된 Network 관리기법은 이들 문제들에 대한 보다 효과적인 솔루션을 제공하고 있다. J. Hagel Ⅲ와 J.S. Brown은 전세계에 분산되어 있는 Network내의 전문화된 기업들의 자율성을 최대한 보장하면서 자신들이 수행한 활동과 성과가 시장수요에 따라 유연하게 연결될 수 있는 표준화된 Module 중심의 Process설계와 관리방식인 'Loose Coupling of Extended Process Network'을 구축할 것은 권하고 있다. 여기서 Loose coupling은 상호의존성이 약하여 Process Network내의 특정기업이 타기업의 활동에 영향을 미치지 않고 자신의 활동을 변화시킬 수 있음을 의미한다. 이러한 유형의 Network은 수많은 전문화된 기업들을 단기간내에 끌어들일 수 있을 뿐만 아니라 각 기업의 활동을 보다 효과적으로 통합, 조정할 수 있는 장점을 갖고 있다. 이를 위해서는 Network의 구축과 운영에 1차적 책임을 갖는 Keystone또는 Coordinator의 역할이 중요하다.

Keystone 또는 Coordinator는 우선적으로 제품과 테크놀로지, 프로세스에 대한 Architecture

를 설계하고, Network내의 다양한 기업들이 쉽게 사용할 수 있는 Platform을 제공하며 각 기업들의 직접적 상호작용을 촉진할 수 있는 기술표준 - Standard-을 설정하는 등 우수한 IT 환경을 제공하고 효율적으로 관리하는데 집중해야한다.

나아가 각 기업이 수행하는 Modules of activities에 대한 성과표준을 설정하며 각각의 Module이 프로세스 전체에 걸쳐 유연하면서도 신속하게 처리되는 가운데 보다 효과적으로 상호협력할 수 있도록 운영해야 한다.

- **Leveraged Capability Building**

Network이 지속가능한 성장을 유지하기 위해서는 Network 내의 전문화된 개별기업들을 효과적으로 연결, 조정, 통합하는 시스템과 함께 개별기업들의 전문적 역량을 지속적으로 강화시켜 나가야한다. Leveraged capability building은 단기간 내에 각 개별기업의 역량을 비약적으로 강화시키는 것을 의미한다. 개별기업들의 비약적 역량강화를 위해서는 그들간의 생산적 충돌 - Productive Friction - 을 유발시키는 것이 효과적이다. 생산적 충돌은 요구되는 성과표준이 명확하고 공격적이며, Network을 구성하는 각 개별기업들이 최선을 다해 서로 협력해야만 해결가능한 어렵고 힘든 과제를 포함하고 있을 때 더 잘 유발된다. 또한 각 개별 기업들이 보유하고 있는 다양한 전문적 기술인력들을 효과적으로 연결하여 지식 이전을 촉진시켜야 한다. Clay model이나 Computer simulation 형태의 Proto types를 개발, 그 의미를 공유토록 하는 것도 이들간의 문제해결을 위한 상호작용을 촉진시킬 수 있는 효과적인 방법이다. Network 전체의 성과를 증대시킬 수 있는 Best Practice는 적극적으로 발굴되고 공유되어야 한다. 신제품개발이나 제품/서비스의 품질개선, Process혁신 등의 과제가 성공적으로 완료되면 그 과정을 철저하게 review하고 이를 체계화할 수 있도록 Network 전체가 공유할 수 있는 지식관리프로세스와 인센티브체계를 갖추어야 한다.

<Tips for Ideas 2-10>

성공적 제휴Network의 구축과 관리를 위한 Guideline

• 제휴 Network은 제휴의 강도만큼 강해진다.
  - 개별기업간 관계를 주의 깊게 관리하라.

• 효과적인 제휴 Network의 가치는 그 부분의 합보다 크다.
  - Network 전체를 하나의 실체로서 관리하라.

• 제휴 Network은 무한정 확장될 수 없다.
  - 주의 깊게 확장하라.

• 제휴 Network 내 자사의 지위를 결정하라.
  - Network 내부와 Network 간 관계에서 자사의 전략적 지위를 명확하게 설정하라.

• 자사의 경쟁전략을 먼저 결정한 후 Network 전략을 결정하라
  - Open or Closed Network, Tight or Loosely Coupling Network 중 어느 것을 선택할 것인가는 자사의 경영전략에 따라 결정되어야한다.

• Network 전체의 역량과 개별기업의 역량을 함께 강화할 수 있는 인센티브시스템을 구축하라.
  - Network 전체의 분배가능한 Pie를 증대시키면서 개별기업간 선의의 경쟁을 유도할 수 있는 Pie의 분배비율을 결정하라.

(B. Gomes Casseres, in J. E. Garten, 2000, 저자 재구성)

6-4. R&D부문의 Networking 전략 - Open Innovation

Contrasting Principles of Closed and Open Innovation

Closed Innovation Principles	Open Innovation Principles
The smart people in our field work for us.	Not all the smart people work for us. We need to work with smart people inside and outside our company
To profit from R&D, we must discover it, develop it, and ship it ourselves.	External R&D can create significant value: internal R&D is needed to claim some portion of that value
If we discover it ourselves, we will get it to market first.	We don't' have to originate the research to profit from it.
The company that gets an innovation to market first will win.	Building a better business model is better than getting to market first.
If we create the most and the best idea in the industry, we will win.	If we make the best use of internal and external ideas, we will win.
We should control our IP, so that our competitors don't' profit from our ideas	We should profit from others' use of our IP, and we should buy others' IP whenever it advances our own business model.

(H. Chesbrough, 2003)

- Business Networking은 초기에는 주로 생산과 지원서비스 등을 중심으로 기업내부에서 수행하던 기능을 외부전문기업에게 이전하는 방식으로 진행되었으나, 최근에는 R&D 부문과 같은 핵심기능에 대해서까지 확대되고 있다. Intel, Microsoft, Cisco, Amgen 등은 기업내부적으로 기초연구를 거의 하지 않으면서 각 분야에서 Product leadership의 지위를 유지하고 있는 대표적인 기업들로, 이들은 자신들이 내부에서 연구를 시작하기 전에 Outside Option을 먼저 검토한 후 연구계획을 수립한다. R&D부문의 Networking전략으로서 Open Innovation은 생산이나 지원 서비스기능의 Outsourcing과는 그 운영방식에서 많은 차이가 있다.

- R&D부문은 전통적으로 자사내부의 인력과 자본에만 의존하는 내부통제 중심의 Closed Innovation의 방식이 지배적이었다. 그러나 기업내부적으로는 자사가 필요로 하는 숙련된 R & D 인력을 확보, 유지하기 힘들어진 반면 기업외부에서 유용한 지식과 기술을 확보할 수 있는 기회가 증가하면서 Open Innovation의 방식이 기업들에게 불가피한 선택이 되고 있다. 여기에는 다음과 같은 외부환경요인이 영향을 미치고 있다.
  - 전세계적 차원의 기술경쟁의 심화로 국가간/지역간 지식격차 축소
  - 대학교 및 전문연구기관 등 외부 R & D 역량의 비약적 발전
  - Venture Capital의 활성화로 창업기회 증대
  - Fast time to market의 압력증가로 축적된 Knowledge silo의 고갈 위기
  - 보다 전문화된 지식으로 무장한 고객/공급자의 증가로 제품/서비스에 대한 기대 수준의 상승
  - 산업 및 기술융합의 심화로 Innovation을 위해 요구되는 지식기술의 폭과 깊이의 확대 및 심화

- Open Innovation은 외부 R&D를 최대한 유용하게 활용하고자 한다. 이를 위해 내부 R & D는 그 본연의 기능인 연구개발업무를 통한 새로운 지식창출 뿐만 아니라 자사의 축적된 지식과 기술을 외부의 조사연구결과와 연결하는 Knowledge Broker의 역할을 함께 수행해야 한다. 세계적 제약회사 Merck는 자사의 과학자들에게 'To create a virtual lab in their research area'를 요구하고 있다. 이를 위해서는 R&D 인력이 보다 폭넓은 지식과 경험을 가질 수 있도록 적극적인 직무순환이 이루어져야한다.

- Closed Innovation은 자신들의 힘만으로 새로운 기회를 발견하면 시장을 선점하게 되고 그 결과 이익은 당연히 따라오는 것으로 인식한다. 반면에 Open innovation은 모든 것을 자신들이 먼저 시작하기보다 자사의 전략적 목표달성에 필요한 지식과 기술들을 외부에서 먼저 발굴하고 여기에 자사의 내부 R & D를 결합하는 방식으로 이윤극대화를 추구한다. 또한 신기술을 통한 시장선점보다는, 기술과 시장을 연계지우는 우수한 Business Model을 개발하는데 집중한다. 특정기술의 경제적 가치는 기술 그 자체보다는 어떤 Business Model을 선택하는가에 의해 결정된다. 이는 기술적으로 우수한 제품/서비스가 시장에서 실패한 수많은 사례들로부터 확인할 수 있다 -<Tips for Ideas 2-11> Working Definitions of Business Model 참조-.

- 많은 사람들은 특허권, 저작권, 상표권, 영업비밀과 같은 지적재산 - Intellectual Property - 이 엄청난 잠재력 가치를 가진 것으로 생각하고 있으나, 기술은 그것이 Business Model을 통하여 상업화 되었을 때 가치가 있는 것이지 그 자체로는 아무런 본질적 가치를 갖지 않는다. 각 기업들이 보유하고 있는 수많은 지적 재산 중 실제 자사의 사업에서 활용되고 있는 것은 일부에 불과하며, 대부분의 특허권은 실질적인 가치가 없는 것으로 파악되고 있다.

  Closed Innovation은 이러한 자사의 지적 재산을 주로 경쟁자에 대한 진입장벽구축의 도구로 활용하고 있는 반면 Open Innovation은 자사의 지적 재산을 매출 및 수익창출의 도구로 인식하고 타기업에게 적극적으로 활용할 수 있는 기회를 제공할 뿐 아니라 자사의 Business Model 의 가치를 증대시킬 수만 있다면 타기업의 지적 재산을 적극적으로 구매, 활용한다. 지식독점의 시대가 붕괴되고 기업간, 국가간 지식과 기술 격차가 급속도로 축소되는 오늘의 세계에서는 모든 기업이 지적 재산의 적극적인 구매자인 동시에 판매자가 되어야 한다.

<Tips for Ideas 2-11>

Working Definitions of Business Model

- To articulate the value proposition
- To identify a market segment
- To define the structure of firm's value chain
- To specify the revenue generation mechanisms for the firm and estimate the cost structure and target margin of producing the offering
- To describe the portion of firm within the value network linking suppliers and customers
- To formulate the competitive strategy

(H. Chesbrough., 2003)

6-5. Open Innovation 전략의 실행프로세스

- Survey recent innovation activities

- Building your innovation map
  - Filling the gaps in your current business
  - Finding the blend spots in your current business
  - Review external technologies with external experts
  - Licensing in external technology
  - Funding start-ups to fill unmet needs

- Growing your new business

- Finding the best business model for your innovation

- Increase the velocity of your innovation process

(H. Chesbrough, 2003)

• Open Innovation 전략은 기업외부 R & D 활동을 내부 R & D 활동과 통합, 투입시간과 비용 대비 최고의 재무적 성과창출을 목표로 한다. 이를 위해서 사내 벤처 캐피털, 분사화와 Licensing, Joint Venture, R & D partnership 등의 전략적 제휴와 M & A 등 다양한 경영기법이 사용된다.

• Survey recent innovation activities.

Closed Innovation에서 Open Innovation으로 전환하기 위한 첫 단계는 자회사와 동종업계 경쟁사들의 최근의 Innovation의 내용을 파악하고, 이들 Innovation의 아이디어와 기술의 원천을 분석해 보는 것이다. 또한 어떤 Business Model에 따라 이러한 Innovation이 이루어지고 있으며, 동종업계 내 신규 창업기업들의 Business Model과 Innovations, 그리고 그에 대한 시장과 고객의 반응도 함께 분석해 보아야 한다. 나아가 동종업계와 관련된 대학교 및 전문 연구, 분석기관의 동향과 외부 우수 연구자들과 자사와의 관계들도 검토해 보아야 한다. 많은 기업들에서 자신의 Business Model에 대한 명확한 이해조차 미흡한 상태에서, 외부와 거의 단절된 연구실에서 반복적인 실험과 테스트, 그리고 자신들만의 토론에 빠져 있는 것을 발견할 수 있다. 이러한 조사, 분석 결과는 현재 사업에서 개선해야 할 점과 신규사업의 기회파악에 도움이 된다.

• Building your Innovation Map

Innovation Map은 자사의 미래 R & D Projects에 대한 Road Map을 작성하는 것이다. 언제까지 어떤 제품/서비스를 출시해야 하며, 이를 위해 어떤 연구과제가 완수되어야 하는가를 정리토록 한다.

– 현상 파악과 문제의 확인

신제품/서비스 출시 계획과 현재의 R&D Projects의 진행과정을 확인, Gaps를 추출한 후 이들 Gaps를 극복하기 위해 요구되는 외부 기술들을 파악하고 Extenal research projects나 Licensing 등 필요한 조치를 취한다. 또한 내부 R & D Projects의 지체 또는 실패에 대비하여 필요한 외부 기술도 함께 파악한다.

– 외부 기술의 파악과 기술 도입

외부에서 도입가능한 기술을 파악하고, 현재 자사의 기술도입 프로세스 – 탐색, 확인, 평가, 이전 등 – 를 재검토한다. 특히 외부기술에 대한 거부감을 극복하고 효과적으로 활용하기 위해서는 잠재적 리스크와 함께 잠재적 편익을 공정하게 평가하여야 하며, 기술도입시 이 기술의 법적 보호 정도 등 가치 평가 기준을 면밀하게 검토하여 합리적 가격이 책정되도록 해야 한다. 외부 기술에 접근하기 위한 방법으로 이들 External research projects나 Technology in-licensing 외에도 벤처 투자 - Venture investing-, 기술인수 - Technology acquisition - 등 다양한 방법이 활용될 수 있다. 외부기술을 최대한 효과적으로 활용하기 위해서는 이들 외부 기술들을 자사의 기술과 연결지울 수 있는Architecture를 명확하게 정의하고 있어야 한다. <Figure 2-6> Strategic Resource Allocation of Technology Portfolio는 전략적 중요도와 회사내부의 관련기술에 대한 이해도를 기준으로 선택가능한 기술확보 전략을 잘 보여주고 있다.

외부 기술을 활용하여 고수익을 창출하기 위해서는 조직내부적으로도 핵심기술에 대한 지속적 투자가 이루어져야만 한다. 이는 자사 내부적으로 핵심기술 또는 외부기술을 보완할 수 있는 기술을 보유해야만 그 기술이 창출할 수 있는 가치의 일정 부분에 대해 자사의 권리를 주장할 수 있기 때문이다. 한편, 내부 R&D를 통해 우수한 기술을 개발한 직원에게 보상을 제공하는 것처럼 회사가 필요로 하는 외부기술을 발견한 사람에게도 적절한 Incentive를 제공하는 방안을 적극적으로 검토해야한다.

<Figure 2-6> Strategic Resource Allocation of Technology Portfolio

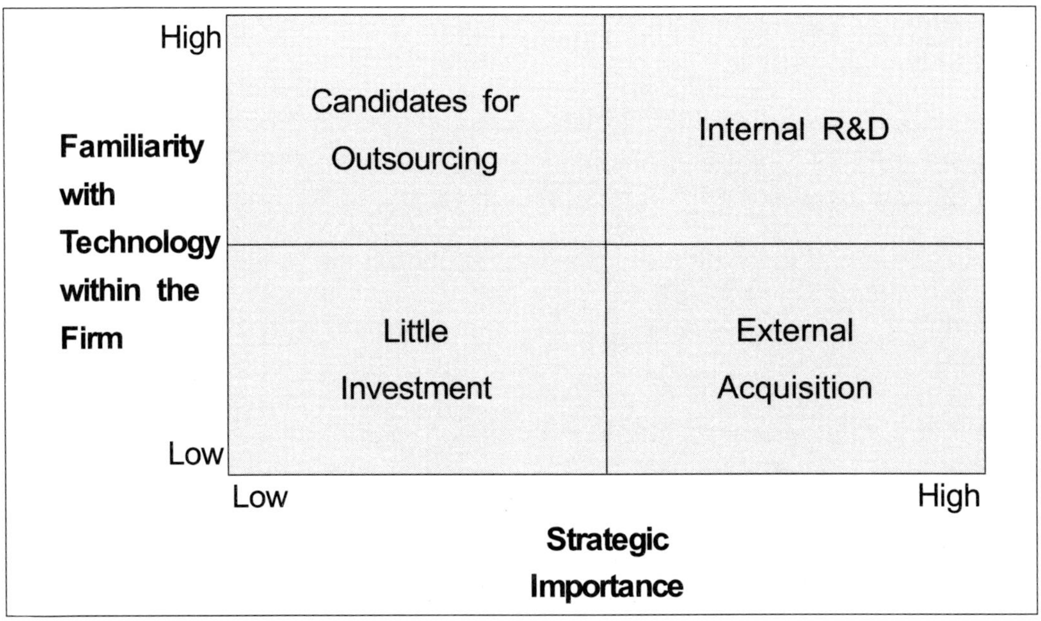

(D. Leonard-Baton, 1995)

• Growing your New Business

신규사업은 자사가 직접 개발하거나 외부 기업을 인수하는 2가지 방법으로 추진 할 수 있다. 이 과정에서 외부 기술에 대한 조사결과는 신규사업 기회를 발견하는데 큰 도움이 된다. 특히 신규 창업이 가장 활발한 영역에 대한 집중적 모니터링과 학습이 필요하다.

신규 사업 기회를 개발하기 위한 하나의 방법으로 다양한 신규 창업 회사들에 대한 소규모 투자가 매우 효과적이다. 이러한 소규모 투자는 대규모의 시장조사보다 자사의 신규사업 추진에 필요한 구체적이며 실질적인 정보를 제공해 줄 수 있을 뿐 아니라 성공적인 M & A 기회도 가질 수 있다.

• Finding the Best Business Model for your Innovation

내부 R & D projects에 의해 획득한 지식/기술이라고 해서 모두 자사가 직접 사업화해야 하는 것은 아니다. 이것은 자사의 사업 모델을 구현하는데 필요한 기술을 외부에서 도입하는 것과 같은 맥락에서 이해할 수 있다. 내부 R&D 에 의해 축적된 지식/기술은 3가지 방향으로 사업화를 검토해야 한다.

첫째, 자사의 Business Model에 필요한 지식/기술은 내부에서 사용하며

둘째, 타사의 Business Model에 도움이 되는 지식/기술은 Licensing을 통하여 새로운 수익원으로 활용하거나 JV 등 전략적 제휴를 통하여 공동으로 사업화하고

셋째, 현재 존재하지 않는 시장이나 Business Model일 경우 사내벤처나 분사화의 방식으로 새로운 성장사업을 구축하는 것이 유리하다.

물론 자사가 사용하면서도 타사에 Licensing하거나 전략적 제휴에 활용할 수도 있다. 여기서 중요한 것은 어떤 경우에도 개발된 지식/기술은 단기간 내에 적극적으로 활용되어야 한다는 것이다. Open Innovation은 활용되지 않은 지식은 아무런 가치를 갖지 않는다는 전제하에서 실행되어야 한다.

• Increasing the Velocity of Your Innovation Process

Open Innovation은 'Faster to market, Faster feedback from market, Faster learning within your organization'을 추구한다. 여기에는 물론 내부에서 축적된 지식/기술을 자사 외부에서 사업화하는 것도 포함되어 있다. 이러한 신속한 사업화와 시장으로부터의 피드백은 내부 R & D 역량을 비약적으로 강화시킬 수 있다. Open Innovation에서 내부 R & D 는 그 역할이 더욱 확장되는 것이지 결코 축소하는 것이 아님을 인식해야 한다. 내부 R & D 없이 외부 R & D에만 의존해서는 지속 가능한 성장이 불가능하다. 이러한 내부

R & D 의 역량을 강화하기 위해서는 대학교 전문기관 및 전문적 연구자와 밀접한 관계를 구축하고 새로운 아이디어와 지식을 공유할 수 있는 체계를 갖추어야 한다.

<Figure 2-7> The New Roles for Internal R&D는 Open Innovation 체제하에서 내부 R&D의 새로운 역할을 보다 명확하게 기술하고 있다.

<Figure 2-7> The New Role for internal R & D

- **To identify, understand, select from, and connect to the wealth of available extenal knowledge.**
- **To fill in the missing pieces of knowledge not being externally developed**
- **To integrate internal and external knowledge to form more complex combination of knowledge, to create new systems and architectures**
- **To generate additional revenues and profits from selling research outputs to other firms for use in their own systems**

The companies' business cannot wait for the internal technologies to arrive, instead, they should access what they need, as soon as they need it.

(H. Chesbrough, 2003)

<Tips for Ideas 2-12>

Innovation Model for Commercializing New Technology Value Capture Structures

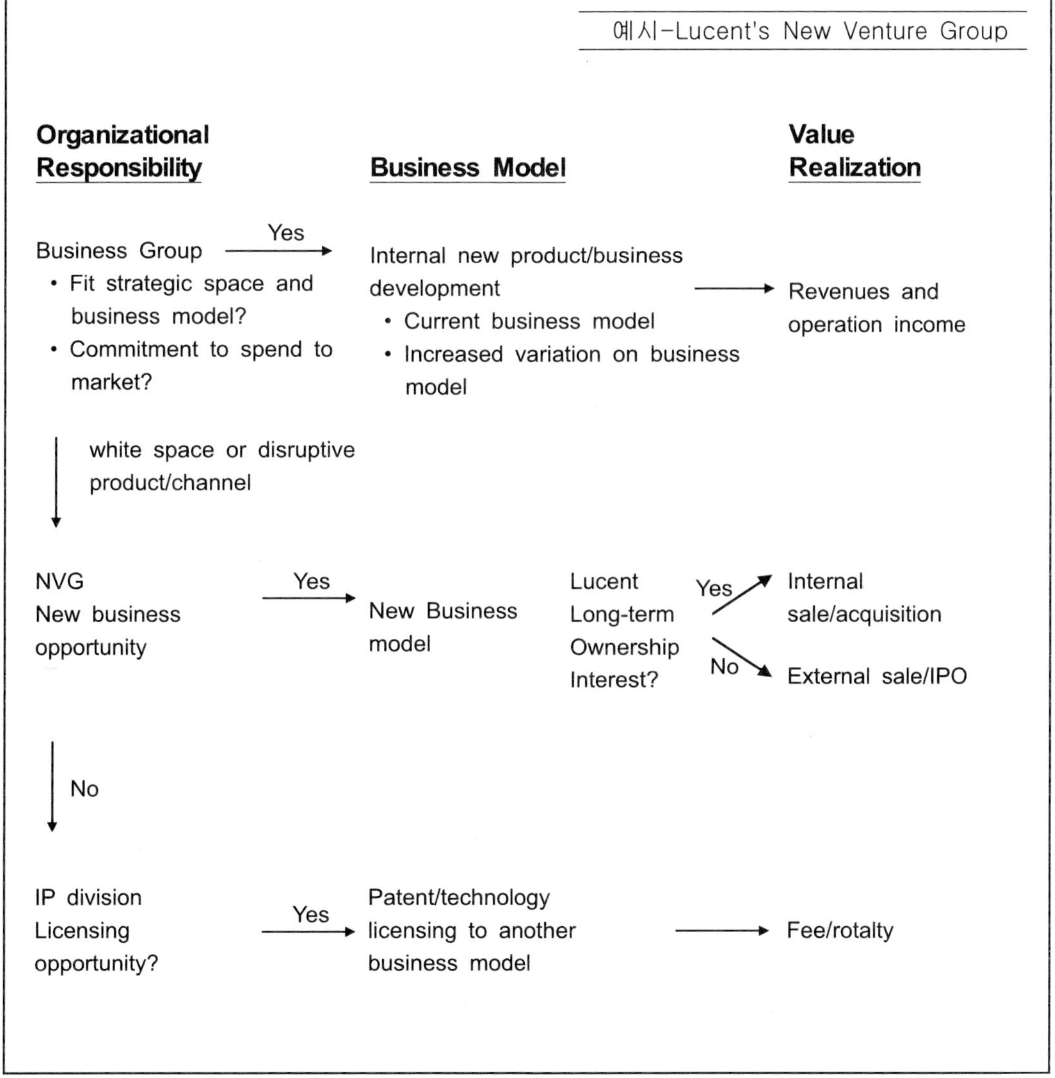

(H. Chesbrough, 2003)

6-6. 전략적 제휴와 Network 구축을 위한 의사결정모델

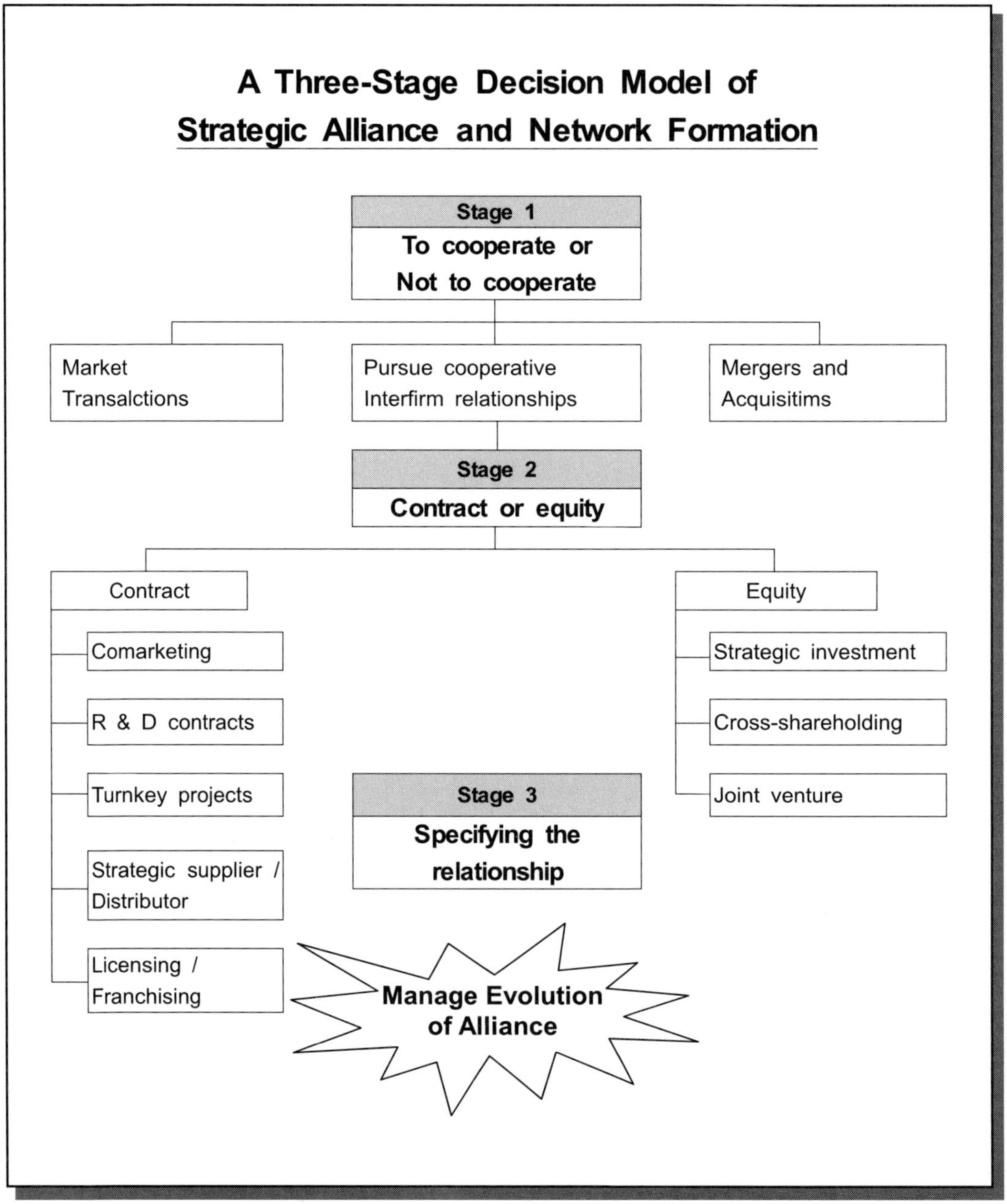

• Stage 1: To cooperate or Not to Cooperate

전략적 제휴는 글로벌경제의 확산과 제품/서비스의 복잡성의 증대, IT 발전, 그리고 다양한 전문기업의 증가로 인해 제휴 Network의 형태로 발전하고 있다.

성공적인 전략적 제휴를 위해서는 먼저 제휴option을 선택하게 된 목적과 이유를 명확하게 해야 한다. 특정사업의 독자 추진이나 M&A 보다 제휴전략을 선택함으로써 얻을 수 있는 Benefits 와 Cost를 분석하고 그에 따른 해당사업의 미래 가치를 추정해 본 후 최선의 대안이라는 확신을 가질 수 있어야 한다.

일반적으로 전략적 제휴는 비용과 리스크, 불확실성을 감소시키고 자사가 필요로 하는 보완적 자산과 역량에 보다 쉽게 접근할 수 있으며 사업파트너로부터 학습의 기회를 획득할 수 있고, 상황변화에 따라서 Real option화 할 수 있다는 장점을 갖고 있다. 반면에 전략적 제휴는 사업파트너 선정의 어려움과 함께 협상과 조정비용이 높을 뿐만 아니라 사업 파트너의 기회주의적 행동가능성이 항상 존재하며 잠재적 경쟁자를 키워주는 결과를 초래할 수도 있다.

전략적 제휴 특히 제휴Network는 기술표준을 중심으로 Network간 경쟁이 심화되거나 글로벌 차원의 규모경제가 요구되는 상황 그리고 새로운 기술이 산업간 경계를 파괴/융합시키는 상황에서 유리하다. 반면에 제휴Network는 조직성장을 제한할 수 있으며 전략적으로 선택할 수 있는 기회를 제한하고 의존성을 심화시킬 수 있다.

• Stage 2: Contract or Equity

경쟁우위를 위한 최선의 전략대안으로 전략적 제휴를 선택하였다면 다음 단계에서는 제휴대상을 물색, 선정해야 한다. 제휴 파트너의 선정을 위해서는 Strategic Fit/ Resource Fit/ Organizational or Cultural Fit의 3가지 차원을 중점적으로 검토해야한다. 전략적 양립가능성과 자원의 상호보완성 그리고 문화적 유사성이 높을 때 제휴관계가 지속적으로 유지될 가능성이 높다. 제휴 파트너가 선정되면 어떤 형태의 전략적 제휴를 추진할 것인가를 결정해야 한다. 전략적 제휴는 크게 자본기반의 제휴-Equity Based Alliance-와 계약에 의한 제휴- Contractual Alliance -로 구분된다. 어떤 유형의 제휴를 선택하는 가는 쌍방의 목적과 자원 및 역량의 차이 그리고 기대하는 제휴 관계의 지속기간 등을 고려하여야 한다.

계약에 의한 제휴는 주로 단기간에 걸쳐 시장가격을 기준으로 거래적 관점에서 추진되는 반면 자본기반의 제휴는 장기적이며 운명공동체의 성격을 가지므로 리스크가 높은 대신 성공에 대한 보상도 크다.

• Stage 3: Specify the Relationship

기본적인 전략적 제휴의 유형이 결정된 후에는 협상을 통하여 사업파트너로서의 상호관계의 구조에 대하여 결정해야 한다. 협상 과정에서는 사업적 측면에서 제휴의 범위 – 제품, 지역, 자산과 활동, 기술 등–을 우선적으로 협의, 결정한 후 법적/ 재무적 구조– 법적 형태와 소유구조, 자본 및 재무구조, 철수조건 등–을 협의하고 마지막으로 지배구조– 이사회의 구성, 모기업의 역할, 경영진의 지위와 책임, 의사결정규칙과 과거프로세스 등–에 대해 검토하는 것이 효율적이다.

전략적 제휴관계는 구조에 대한 협상이 완료된 이후에도 계속해서 효과적으로 관리되어야만 기대하는 성과창출이 가능하다. 상호이해와 신뢰를 바탕으로 최대한의 자율성과 유연성이 보장되어야 하며, 상호정보교환과 프로세스의 연결을 통하여 함께 일하는 방법을 학습해야만 하고, 예상되는 갈등을 미리 파악하고 효율적으로 관리할 수 있어야만 성과창출에 집중할 수 있다. 이러한 노력이 부족할 경우 목표와 일에 집중하기보다 업무처리과정의 정비와 갈등관리에 더 많은 시간과 노력을 투입해야 하는 상황이 올 수도 있다.

<Tips for Ideas 2–13> The Alliance Options는 기업이 핵심적으로 추진해야 할 전략과제와 전략적 제휴options를 연결하는 방법을 보여주고 있다. 기업이 지속가능한 성장을 달성하기 위해서는 자신이 보유하지 않은 자원과 역량을 얼마나 효과적으로 활용하는 가에 의해 달려 있다고 해도 과언이 아니다. 따라서 기업의 역량은 다음과 같이 재정의되어야 한다.

기업의 역량 = 자사가 보유한 역량 + 접근가능한 타사의 역량

<Tips for Ideas 2-13>

Alliance Options

예시

Alliances	Develop new Product markets	Share upstream risks	Share development costs	Leapfrog product technology	Increase capacity utilization	Exploit economics of scale	Fill product line gaps	Penetrate new geographic market
Acquisition				√	√	√	√	√
Merger				√	√	√	√	
Core business JV				√	√	√	√	√
Sales JV				√	√		√	√
Production JV				√	√	√		√
Development JV			√		√		√	√
Product swap			√	√		√	√	
Production license	√		√	√	√	√		
Technology alliance	√	√						
Development license	√	√	√					

(C. F. Knight & D. Dyer, 2005)

7. 글로벌화 전략

7-1. Global화와 기업의 대응전략

전문기업 **-Specialists-**	선도기업 **-Shaper-**
지리적 기존기업 **-Geographic Incumbents-**	지리적 통합기업 **-Geographic Integration-**

(L. Bryan, J. Fraser, J. Oppenheim & W. Rall, 1999)

- 오늘날 글로벌화의 적정속도와 범위에 대해서는 다양한 의견이 있으나 글로벌화의 전반적인 추세만을 돌이킬 수 없는 것으로 받아들여지고 있다. L.Bryen 등은 글로벌화를 세계시장에서 동일한 제품/서비스가 동일한 가격–거래비용 및 물류비용 조정 후 가격–으로 판매되는 정도로 규정한 후, 전환기인 현재는 글로벌 산업(Physical Commodities/Scale–driven Businesses/ Manufactured Commodities/Productivity–driven Consumer Goods)과 국가적 산업(Brand able Consumer Goods/ Professional Business Services / Regulated Industries), 그리고 지역적 산업(High Interaction Consumer Goods/Local Goods & Services/ Government Service)이 각각 ⅓정도를 차지하고 있으나 향후 20년간에 걸쳐 급속하게 글로벌화가 확산되면서 식품, TV프로그램 제작과 유통등 상호작용비중이 높은 제품/서비스와 건설자재, 부동산, 교육, 의료 등 지역적으로 규제되거나 물류비용이 높은 제품/서비스 산업에 이르기까지 글로벌화의 직접적인 영향력하에서 근본적인 변화에 직면하게 될 것으로 예측하고 있다.

  또한 그들은 이러한 글로벌화에 대한 대응전략에 따라 기업을 4가지 유형으로 분류하고, 글로벌화의 최종단계에서는 선도기업– shaper–을 중심으로 기업간 관계가 재편될 것으로 예측하고 있다.

- **지리적 기존기업 – Geographic Incumbents–**

지리적 기존기업은 기존지역시장 내에서 규모우위와 내부자로서의 시장접근성에서의 경쟁우위를 바탕으로 Franchise value를 극대화하는 전략을 추구한다. 이러한 기업은 산업별로 차이는 있으나 글로벌화가 진전될수록 전문기업과 지리적 통합기업에 의해 시장점유율이 잠식당하면서 수익성악화에 직면하게 된다.

- **전문기업 – Specialist–**

전문기업은 자사가 가장 잘할 수 있는 세분시장이나 특정기능에서 세계적 수준의 역량확보를 목표로 하며, 전문화의 우위를 활용하여 새로운 시장에의 접근을 가속화한다. 이들은 자사만의 독특한 고객 및 사업파트너와의 Business Relation 이나 전문적 인력과 같은 무형자산의 경쟁우위를 최대한 실현코자 한다. 또한 세계적 수준의 기술이 없는 분야에서는 과감하게 사업을 축소함으로써 수익성의 극대화를 추구한다. 글로벌화의 진전은 전문화에 대한 요구를 증대시키고 그 결과 Micro 산업–예: Call Center등–을 형성하면서 수많은 유형의 전문기업의 등장을 촉진한다. 나아가 이들 다양한 전문기업들은 Process Network을 형성함으로써 고도의 지리적 차익거래를 실현한다.

• 지리적 통합기업 - Geographic Integrator-

지리적 통합기업은 기존의 Business Model을 그대로 유지하는 대신 M&A와 JV 등 전략적 제휴를 활용하여 고정비가 높은 사업부문에서 규모우위를 달성하기 위해 지리적 차익거래-Arbitrage-를 최대한 실현한다. 이들은 가치사슬의 모든 부문을 직접 소유 및 지배하고자하므로 자본규모의 지속적 확대로 수익률은 낮으나 총이익의 많은 부분을 차지한다.

• 선도기업 - Shaper-

선도기업은 글로벌 차원의 경제성을 갖춘 전문화된 제품/'서비스를 혁신적인 Business Model로 공급, 고객가치를 극대화 한다. 이들은 자신들의 무형자산을 최대한 활용하면서 지리적 확장도 동시에 추구하므로 전문기업과 지리적 통합기업의 장점을 결합한 유형으로 볼 수 있다. 선도기업은 Heavy-asset의 사업에서는 Outsourcing을 추구하는 대신 Networking을 통하여 시장에 접근하거나 자사의 역량을 강화하는, '소유가 아닌 지배'전략을 추구, 수익성을 극대화한다.

• 글로벌화의 마지막 단계에서 선도기업은 자신만의 독특한 무형자산을 바탕으로 Network을 구축하는 등 산업구조를 재편하는 반면 통합기업은 M&A의 대상이 될 수 있는 기업이 더 이상 존재하지 않는 한계상황에 직면하게 된다. 전문기업 역시 일정시간이 경과하면 시장성장이 한계에 도달하게 될 뿐만 아니라 지속적인 기술 발전과 함께 일부 영역에서는 전문기업 자체가 필요없는 상황에 도달하게 될 것이다.

<Tips for Ideas 2−14>

Foundation for Growth

예시 − Emerson

(C. F. Knight, & D. Dyer, 2005)

7-2. 해외시장 진출의 전략적 목표

- 천연자원에의 접근
- 효율성 추구
- 신흥시장 개발
- 경쟁지위의 유지 / 강화
- 독특한 스킬 / 역량에의 접근
- Developed Market에서 성장기회 획득
- Network의 구축 / 강화

- **천연자원에의 접근/효율성 추구/신흥시장 개발/경쟁지위 유지, 강화**

기업의 해외시장진출은 지역특산의 광물, 농산물 등 천연자원의 획득과 수송을 위한 목적으로 처음 시작되었으나, 규모경제의 실현과 저임금–Wage Arbitrage – 및 원가절감 기회 획득을 통한 효율성 추구목적의 해외시장 진출이 증가하면서 급속도로 확산되었다. 신흥시장의 구매력이 증대되면서 자사 제품/서비스의 새로운 시장으로서 신흥시장의 선점과 인접시장으로의 확장목적의 해외진출의 활성화를 불러 왔으며, 자사의 핵심고객 및 경쟁자의 진출이 증가함에 따라 기존의 경쟁지위유지를 위해서라도 동반진출을 적극적으로 고려하지 않을 수 없게 되었다.

- **독특한 스킬, 역량에의 접근/ Developed market 에서의 성장기회획득**

원가절감목적의 비핵심 프로세스와 지원프로세스의 해외시장 이전의 확대로 이들 기업이 진출한 지역/국가의 기업들도 그 지역의 고유문화와 결합된 특정분야에서의 독특한 스킬과 역량을 갖추게 되면서 이들 전문화된 기업들의 역량을 활용하여 자사고객에게 보다 나은 제품/서비스를 제공하기 위한 목적의 해외시장진출이 활성화되고 있다. 더구나 인도의 Bangalore, 이탈리아의 Prato, 미국의 Silicon Valley와 같은 특정분야의 사업수행에 필요한 수많은 전문화된 기업들이 결집된 Specialized Local Business Ecosystem들의 증가는 이러한 독특한 스킬/역량에 접근, 자사의 역량을 강화하려는 목적의 해외시장 진출을 가속화시키고 있으며, 비핵심 및 지원프로세스 뿐만 아니라 자사의 핵심프로세스까지 해외전문기업에 Outsourcing 하거나 전문기업이 밀집된 해외시장에 이전하는 단계로까지 발전하고 있다. 이러한 해외시장의 전문적 역량 강화와 핵심프로세스의 해외시장 이전으로 신흥시장에서 우수한 가치를 보유한 제품과 서비스를 저비용으로 개발, 생산하여 선진국시장에 공급하는 Developed market에서의 성장기회획득목적의 해외시장진출도 가능하게 되었다.

- **Network의 구축/강화**

원가 절감 목적의 해외시장진출은 장기적인 경쟁우위요소가 될 수 없다. 오늘날의 해외시장진출은 기본적으로 원가절감 뿐만 아니라 역량개발이라는 전략적 목표 하에서 추진되어야 한다. 이 과정에서 기업은 자신이 정말 잘 할 수 있는 것은 무엇인가를 찾아서 여기에 집중하는 대신 여타의 기능과 활동은 해외이전이나 Outsourcing등을 적극적으로 추구, Network 전체의 역량강화와 가치증대를 통한 경쟁우위확보에 집중하여야한다.

7-3. 해외시장진출 의사결정모델

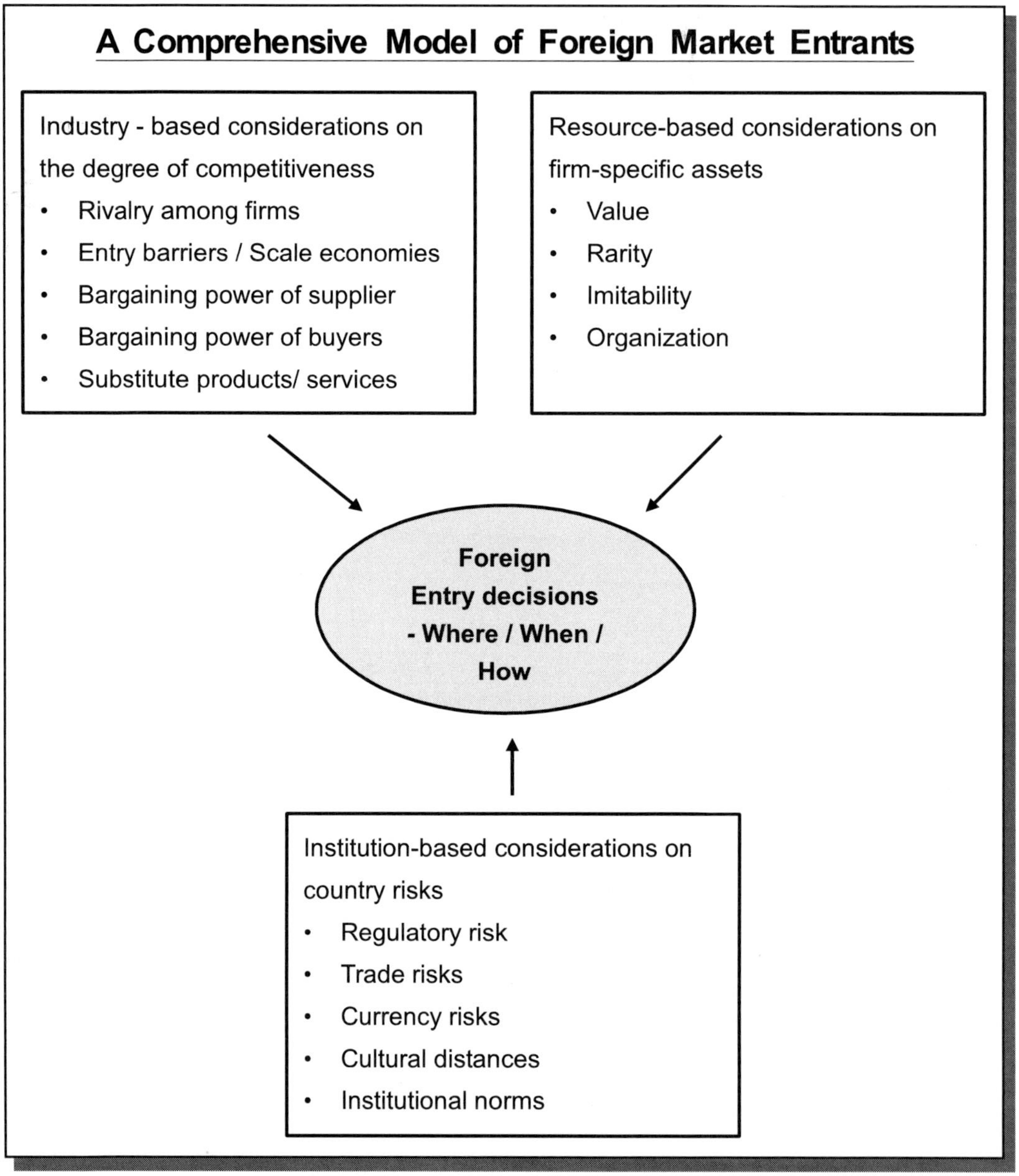

(M. W. Peng, 2006)

- 해외시장진출을 위해 고려해야 할 핵심 Issues는 2WIH-Where, When, How-로 표현할 수 있다. 효과적인 2WIH의 결정을 위해서는 다음과 같은 요인들을 분석, 검토하여야 한다.

1) Industry-based Considerations

해외진출을 고려하고 있는 해당산업의 구조와 경쟁강도에 영향을 미치는 5 Forces - 기존업체간 경쟁강도/ 진입장벽과 규모경제/ 공급자의 교섭력/ 구매자의 교섭력/ 대체의 위협 - 에 대한 분석

2) Resource-based Considerations

현재 자사가 보유하고 있는 자원과 역량의 가치- Value-와 희소성 정도- Rarity-, 모방가능성 - Imitability- 및 조직화 정도 - Organization - 에 대한 평가

3) Institution-based Considerations

진출예정국가와 지역의 공식/비공식적 리스크에 대한분석, 여기에는 규제 리스크, 거래 리스크, 환율 리스크 등의 공식적 제약요인과 문화적 차이의 정도 및 사업관행과 규범 등 비공식적 제약요인이 포함된다.

• 2WIH의 결정

1) Where to Enter

진출대상 국가/지역의 선정을 위해서는 전략적 목표와 문화적, 제도적 차이를 중점적으로 고려해야 한다. 진출대상 지역/국가는 자사의 전략적 목표와 부합되어 입지 우위- Location specific advantages-를 확보할 수 있어야 한다. 예를 들어 효율추구 목적의 해외진출시에는 규모경제의 실현이 가능하며 요소비용이 낮은 지역/국가를 선정하되, 독특한 자원/역량에 접근하여 Developed market에 제공할 제품/서비스개발 목적의 해외진출시에는 관련 전문기업이 밀집해 있는 - Local specialized business network -지역을 우선적으로 검토할 수 있다. 진출대상 지역/국가와 본국간의 문화적, 제도적 차이는 사업의 추진과 실행과정에서의 리스크에 큰 영향을 미친다. 글로벌화의 경험이 부족한 기업은 초기에는 본국과 유사성이 높은 지역에 먼저 진출한 후 점진적으로 이질성이 높은 지역으로 진출하는 것이 유리하다. 이 과정에서 전략적 목표와의 trade-off가 일어날 수 있음을 고려해야 한다.

2) When to Enter

해외시장진출의 시기는 주로 선발주자와 후발주자중 어느 것이 보다 유리한가의 문제와 관련되어 있다. 선발주자는 자사가 독점적 기술이나 희소자원을 보유하고 있거나, 후발주자에 대한 진입장벽을 구축할 수 있으며, 진출대상국가/지역의 기존 지배적 회사와의 충돌을 피하면서 고객 및 정부와 긍정적 관계를 유지할 수 있을 때 경쟁우위를 확보할 수 있다

−First Mover Advantages−. 반면에 후발주자는 선발주자의 투자에 따른 무임승차의 기회를 가질 수 있거나 기술 및 시장불확실성이 높고 선발주자가 시장변화에 효과적으로 대응하지 못하는 상황에서 보다 유리하다− Later Mover Advantages−.

3) How to Enter

진출방법과 관련된 핵심 Issues는 진출 규모−Scale of Entry−와 진출 형태−Entry mode−이다. 진출규모는 대규모 진출−Large scale entry−과 소규모 진출− Small scale entry −로 구분된다. 대규모 진출은 진출대상지역/국가에 대한 Strategic Commitment를 통하여 Liability of Foreignness를 극복, 빠른 시일 내에 현지에 정착 할 수 있으며, 후발주자에 대한 진입장벽을 구축할 수 있다는 장점이 있는 반면 전략적 유연성이 제한되고 대규모 투자에 따른 리스크가 높다는 단점이 있다. 소규모 진출은 진출대상지역에 대한 경험을 축적, 점진적으로 확대해가는 방식으로 리스크는 낮으나 First Mover Advantage를 획득하기 어렵다. 진입형태는 2단계로 구분하여 접근하는 것이 효과적이다.

1단계에서는 Non−equity mode − Exports and Contractual Strategic Alliance − 와 Equity modes− FDI, Foreign Direct Investment (Equity−based strategic Alliance and wholly Owned Subsidiaries, WOS)− 중 특정형태를 선택한 후 2단계에서 해당 진출형태 내의 세부형태를 선택하는 것이다. Equity mode를 선택할 경우 해당기업은 Ownership Advantages와 Internalization Advantages를 확보할 수 있다. Ownership Advantages는 직접적인 자본투자를 통하여 거래비용을 줄이고 거래상대자의 기회주의적 행동을 예방하는데 따른 경쟁우위요소인 반면 Internalization Advantage는 거래 지역/국가 쌍방에 하나의 조직을 운영함으로써 Cross−border transaction costs를 절감, 효율성을 제고함으로써 얻을 수 있는 경쟁우위요소를 말한다. Equity or Non− Equity Modes에 대한 의사결정이 이루어진 후에는 선택된 진출형태 내의 세부형태들 중 어느 하나를 선택한다 − <Tips for Ideas 2−15> The Choice of Entry Modes 참조.

- Where, When, How에 관한 보다 효과적인 의사결정을 위해서는 자사의 전략적 목표를 중심으로 의사결정에 필요한 의사결정준거를 먼저 설정한 후 각각의 선택지들을 평가, 진출대상지역/국가와 시기, 진출규모와 진출형태를 결정하는 방식으로 접근하는 것이 바람직하다.

<Tips for Ideas 2-15>

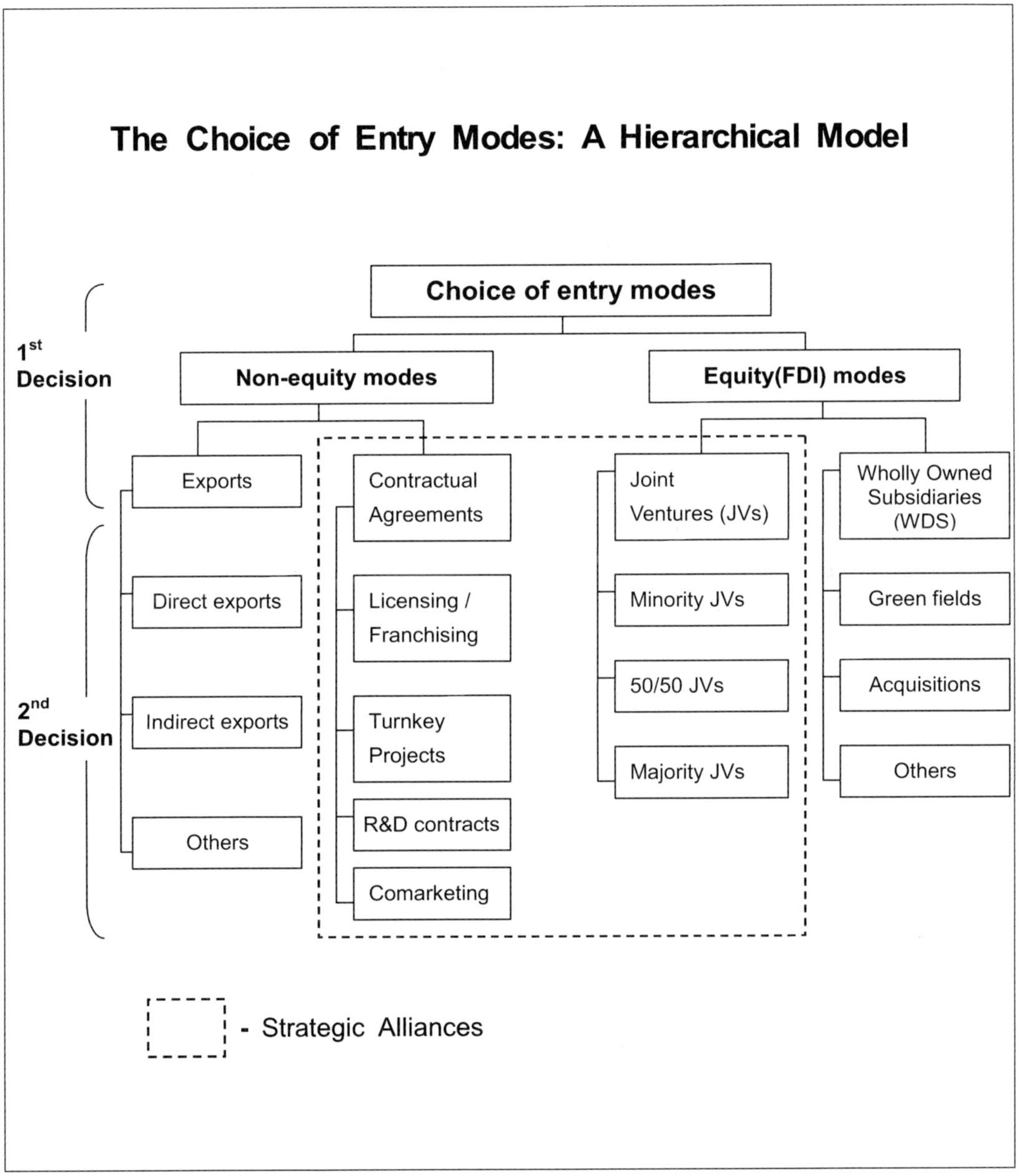

(Y. Pan & D. Tse, 2000, in M. W. Peng, 2006)

7–4. Global Innovation Strategies

Strategies for Innovating Worldwide

Market Information Needs for Innovation	Low (Technical Information Needs for Innovation)	High (Technical Information Needs for Innovation)
high	Multidomestic -Unilever-	Transnational - Caterpilla-
Low	International -McDonalds-	Global -Intel-

How to enter a New Country to Exploit a New Technology

Market and Local conditions	Familiar (New Technology)	Unfamiliar (New Technology)
Unfamiliar	• Joint Ventures • Strategic Alliance • Acquisition	• Venture Capital • Educational Acquisition • Internal Venturing
Familiar	• Internal development • Acquisition	• Joint Venture • Strategic Alliance • Acquisition • License

(A. Afuah, 2003)

• 글로벌화와 신제품/서비스개발 전략

어떤 지역/국가에 어떤 제품/서비스를 제공할 것인가를 결정하기 위해서는 각 지역/국가 시장의 차별화 요구정도와 성능 및 기능성 측면에서의 기술적 혁신 요구정도를 고려하여야 한다.

– Multidomestic

Multidomestic전략은 기술 그 자체보다는 각 지역/국가 고객의 선호와 기호, 기대, 유통채널과 정부규제에 대한 이해가 중요한 제품/서비스의 개발에 적합한 전략이다. 이 전략을 추구하는 기업은 각 지역/국가에 충분한 자율성이 부여된 조직을 두고 지역별로 차별화된 고객의 Needs를 파악 이를 충족시켜 줄 수 있는 제품/서비스의 개발과 제공에 집중한다. 제품/서비스의 복잡성이 높고 주요지역/국가에 별도의 개발/생산/유통조직을 필요로 하므로 4가지 Innovation 유형 중 Cost가 가장 높다. Unilever와 같은 Branded Consumer Goods가 이 유형에 해당한다.

– Global

기술적 혁신에 대한 요구는 높으나 지역/국가별로 고객 Needs는 비교적 동질적인 제품/서비스의 개발에 적합한 전략이다. 이 전략을 추구하는 기업은 기술적 혁신에 가장 적합한 지역에 연구개발 및 생산 설비를 갖추고 Global시장 전체에 표준화된 제품/서비스를 제공한다. Intel의 Microprocesser와 같은 제품에게 적합한 전략이다. 이러한 기업들은 규모경제와 학습 효과를 최대한 향유, Innovation cost가 가장 낮다.

– International

시장/고객의 차별화에 대한 요구와 기술적 혁신에 대한 요구가 모두 낮은 햄버거와 같은 제품은 특정 지역에서 성공한 제품/서비스를 전 세계의 모든 지역에 동일하게 제공한다. McDonalds와 같은 International strategy를 추구하기 위해서는 대부분의 핵심 기능은 본국에 두되 각 지역별로도 제한된 범위내의 Customization을 위해 마케팅 및 생산조직을 구축, 유지해야하므로 Global 전략보다는 높고 Multidomestic 전략보다는 낮은 중간 수준의 Innovation Costs를 요구한다. 정보와 역량을 어느 정도 쉽게 각 지역/국가에 이전할 수 있는가에 따라 최종적인 Cost 수준이 결정된다.

– Transnational

고객/시장의 차별화 요구와 기술적 혁신에 대한 요구 모두가 높은 제품/서비스의 개발에 적합한 전략이다. 이들은 가장 앞선 시장 및 기술적 혁신 정보에 근거하여 제품/서비스를 지속적으로 혁신해야 한다. 필요한 역량은 어떤 지역에서도 개발될 수 있으며, 개발된 역량은 그것을 필요로 하는 어떤 지역에도 이전될 수 있다. 그 결과 International보다 높은 수준의

Innovation Costs를 필요로 하나 최종적인 Cost수준은 정보와 역량의 이전이 얼마나 효율적으로 이루어질 수 있는가에 달려 있다. 한편, M. W. Peng (2006)은 Local responsiveness에 대한 압력과 Cost reduction에 대한 압력이라는 2가지 요인을 중심으로 다국적기업의 Innovation 전략을 구분하고 있다.

<Figure 2-8> Innovation Strategies

Pressures for Local Responsiveness	Pressures for Cost Reduction	Innovation Strategies
High	Low	Multidomestic
Low	High	Global
High	High	Transnational
Low	Low	Home replication

- **신기술과 해외시장 진출형태**

기술적 변화를 최대한 이용하여 해외시장에 진출하기 위해서는 자사의 해당지역/국가와 시장에 대한 지식 및 이용하고자 하는 기술에 대한 자사의 지식수준을 중점적으로 검토하여야 한다. 지역 및 시장조건과 기술 모두에 대해 자사가 잘 알고 있을 경우에는 자사의 축적된 역량을 활용하여 내부 개발을 추진하거나, 지역기업을 인수- 진출시기가 관건이거나 정부규제로 내부 개발이 어려울 경우- 하는 것이 효과적이다. 기술에 대해서는 친숙하나 지역/시장에 대해서는 잘 모를 경우 현지 기업과 Joint Venture를 구성하거나 전략적 제휴 또는 인수를 추진하는 방식으로 진출하는 반면, 지역/시장에 대해서는 잘 알고 있으나 기술에 대한 지식이 부족할 경우 타기업의 기술을 Licensing 하거나, 기술이 우수한 기업을 대상으로 JV, 전략적 제휴, 인수를 추진하는 것이 효과적이다. 기술과 지역/시장에 대한 지식 모두가 부족한 기업의 경우 Venture capital, Educational acquisition, Internal venturing의 수단을 활용, 해당지역에서의 사업성공을 위해 필요로 하는 역량을 학습하고 구축하는데 집중해야 한다.

<Tips for Ideas 2-16>

Rules of Engagement in Global Markets

Share up the domestic market first

Have the right attack strategy

Counter attack in the attacker's home markets

Time to entry right

Don't go into foreign markets alone

(J. Sheth & R. Sisodia, 2002)

7-5. 지역기업의 다국적 기업 대응전략

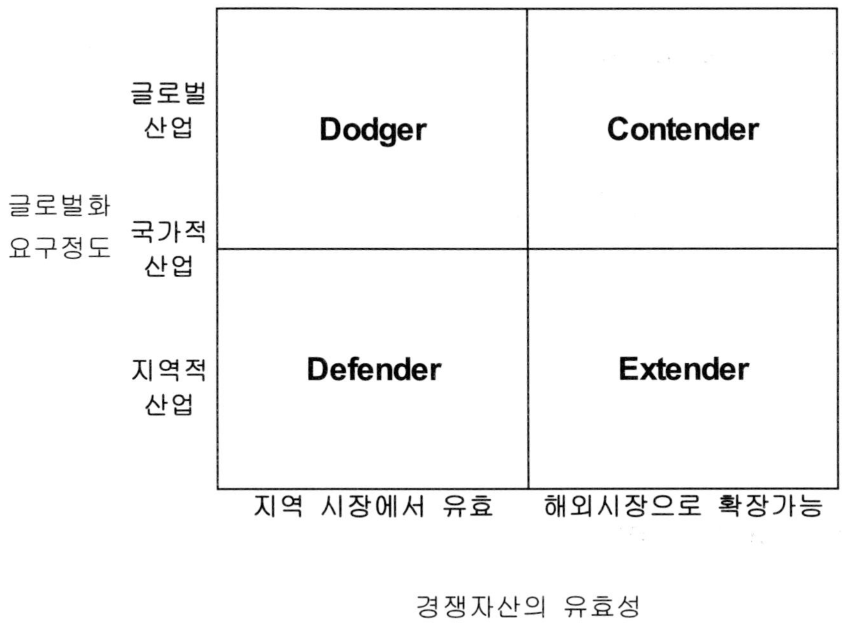

(N. Dawar & T. Frost, 1999, 저자 재구성)

- 신흥시장 기업이 자국이 진출한 다국적 기업에 대응하기 위해서는 현재 자사가 운영하고 있는 사업의 글로벌화 요구 정도와 자신들이 보유한 경쟁자산의 해외시장에서의 유효성을 집중적으로 평가해야한다.

- **Dodger**

천연자원이나 범용제품- Commodity-과 같은 글로벌 산업이면서 자사가 현재 보유한 경쟁자산이 국내 시장에서만 유효하다고 판단될 경우에는 사업부 매각, 다국적 기업과의 합작, Business Model의 재설계와 Restructuring 중 어느 하나를 선택할 수 있다. 사업부 매각이나 합작은 다국적 기업의 자본과 경쟁우위 역량을 자사에 통합함으로써 새로운 성장기반을 구축하는 전략인 반면, Business Model의 재설계를 통한 사업구조 재편은 자사가 국내시장에서 경쟁우위를 유지할 수 있는 특정 기능이나 활동을 집중적으로 육성, 이를 중심으로 사업을 재구축하는 것이다. 지역밀착형 유통/서비스 채널을 구축하거나 국내 시장에 적합한 보완제품- Complementary Products- 의 생산에 주력할 경우 다국적 기업과 직접적 경쟁을 피하면서 자사가 보유한 경쟁자산을 효과적으로 활용할 수 있다.

- **Extender**

글로벌화에 대한 압력이 낮은 지역산업이면서 해외시장에서도 유효한 경쟁자산을 보유한 경우에는 자사의 경쟁우위자산을 효과적으로 활용할 수 있으면서 국내시장과의 유사성이 높은 글로벌 시장을 발굴, 적극적인 진출을 모색할 수 있다. 시장유사성은 고객 및 지리적 특성, 유통채널, 규제환경, 문화와 언어 등 다양한 요인들을 검토해야하며, 활용가능한 자사의 경쟁우위자산은 인재와 브랜드, 지적 재산과 Network등의 무형자산을 포함, 자사가 경쟁우위를 확보할 수 있는 Value Chain내 특정기능이나 활동을 중점적으로 확인해야 한다.

- **Contender**

Contender는 다국적 기업과 정면으로 대결하는 전략이다. 주력산업이 글로벌화에 대한 압력이 높고, 해외 시장에서도 유효한 경쟁자산을 보유한 경우 자사의 경쟁우위역량을 최대한 활동하여 공격적인 글로벌 전략을 추진할 수 있다. 이들 기업은 초기에는 지리적 요인이나 Cost Leadership을 무기로 다국적 기업에 대항하나 점차 제품/서비스의 품질 개선과 Operational Excellence를 실현함으로써 빠른 시일 내에 그 자신이 다국적 기업으로 성장한다. 핵심적 경쟁자산이 미흡한 기업은 Niche Market을 발굴하고 여기에 집중함으로써 강력한 Contender가 될 수 있다. 한국의 삼성전자와 LG전자, 대만의 Acer Computer는 성공적인 Contenders의 대표적 기업들이다.

- **Defender**

Defender는 글로벌화 압력이 낮은 산업에서 경쟁자산이 국내시장에서만 유효한 기업이 선택하는 전략이다. Defender는 전문서비스 산업이나 규제강도가 높은 산업, 식품, 유통과 같은 상호작용비중이 높은 제품/서비스 등 지역적 또는 국가적 산업의 경우 국내시장/고객의 Needs에 대한 심도깊은 이해와 자사의 경쟁우위를 효과적으로 결합함으로써 다국적 기업의 공격을 성공적으로 방어할 수 있다. 국내시장의 경우 Lotteria는 신속한 프랜차이즈의 확장과 소비자가 선호하는 다양한 메뉴의 개발로 McDonalds와 Burger King의 공격을 효과적으로 방어하고 있다.

- 지역기업이 다국적기업에 대항하여 지속가능한 생존과 성장을 유지하기 위해서는 현재 자사가 영위하고 있는 사업의 특성과 자사의 경쟁우위요소에 대한 심도깊은 분석 그리고 경쟁지위에 대한 객관적 이해에 근거하여 스스로를 Repositioning 해야 한다. 나아가 국가간, 산업간 경계의 붕괴와 융합에 유연하게 대응할 수 있어야 한다. 이 과정에서 자사의 독특한 역량개발과 함께, 다양한 방식의 전략적 제휴를 활용, Global Network에 주도적으로 참여하여 이들 Network의 역량을 자사의 경쟁우위요소로 활용할 수 있는 역량을 개발하는데 집중해야 한다.

<Tips for Ideas 2-17>

Intrapreneur's Ten Commandments

1. Come to work each day willing to be fired.
2. Circumvent any orders aimed at stopping your dream.
3. Do any job needed to make your project work, regardless of your job description.
4. Find people to help you.
5. Follow your intuition about the people you choose, and work only with the best.
6. Work underground as long as you can – publicity triggers the corporate immune mechanism.
7. Never bet on a race unless you are running in it.
8. Remember it is easier to ask forgiveness than for permission.
9. Be true to your goals, but be realistic about the ways to achieve them.
10. Honor your sponsor.

(G. Pinchot, M. H. Morris & D. F. Kuratko, 2004, 재인용)

7-6. 신흥시장진출을 위한 제품전략

Value Stock & Entry Strategies for Emerging Economies

Value Stock

End products "as they are"
Modified end products
Core products
Capabilities and underpinning knowledge

▼

Entry Strategies for Emerging Economics

Product Specificity \ Economic Differences	Low	Medium	High
High	• Core products • Latest technologies	• Capabilities and underpinning technological and market knowledge	• Capability and underpinning technological and market knowledge
Medium	• Modified products	• Earlier core products • Modified products	• Capabilities and underpinning technological and market knowledge
Low	• Product as it is	• Earlier products	• Old or latest technologies

(A. Afuah, 2003)

- 기업은 진출하고자 하는 지역/국가 시장의 특성을 고려하여 다양한 방식으로 수익을 창출해야 한다. A. Afuah는 진출대상 지역/국가와 자국간의 경제적 차이와 제품 특수성에 대한 요구 정도에 따라 자사가 보유하고 있는 Value Stock을 차별적으로 활용해야함을 강조하고 있다.

- 자국과의 경제적 차이가 거의 없고 사회기술적 조건도 거의 차이가 없는 지역/국가에는 현재 자국에서 판매되고 있는 제품을 그대로 공급하는 것이 최선이지만, 경제적 차이와 차별화된 제품특성에 대한 요구가 높을수록 혁신의 필요성이 높아진다. 따라서 기업이 수익을 극대화하기 위해서는 Product life cycle의 초기단계에는 자국과 경제적 차이가 거의 없고 제품 특성에 대한 요구가 유사한 지역/국가에 진출한 후 점진적으로 Product specificity와 Economic differences가 높은 지역/국가로 확장해나가는 단계별 접근전략이 필요하다.

  반면에 Economic differences와 Product specificity가 높은 지역/국가에는 Product life cycle의 후기단계에 진출, 장기간에 걸쳐 자사내부에 축적된 기술적 지식과 역량을 최대한 활용하는 것이 효과적이다.

7-7. BOP시장에서의 성장전략

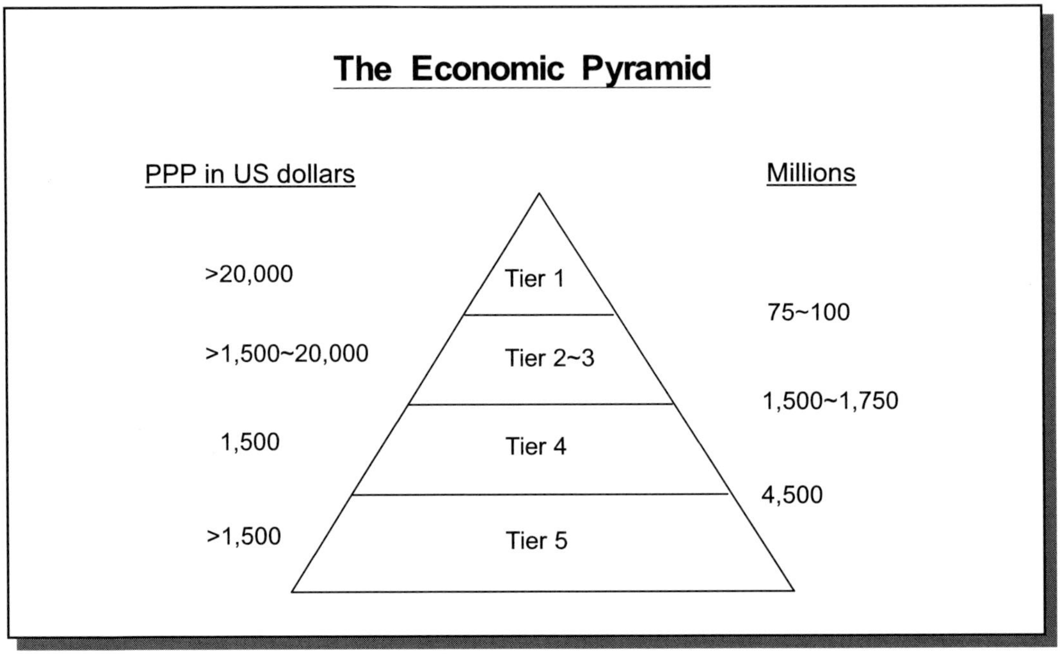

(C.K. Prahalad, 2005)

시장개발전략

- Simplicity, Affordability, Availability 중심의 Value Proposition 설계
- 저비용대량생산과 고객 밀착형 유통채널의 Value Network 혁신
- Best Practices의 적극적 Leverage

• BOP Market과 성장기회

지금까지 대부분의 다국적 기업은 신흥시장 진출을 Wage arbitrage의 기회로 활용하거나 해당지역/국가의 상위 10~20%의 계층을 목표시장으로 선정, 거기에 적합한 자사의 제품/서비스를 제공하는데 주력하고 있다. 그러나 최근 년소득 1,500달러 미만의 40억 인구로 구성된 BOP-Bottom of Pyramid- 시장에서의 다양한 성공사례들은 지속가능한 수익창출의 기회로서 BOP시장의 가치를 새롭게 인식하는 계기가 되고 있다. BOP시장은 우선 그 규모만으로도 매우 매력적일 뿐만 아니라, 특정지역에서 성공한 Business Model을 타지역/국가의 BOP시장 또는 일부 Developed Market으로 확장함으로써 영속적인 성장과 역량개발의 기회를 제공해 줄 수 있다. 나아가 지금까지 분배정의차원의 공공정책적 지원과 보호대상으로만 인식하고 있었던 절대다수의 빈곤계층을 시장경제체제하에서 자유롭고 스스로 책임지는 개인-Free and responsible individual-으로 성장할 수 있는 기회를 제공, 사회전체에 활력과 기업가정신을 고취시키고 새로운 일자리를 창출, 궁극적으로 빈곤추방에 민간기업이 크게 기여하는 효과도 함께 기대할 수 있다는 점에서 또 다른 의미를 부여할 수 있다.

• BOP Market의 시장개발전략

BOP시장에서 지속가능한 수익을 창출하기 위해서는 이들의 생활양식과 소비습관에 대한 심도깊은 이해를 바탕으로 새로운 관점에서 가치제안과 Value Network을 설계해야 한다.

- Simplicity, Affordability, Availability 중심의 Value, Proposition 설계

BOP시장의 소비자는 가난할 뿐만 아니라 수입이 매우 불안정하고, 제품/서비스 사용에 필요한 지식이 부족하다. 따라서 모든 제품은 단순하고-Simplicity-, 최소한의 현금으로도 구매할 수 있어야 하며 - Affordability-, 현금을 손에 쥐고 있을 때 가까운 곳에서 쉽게 구매할 수 있어야 -Availability- 한다.

- 저비용대량생산과 고객밀착형 유통채널의 Value Network 혁신

BOP시장은 기본적으로 저마진, 대량판매로 총자본수익률을 극대화하는 전략으로 접근해야하며 제품개발에서 유통채널에 이르는 Value Network의 근본적 혁신이 요구된다. 이를 위해서는 제품설계에서는 소포장 제품을 개발하는 등 판매단위를 낮추고, 핵심기능을 제외한 Value attributes들을 과감하게 제거-Eliminate-하거나, 감소-Reduce-시키는데 집중해야 한다. 생산과정은 저비용으로 대량생산이 가능한 시스템을 구축해야 하며, 유통채널

은 당해 지역/공동체의 거주자로 구성된 방문판매조직을 구성하거나 밀집된 소매점망을 구축, 쉽게 접근가능하도록 구축되어야 한다. 또한 내구소비재 등 상대적 고가제품의 경우 할부 또는 자생적 계모임 등 시장특성에 적합한 다양한 신용을 개발하는 등 Pricing 방법에서도 혁신적인 접근이 요구된다.

– Best Practice의 적극적 Leverage

특정지역/국가에서 성공한 제품/서비스는 BOP시장의 특성상 타 지역/국가로 쉽게 이전가능하며, 동일한 Value Proposition을 반복적으로 활용함으로써 규모경제와 학습효과를 제고, 지속가능한 고수익 성장의 기회를 극대화 할 수 있다. 나아가 BOP 시장에서의 Best Practices의 상당수는 Developed Markets에서의 Disruptive Innovation으로 이전할 수 있다.

- <Tips for Ideas 2-18> Twelve Principles of Innovation for BOP Market는 BOP 시장에서 성공하기 위해 어떠한 Value Proposition 및 Value Network의 혁신이 요구되는가를 잘 보여주고 있다.

<Tips for Ideas 2-18>

Twelve Principles of Innovation for BOP Markets

- Focus on price performance of products and services
- Innovation requires hybrid solutions
- Solutions must be scalable and transportable across countries, culture, and languages.
- All innovations must focus on conserving resources : eliminate, reduce, and recyucle
- Product development must start from a deep understanding of functionality, not just form
- Process innovations are just as critical as product innovations
- Deskilling work is critical
- Education of consumers on product usage is key
- Product must work in hostile environment
- Research interface is critical
- Innovation must reach the consumer
- Product develops must focus on the broad architecture of the system so that new features can be easily incorporated

(C. K. Prahalad, 2005)

8. M&A 전략

8-1. M&A 실패이유

Poor Planning

- No compelling strategic rationale
- Inadequate due diligence / Overlooking problems
- Over optimistic appraisal of market potential / Over statement of expected synergies
- Overbidding

X

Poor Execution

- Confilcting culture
- Poor integration
- Poor leadership
- Poor management of change

=

Poor M&A Results

- Poor financial performance
- Erosion of shareholder value
- Decrease in customer satisfaction

(L. G. Hrebiriak, 2005 저자 재구성)

• M&A는 기업의 자원재배분과 전략적 성장목표의 신속한 달성 및 강력한 시장지배력의 획득과 유지를 위한 효과적인 경영수단으로 인식되고 있으나 M&A의 성과에 대해서는 부정적 결과들이 더 많이 보고되고 있다. Mercer Management Consulting의 '10- year study of 340 major acquisitions'에 의하면 합병된 회사의 57%는 합병 후 3년간 산업 평균보다 낮은 경영성과를 보였다고 한다. Boston Consulting 역시 1985~2000년에 이루어진 277개의 거래 중 64%가 주주가치가 추락하였음을 보고하고 있다 (L.G. Hrebiriak, 2005). 또한 M&A 발표 후 인수기업의 주가는 평균 1~3% 하락하였으며, 인수 후 3년간 인수기업의 주가는 비교가능한 기업들 보다 평균 5% 정도 낮았다는 경험적 연구결과도 보고되고 있다 (T. Koller, M. Goedhart, & D. Wessels, 2005).

• M&A가 실패하는 주된 이유는 비효과적인 전략수립과 실행에서 기인한다. 계획수립단계에서 주로 나타날 수 있는 실패원인으로는
- 자사의 명확한 전략적 목표가 미비한 상태에서 M&A 추진
- 부적절한 실사과정과 문제의 간과
- 시장잠재력에 대한 과도하게 낙관적인 평가
- 매출증대와 원가절감의 Synergy효과에 대한 과도한 기대
- 과도한 경쟁입찰로 지나치게 높은 Transaction premium지불을 우선적으로 지적할 수 있다.

• M&A의 실패를 부르는 실행과정의 주요 문제점은
- 인수기업과 피인수기업간 문화적 충돌
- 인수 후 통합과정의 비효율성
- 효과적인 Top management team의 구성 실패
- 비효과적인 변화관리 등을 지적할 수 있다.

• 자사의 전략적 비전과 목표가 미비한 상태에서 빠른 시일내에 매출 및 자산규모의 비약적 증대를 달성하려는 조급한 마음에서 추진하는 M&A는 비현실적인 기대와 환상을 유발, 경쟁적인 입찰참여로 피인수기업의 Intrinsic Value를 크게 초과하는 인수가격을 제시하게 된다. 이러한 비현실적인 기대와 환상, 높은 인수가격에 대한 부담으로 인한 비약적 성과에 대한 초조함은 인수 후 통합 및 변화관리과정에서도 무리를 초래하게 만들고 조직내에 갈등을 증폭, 경영성과를 악화시키는 악순환의 과정을 반복하게 만든다.

8-2. 기업인수의 핵심성공요소

How To Be a Successful Acquirer

Earn the right to acquire by having a strong core business

Consider only targets for which you can improve future free each flow

Excel in estimating overall value creation

Maintain discipline during negotiation

Rigorously plan and execute the integration

- Start the integration process early - before announcement
- Put a strong integration team in charge
- Use nonfinancial benchmarks in tracking implementation

(T. Koller, M. Goedhart, & D. Wessels, 2005)

• Earn the right to acquire by having a strong core business

M&A를 통해 성공적인 성과를 창출하는 기업은 강력한 핵심사업을 보유하고 있는 기업이다. Strong operators들이 M&A에서 성공할 확률이 높은 것은, 조직내부적으로 핵심인재를 육성할 수 있는 기업들만이 우수한 외부인재를 확보, 유지할 수 있는 것과 유사하다.

Organic growth를 실현하지 못하는 기업은 M&A에서도 성공하기 어렵다는 사실은 M&A 발표전 3년간 산업평균이상의 수익 및 주가상승율을 보인 기업들이 M&A 발표시 주식시장으로부터 긍정적 평가를 받았다는 실증적 연구에서도 확인할 수 있다 (R. Morck, A. Shleifer, & R.Vishnym, 1990, 재인용)

• Consider only targets for which you can improve future free cash flow

성공적인 M&A를 위해서는 인수후에 자사가 성공적으로 운영할 수 있는 기업들을 대상으로 해야 한다. 자사의 전략에 부합되고- Strategic Fit-, 자사가 현재 보유하고 있는 자원과 역량 투입시 비약적 성과향상을 이룰 수 있는 가망기업들의 목록을 작성하는 등 자신이 주도하여 M&A 대상기업들을 발굴하고 접근하는 노력이 필요하다. 이를 위해서는 자사가 잘 할 수 있는 것 뿐만 아니라 잘 할 수 없거나 하지 않아야 할 사업이 무엇인가에 대해서도 조직내부적으로 명확한 인식의 공유가 이루어져야 한다.

• Excel in estimating overall value creation

M&A 과정에서 인수가격이 높아지는 것은 잠재적 Synergy에 대한 과대평가에 기인하는 경우가 많다. M&A를 통한 Revenue & Cost Synergies에 대한 추정은 보다 객관적인 평가결과 및 Transaction Premium과 비교, 검증되어야 하며, 인수 후 이의 실현과정에서 예상되는 Cost 및 시간적 변화에 따른 가치저하 가능성도 충분히 검토되어야 한다. 추정된 Synergy를 실제 현실에서 구현하기 위해서는 강력한 최고경영층의 리더십과 Operational excellence의 역량이 뒷받침되어야 하며, 그 과정에서 수많은 장애요인들을 극복해야만 한다.

• Maintain discipline during negotiation

M&A 협상과정에는 인수대상기업의 시장가치에 경영권에 대한 Premium-control premium을 지불하게 된다. 이러한 Premium은 Winner's curse, Free rider, Hubris 등의 요인에 의해 실제 실현가능한 Synergy를 초과하는 경우가 많다. 따라서 성공적인 협상을 위해서는 협상팀과 재무팀의 긴밀한 협력하에 거래조건 및 거래과정에 대한 치밀한 분석과 유연한 협

상이 함께 이루어져야 한다.

- **Rigorously plan and execute the integration**

추정된 Synergy를 현실화하기 위해서는 실행 Speed가 중요하다. 초기에 실현하지 못한 Synergy는 대부분 영원히 사라진다는 인식하에 가치평가 및 협상 진행과정에서 부터 실행계획을 함께 수립하여야 한다. 또한 Integration team은 자사내에서 가장 우수한 직원들로 구성해야 한다. 실행과정에는 재무지표 뿐만 아니라 통합과정의 효율성과 효과성을 평가할 수 있는 비재무적지표를 설정, 지속적으로 그 달성과정을 모니터링 해야 한다.

<Tips for Ideas 2-19>는 Emerson의 기업인수준거와 원칙이다.

<Tips for Ideas 2-19>

Criteria & Guiding Principles for Effective Acquisition

예시 - Emerson

Criteria

- Strategic fit
- Strong management and organization
- Compatability with our management process
- Acceptability of the valuation

Guiding Principles

- All acquisition require top management involvement
- Every transaction must have a sponsor
- No transaction proceeds without a plan
- Emerson management process creates values
- Ego has no place in deal making
- Acquisitions are about people
- Never stint on due diligence

(C. F. Knight, & D. Dyer, 2005)

8-3. M&A 추진단계별 과제

Steps in Successful Mergers and Acquisitions

Step 1 : Do your homework

Step 2 : Identify and Screen Candidates

Step 3 : Assess high potential candidates in depth

Step 4 : Contact, court and negotiate

Step 5 : Manage post-merger integration

(T. Copeland, T. Koller, & J. Murrin, 2000)

- **Step 1: Do your homework**

성공적인 M&A를 위해서는 먼저 자사의 기존사업에서 가치를 증대시킬 수 있어야 한다. 이를 위해서는

- 기존 핵심사업의 강화와 인접확장기회의 추구
- 비용절감과 제품/서비스 품질제고를 통한 영업, 생산 등 기능부문의 규모경제 실현
- 기술이전과 공유를 통한 성과향상 기회의 개발

등의 경험을 조직내부적으로 축적해야 한다. 이들 경험은 합병 후 실질적인 Synergy창출을 위해 꼭 필요한 역량이다.

- **Step 2: Identify and screen candidates**

이 단계에서는 M&A 대상이 될 수 있는 가망기업들의 D/B와 Screening의 기준 및 프로세스를 개발한 후 이를 실행하는 것이다. 가망기업리스트 개발시에는 자사의 vision과 전략 실현을 위해 합병 후 이 기업들이 자사내에서 해야 할 역할을 집중적으로 검토한 후 조직내외부 Network을 활용, 이들 기업에 대한 정보를 수집한다. <Figure 2-9>와 같은 최적의 M&A 대상기업이 갖추어야 할 조건을 중심으로 Screening criteria를 knock-out 방식으로 설정, 후보기업을 단계적으로 압축해가는 것이 효율적이다.

<Figure 2-9> Critical Questions for Successful M&A

- What is the long-term sustainable growth rate of the target industry and the target company?
- How strong are the target's brands? How effective is its salesforce? How well is it perceived by customers, distributors, and competitors?
- How good is the target operationally? What is its quality record? What is its delivery record? Are its operations considered state-of-the-art or mediocre?
- How strong is the target's management team? How long the team has in place? What is its reputation?

(G. K. Dears, & F. Kroeger, 2004)

• **Step 3: Assess high potential candidates in depth.**

1차 Screening 과정을 거쳐 선정된 후보기업들에 대한 심층적인 분석을 실시한다. 잠재적 synergy 및 사업구조조정의 기회를 확인하고 기업가치를 평가한다. 후보기업의 최고경영층에 대한 평가와 합병 후 예상되는 주요 Issues에 대한 분석도 이 단계에서 이루어진다. 재무적 가치평가와 민감도분석 후 인수제안서를 작성한다.

• **Step 4: Contact, Court and Negotiate**

인수후보기업들 중 1순위로 선정된 기업과 접촉하여 인수의향을 전달하고 협상에 들어간다. 대부분의 후보기업들은 독립적인 기업으로 생존하기 원하므로 이들을 협상테이블에 끌어들이기까지가 특히 어려운 과정이다. 후보기업의 재무여건과 향후전망에 대한 분석, 기존주주, 이사회, 최고경영층 및 이해관계자와 개입가능한 중개자에 대한 심층적 분석이 요구되며, 효과적인 접근과 설득 전술을 필요로 한다.

공개입찰의 경우 잠재적 경쟁자에 대한 분석 및 경쟁자의 관점에서 후보기업에 대한 가치평가를 새롭게 실시해야한다. 후보기업과 개별협상방식으로 인수가격과 조건을 타결하였을 때 M&A의 성공확률은 높아진다.

• **Step 5: Manage post-merger integration**

합병기업과 최고경영층 수준의 통합촉진팀을 구성하고 핵심이해관계자에 대한 Communication을 실시한다. 성과개선기회의 파악과 전략개발을 위한 실무팀을 구성, 합병 후 우선적으로 처리해야할 핵심과제와 활동을 중심으로 Synergy 극대화를 위한 통합계획을 수립한다. 핵심성과지표를 설정한 후 지속적, 주기적으로 실행과정을 모니터링한다.

<Tips for Ideas 2-20> Stages of the Acquisition Process는 Emerson의 기업인수와 통합프로세스를 단계별로 기술하고 있다.

<Tips for Ideas 2-20>

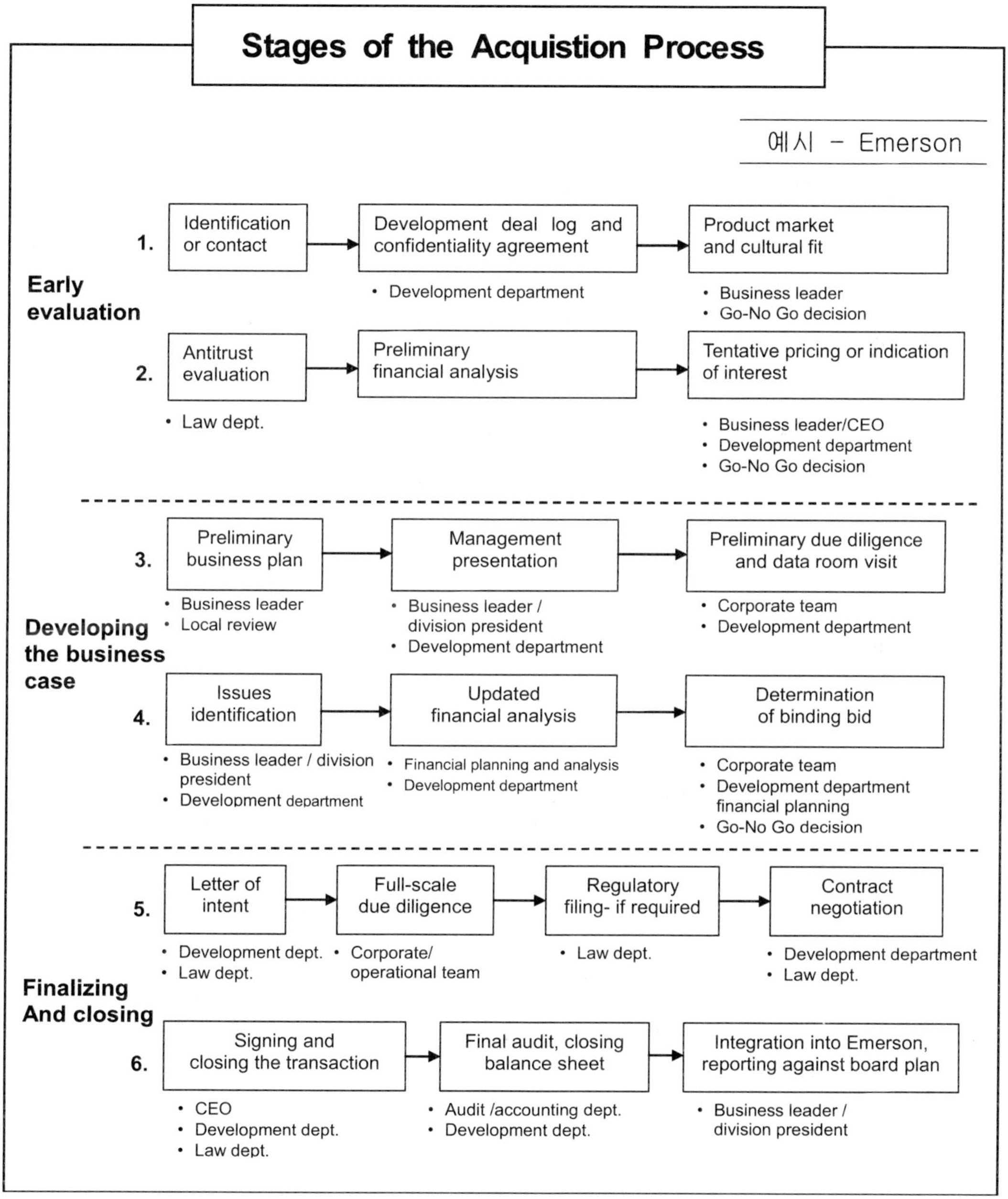

(C. F. Knight, & D. Dyer, 2005)

8-4. 기업합병 후 통합의 성공을 위한 원칙

Seven Rules for Successful Post-Merger Integration

1. Create a clear vision and strategy
2. Establish leadership quickly
3. Merge to grow
4. Focus on results and communicate them
5. Be sensitive to culture clashes
6. Communicate throughout the process
7. Manage risks aggressively

(G. K. Deans, & F. Kroeger, 2004)

• 기업합병 후에는 구조와 시스템의 통합을 거쳐 문화적 통합을 이룸으로써 하나의 기업으로 새롭게 태어나게 된다. 많은 기업들은 이 합병 후 통합과정에서의 비효율성으로 인해 계획단계에서 기대한 Synergy효과의 창출에 실패한다. 미국의 경영컨설팅 회사 A.T. Kearney는 합병 후 통합과정에 대한 광범위한 조사연구 결과를 바탕으로 성공적인 통합을 위해 지켜야 할 7가지 규칙을 제안하고 있다.

• Create a clear vision and strategy

합병 후에는 우선적으로 하나의 기업 - One Singular Firm-으로서 함께 공유할 수 있는 명확한 비전과 전략을 제시해야 하며, 모든 통합과정은 이 비전/전략을 지침으로 추진되어야 한다. 비전/전략은 인수기업이 M&A 추진시 이미 수립하고 있는 경우가 많으나, 실제 M&A 대상기업의 선정 및 통합 과정에서는 무시되는 경우가 많다.

• Estabilish leadership quickly

합병 후에 최우선적으로 해야 할 핵심과제는 양사가 보유한 인재와 지식을 최대한 활용할 수 있는 강력한 경영관리계층을 구축하는 것이다. 강력한 경영관리계층의 구축이 빠르면 빠를수록 더 큰 Synergy창출이 가능함에도 A.T. Kearney의 조사결과 40%의 기업은 리더십의 공백 - leadership vacuum- 을 경험하였다고 보고하고 있다. 리더십의 공백이 길어질수록 갈등은 증폭되고 의사결정은 지체되면서 종업원과 고객, 그리고 Analyst들은 M&A에 대해 부정적 평가를 하게 된다.

• Merge to grow

모든 M&A는 성장과 원가절감의 기회를 동시에 제공함에도 불구하고 대다수의 기업들은 성장보다는 원가절감에 집중, 중요한 성장기회를 놓쳐 버리는 경우가 많다. M&A의 1차적 목표는 성장에 두어야 한다. <Tips for Ideas 2-21> M&A를 통한 매출 증대/ 원가절감기회 참조

• Focus on results and communicate them

합병 발표는 모든 이해관계자에게 불확실성을 증대시킨다. 따라서 합병기업은 장기적 계획과 목표를 신속하게 모든 이해관계자에게 알려야하지만, 이러한 장기적 과제외에도 합병 후의 단기성과에 대해서도 적극적으로 communication함으로써 불확실성을 최대한 줄이고

이해 관계자들의 신뢰를 강화해야 한다. 이를 위해서는 불용자산매각, 지식공유, 작업환경 개선, 공급자 및 고객관계개선 등 Early wins의 창출이 가능한 과제에 우선적으로 집중하는 것이 효과적이다.

- **Be sensitive to cultural clashes.**

성공적인 문화통합은 물리적 통합을 거쳐 화학적 통합을 완수, 진정한 하나의 회사로 거듭나기 위한 핵심과제이다. M&A 의 실패이유로 문화적 차이가 가장 많이 지적되고 있는 것은 문화 통합의 어려움을 반영하고 있다. 두 회사가 각기 다른 시장/고객을 상대할 경우에는 기존의 문화를 그래도 유지하는 것이 최선의 대안이 될 수 있으나, 유사한 고객/시장에 접근해야 하는 관련 다각화의 경우 보다 효과적인 문화통합을 위한 노력이 요구된다.

- **Communicate throughout the process**

성공적인 합병 후 통합을 위한 Communication의 중요성은 아무리 강조해도 지나치지 않는다. Communication은 단순히 사실적 정보를 전달하는 것이 아니라 모든 조직구성원과 주요 이해관계자가 현재 회사가 어디로 가고 있고 무엇을 해야 하며, 왜 그렇게 해야 하는가에 대해 충분히 이해, 납득하고 수용할 수 있도록 지속적, 반복적으로 이루어져서, 이들의 헌신과 열정을 이끌어 낼 수 있어야 한다. 이를 위해서는 모든 경영관리계층이 Communication에 대한 책임을 공유해야 하며, 명확한 목표와 신중한 계획하에 추진하되 그 과정에서는 유연성을 잃지 말아야 한다. 한편, 일정수준 이상으로 화학적 통합이 이루어졌다는 확신이 들기까지는 Communication의 내용과 방식에서 상당한 통제가 이루어져야 한다.

- **Manage risks aggressively**

M&A를 통해 최대 성과를 이끌어 내기 위해서는 리스크를 회피하기보다 적극적으로 리스크를 파악하고 여기에 대응하는 공식적인 리스크 관리체계를 구축, 운용해야 한다. 고수익성장의 기회가 크면 클수록 리스크도 함께 증가하므로 리스크 관리 역량을 강화함으로써 Early wins와 함께 장기적 성장을 동시에 달성할 수 있다.

<Tips for Ideas 2-21>

M&A를 통한 매출증대/원가절감 기회

Sources of Revenue Synergies through M&A

- Increasing each product's peak sales level
- Reaching the increased peak sales faster
- Extending each product's life
- Adding new products (or features) that could not have been developed if the two companies had remained independent

Framework for Estimating Cost Synergies through M&A

	Example synergies
Research & Devolopment	• Stopping redundant projects • Eliminating overlap in research personel • Developing new products through transferred technology
Procurement	• Pooled purchasing (higher volume) • Standardizing products
Manufacturing	• Eliminating overcapacity • Transferring best operating practices
Sales and Marketing	• Corss-selling of products • Using common channels • Transferring of best pracitices • Lowering combined marketing budget
Distribution	• Consolidating warehouses and truck routes
Administration	• Exploiting economies of scale in finance / accounting and other back office functions • Consolidating strategy and leadership functions

(T. Koller, M. Goedhart, & D. Wessels, 2005)

제3부 성장전략의 실행

1. 성장전략의 성공적 실행을 위한 도전과제
2. 지속가능한 성장을 위한 조직개발 전략
3. 변화의 관리
4. 성장추구의 리더십

1. 성장전략의 성공적 실행을 위한 도전과제

1-1. Good Strategy for Successful Execution

The Need for Sound Planning and a Clear, Focused Strategy

The Importance of Integrating Corporate and Business Strategy

The Need to Define and Communicate the Operational Components of Strategy

Understanding the Demands of Strategy and Successful Execution

(L. G. Hrebiniak, 2005)

모든 성장전략은 철저하게 실행을 전제로 개발되어야 한다. 성장전략이 성공적으로 실행되기 위해서 다음의 4가지 요구조건을 충족시켜 줄 수 있어야 한다.

- **The Need for Sound Planning and a Clear, Focused Strategy**

  잘못 설계된 성정전략은 기업을 망하게 할 수 있다. 특히
  - Misunderstanding of industry attractiveness
  - No real competitive advantage
  - Pursuing an unsustainable competitive position
  - Compromising strategy for growth
  - Failure to explicitly communicate strategy internally는

  기업에 치명적인 영향을 미친다.
  (M. Porter, 1991)

전략이 제대로 실행되기 위해서는 전략자체가 올바른 것, 현실적으로 실현가능한 것을 추구해야 한다. 제대로 된 성장전략은 다음의 이슈에 대해 명확한 해답을 줄 수 있어야 한다. (L. Bossidy & R. Charan, 2002)

- What is the assessment of the external environment?
- How will do you understand the existing customers and markets?
- What is the best way to grow the business profitably, and what are the obstacles to growth?
- Who is the competition?
- Can the business execute the strategy?
- Are the short term and long term balanced?
- What are the important milestones for executing the plan?- What are the critical issues facing the business?
- How will the business make money on a sustainable basis?

- **The Importance of Integrating Corporate and Business Strategy**

기업전략과 사업부전략간에는 일관성이 유지되어야 한다. 각 사업부는 기업전체의 사업포트폴리오에서 부여된 역할과 책임, 목표에 부합되는 전략을 수립해야 한다. 기업전략과 사업부전략간의 일관성이 결여될 경우 각 사업의 역할이 모호해지고, 부적절한 성과측정과

평가가 이루어질 수 있으며 자원배분문제로 사업부간 갈등이 증폭될 수 있다. 기업전략과 사업부전략간의 일관성을 유지하기 위해서는 각 사업부전략에 대한 Strategy Review의 과정을 통하여 사업부의 목표와 전략, 성과측정기준에 대한 합의를 도출하여야 한다. 사업부전략은 특정시장에서의 경쟁우위를 획득하기 위한 것이므로 다음 사항을 집중적으로 검토해야 한다.(L. Bossidy & R. Charan, 2002).

- How will versed is each business unit about the competition ?
- How strong is the organizational capability to execute the strategy ?
- Is the plan scattered or sharply focused ?
- Are we choosing the right ideas ?
- Are the linkages with the people and operations clear ?

• The Need to Define and Communicate the Operational Components of Strategy

성장전략이 성공적으로 실행되기 위해서는 단기운영계획－Short－term Operational Plan－으로 전환되어야 한다. 매출/수익, 시장점유율, 주주가치 등 장기적 전략목표와 Key Milestones는 영업, 생산부문의 단기 운영목표가 달성되어야만 실현가능하다.

－ '2. 지속가능한 성장을 위한 조직개발전략' 중 Performance Management & Reward 참조 －

• Understanding the Demands of Strategy and Successful Execution

성장전략은 전략실행을 위해 요구되는 역량과 현재 자사가 보유하고 있거나 목표기간내 개발가능한 역량과의 Gap을 신중하게 검토한 후 개발되어야 한다. 새로운 전략은 새로운 역량을 필요로 한다.

－ '1. 성장전략의 성공적 실행을 위한 도전과제 ' 및 '지속가능한 성장을 위한 조직개발전략' 참조

<Tips for Ideas 3-1>

Core Skills for Strategy Formulation

Marketing mapping - defining the scope and boundaries of primary and related business

Market research - grasping key customer realities and opportunities

Competition clarification and assessment - recognizing and evaluating the generic positions and players in the marketplace

Setting aspiration - defining profit and position goals

Strategic role selection - picking and playing the available role in a given market or finding a market which will support a preferred role

Securing the strategic position - defining a profitable riches or protecting a market leadership position

Designing strategic driers - perfecting performance (process) and profile engines to achieve goals

Defining the preferred profile - perfecting the product portfolio, market coverage, value chain, and economic structure for your strategy

Achieving performance targets - reengineering process, technology, and people to achieve operating performance targets

Maximizing market space - developing as conquering additional market opportunities adjacent to the core market that can be readily addressed and assimilated

(B. Davidson, 2004)

1-2. 성장전략실행의 장애요인과 장애극복방안

<u>전략실천의 장애요인</u>

- Vision Barrier
- People Barrier
- Management Barrier
- Resource Barrier

<u>장애극복방안</u>

- Overcoming vision barrier through the translation of strategy
- Cascading the score card to overcome people barrier
- Strategic learning to overcome management barrier
- Strategic resource allocation to overcome resource barrier

(P. R. Niven, 2002)

• 성장전략 실행의 장애요인

P. R. Niven(2002)의 조사연구에 의하면 CEO의 70%는 전략의 개발보다 전략의 실천이 어렵다고 응답하고 있으며, 단지 10%의 CEO만이 현재 자사의 전략이 제대로 실천되고 있다고 응답하였다고 한다. 그는 전략이 실제대로 실천되지 않는 이유로 다음 4가지를 지적하고 있다.

- Vision과 전략에 대한 이해부족 : Vision Barrier
  단지 5%의 직원만이 전략을 제대로 이해하고 있다.
- 개인업무와의 연계 부족 : People Barrier
  임원의 51%, 중간관리자의 21%, 일선실무담당자의 7%만이 전략과 연계된 개인목표를 설정하고 있으며, 전체 조사대상 회사의 25%만이 전략과 연계된 보상 제도를 운영하고 있다.
- 전략실행과정의 관리 미비 : Management Barrier
  임원의 85%는 전략의 실행과정을 검토하기 위해 1달에 1시간도 사용하지 않는다.
- 자원의 부족 : Resource Barrier
  60%의 회사는 전략과 예산을 연계시키지 않고 있다.

• 장애극복방안

- Effective translation of strategy를 통한 Vision Barrier의 극복
  현재의 전략을 제대로 이해하고 있는 직원만이 새로운 사업개발과 혁신의 기회를 발견해 낼 수 있다. 전략은 조직구성원들이 쉽게 이해할 수 있는 일상적 용어로 전환되어야 하며, 자신의 일상적 업무수행 활동이 조직의 목표달성과 전략의 실현에 어떻게 기여할 수 있는가에 대한 A Clear line of sight를 가질 수 있도록 효과적 Communication이 이루어져야 한다. 전략은 모든 단위조직 및 개인의 행동과 창출해야 할 결과의 참조준거가 되어야 한다.

- 전략과 핵심성과지표의 Cascading을 통한 People Barrier 극복
  상위조직의 목표와 전략은 각 단위조직과 개인의 일상업무와 직접적으로 연계될 수 있도록 단계별로 Cascading이 이루어져야만 자원의 집중이 이루어질 수 있다. 모든 직원이 'The scoring system used in the game'을 이해하고 자신의 재 점수를 쉽게 확인할 수 있을 때 전략실행에 대한 더 큰 관심과 흥미를 유발할 수 있다.

- Strategic Learning을 통한 Management Barrier의 극복
  전략의 실행과정은 학습의 과정이다. 전략은 실행과정에서 그 효과가 지속적, 주기적으로

점검되어야 하며, Critical issues가 발견되면 신속하게 해결해야 하고, 필요시에는 전략 그 자체를 수정, 보완해나가야 한다. 전략실행과정에 대한 구체적이며 지속적인 피드백은 그 자체만으로도 내적 보상이 되어 직원들의 열정과 헌신을 이끌어 내는데 크게 기여할 수 있다.

– 전략적 자원배분을 통한 Resource Barrier 극복

성장전략의 실행을 위해서는 조직내 다양한 분야의 혁신이 요구되며, 혁신을 준비, 실험, 실행하기 위해서는 인적, 물적 자원이 필요하다. 혁신을 지원하기 위해 필요한 자원에 대한 접근이 용이해야만 직원들은 보다 적극적으로 혁신의 기회를 찾으려 할 것이다. 예산부족 또는 예산항목이 없다는 이유로 직원들의 혁신에 대한 제안을 거부하거나 다음해로 미룰 경우 조직은 현상유지의 악순환에 빠지게 한다. 전략적 자원배분을 위해서는 필요에 따라 집행여부가 결정되는 전략예산을 별도로 설정하거나, Rolling Forecast의 방식으로 매 분기마다 예산을 수정하는 등 새로운 기회에 보다 유연하게 대응할 수 있도록 전략적 자원배분이 이루어져야 한다.

<Tips for Ideas 3–2>

Advices for Aspiring Leaders

- Be hands – on
- Leave no doubt
- See high standards
- Engage personal partners
- Reward and recognize
- Make it mainstream
- Deal with dissent
- Be repetitive
- Create structure and process
- Be humanistic and directive

(B. Davidson, 2004)

1-3. 성장전략의 성공적 실행을 위한 도전과제

Strategy Execution Challenges

Develop a model to guide execution decisions or actions.
Understanding how the creation of strategy affects the execution of strategy.
Managing change effectively including culture change.
Understanding power or influence and using it for execution success.
Develop organizational structures that foster information sharing, coordination and clear accountability
Developing effective control and feelback mechanism.
Knowing how to create an execution supportive culture.
Exercising execution biased leadership.

(L. G. Hrebiniak, 2005)

L. G. Hrebiniak은 전략이 성공적으로 실행되기 위해 필수적으로 해결되어야 할 과제들을 제시하고 있다.

- 전략의 실행 지침이 될 수 있는 모델을 개발하라.

- 전략 자체가 어떻게 전략의 실행에 미치는 영향을 미치는가를 이해하라.
  전략의 실행이 실패하는 가장 큰 이유중의 하나는 실행에 따른 문제점에 따른 충분한 검토 없이 전략이 개발되었기 때문이다.

- 문화적 변화를 포함, 효과적으로 변화를 관리하라.
  행동과 실천은 조직 문화의 핵심적 요소가 되어야 한다.

- 자신의 권한이나 영향력을 전략을 성공적으로 실행하기 위해 적극적으로 활용한다.

- 정보공유와 coordination을 촉진하면서도 명확한 책임을 부여할 수 있는 조직구조를 개발하라 전략이 변하면 조직구조도 함께 변해야 한다.

- 효과적인 통제와 피드백 시스템을 개발하고 운영하라.
  통제를 위한 통제보다는 Looser but effective control process가 요구되며, 피드백을 통한 지속적 학습이 이루어져야 한다.

- 실행을 지원할 수 있는 문화를 개발하라.
  분석과 계획보다는 행동과 성과가 강조되어야 한다.

- 리더 스스로 모델이 되어 실행을 주도하라.
  전략의 개발 뿐만 아니라 실행도 리더의 책임이다.

2. 지속가능한 성장을 위한 조직개발전략

2-1. 역량중심의 조직개발 모델

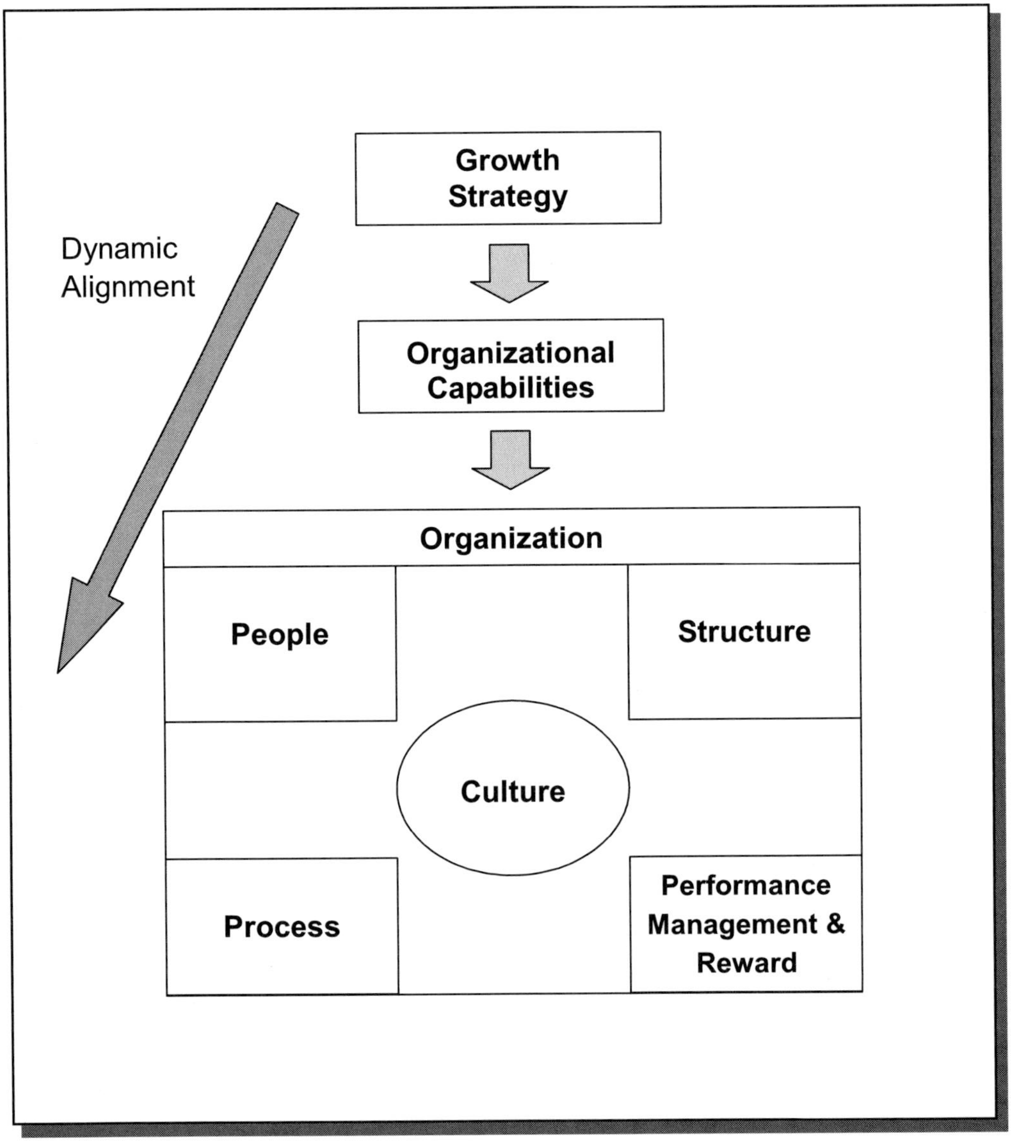

• 지속가능한 성장을 위한 조직 - 변화와 혁신선도의 조직

불확실하고 불연속적인 경영환경 하에서 성장을 지속하기 위해서는 환경 변화에 유연하게 대응할 수 있는 조직을 설계, 운영해야 한다. 이는 장기간 유지가능한 안정적 조직구조와 문화를 구축하기 보다는 모든 경쟁우위는 일시적인 것으로 간주하고 지속적으로 새로운 경쟁우위를 발굴, 창조할 수 있는 조직을 설계해야함을 의미한다 (E. E. Lawler & C. G. Worley, 2006).

오늘의 환경이 요구하는 것에 효과적으로 적응하면서 미래의 사업환경을 선도하기 위해 스스로를 변화시킬 수 있는 역량만이 최고의 지속가능한 경쟁우위를 제공할 수 있다. E. E. Lowler 등은 이러한 특정한 변화프로그램이 없어도 스스로를 지속적으로 변화시킬 수 있는 역량을 갖춘 조직을 Built-to-Change Organization으로 지칭하고 있다.

한편, M. L. Tushman과 C. A. O'Reilly Ⅲ(2002)는 동시에 다양한 환경의 요구에 효과적으로 대응할 수 있는 조직구조와 시스템을 갖춘 Ambidextrous Organization을 바람직한 조직모델로 제시하고 있으나, 현실적으로 하나의 기업이 각기 상이한 특성을 갖춘 다양한 조직을 설계하고 이를 동시에 효과적으로 이끌어 나간다는 것은 대단히 어려우며 성공한 기업도 거의 없다고 해도 과언이 아니다. -<Tips for Ideas 3-3> Managing Organizational Architectures : Managing Ambidextrously 참조-

• 지속가능한 성장을 위한 조직 - 역량중심의 접근

미래환경에 대한 안정적 예측이 가능한 상황에서는 전략의 요구에 적합한 조직구조와 프로세스를 설계, 운영하는 것이 최선의 조직개발방식이었으나 -Structure follows the strategy-, 오늘날에는 현재와 미래의 문제와 기회 모두에 관심과 자원을 집중할 수 있는, 조직역량을 강화할 수 있는 구조와 프로세스를 개발해야 한다. 모든 성장전략은 실행과정에서 지속적인 학습과 적응의 과정을 거쳐야 하며, 처음 개발된 전략이 원형 그대로 장기간 실천되는 경우가 거의 없는 상황에서 전략에 부합되는 조직구조와 프로세스를 성공적으로 설계했다고 하더라도 이것이 일관되게 유지되기는 어렵다. 역량중심의 조직개발모델은 전략의 변화에 따라 구조와 프로세스를 빈번하게 재설계하기보다, 지속적 자기혁신역량을 강화할 수 있는 조직구조와 프로세스, 시스템을 구축하는데 주안점을 둔다.

• 지속가능한 성장을 위한 조직- 개인보다는 조직역량우선의 접근

과거에는 기업이 필요로 하는 역량을 갖춘 개인을 확보, 개발하고 이들을 장기간 유지함으로써 지속가능한 경쟁우위를 확보할 수 있었으나, 글로벌 차원의 인재전쟁이 심화되고 Loyalty Contract에 의한 고용관계가 무너지고 있는 오늘의 노동시장 여건하에서는 사람보다는 사람들이 일하고 있는 조직전체의 역량으로 관심의 방향을 전환해야 한다. 역량이 개인이 아닌 구조와 프로세스, 시스템과 문화에 내재화되어 있어야만 경쟁기업이 모방하기 어려운 지속적 경쟁우위의 원천이 될 수 있다.

• 조직역량중심의 조직개발 모델의 구성요소

조직역량중심의 조직개발 모델은 안정적 조직구조와 프로세스, 시스템을 설계하기보다 지속적으로 환경변화를 인식하고 이에 효과적으로 대응하기 위해 스스로를 혁신할 수 있는 조직역량의 개발을 강조하고 있다.

이 모델은 크게 성장전략, 역량, 조직 그리고 문화의 4가지 요소로 구성된다.

– Growth Strategy

성장전략은 기업이 지속가능한 성장을 위해 어떻게 환경이 요구하는 제품과 서비스를 개발, 공급할 것이며, 이를 위해 자신들이 어떤 역량을 갖추어야 하고 어떻게 조직을 설계해야 하는가를 규정한다. 따라서 성장전략은 기업이 선택한 가치창출방법으로서 자신들이 해야만 하는 것– What the organization should do –을 기술한 것으로 정의할 수 있다.

– Organizational Capabilities

성장전략을 성공적으로 실천하기 위해서는 역량을 개발하고 내부화해야 한다. 역량은 특정 기업이 특히 잘할 수 있는 가치창출활동으로, 명확하게 구분할 수 있고 측정가능한 것이다. 여기에는 기업이 제공하는 제품/서비스의 기반이 되는 기술 및 생산스킬로 정의되는 핵심역량– Core Competencies –도 포함된다. 우수한 역량을 보유한 기업은 보다 높은 가치를 보다 낮은 비용으로 제공할 수 있을 뿐만 아니라 이를 기반으로 더 큰 성장기회를 획득할 수 있다. 역량이 장기경쟁우위 요소가 되기 위해서는 고객가치증대에 결정적인 영향을 미칠 수 있는 활동이어야 하며, 희소성이 있어야 하고, 경쟁자가 모방하기 어려워야한다.

– Organization

조직설계시 우선적으로 고려해야 할 요인들은 구조 –Structure–와 프로세스 –Process–, 인적자원관리전략과 정책 –People–, 그리고 성과관리와 보상– Performance Management and Rewards – 체계이다 (E. E. Lawler, 2003; J. R. Galbraith, 2005).

구조는 기업이 보다 효율적으로 목표를 달성하기 위해 조직구성원들이 해야 할 일과 성공적인 일처리를 위해 각자가 갖는 책임과 권한관계를 기술한 것이다. 프로세스는 조직구성원의 행동방향을 지시하고 통제하기 위해 정보의 흐름을 규정한 것이다. 성과관리와 보상체계는 조직구성원들이 각자의 능력을 최대한 발휘할 수 있도록 목표설정 및 목표달성과정의 관리방식과 제공하는 보상의 유형과 수준을 기술하고 있으며, 인적자원관리전략과 정책은 기업이 필요로 하는 인재의 선발과 육성, 유지, 활용방법을 규정한 것이다.

– Culture

기업문화는 이 조직에서는 어떻게 행동해야 하고 어떤 성과를 창출해야 하며, 보상은 무엇에 대해 주어지는가에 대해 조직구성원들이 공유하고 있는 신념과 가치이다. 기업문화는 조직내 Communication Network과 비공식적 역할 및 비공식적 권한관계를 규정한다 (M. C. Tushman, & C. A. O'Reilly Ⅲ, 2002).

People, Structure, Process, Reward의 4가지 조직설계 구성요소는 기업문화형성에 큰 영향을 미치지만, 일단 한번 형성된 기업문화는 쉽게 변화하지 않을 뿐만 아니라, 직접적으로 통제하기도 어렵다. 기존 기업문화가 새로운 환경과 전략, 요구되는 조직역량과 부합되지 않을 경우 변화를 위한 어떤 노력도 실질적 성과창출로 연결되기 어렵다.

- **Alignment, Integration, Virtuous Spiral**

지속적 성장추진과정은 환경변화에 대한 시나리오를 구성하고– Environmental Scenarios –, 이에 대응할 수 있는 전략을 선택하며 – Strategizing –, 전략추진에 필요한 조직역량을 개발할 수 있는 조직을 설계하고 – Designing – 개발된 역량을 바탕으로 가치를 창출하는 – Creating Value – 연속적 과정으로 이해할 수 있다(E. E. Lawler & C. E. Worley, 2006).

성장추진과정이 보다 효과적으로 이루어지기 위해서는 성장전략과 조직역량, 조직 및 기업문화가 Dynamically Aligning되어 있어야만 조직이 보유한 모든 자원과 역량이 동일한 전략적 방향으로 집중될 수 있다. 여기서 Dynamic이 갖는 의미는 환경이 변화하면 전략과 역량, 조직이 함께 변화해야 한다는 것이다. 한편, E.E. LawlerⅢ 등은 환경이 변화할 때마다 조직을 새롭게 설계한다는 것은 매우 비효율적일 뿐만 아니라 현실적으로 거의 불가능하므로 'Normal Change'와 'Major Change'의 변화수준에 대해서는 각각 Strategic Alignment와 Reorientation이라는 Orchestration과정을 통하여 조직이 스스로 자신을 재조직화함으로써, 변화에 유연하게 대응할 수 있는 Built to Change 조직을 구축해야 함을 주장하고 있다. 그러나 이들도 Serious Change수준의 변화에 대해서는 Built to Change 조직의 자율적 변화역량만으로 대응할 수 없으며, 근본적인 조직재설계와 Transformation의 과정이 필요함을 인정하고 있다.

조직설계의 구성요소인 People, Structure, Process 그리고 Performance Management & Reward의 4요소는 효과적으로 통합되고 일관성을 유지해야만 조직구성원에게 자신들이 어디로 가야하며 무엇을 어떻게 해야 하는가에 관한 명확하고 강력한 메시지를 일관되게 제시할 수 있다.

기업이 스스로 환경변화를 감지하고 이에 대응하여 자신의 전략과 조직역량, 조직구조와 프로세스, 인적자원관리전략과 정책 그리고 성과관리와 보상체계를 재설계할 수 있는 Orchestration Capabilities를 보유할 경우 자생적인 성장이 가능한 선순환 구조- Virtuous Spiral -로 진입할 수 있다.

전략개발 → 조직역량개발을 위한 조직설계 → 개발된 역량에 근거한 Staffing → 성과평가와 보상제공 → 전략의 수정, 보완 → 조직재설계 → Restaffing과 향상된 Process / System에 의한 가치창출활동 → ……

지속적인 성장을 위한 조직개발의 궁극적 목표는 이러한 Virtuous Spiral을 반복할 수 있는 조직을 구축하고 그 변화과정을 관리하는 것이다.

<Tips for Ideas 3-3>

Managing organizational Architectures : Managing Ambidextrously

Incremental Innovation

- Culture promoting continuous improvement
- Incremental change
- Consistency and control
- Eliminate variability
- Management Team rewards volume and cost

Architecture Innovation

- Culture promoting linkages
- Adding and Linking subsystems
- Management team rewards integration and linkages

Discontinuous Innovation

- Culture promoting breakthrough innovation
- Experiments and variants
- Multiple, small failures
- Learning by doing
- Management team rewards experimentation and breakthrough innovation

Executive Team

- Provide clear, simple vision
- Balance multiple architecture
- Balance heterogeneity and homogeneity
- Make bets on shifting innovation streams
- Manage ambidextrously
  - Today / Tomorrow
  - Large / Small
  - Incremental / Discontinuous

(M. L. Tushman & C. A. O'ReillyⅢ, 2002)

2-2. 성장전략 실행을 위한 3가지 조직개발과제

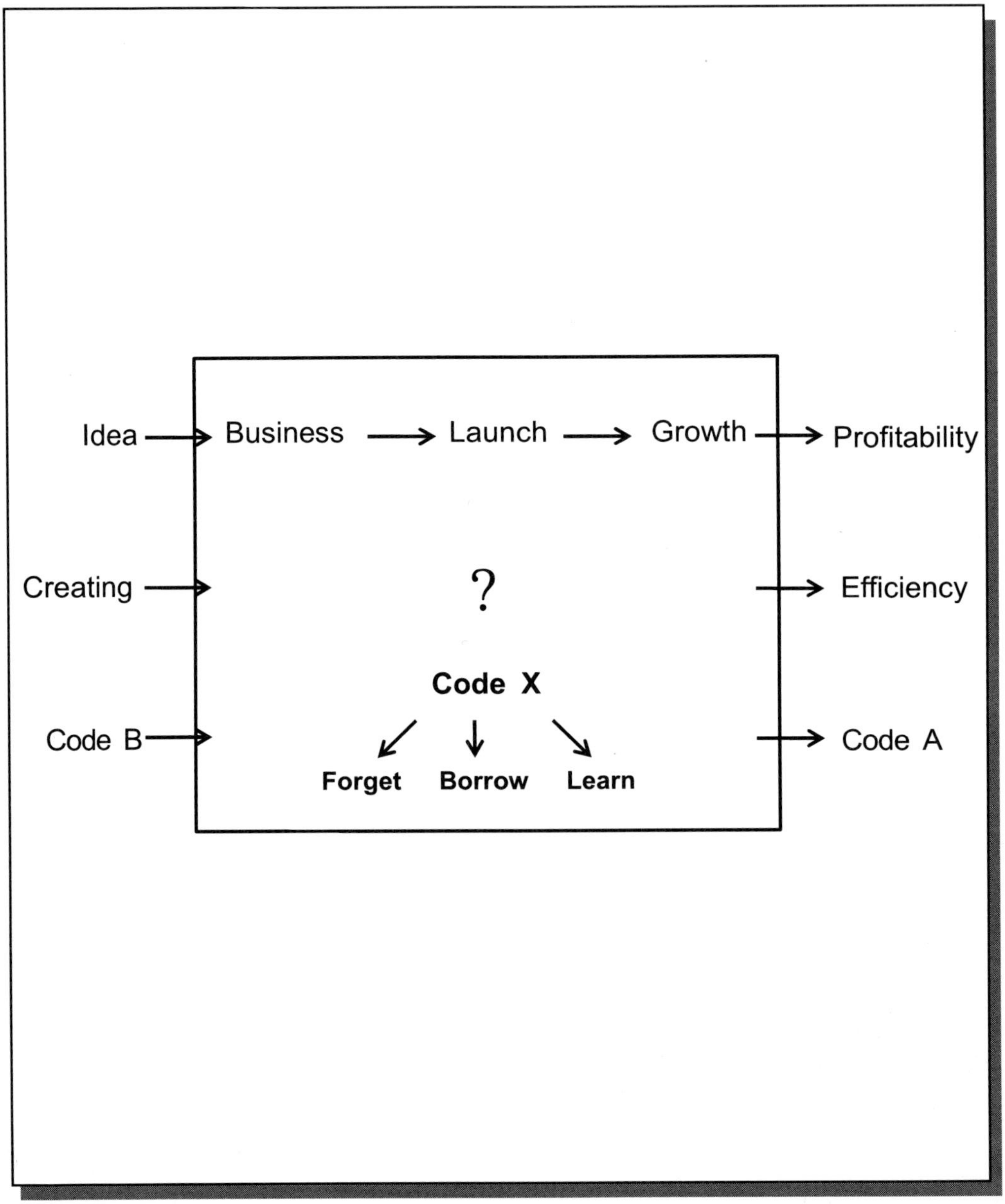

(V. Govindarajan & C. Trimble, 2005)

• 성장전략의 실행과정과 조직설계

모든 사업 아이디어는 안정적인 수익을 창출하는 단계에 도달하기까지 사업계획수립 → 출시 → 성장의 중간단계를 거쳐야 한다. V. Govindarajan과 C. Trimble은 사업의 초기단계 – Creativie, Code B – 와 최종단계 – Efficiency, Code A – 에 대해서는 지금까지 수많은 연구들이 이루어진 반면, 중간단계에서 성공적으로 성장전략을 실행하는 방법에 대해서는 잘 모르고 있음을 지적하면서, 만약 성장전략개발 단계에서 강조되어야 할 창의와 혁신을 위한 Code B가 최종단계에까지 지속될 경우 그 사업은 결코 성공할 수 없음을 강조하고 있다.

Code A : To be efficient	Code B : To be creative
You stick to your knitting	You think outside the box
You exploit what you know	You explore what you don't know
You meet current customen needs	You anticipate future customer needs
You plan	You let things emerge
You demand accountability	You allow frecdom and flexility
You impose process and structure	You avoid process and encourage unstructured interaction

• Three Challenges for Organizational Development

성장전략을 성공적실행을 지원할 수 있는 조직구조와 시스템, 인적자원 관리전략 및 기업문화를 설계, 구축하기 위해서는 Forgetting과 Borrowing 그리고 Learning의 3가지 요소를 고려해야 한다.

– Forgetting

Forgetting은 새로운 성장사업이 기존핵심사업의 성공요인 중 잊어버려야 할 것을 말한다. V. Govindarajan 등은 'Who, What, How'의 전략의 3요소 중 최소한 1개 이상의 요소에서 혁신이 요구되는 Strategic Innovation에서는 기존 핵심사업을 성공으로 이끌었던 사업모델과 역량의 대부분을 무시하고 새로운 가능성과 역량을 탐색하고 개발해야 하며, 이를 위해서는 기존 핵심사업에서의 조직과는 전혀 다른 형태의 조직이 설계되어야 한다고 주장하고 있다. <Tips for Ideas 3–4> Rules for Fostering an Innovative Organization 참조–.

- Borrowing

Borrowing은 새로운 성장사업이 기존 핵심사업으로부터 사업성공을 위해 필요한 자산을 빌려오는 것을 말한다. 기존 대기업은 기존의 고객관계나, 유통채널, 공급자관계, 브랜드, 신뢰성과 평판, 기술과 설비 등 다양한 유·무형 자산을 활용함으로써 신규창업 기업에 대해 경쟁우위를 유지할 수 있다. 기존사업이 새로운 성정사업에 제공할 수 있는 유·무형 자산이 많을수록 보다 긴밀한 협력이 이루어질 수 있는 조직설계와 최고경영층의 조정활동이 요구된다.

- Learning

새로운 성장사업의 불확실성과 불연속적 변화가능성이 높을수록 지속적 학습과 실험의 필요성이 증가하며, 조직구조와 시스템, 프로세스도 이를 지원할 수 있도록 설계되어야 한다. 특히 계획수립 및 의사결정 프로세스와 성과평가 및 보상체계는 학습을 촉진시키는데 중요한 역할을 한다.

<Tips for Ideas 3-4>

Rules For Fostering an Innovative Organization

1. Unreasonable Expectations

2. Elastic Business Definition

3. A Cause, Not a Business

4. New Voices

5. An Open Market for Ideas

6. Create an Open Market for Capital

7. Open Market for Talent

8. Low - Risk Experimentation

(G. Hamel., 2000, M. H. Morris, & D. F. Kuratko, 2004 재인용)

2-3. 지속적 성장추구를 위한 조직설계

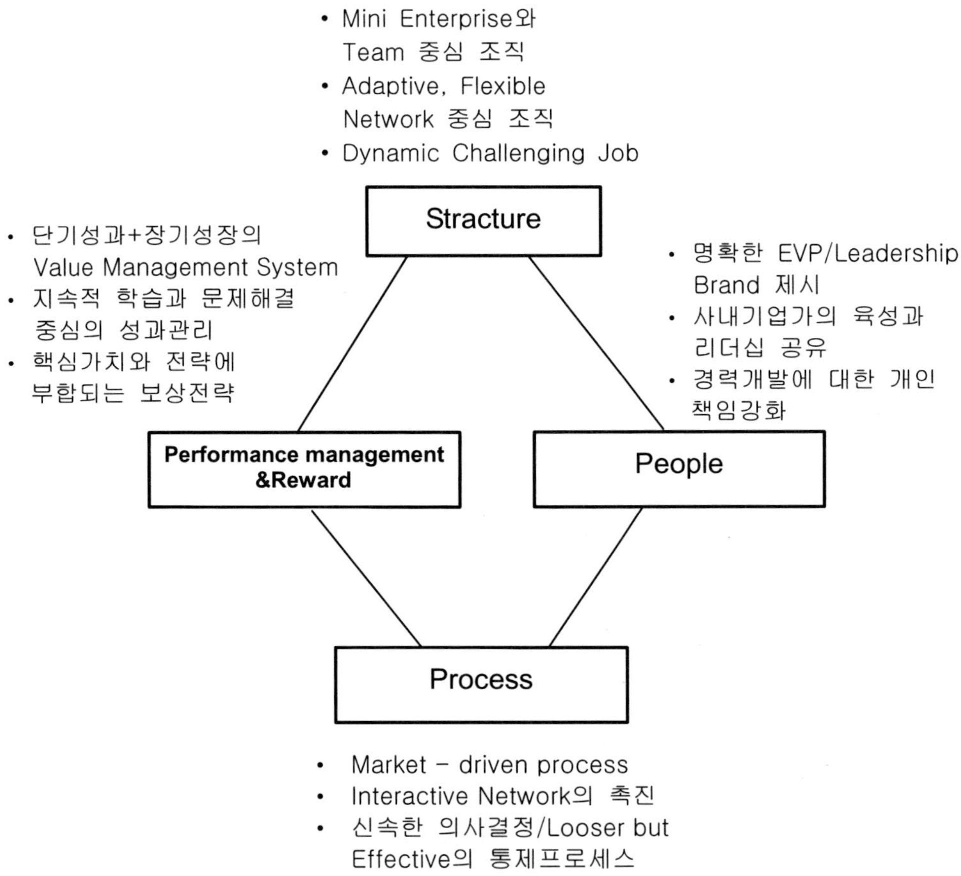

• 변화대응 역량강화를 위한 조직설계

조직설계에서 'One size fits all'의 방법은 없다. 조직설계의 각 요소는 자사가 직면하고 있는 경영환경 및 자사 고유의 성장전략과 부합되어야 하며, 경쟁우위를 위해 요구되는 역량의 개발을 지원할 수 있도록 상호일관성 있게 설계되어야 한다. 지속적 성장추구를 위한 조직설계 역시 모든 기업에 공통적으로 적용될 수 있는 구체적 기준이나 원칙을 제시할 수는 없으나, 오늘의 불확실한 경영환경하에서 기업이 보다 효과적으로 변화에 대응할 수 있는 역량을 강화하기 위해 기본적으로 추구해야 할 조직설계의 방향에 대해서만은 다음과 같은 결론을 이끌어낼 수 있다.

• Structure

불확실한 환경에서 지속적인 성장을 달성하기 위해서는 조직구성원들이 자신이 하고 있는 일에 대해 더 큰 책임을 기꺼이 부담하는 동시에 미래의 변화에 효과적으로 적응할 수 있어야 하며, 조직전체가 보유한 역량을 최대한 활용할 수 있도록 정보와 지식 공유가 원활하게 이루어질 수 있어야 한다.

Mini Enterprise형의 조직은 자원과 권한을 소규모 조직에 과감하게 위임하는 동시에 손익에 대한 책임을 부여함으로써 조직구성원들이 자신이 소속된 단위조직에 대해 강력한 주인의식-Sense of Ownership-과 책임감을 갖도록 한다. 특정고객과 시장, 프로젝트의 운영 및 재무적 성과에 책임을 갖는 다양한 Mini Enterprises들은 전체 조직내에 과도한 경쟁으로 인한 문제들은 야기할 수도 있으나, 상호협력과 경쟁이 함께 공존할 수 있는 경영원칙과 시스템 및 문화와 연계될 경우 최고의 성과를 창출할 수 있다.

또한 Mini Enterprises형의 조직은 특정고객/시장과 제품/서비스를 보유한 사업부조직뿐만 아니라 기능중심적 조직에서도 효과적으로 적용할 수 있다. Kyosera의 아메바조직이나 Volvo의 자율적 조직-Self-Directed Team 은 연속공정을 다단계의 개별공정으로 구분, 각 개별공정을 책임지는 팀에게 공정운영계획수립과 품질, 비용 등에 대한 평가기능까지 부여함으로써 높은 성과를 창출한 전형적인 사례들이다. Mini Enterprises와 자율팀 중심의 조직구조설계는 관료화되어가는 대기업내에 자유시장 경쟁체제를 도입, 중소기업이 갖는 유연성과 신속한 적응력 그리고 단위조직구성원들의 참여와 Empowerment를 최대한 활용하고자 하는데 주된 목표가 있다.

한편 분권화된 조직만으로는 대기업이 갖는 다양하고 풍부한 자원과 역량을 충분히 활용하기 어렵다. 분권화된 조직에서 대기업이 보유한 자원과 역량을 효율적으로 활용하기 위해서는 각 단위조직들이 긴밀하게 연결될 수 있도록 Coordination기능이 강화되어야 한다.

Adaptive, Flexible Network조직은 다양한 고객/시장에 집중적이며 전문적인 제품과 서비스, 솔루션을 제공하기 위해 이러한 대기업과 중소기업의 장점만을 결합시키고자 하는 조직설계 모델이다.

개별단위조직들간에 창조적 긴장-Creative Tension-을 최대한 유지하는 가운데 변화하는 고객/시장의 Needs를 신속하게 파악, 효과적으로 대응하기 위해서는-Sense and Respond- 각 단위조직의 역량을 유기적으로 조정, 통합시켜야 하며, 이를 위해서는 무엇보다도 정보공유와 지식이전을 촉진, 단위조직간, 개인간 자발적Coordination을 통한 문제해결이 이루어지도록 해야 한다. 이와 같이 고객/시장의 요구에 따라 유연하고 신속하게 Network을 변화시킬 수 있는, Reconfigurable Structuring이 가능한 조직에서 각 개별단위조직들은 전체 조직을 구성하는 하나의 블록과 같은 역할을 수행, 조직의 필요에 따라 쉽게 재조립될 수 있다.

한편, 지속적 성장을 추구하는 조직에서는 개인의 직무 역시 상황에 따라 유연하게 변화할 수 있어야 한다. 급변하는 경영환경하에서는 제한된 범위 내에서 명확하게 규정된 직무를 안정적으로 수행함으로써 효율성을 달성하고자 하는 전통적인 직무설계방식은 더 이상 적용될 수 없다. Mini Enterprise 또는 Self-Directed Team 조직내의 모든 구성원은 보다 역동적이며 도전적인 직무-Dynamic Challenging Jobs-를 수행할 수 있어야 한다. 모든 단위조직구성원의 직무는 과업이 아닌 역할을 중심으로 보다 포괄적으로 기술되어야 하며 -Generic Job Descriptions-, 조직의 필요에 따라 매년 자신의 직무기술서를 새롭게 작성해야 한다. Specialist with generalisfic perspective의 개인이 조직의 필요에 따라 Multiplayer의 역할을 기꺼이 수행할 수 있을 때 Mini Enterprise, Self-Directed Team 조직은 최대의 성과를 창출할 수 있다.

- **People**

성장전략은 경쟁사와 차별화되어야 한다. 차별화된 성장전략은 차별화된 역량을 요구하며, 차별화된 역량을 개발하기 위해서는 차별화된 인재전략을 필요로 한다. 차별화된 인재전략을 실천하기 위해서는 우선 자사의 EVP와 Leadership Brand를 명확하게 설정하여야 한다. EVP-Employee Value Proposition-는 기업이 특정 고객에게 자사가 어떤 효익을 제공하고자 하는가를 명확히 제시하고 있는 Value Proposition의 개념을 조직내부의 직원에게 적용한 것으로, 직원들은 회사로부터 무엇을 기대할 수 있으며 회사가 제공할 수 있는 것은 무엇인가를 명확하게 기술한 것이다.

-"What 'gives and gets' employee can expect from the frim- (D.Ulrich,2005).

명확한 EVP는 강력하고 독특한 대외이미지를 강화함으로써 자사가 필요로 하는 인력을 효과적으로 확보, 유지할 수 있게 할 뿐만 아니라 외적 보상과 내적 보상을 효과적으로 결합, 비용효과적인 총보상전략을 실현할 수 있게 한다. 또한 회사와 직원의 책임과 의무를 명확하게 함으로써 상호간에 현실적으로 기대수준을 설정, 욕구불만과 우수인력의 이직을 최소화 하는데 기여할 수 있다.

EVP를 개발하기 위해서는 먼저 자사가 필요로 하는 인재가 어떤 사람인가를 명확하게 해야 한다. 이는 마치 마케팅의 Value Proposition이 자사의 역량으로 최고의 가치를 제공할 수 있는 목표고객을 대상으로 설정되는 것과 같다. 여기서 자사가 필요로 하는 인재는 자사의 차별화된 성장전략을 실현하기 위해서 직원들에게 우선적으로 요구되는 역량 −Speed, Shared Mindset, Accountability, Collaboration, Customer Relationship, Learning, Leadership 등− 과 관련하여 규정되어야 한다. 회사가 직원에게 제공할 수 있는 것은 금전적 보상 뿐만 아니라 새로운 일에 대한 도전, 개인과 가족생활의 균형, 고용가능성−Employability−을 증대 시킬 수 있는 학습과 역량개발의 기회 등 다양한 내적 보상을 함께 고려하여 결정해야 한다. 여기서 특히 중요한 것은 자사의 전략적 필요와 가용자원을 고려하여 우선순위를 명확하게 해야 하며, 약속한 바를 실천할 수 있도록 지속적으로 관리해야 한다는 것이다.

Leadership Brand는 조직구성원들이 리더에게 기대하는 역량과 조직이 리더에게 요구하는 역량을 통합, 자사의 리더가 갖추어야 할 자질과 기대행동을 기술한 것이다. 예를 들어 GE는 자사의 리더가 다음과 같은 'Four Es'에 따라 행동할 것을 요구하고 있다.

−Personal energy to welcome and deal with change

−The ability to create an atmosphere that energizes other

−The edge to make different decisions

−The ability to consistently execute

강력한 Leadership Brand는 EVP와 함께 조직이 필요로 하는 핵심인재를 확보, 유지하는 기능을 수행하며, 성공적인 리더십 개발을 위한 기반이 된다.

지속적 성장을 추구하는 조직의 EVP와 Leadership Brand는 기업가 정신−Enter preneurship−과 리더십을 공유, 확산하는데 주안점을 두어야 한다. 기업가 정신은 현재 자신이 보유하고 있는 것과 관계없이 기회를 추구하는 과정으로, 현재 자신이 보유하고 있는 자원의 범위내에서 자신이 할 수 있는 것이 무엇인가를 생각하는 행정가, 또는 관리자의 관점과는 명확하게 구분된다. 조직 내에서 기업가 정신이 구체적 성과를 창출하는 과정은 <Figure 3−1> An Integrative Model of Entrepreneurial Inputs and Outcomes와 같이 기술할 수 있다. 여기서 기회를 인식하고 개념을 개발, 구체화하며, 필요한 자원을 평가, 획득한 후 실행에 이르는 기업가적 과정–Enterpreneurial process–이 일어나기 위해서는 환경적 기회 –Environmental Opportunities–와 기업가적 개인 – Entrepreneurial Individuals–, 조직풍토 –An Organizational Context–, 독특한 사업모델–Unique Business concepts –그리고 자원 –Resources–이 Inputs요인으로 제공되어야 한다. 이는 아무리 우수한 기업가적 자질을 갖춘 개인도 조직의 지원이 결여된 상황에서는 혁신과 모험추구적 행동을 추구하기 어렵다는 것을 의미한다.

<Figure 3–1> An Integrative Model of Entrepreneurial Inputs and Outcomes

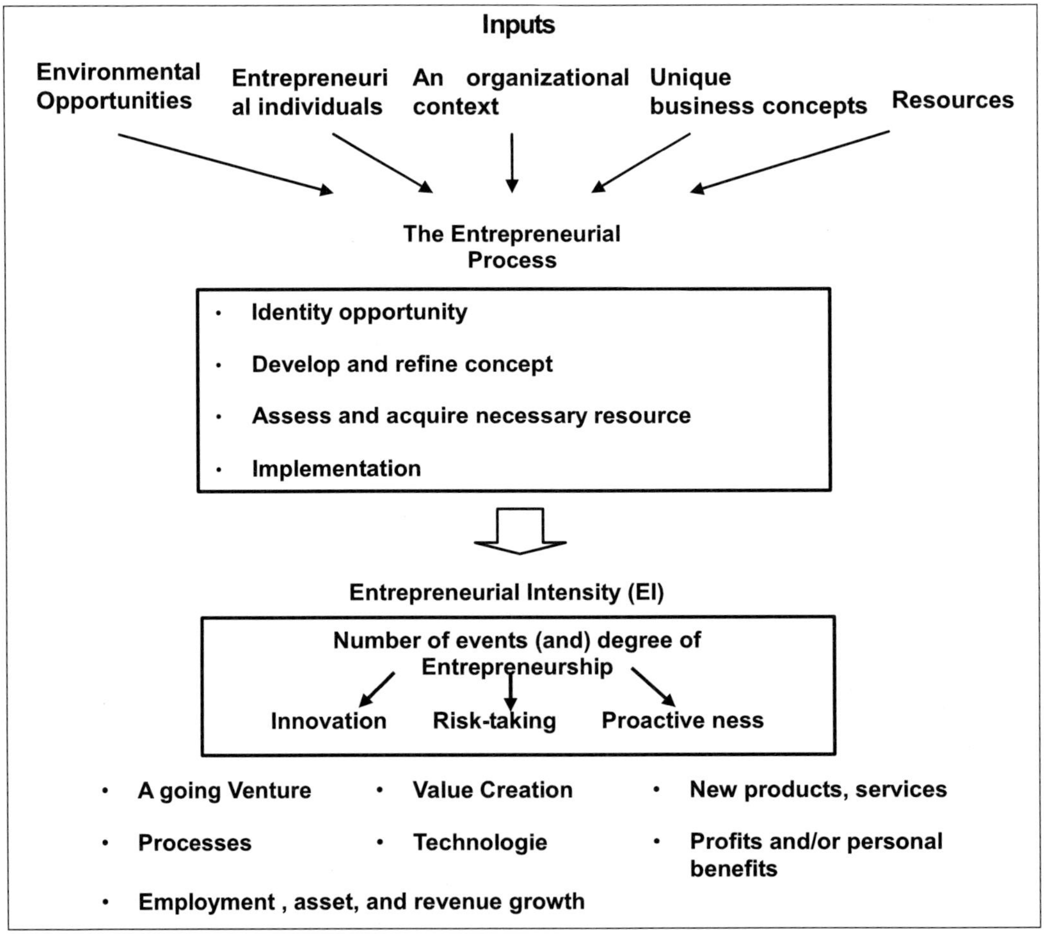

(M. H. Morris & D. F. Kuratko, 2004)

- 기업가적 자질- Risk-taking propensity/ Desire for autonomy/ Need for achievement/ Goal orientation/ Internal locus of control-은 특정한 조직적 맥락- Management support/ Work discretion/Reward, Reinforcement/ Time availability/ Organization boundaries- 하에서만 실질적 행동으로 나타날 수 있다. 조직 내부적으로 기업가정신을 확산시키기 위해서는 다음과 같은 행동조처가 요구된다(M. H. Morris, & D. F. Kuratko. 2004).

- Developing an entrepreneurial vision
- Increasing the perception of opportunity
- Institutionalizing change
- Instilling the desire to be innovative
- Investing in people's ideas
- Sharing risks and rewards with employees
- Recognizing the critical importance of failure

관료화된 대기업조직에서는 기업가적 행동이 일탈적 행동 -Deviant behaviors-으로 인식될 수 있으며, 그 결과 대부분의 기업에서는 기업가적 행동을 확산, 공유하기보다 기업가적 자질과 역량을 갖춘 개인이 스스로 조직을 떠나게 만든다. 한편, 과도한 기업가정신은 통제하고자 하는 지나친 욕구와 타인에 대한 불신, 성공에 대한 지나친 집착 그리고 비현실적인 낙관주의로 인하여 자신과 조직을 어려운 상황으로 몰아가기도 한다. 따라서 일반적인 대기업의 경우 모든 조직구성원에게 기업가정신을 공유토록 요구하기보다 이러한 자질을 갖춘 인재들에게 자신의 장점을 최대한 발휘할 수 있는 직책과 기회를 제공하는 것이 보다 효과적이며, 과도한 기업가적 행동을 적정 수준에서 통제할 수 있는 프로세스를 정립, 그들에게 최대한의 자유와 유연성을 허용하되 그 모든 것은 합의된 핵심원칙과 기준의 범위내에서 이루어져야함을 강조할 필요가 있다.

조직내부적으로 기업가 정신의 확산을 통하여 성장과 혁신을 추구하고자 할 경우 리더십의 공유가 필수적으로 요구된다. 리더십의 공유는 GE와 같이 선발된 소수의 핵심인재군만을 대상으로 집중적으로 차세대 리더를 육성하기보다, 조직내 모든 개인에게 리더로서의 역할과 책임을 수행할 것을 요구함으로써 다양한 리더들이 다양한 계층에서 출현하도록 하는 리더육성전략이다-예 : P&G, 3M-,

리더십의 공유를 위해서는 조직내 모든 사람들에게 혁신적이며 창의적으로 사고하고 행동할 것을 기대하는 동시에 그들의 그러한 행동이 실질적인 경영성과로 연결될 수 있도록 다양하면서도 체계적인 프로세스와 제도를 운영해야 한다. -예 : 3M-. 단, 이러한 체계적인 프로세스와 제도에는 리더십의 공유로 인한 혼란을 미연에 방지하는 기능도 함께 부여해야 한다. 창의와 열정을 갖고 새로운 기회를 발견, 사업을 개발할 수 인재는 획일적인 교육과 훈련으로 만들어질 수 없다. 이러한 인재들은 대부분 어렵고 힘든 과제 -Hardship, Challenging Jobs-를 수행하는 과정에서 스스로 성장한다. 신규사업을 성공시킬 수 있는 창의적, 열정적 인재를 육성하기 위해서는 조직내에 시장원리를 도입, 스스로 성장할 수 있는 기회는 모든 직원에게 공정하게 부여하되 그러한 기회를 어떻게 활용할 것인가는 스스로 결정하도록 하는, 경력개발에 대한 개인의 책임을 강화하는 방식으로 접근하는 것이 효과적이다. 이는 조직구성원들의 능력과 의욕, 추구하는 라이프스타일의 차이를 인정하는 것이며, 자신의 운명은 자신이 결정해야한다는 기본적인 철학으로부터 출발한 것이다.

물론 경력개발에 대한 개인의 책임을 강조한다고 해서 인재육성을 위해 기업이 아무런 조처를 취하지 않는다는 것은 아니다. 기업은 스스로 하고자 하는 의욕과 능력을 갖춘 개인에게보다 도전적인 직무를 부여해야 하며 효과적인 순환근무와 다기능팀에서의 프로젝트 수행경험 등 다양한 직무를 경험할 수 있는 기회를 제공하고, 필요한 스킬과 지식을 학습하고 지식공유를 촉진할 수 있는 교육훈련을 제공해야 한다. 이러한 측면에서 각 단위조직을 담당한 경영관리자들의 인재육성에 대한 책임은 아무리 강조해도 지나치지 않다. 경영관리자들은 각 단위조직구성원들이 담당해야 할 직무의 범위와 목표를 설정하고 평가와 피드백 및 코칭을 제공하는 과정과 역할 모델로서의 자신의 행동을 통하여 인재육성에 결정적인 영향을 미칠 수 있다.

모든 경영관리자들은 자신이 담당한 단위조직의 성과를 극대화해야 할 뿐만 아니라 지속적으로 우수한 성과를 창출하는 인재를 배출하는 Exporters of high performing people의 역할을 수행해야 한다. 다양한 분야에서 성공한 리더들은 스스로 자신의 오늘이 있기까지 자신의 경력개발의 결정적 시기에 스스로 성장할 수 있는 경험을 제공하고 역할모델이 되어주었던 우수한 리더로부터 가장 큰 영향을 받았음을 공통적으로 강조하고 있다.

• Process

Global Network경제체제에서 고수익 성장을 실현하기 위해서는 기능부문별 전문성을 강조하기보다 Best Process를 개발하는데 집중해야 한다. 강력하고 효율적인 프로세스를 구축할 경우 자사가 가장 잘 할 수 있는 기능에만 집중하고서도 고객에게 최고의 가치를 저비용으로 제공할 수 있다.

시장과 고객의 이해를 위한 시장지향의 프로세스-Market driven process-는 고객에게 우수한 가치를 제공함으로써 매출 및 수익성장을 달성하기 원하는 기업이 우선적으로 강조해야 할 프로세스이다. 시장지향 프로세스는 시장을 심도깊게 이해할 수 있는 능력을 개발, 새로운 기회를 인식하고 경쟁자의 동향을 예측할 수 있게 하며, 사실에 근거한 의사결정이 이루어지도록 한다. 또한 고객확보와 유지 능력을 개발, 우수한 가치를 전달할 수 있게 하며, 충성도를 제고시키고, 시장에 대한 투자효과를 극대화할 수 있게 한다 (G. S. Day. 1999)

시장지향의 프로세스는 Sensing Activities와 Sense-Making Activities 그리고 Reflection의 3단계의 프로세스로 구성된다 <Figure 3-2> 참조.-Sensing Activities는 예상되는 새로운 기회와 경쟁자의 위협을 인식하고, 자사가 전략을 변화시킬 경우 시장이 어떤 반응을 보일 것인가를 예측하는 활동이다. 이를 위해서는 개방적 자세로 주의깊게 경쟁자의 행동을 분석하고, 일선에서 활동하는 자사직원들의 이야기를 경청하며 고객과 시장의 잠재된 니즈를 도출해내어야 한다. 특히 주변적 시장-Periphery of the market-을 적극적으로 탐색하면서 지속적으로 실험하는 활동이 중요하다.

<Figure 3-2> Market Driven Processes for Learning About Markets

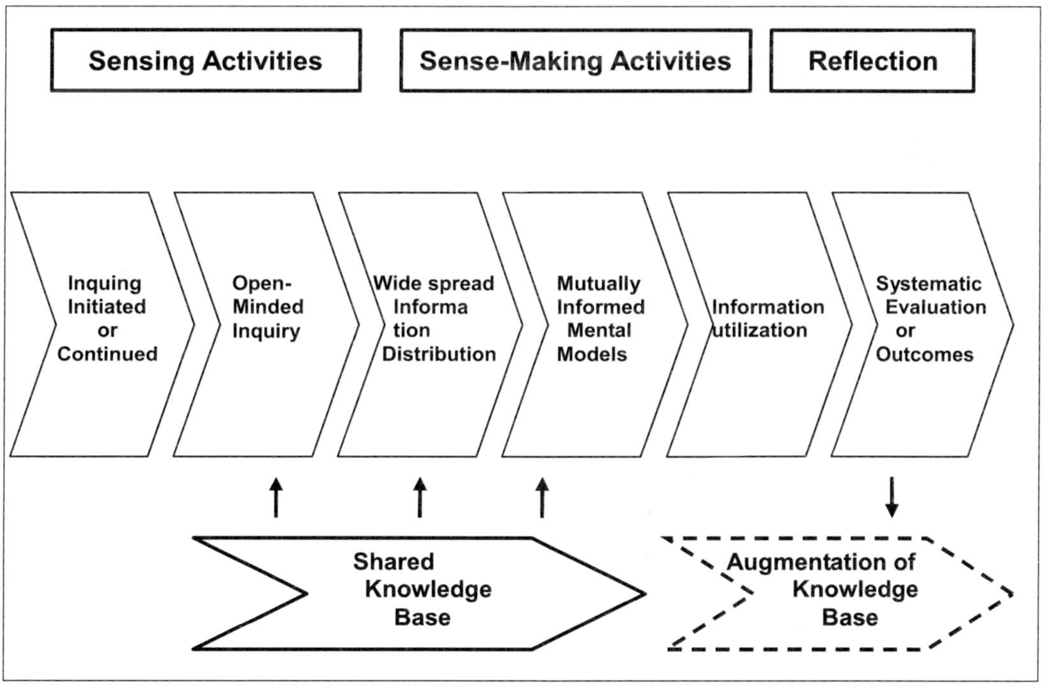

(G. S. Day, 1999)

- Sense-Making Activities는 수집된 정보를 분류, 일정한 양식으로 단순화시킴으로써 정보를 실질적으로 활용가능한 전략적 지식으로 전환시키는 활동이다. 이 단계에서 핵심적으로 검토되어야 할 이슈들은 다음과 같다.
  - Market Structure: How are the competitive boundaries shifting and market segments evolving ?
  - Market Responses : What are the drivers of customer value and retention and how will customers, competitors and channels respond to there drivers ?
  - Market Economics : Where are we making money, and what mover will improve our profitability ?
    Where is value migrating in the market, and how will that impact us ?

마지막으로 Reflection 단계는 Sensing Market과 Sense Making활동의 결과를 체계적으로 평가, 사업 및 마케팅계획을 수립하고 실천하는 과정에서 시장에 대한 지속적인 학습이 이루어지도록 하는 활동이다.

Interactive Network은 조직의 지속적 혁신과 환경적응력을 강화하기 위해 필수적으로 요구되는 것이다. Interactive Network을 위해서는 조직 내에 창조적 긴장 - Creative Tensions -을 강화해야 한다. 기능부문간, 단위조직간 창조적 긴장은 Communication과 상호영향력 행사를 통해 Functional Silo를 타파하고, 정보공유와 지식이전을 촉진, 살아있는 유기체로서 조직이 스스로 혁신하고 환경에 적응할 수 있는 역량을 증대시킨다. 조직내부에 창조적 긴장을 강화하기 위해서는

- 통제할 수 있는 자원의 범위-Span of Control-와 담당직무의 범위-Span of Accountability- 간의 Gap을 확대함으로써 Entrepreneurial Gap을 창조하거나
- 2가지 이상의 직책을 수행하게 하거나 Matrix조직과 같이 2명 이상의 상사에게 보고하게 하는 등 Dual Influence Structures를 창조하거나
- 높은 수준의 목표를 제시하거나 간접비를 배분 또는 사내이전가격 -Transfer price-을 설정하는 등 관리회계 및 통제 시스템을 활용하여 서로 상이한 목표를 추구하는 단위조직구성원들간의 상호작용을 촉진하도록 압력을 가하는 것이 효과적이다 (R. Simons, 2005).

조직내부에 Interactive Network을 증대시키는 또 다른 방법은 다양한 프로젝트 및 다기능팀 활동에 참여토록 하거나, 직무확장과 직무풍요화를 통해 Stand-alone job을 Whole job으로 전환하거나, 1인 다역화를 시도하는 방법과 Work-out Meeting과 같은 다

양한 분야의 직원들이 함께 모여 직접적 대면을 통하여 전략적 문제해결을 추구하는 모임을 활성화시키는 방법들이 활용 될 수 있다. 직무중심의 인적자원관리가 일반화되어 있는 서구 기업과 달리 국내 대기업이 일정시기에 신입사원을 대규모로 선발하거나 다양한 계층별 교육을 실시하는 것도 Interactive Network을 증대시키는데 긍정적 역할을 하고 있는 것으로 볼 수 있다. 이러한 방법에 의해 증대된 Interactive Network은 조직구성원들이 자신의 전문분야에서 벗어나 지식의 경계를 확장하고 -Boundary Spanning-, 정보공유와 지식이전을 촉진, 개별적인 지식과 정보를 통합함으로써 비약적 성장을 위한 기반을 제공한다. 한편, 조직내부적으로 형성된 Interactive Network은 조직외부의 고객과 전문가, 지역사회와 국제기관, 협력업체와 유통업자, Complementators 나아가 경쟁자에게까지 지속적으로 확장이 이루어져야 한다.

Global Network 경제체제에서 지속가능한 고수익 성장을 달성하기 위해서는 환경변화를 신속하게 인식하고 유연하게 대응하는 -Sense and Respond-능력이 우선시 되어야 하며, 기업의 의사결정은 신속하면서도 질적 우수성을 유지할 수 있어야 하며 통제프로세스는 느슨하면서도 효과적으로 -Looser but effective- 이루어질 수 있도록 설계되어야 한다. 신속한 의사결정을 위해서는 권한위임이 필수적이며, 하위계층에서 이루어진 의사결정이 질적 우수성을 유지하기 위해서는 의사결정자가 최고경영층과 같은 관점에서 -Top Management Pespective- 자신의 일과 회사전체의 목표와의 관련성을 명확하게 인식하는 A Clear Line of Sights를 보유해야 한다. A Clear Line of Sights는 정보공유의 범위를 확대하는 동시에 Interactive Network을 통해 조직내 다양한 단위조직과 기능부문에 대한 심도깊은 이해가 이루어져야만 가능하다. 현장에 대해서 가장 잘 알고 있고 Line of sights를 명확하게 인식하고 있으며 다양한 Interactive Network을 통해 고객/시장과 가치창출활동에 대해 축적된 지식을 보유한 중간관리계층이 필요한 권한을 부여받아 주도적인 의사결정을 내릴 수 있을 때, 보다 신속하며 효율적인 의사결정이 이루어질 수 있다. 한편, 기술적 측면에서 보다 질적으로 우수하고 수용도가 높은 의사결정이 이루어지기 위해서는

- 의사결정이 이루어져야 할 사항과 의사결정프로세스를 명확하게 한 후 현재상황을 파악하며
- 겉으로 드러난 사실에 내재되어 있는 원인을 이해하고 ('왜'라는 질문을 최소한 5번 반복해야 한다)
- 대안적인 문제해결 방안을 고려해 본 후 자신이 선호하는 대안에 대한 믿을 수 있는 근거를 개발한 후
- 단순하고 효율적인 Communication 방법을 사용하여 팀내에 합의를 구축해야 한다.

신속한 의사결정과 함께 조직에 기업가정신과 혁신을 활성화시키기 위해 강조되어야 할

프로세스는 Looser but effective control process이다.

기업가적 행동을 촉진하기 위해서는 핵심성과지표를 중심으로 전략적 통제 –Strategic Control – 를 시도, 조직구성원에게 사전에 자신이 지켜야 할 것과 하지 말아야 할 것을 명확하게 제시해야 한다. 통제를 위한 통제는 포기하되 정보의 개방과 공유를 바탕으로 자기통제–Self–control–가 이루어지도록 해야 한다. 특히 예산항목을 중심으로 한 통제는 조직내에 혁신의 기회를 제한, 지속가능한 성장의 가장 큰 장애요인이 될 수 있다. 제품/서비스와 공정 등 다양한 분야에서의 혁신이 일상적으로 이루어지기 위해서는 자신의 아이디어를 탐색하고, 실험해볼 수 있도록 자원에 대한 접근이 용이해야 한다. 이를 위해서는 예산항목이 구체적으로 지정되지 않은 전략예산을 설정하거나 사내 벤처캐피털을 운영하는 등의 방법을 활용할 수 있다.

• 성과관리와 보상

성과관리와 보상체계 설계의 핵심은 조직구성원에게 보다 많은 보상을 제공할 수 있도록 분배가능한 Pie를 증대시킬 수 있어야 한다는 것이다 분배가능한 Pie를 증대시키기 위해서는 기업가치가 증대되어야 하며, 기업가치를 증대시키기 위해서는 단기수익성과 장기적 건강성이 함께 강화되어야 한다. 따라서 보상제공의 기준이 되는 기업전체 및 단위조직과 개인의 성과목표와 성과측정지표는 기업가치를 제고시킬 수 있는 장기 및 단기 Key Value Drivers와 연계되어야 한다.

총주주수익률과 시장가치로 측정되는 자본시장에서의 기업가치를 증대시키기 위해서는 기업의 내적 가치–Intrinsic Value, Value of Discounted Cash Flow–를 증대시켜야 하며, 내적 가치는 성장과 투하자본수익률–ROIC– 및 자본비용–Cost of Capital–에 의해 산출된다. 이들 성과를 결정하는 요인이 곧 단기, 중기, 장기 및 조직차원의 건강성지표이다. – <Figure 3–3> 기업가치의 구성요인과 분류 참조 –

Key Value Drivers는 재무적 목표 뿐만 아니라 운영목표와 무형자산 및 역량에 대해서도 도출되어야 한다. 전략과 연계되어야 하고 양적으로 측정가능해야 하며, 측정을 위한 시간과 비용이 최소화되어야 하고, 조직구성원들이 쉽게 이해할 수 있으면서, 그 의미를 공유할 수 있어야 한다. 이러한 Key Value Drivers들이 현재의 단기적 수익 및 미래의 성장과 경쟁우위확보를 예측할 수 있고, 이를 위해 각 단위조직과 개인의 책임 및 우선적으로 해야 할 일을 명확하게 제시할 수 있도록 설계될 때 성과에 의한 보상차별화의 객관적 근거를 확보할 수 있다.

<Figure 3-3> 기업가치의 구성요인과 분류

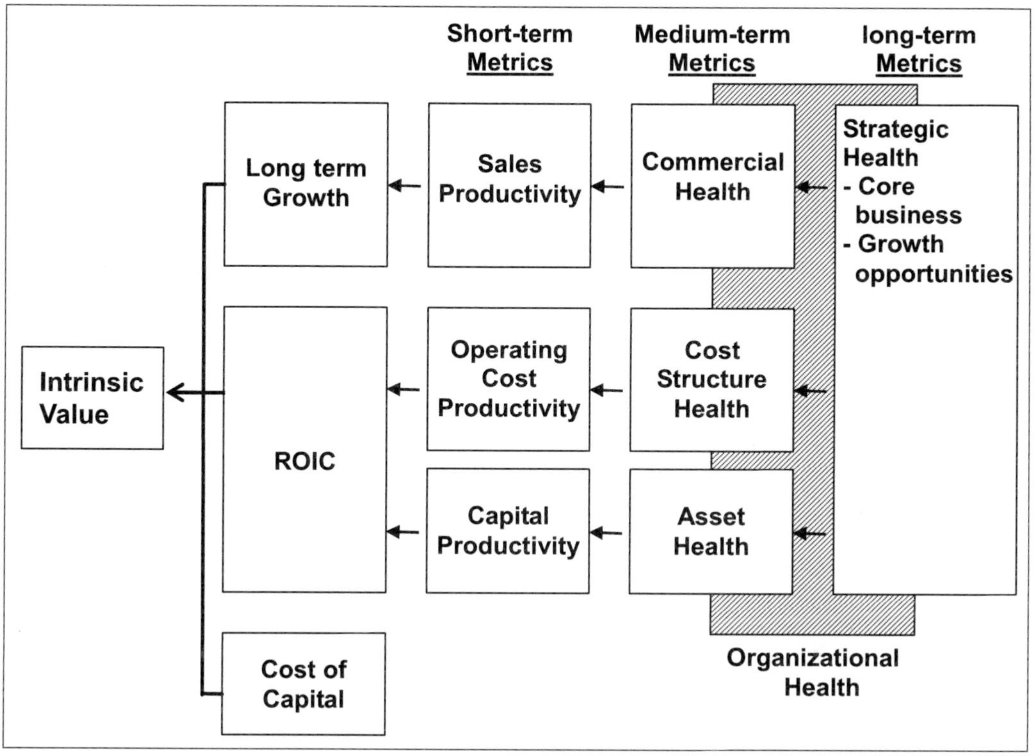

(T. Koller et al., 2005)

한편, 개발된 성과관리체계는 지속적 학습과 문제해결중심적으로 운영되어야 한다. 성과관리를 위한 목표설정과 과정관리 그리고 평가와 피드백의 전 과정은 안정과 통제보다는 성장과 변화에 대한 적응에 초점을 두어야 하며, 지속적으로 성과측정결과의 의미를 새롭게 분석, 적극적인 개선의 기회로 활용해야 한다. 이를 위해서는 성과측정과 평가결과에 대한 정보의 공유가 필수적으로 요구된다.

단위조직과 개인의 측면에서 성장추구의 과정은 Check – How are we doing –, Aim – Should we reset our goals ? –, Plan – How are we achieve our goals ? –, 그리고 Act – Execute the plan – 의 과정을 연속적으로 반복하는 과정이다. 이는 마치 계기판의 수치를 지속적, 주기적으로 확인하고 그 결과에 따라 나아가야 할 방향과 고도 및 속도를 반복적으로 수정 · 보완해나가는 계기비행을 하고 있는 파이롯트의 활동과 유사하다. 따라서 계기판에 표시되고 있는 지표들이 각 단위조직과 조직구성원들이 창출해야 할 결과와 해야 할 행동을 구체적으로 보여줄 수 있고, 조직구성원들이 자신과 소속단위조직이 책임져야 할 지표들에 관한 정보를 지속적으로 수집, 스스로 나아가야 할 방향을 점검하고 필요한 조처를 내린 후 자신의 행동결과를 재점검하는 Management By Wire의 역량을 최대한 발휘할 수 있을 때 조직전체가 지속가능한 성장의 길로 나아갈 수 있다.

보상은 성과를 창출하고자 하는 개인의 동기에 결정적 영향을 미친다. 개인이 자신의 성과를 창출하기 위해 언제 어떤 행동을 해야 하며 그 결과 자신이 어떤 보상을 얼마나 얻을 수 있을 것인가를 명확하게 인식하고 있을 때 보상은 동기부여효과를 가질 수 있다. 따라서 자신의 행동과 성과, 그리고 보상간의 A Clear Line of Sight를 명확하게 하는 것은 모든 보상체계의 설계와 운용의 핵심적 이슈가 된다.

개인 측면에서 보상의 매력도 - Attractiveness of Reward -는 보상의 양과 특정개인이 특정한 유형의 보상에 부여하는 가치의 정도 -How much the individual values the particular type of rewards being offered - 에 의해 결정된다. 이는 개인이 높은 가치를 부여하는 보상을 더 많이 줄 때 더 큰 매력을 가질 수 있다는 것을 의미한다. 따라서 비용 - 효과적인 보상전략을 설계하기 위해서는 조직구성원들이 선호하는 보상의 유형들을 파악하고 이들을 조합한 후 기업이 달성하고자 하는 전략적 성과목표항목 및 지표들과 긴밀하게 연계지어야 한다.

조직구성원들이 선호하는 보상의 유형은 한편으로는 큰 개인차가 있으나 또 다른 한편으로는 환경과 문화의 영향도 받는다. 그러므로 자사 고유의 가치와 문화를 강화하고자 하는 기업은 EVP - Employee Value Proposition -에 부합되는 보상패키지를 제시해야 한다. 특히 노동시장에서 자사의 강력하고 독특한 이미지를 보여주면서 타기업과 자사를 확연하게 구분지어 줄 수 있는 독특한 Benefits를 제시하는 'Signature Extras'를 개발함으로써 자사의 핵심가치를 강화하는 동시에 대외적인 홍보효과도 제고시킬 수 있다.

보상유형에 대한 개인차를 반영하기 위해서는 보상패키지 구성시 자사의 핵심가치와 전략적 필요성을 충족시키는 범위내에서 개인의 선택권을 증대시켜야 한다. 이러한 Individualized Reward Package는 주로 복리후생 프로그램 - Fringe Benefit Program-에서 활용되고 있으나 점차 현금보상이나 Stock Option에까지 확대되고 있다. (E. E. Lawler III, 2003).

보상전략이 지속적 성장을 지원하기 위해서는 보상이 성장을 위한 전략적 핵심성과지표와 연계되어야 함은 물론 보상의 유형과 수준도 전략과 부합되어야 한다. 예를 들어 고도성장사업의 경우 매출 및 수익성장률과 연계, 변동급여를 확대하는 것이 효과적인 반면 신규고객확보 보다는 기존고객의 유지가 중요한 성숙기 사업은 수익성지표를 중심으로 변동급을 지급하되 고정급 대비 변동급의 비율을 축소하는 것이 바람직하다. 초기투자사업의 경우 조직구성원의 기업가 정신과 헌신, 열정을 이끌어내면서 현금수요를 줄이기 위해 Stock Options을 적극적으로 활용하기도 한다.

또한 조직구성원의 지속적 학습과 역량개발을 위해서는 직무중심의 급여제도 보다는 개인의 역량과 학습노력에 대한 보상제공도 필요하다- Person-based or Skill-based pay -.

일반적으로 조직 및 개인의 역량과 비교하여, 달성가능성이 낮은 어렵고 힘든 목표를 제시하는 것은 동기부여 효과가 낮은 것으로 인식되고 있다. 그러나 목표와 보상의 관계가 명확하고, 목표달성에 대한 보상이 매우 클 때 사람들은 어렵고 힘든 목표조차도 자신의 목표로 수용, 목표달성을 위해 최선의 노력을 다할 수 있다.

마지막으로 보상전략의 설계와 운영과정에서 보상유형 및 보상수준과 함께 고려해야 할 핵심적 이슈는 공정성의 문제이다.

어떤 보상도 조직구성원으로부터 공정하다는 인식을 획득하지 못하면 기대하는 동기부여 효과를 얻지 못한다. 보상제도가 공정한 것으로 인식되기 위해서는 의사결정과정이 개방적이고, 의사결정에 참여하는 사람들이 신뢰할 수 있는 정당한 자격을 갖춘 사람들로 구성되어야 하며, 사전에 공지된 명확한 평가기준에 따라 모든 조직구성원들이 평가되어야 하고, 최종평가결과에 이의를 제기할 수 있는 절차가 허용되어야 한다. 공정성의 문제는 구체적 사실 보다 조직구성원들이 어떻게 지각하고 있느냐가 중요하다. 조직과 경영관리자가 최선을 다하여 공정한 제도를 설계하고 운영하더라도 조직구성원들이 공정하지 않다고 느끼면 불공정한 것이 될 수밖에 없다. 따라서 보상제도의 내용과 절차의 공정성을 제고하기 위해서는 보다 적극적인 정보공유와 Communication을 통한 상호이해와 신뢰구축 노력이 강화되어야 한다. 보다 효과적인 전략의 실행을 위해서는 자신이 조직의 전략적 목표달성을 위해 언제 무엇을 어떻게 해야하는가 뿐만 아니라 왜 그렇게 해야 하는가를 이해해야 하는 것처럼, 보상전략도 제도와 프로세스의 내용과 조직구성원들에 대한 기대행동 뿐만 아니라 왜 우리 회사는 이러한 보상제도를 운영하고 있는가에 대해서까지 모든 조직구성원들이 이해하고 납득할 때 실질적인 성과창출로 연결될 수 있다.

2-4. 신규사업의 조직구조설계

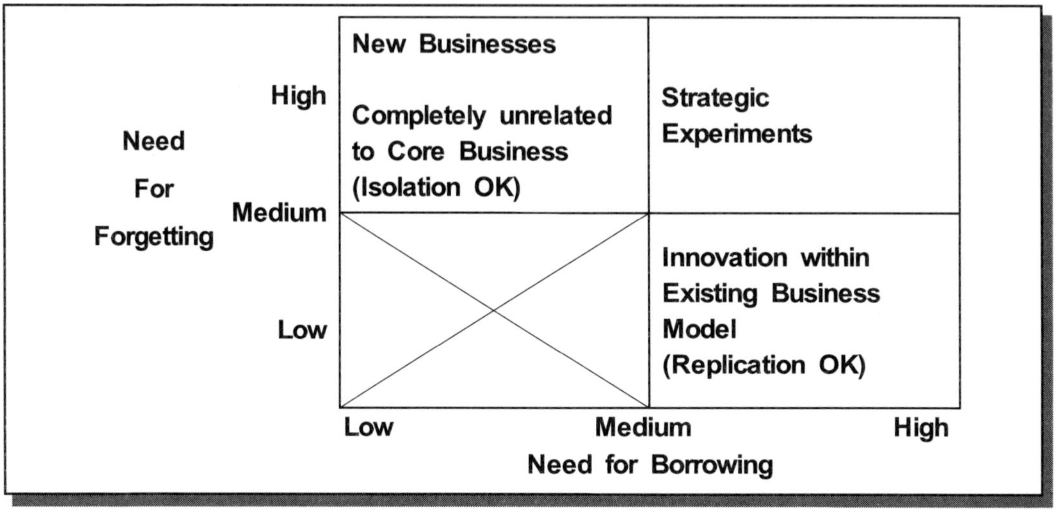

(V. Govindarajan & C. Trimble, 2006)

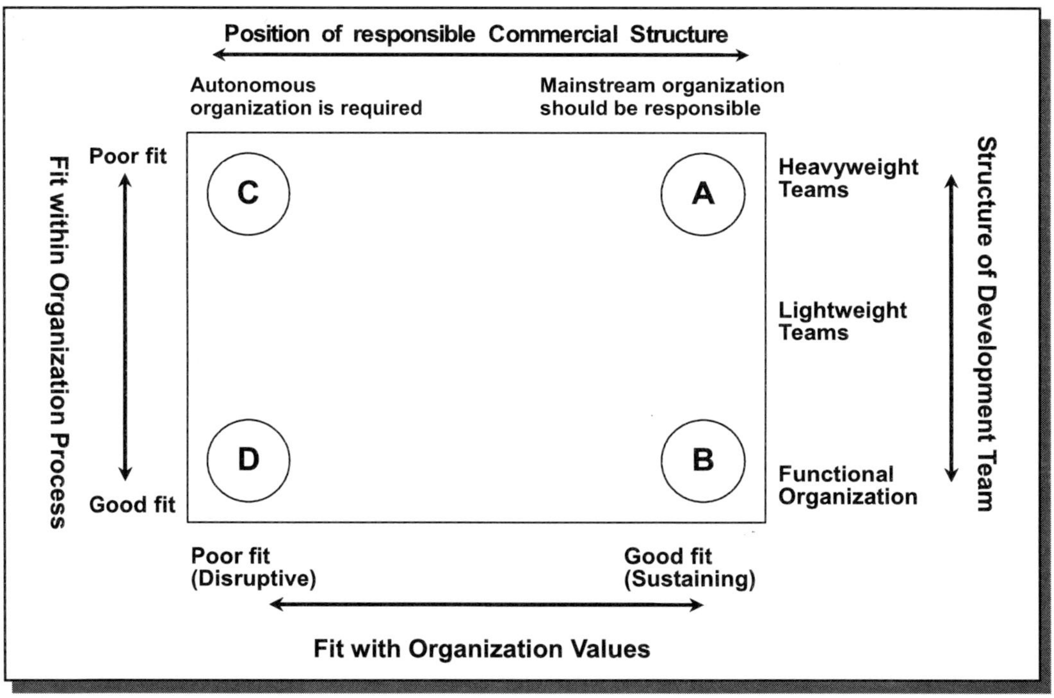

(C. M. Christensen & M. E. Raynor, 2003)

• Self-directed Small Company의 구축

신규사업의 초기단계에서는 소규모 창업기업과 유사한 사업개발팀을 구축해야 한다. 소규모 공동체와 같은 팀은 대기업이 가질 수 있는 단점을 극복, 팀원들의 열정과 창의성, 주인의식, 환경변화에 대한 전략적 유연성, 지속적 학습과 지식공유에 대한 열망을 바탕으로 단기간 내에 성장기반을 구축할 수 있는 기회를 제공한다.

• 기존사업과 신규사업과의 관계설정

신규사업의 조직구조 설계의 핵심적 이슈는 기존핵심사업과의 관계를 어떻게 설정할 것인가의 문제에 집중된다. 이 문제에 대해 V. Govindarajan등은 Need for Forgetting과 Need for Borrowing의 정도에 따라 분리 또는 통합할 것을 권고하고 있다. 즉, 기존핵심사업과 전혀 다른 사업모델에 기반한 신규사업을 추진할 경우 Need for Forgetting은 높은 반면, 기존사업과 공유할 수 있는 자산은 거의 없으므로 기존사업과 완전히 분리, 독립적 사업체로 운영하는 것이 유리한 반면, Need for Forgetting은 낮은 대신 Need for Borrowing은 높은, 기존사업모델의 반복을 통한 인접확장을 추구할 경우 기존사업에 통합하는 것이 유리하다. 이러한 V. Govindarajan등의 주장은 C. M. Christensen등의 주장과 대체로 일치하고 있다.

이들은 자신들의 Disruptive Innovation Model을 적용, Sustaining Innovation의 경우 기존조직 프로세스에 부합되는 신규사업은 기존 사업조직내에 기능부서-B-로 운영하는 것이 효과적인 반면 기존 프로세스와 부합되기 힘든 신규사업은 기존 사업조직내에 다기능의 전문가로 구성된 Heavyweight Team -A- 에게 적극적으로 권한과 책임을 위임하는 것이 바람직하다고 주장하고 있다.

한편, 기존사업의 가치와 부합되지 않는 Disruptive Innovation은 기존조직에서 분리하되 사업개발팀의 구성은 기존조직의 프로세스와의 부합정도에 따라 Heavyweight Team - C - 또는 Functional Organization -D- 로 구성하는 것을 권고하고 있다. 결국, V. Govindarajan 등과 C. M. Christensen등의 주장은 신규사업이 기존사업과 역량을 공유할 수 있을 경우에는 통합을 통하여 대기업의 장점과 중소기업의 장점을 결합하는 것이 유리한 반면, 역량을 공유하기 힘든 사업의 경우 과감하게 분리시킴으로써 독자적 생존과 성장의 기회를 추구토록 하는 것이 효과적인 것으로 요약할 수 있다. 이는 Disruptive Innovation의 경우 대기업이라고 해서 중소기업에 비해 특별한 경쟁우위를 가질 수 없기 때문이다.

<Figure 3-4> C. C. Markides & P. A. Geroski (2005)의 조직구조 설계안

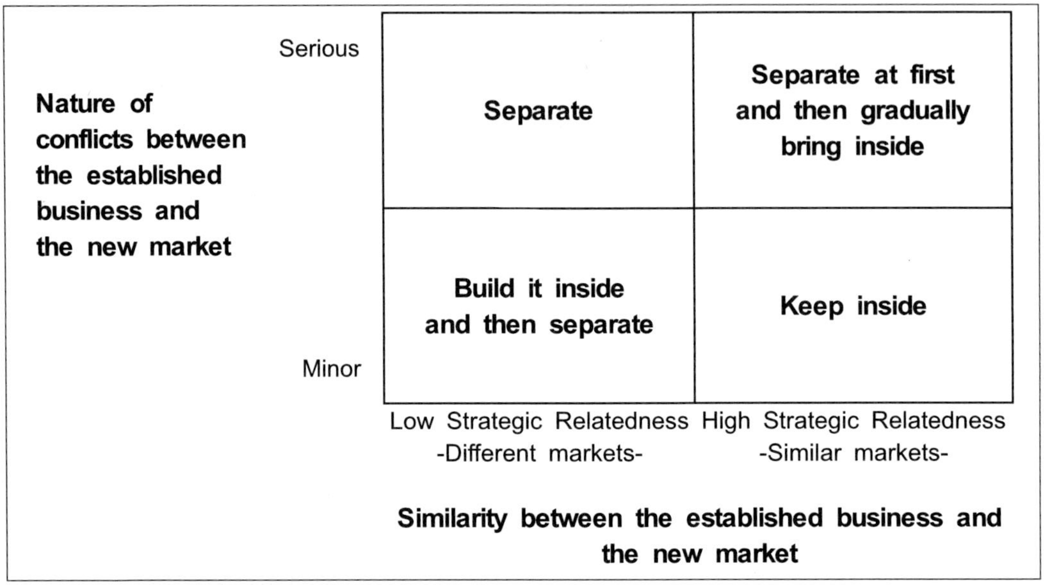

- C. C Markides 와 P. A. Geroski는 기존사업과 신규사업 시장간의 유사성과 이들간의 갈등의 본질이라는 2가지 요인을 중심으로 조직구조설계안을 제시하고 있다. 이들도 기존사업과 신규사업간의 전략적 관련성이 낮고 갈등의 본질이 심각한 경우 신규사업을 분리해야 하며, 전략적 관련성이 높고 갈등의 본질이 지엽적 문제일 경우 기존사업과 통합하는 것이 효과적이라는데 대해서는 대체로 다른 연구자들과 일치된 견해를 보이고 있다. 반면에 전략적 관련성이 높고 갈등의 본질도 심각한 경우 처음에는 분리, 독립된 사업체로 운영하되 점진적으로 통합하는 것이 유리하며, 그와 반대되는 경우 - 전략적 관련성이 낮으면서 갈등의 본질도 지엽적인 경우 -에는 사업초기에는 조직내부에서 시작하되 일정기간이 경과하면서 점차 분리시키는 것이 유리하다고 주장하고 있다.

- **독립적 사업체의 운영방법**

  신규사업을 하나의 독립된 사업체로 운영하기 위한 방법은 크게 3가지로 구분할 수 있다.
  첫째, 회사 내에 새로운 독립적 사업부를 설치
  둘째, 프로젝트 팀단위조직의 설치
  셋째, Spinout에 의한 소규모 독립기업의 설치

이들 3가지 방법은 모두 독자적인 손익계산서작성이 가능한 Profit Center로서의 역학을 수행한다는 측면에서는 동일하나, Spinout에 의한 독립기업의 설치는 비록 기업통제를 위한 지분은 본사가 소유하지만 실질적인 독립기업으로서 투자중심점의 역할은 물론 기업의 생존에 대해서까지 독립된 경영진과 조직구성원이 스스로 책임져야 하는 방식이다. 여기서도 어떤 방식의 독립된 사업체를 선택할 것인가는 기존사업 또는 본사와 공유해야 할 자원과 역량의 정도를 우선적으로 고려해야 한다.

프로젝트 팀단위의 조직은 일본의 Kyosera의 아메바조직과 같이 엄격한 사내이전가격의 설정을 통하여 독립된 Profit Center로서의 역할수행은 가능하나, 공유해야 할 자산과 설비, 역량이 필수적으로 요구되는 경우에 적용하는 것이 바람직하다.

Spin-out방식은 기존사업과 공유해야 할 자산과 역량이 작고 사업Risk가 높은 경우에 주로 활용되나 자본시장의 요구에 효과적으로 대응할 수 있는 최고경영층의 확보가 중요한 과제이다.

• Strategic Experiment를 위한 조직구조설계

V. Govindarajan등이 정의한 바에 의하면 Who, What, How의 Business Model중 최소한가지 이상의 불연속적 변화를 추구하는 Strategic Innovation은 아직까지 검증되지 않은 비즈니스 모델이며, Need for Forgetting과 Need for Borrowing 이 모두 높다. 이러한 상황에서는 신규사업과 기존사업이 분리되어 있으면서도 핵심적 영역에서는 긴밀하게 연결되어 있어야 하며, 지속적인 모니터링을 통하여 건강하고 생산적인 긴장이 유지되도록 하는 것이 중요하다. 신규사업과 기존사업의 이러한 관계는 K. M. Eisenhardt등의 Competing on the edge전략에서의 Co-evolution과 유사한 것으로 기본적으로는 각 사업부가 자신의 생존과 성장을 위해 최선을 다하는 가운데 핵심적 영역에서의 제한적인 협력을 통해 시너지 창출을 추구하는, 선의의 경쟁과 협력이 공존하는 관계로 볼 수 있다.

• **인접확장을 위한 조직구조 설계**

C. Zook(2004)은 인접확장시 신규사업의 조직구조와 의사결정프로세스는 Degree of Shared Economics-Cost/Customer와 Overlapping Decisions and Cultural Fit 을 기준으로

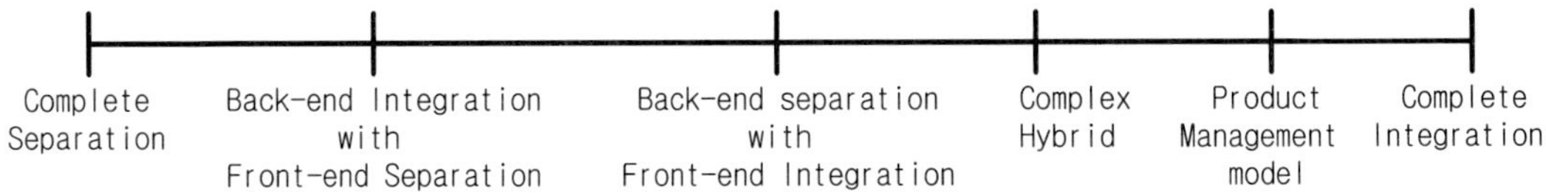

의 6가지 유형 중에서 선택할 것을 권고하고 있다.

여기서 Back-end Integration with Front-end Separation은 New customer Segments, New Channels, New Geographies의 인접확장과 같이 마케팅 및 판매가 중심이 되는 인접확장전략에 주로 활용되는 반면, Back-end Separation with Front-end Integration은 기존고객의 구매점유율을 제고시키거나 고객니즈의 Life-cycle에 따른 인접확장을 추구할 경우 효과적인 조직구조로서, 두가지 조직구조 모두 전·후방조직간의 상호작용 방식이 사업성공에 결정적 영향을 미친다.

한편, Complex Hybrid는 신규사업이 별도의 Sales Force를 보유하되 핵심고객에 대해서만은 기존사업과 Sales Call을 공유하는 방식이며, Product Management Model은 대부분의 서비스와 고객관련활동 및 Infrastructure를 핵심사업과 공유하는 조직구조이다.

<Tips for Ideas 3-5>

사업특성별 성과지표

	Horizon1 핵심사업 성과지표	Horizon2 신규사업 성과지표	Horizon3 Option개발성과지표
Growth Staircas	Horizon1 핵심사업 성과지표	Horizon2 신규사업 성과지표	Horizon3 Option개발성과지표
Focus	단기순익과 현금흐름	Top-Line 성장, 자본생산성	성과규모, 성공가능성
측정지표	• 생산성증가율 • 단위원가절감 • 공장가동효율성 • 예산대비월간수익 • 순이익증가율 • 투하자본 수익률	• 매출성장률 • 시장점유율 • 신규고객 확보 • 순익 • 자본투자효율성 • 추정순가치	• 프로젝트상의 Milestone 달성도 • 아이디어에서 사업으로의 전환율 • 사업구상건수/옵션의수 • 옵션의 구현과 유지 소요비용 • 옵션의 성공가능성 • 옵션의 예상수익

(M. Baghai, S. Cooley & D. White, 맥킨지역, 2000)

3. 변화와 관리

3-1. 변화관리모델과 Key Issues

Model of Change and Execution

Size of Problem	Long	Short
Large	**Sequential Change**	**Complex Change**
Small	**Evolutionary Change**	**Managerial Intervention And Change**

Time Available for Execution

(L. G. Hrebiniak, 2005)

What to Ask before Launching a Major Organizational Change

- Is the practice better than what you are doing right now ?
- Is the change really worth the time, disruption, and money ?
- Is it best to make only symbolic changes instead of core change ?
- Is doing the change good for you, but bad for the company ?
- Do you have enough power to make change happen ?
- Are people already overwhelmed by too many change ?
- Will people be able to learn and update as the change unfolds ?
- Will you be able to pull the plug ?

(J. Pfeffer & R.I. Sutton, 2006)

• 변화와 실행의 모델

성장전략을 실행하기 위해서는 필연적으로 조직내에 변화를 유도하여야 한다. 변화를 일으키기 위한 방법을 선택하기 위해서는 문제의 크기−Size of Problem - 와 변화를 일으키기까지의 허용가능한 시간- Time Available for Change - 그리고 변화의 속도- Velocity of change −를 우선적으로 고려하여야 한다. 문제의 크기가 작고 시간이 충분할 경우에는 진화적 변화 -Evolutimary change - 로 접근, 변화하는 환경의 요구에 따라 조직구성원 스스로 일상활동에서 변화를 만들어 가도록 허용하는 것이 바람직하다. 반면에 문제의 크기는 적으나 시간이 촉박할 경우에는 경영자가 직접개입, 변화방향을 지시하는 것이 효과적이다- Managerial Intervention and change −. 해결해야 할 문제의 크기가 큰 경우에는 일상경영활동과정에서의 변화만으로는 불충분하며, 계획적 변화를 시도해야 한다. 실행을 위한 시간이 충분할 경우에는 장기적이고 점진적인 변화를 추구, 필요한 변화를 일련의 관리가능한 수준의 작은 변화들로 분할하여 단계별로 접근하는 연속적 변화 - Sequential change - 를 시도할 수 있다. 연속적 변화는 조직구성원의 저항을 최소화하면서 기대하는 성과를 달성할 수 있다는 장점이 있으나 시간이 많이 소요되고 각 단계별 전환의 과정- Transition −을 관리하기가 어려우며 상대적으로 조직구성원들이 혁신피로 증후군을 보일 가능성이 높다는 단점이 있다.

단기간 내에 큰 변화를 이루고자 하는 총체적, 복합적 변화 -Complex change - 는 성공적 변화에 따른 기대성과가 큰 만큼 실행에 많은 어려움이 있다. 복합적 변화에는 Coordination과 통제가 어렵고 인과관계 분석- Cause and Effect analysis −이 힘들며 체계적 학습이 어렵다는 문제점들이 항상 나타난다. 따라서 복합적 변화를 성공적으로 추진하기 위해서는 소수의 핵심성과측정지표를 선정, 지속적이며 집중적으로 관리해나가야 한다.

• 변화전략 선택시 고려해야 사항

비전과 성장전략 실행을 위한 대규모의 총체적 변화에는 항상 저항이 따를 수 밖에 없다. 이러한 저항은 대부분 개별 구성원의 개인적 가치관의 차이에서 오거나, 비전과 성장전략 그 자체가 노력할만한 가치가 없다고 생각하기 때문이거나, 전략에 대한 이해부족에서 기인한다. 또한 성장전략을 단지 현재 상황을 혼란스럽게 하는 것으로 인식하거나 이를 긍정적인 도전과제로 보기보다 자신에 대한 위협으로 인식하기 때문일 수도 있다. 이러한 조직구성원들의 저항은 조직내부의 갈등을 증폭시킬 뿐만 아니라 제품/서비스의 질적 수준을 저하시키는 등 다양한 형태의 부정적 결과를 야기시킴으로써 조직전체의 생존을 위협할 수도 있다. J. Pfeffer와 R. I. Sutton은 기업들마다 나름의 목표와 전략에 따라 끊임없이 변화를 요구하고 시도함으로써 얻는 것도 없이 시끄럽기만한 결과를 초래하고 있음을 비판하면서 대규모 변화를 시도하기 전에 점검해 보아야 할 핵심 이슈들을 제시하고 있다. 여기에는 새로운 변화프로그램이 투입되는 시간과 비용대비 시도할 만한 가치가 있는가, 조직의 핵심적 요소를 흔들지 않고 상징적 변화만으로도 충분하지는 않는가, 회사보다는 변화를 만들고자 하는 자신의 개인적 이익을 위한 것은 아닌가, 자신은 변화를 성공적으로 일으킬 수 있는 파워를 갖고 있는가 등과 같은 변화프로그램의 가치와 성공적 실행을 위해 요구되는 조건과 같은 근본적인 질문들이 포함되어 있다.

이러한 질문들에 대한 확신이 없을 경우 대규모의 혁신과 변화를 추구하기 보다는 진화적 변화나 일상활동에서의 지속적인 개선을 추구하는 것이 보다 효율적일 뿐만 아니라 향후 조직이 진실로 근본적인 변화가 필요한 상황에 직면할 경우 조직구성원들의 적극적인 참여도 이끌어 낼 수 있다.

• 대규모 변화가 실패하는 원인과 성공적 변화추진 단계

J. P. Kotter (1996)와 J. P. Kotter & D. S. Cohen (2002)은 대규모 변화가 실패하는 원인과 이에 대응할 성공적 변화를 위한 바람직한 추진단계를 <Figure 3-5>와 같이 제시하고 있다. 이들 변화의 실패원인들은 대부분 사람의 마음을 움직이는데 실패했기 때문인 것으로 요약할 수 있다. 따라서 이들은 진실로 성공적인 변화를 원하는 리더는 Analysis - Think - Change의 접근보다는 See - Feel - Change의 방식으로 접근할 것을 권고하고 있다.

<Figure 3-5> 변화의 실패원인과 8단계 변화모델

Why Change Efforts Fail		The Eight Stage of Successful Large - Scale change
• Not establishing a sense of urgency	→	1. Increasing urgency
• Failing to create a powerful guiding coalition	→	2. Building the guiding right
• Lack of a clear vision	→	3. Get the vision right
• Under communicating the vision	→	4. Communicate for buy - in
• Not remove obstacles to the new vision	→	5. Empower action
• Failing to create short - term wins	→	6. Create short - term wins
• Declaring victory too soon	→	7. Don't let up
• Neglecting to anchor changes in the corporate culture	→	8. Make change stick

<Tips for Ideas 3-6>

Implementing Organizational Change

Managing the Political Dynamics of Change

- Shape coalitions ; Mobilize the key players' support
  - Participation, involvement, cooptation / Incentives / Exchange / Isolation / Removal or transfer

- Reinforce the message with mundane behaviors
  - Manage your calendar / Ask questions / Follow-up / Take control of meeting agenda / Hold lunches, dinners, and events / Summarize and interpret / Create heros, stories, and myths / Use language and symbols.

- Build in stability

Managing Individual Resistance

- Create dissatisfaction with the status quo.
- Build in participation
- Recognize and reward desired new behaviors
- Provide time and opportunity to disengage.

Maintaining control during the Transition

- Communicate a clear image of the future state.
- Use multiple levers to promote change.
- Design transition management structures.
  - Transition managers / Transition teams / Transition plans / Transition resources.
- Set transition milestones and measure progress.

Assessing Implementation

(M. L. Tushman & C. A. O'Reilly III, 2002)

3-2. Communication Plan의 개발과 실행

Communication Program의 목표

- 전략인지도 제고
- 전략실행의지 고취
- 전략충성도 강화
- 전략전도사의 역할 수행

Communication Strategy

- Ensure consistency between messages and reality.
- Codify commonly understood concepts language, and logic.
- Choose an 'Integrity Shepherd'.
- Select media consistent with message and audience.
- Know and speak to your audience.
- Ensure integration and alignment.
  - Corporate messages, leadership communications and HR signals must be sync with one anther.
- Establish accountability
- Measure and improve communication effectiveness

(D. Ulrich & W. Brockbank, 2005)

성공적 전략실행을 위한 Communication의 중요성은 아무리 강조해도 지나치지 않다. 조직구성원들이 전략실행을 위해 자신이 해야할 일을 명확하게 인식하고, 언제 어디서 어떻게 해야하는가까지 이해하고 납득하기까지에는 수많은 경로와 다양한 관점에서 전략의 내용과 그 의미를 전달해 주어야 한다. 어떤 최고경영자는 조직구성원들이 자신의 일에서 어떻게 전략을 실천할 것인가를 이해하고 전략과 연계된 실천가능한 창의적인 아이디어를 제출할 수 있는 수준에 도달한 것은 적어도 100회 이상의 Communication이 이루어진 후에야 가능하였다고 자신의 경험을 고백하고 있다.

• Communication Program의 목표

조직구성원들에 대한 전략Communication의 목표는 제품/서비스의 소비자에 대한 Communication과 유사한 관점에서 접근할 수 있다. Market Communication의 목표는 소비자로 하여금 새로운 제품/서비스가 출시되었음을 알고 이를 구매하고 싶은 욕구를 갖도록 하며, 한번 구매한 고객이 계속해서 자사의 상품/서비스를 구매하도록 하고, 최종적으로 자신 뿐만 아니라 다른 사람에게도 자사의 제품/서비스를 구매하도록 적극적으로 권유하는 전도사의 역할을 수행하도록 하는 것을 목표로 한다.

지속가능한 고수익성장전략을 성공적으로 실천하기 위해서는 지금까지와는 차원이 다른 높은 수준의 조직구성원들의 헌신과 열정을 필요로 한다. 나아가 이러한 전략실행에 대한 강력한 의지와 열정을 조직구성원의 절대다수가 자사의 전략을 알고 있고- 전략인지도 제고-, 자신의 일에서 전략을 실행하고자 하며- 전략실행의도고취-, 자신의 일에서 성공적 결과를 창출하기 위해 지속적으로 노력하는- 전략충성도 강화 -것만으로는 미흡하다. 전략이 최선의 성과를 창출하기 위해서는 조직이 보유한 모든 자원과 역량이 집중되어야 한다. 조직구성원들은 자신의 일에서 뿐만 아니라 자신이 소속된 팀과 사업부, 회사전체, 나아가 협력업체와 유통업자등 외부Network에 대해서까지 자사전략의 우수성을 전파하고 이를 통해 모두가 함께 승리할 수 있음을 인식시키는 전략전도사의 역할을 수행할 수 있어야 한다. 이러한 전략전도사로서의 역할을 수행하는 사람이 많을수록 조직내 · 외부에 Interactive Network이 구축, 확장되며 다양한 정보와 지식공유를 촉진, 고객과 시장에 최고의 가치를 최저 비용으로 공급할 수 있는 역량을 증폭시킬 수 있다.

• Communication Strategy

D. Ulrich와 W. Brockbank (2005)는 성공적인 Communication을 위한 지침을 다음과 같이 제시하고 있다.

- 메시지와 현실을 일치시키되 조직구성원들이 공통적으로 이해하는 개념과 언어 및 논리를 사용하라.

전달하고자 하는 메시지는 명확하고 단순하며 구체적이되 설득력있게 구성되어야 한다 - Clear and Compelling but Brief -, Elevator Speech가 가능한 수준의 길이로 Story를 구성하는 것도 효과적인 방법이다. 여기서 Story는 우리가 왜 변해야 하며, 우리가 얻고자 하는 목표는 무엇이고, 어떻게 해야 목표에 도달할 수 있으며, 당신에 대한우리의 기대는 무엇이며, 어떤 역할을 수행하기를 원하는 가를 하나의 이야기 형태로 구성한 것이다. 조직구성원들이 전략과 자신의 업무간의 관계에 대한 A Clear Line of Sight를 갖기위해서는 누구나 Story Telling이 가능해야 한다.

- 전략전도사의 역할을 수행할 'Integrity Shepherd 를 선정하라

전략의 전파는 최고경영자를 포함, 임원계층과 조직내부에서 그 역량을 인정받고 있는 사람이나 영향력이 큰 비공식적 리더가 직접 해야 한다.

- 메시지와 전달대상에 적합한 최적의 전달매체를 선정하되, 대상자의 수준을 고려하여 이야기하라.

Communication은 회사내의 공식적 회의와 경영설명회뿐만 아니라 Story Telling Brochure, Newsletter, 교육프로그램, Intra Net등 다양한 매체를 통하여 반복적으로 이루어져야 한다. 전달내용을 각 매체와 청중의 특성을 고려하여 다양한 버전으로 구성하되 특히 전달자의 의지와 감성까지 전달할 수 있는 Elevator Speech와 같은 Affluent Channel을 적극적으로 활용해야 한다.

- 전달자와 전달매체, 메시지의 구성방식의 차이에도 불구하고 전달하고자 하는 핵심메시지는 일관성을 유지해야 한다.
- Communication 실행에 대한 책임을 부여하고, 효과성을 평가한 후 지속적 개 선 계획을 수립, 실천하라

<Figure 3-6>은 Communication Plan 작성양식과 효과성 평가준거에 대한 예시를 제시하고 있다. 모든 Communication은 'Who says What to Whom, How with What effect'의 기준에 따라 계획되고 실행, 평가되어야 한다. 예시의 효과성 평가준거는 '수용' - Acceptance - 을 최고 단계로 설정하고 있으나. Communication Program의 목표에서 설명한 바와 같이 전략에 대한 충성도를 강화하고 전략전도사의 역할수행의 수준에까지 도달하는 것을 목표로 해야 한다.

여기서 이들 수준의 효과성 평가준거를 포함시키지 않은 것은 이를 위해서 '수용 이후에 지속적 실천의지'와 '타인의 적극적 참여독려'와 같은 척도를 추가할 수 있으나, 실제 이들

수준에까지 도달하기 위해서는 Communication외에도 전략의 질적우수성과 함께 리더십과 성과관리 및 보상체계, 필요한 역량개발지원, Early Wins의 획득 등 성공적 변화관리를 위한 다양한 요인들이 함께 상호작용해야 하기 때문이다.

이는 마치 효과적인 Marketing Communication으로 고객이 한번은 구매하게 할 수 있으나 지속적으로 자사와 자사 제품/서비스에 대해 충성도를 유지하고 타인에게 자사제품/서비스의 구매를 적극적으로 권유하는 수준에 까지 이르도록 하기 위해서는 제품/서비스의 차별화된 질적 우수성과 함께 고객이 감동하는 수준에 이를 정도의 최고수준의 고객관리역량이 뒷받침되어야 하는 것과 같다.

<Figure 3-6> Communication Plan 개발과 효과성평가준거

Communication Plan

Audience	Purpose/ Message	Frequency	Delivery Vehicle	Communication
To Whom	What/Why	When	Where/How	Who

효과성평가 준거

- No Contact
- Awareness
- Conceptual Understanding
- Tactical Understanding
- Acceptance

3-3. Tactics for Making Change Happen Quickly

GE – Change Acceleration Program

- **Leading Change**
- **Creating Shared Need**
- **Defining What to Do**
- **Mobilizing Stakeholders**
- **Acting on Decisions**
- **Monitoring, Learning, Adapting**
- **Changing How We Manage**

(D. Ulrich & N. Smallwood, 2003)

GE의 변화가속화 프로그램 (CAP -Change Acceleration Program)은 조직내부적으로 신속한 변화를 유도할 수 있는 7가지 전술적 지침을 제시하고 있다.

- **Leading Change**

성공적 변화를 위해 묵시적 또는 적극적 지지가 필요한 핵심리더들을 가능한한 빨리 변화에 동참시킨 후 적극적으로 행동하도록 하라.

- **Creating Shared Need**

특정과제나 활동에 투자해야하는 합리적인 이유를 명확하게 제시하라.

- **Defining What to Do**

달성하고자 하는 기대성과와 바람직한 행동을 명확하게 규정하라.

- **Mobilizing Stakeholders**

변화가 효과적으로 실행될 수 있도록 참여가 필요한 핵심적인 실무담당자들을 동참시켜라.

- **Acting on Decisions**

필요한 인적, 물적자원과 기술을 확보하라.

- **Monitoring, Learning, Adapting**

변화과제가 성공적으로 완료되었음을 확인할 수 있는 성과측정기준을 개발하라.

- **Changing How we Manage**

성공과 실패경험으로부터 학습을 촉진할 수 있도록 평가와 피드백의 주기를 짧게 설정하라.

3-4. 조직문화의 혁신

Managing Culture Change

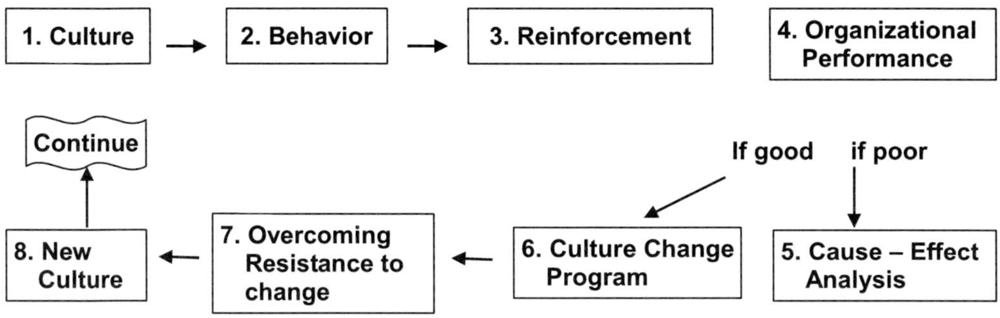

Rules for Managing Cultural Change

- The reasons to change must be clear, compelling, and agreed upon by key players.
- Focus on change behavior – not directly on change culture.
- Effective communication is vital to culture change.
- Adequate effort must be expanded to reduce resistance to change.
- Be ware of excessive speed.

(L. G. Hrebiniak, 2005)

• 조직문화와 경영성과의 관계

조직구성원들이 공유하고 있는 가치와 신념체계 및 행동규범으로서 조직문화는 경영성과에 영향을 미치며, 역으로 조직의 경영성과도 조직문화에 영향을 미친다. 1.문화 는 일하는 방식 -The way we do things -과 경쟁방식- How we compete - 직장내 동료와 고객을 대하는 행동양식 - How we treat each other - 그리고 위험추구나 혁신추구행동의 정도 등의 2.행동 에 영향을 미친다. 이러한 행동은 조직내 통제프로세스와 보상시스템, 사회적 압력이나 리더의 행동을 통하여 3.강화 되며, 그 결과는 4.경영성과 에 직접적 영향을 미친다. 여기서 조직의 통제프로세스와 보상시스템은 조직구성원들에게 어떤 행동이 중요하며, 어떤 행동은 하지 말아야 하는 가를 알려주는 기능을 수행한다.

• 조직문화 혁신의 과정

조직문화의 혁신을 위해서는 우선 경영성과가 기대에 부응하는가를 점검한 후 만약 기대에 미치지 못한다면 5.인과관계분석 에서 출발해야 한다.

우리의 어떤 문화가 어떤 행동을 유도하며, 현재 우리의 어떤 보상 및 통제시스템과 프로세스가 어떻게 이러한 행동을 강화하게 되고, 그 결과 경영성과에 어떻게 영향을 미치고 있는가를 분석해야만 앞으로 어떤 변화조처가 필요한가를 도출해낼 수 있다.

6.조직문화혁신 프로그램 은 조직문화혁신의 필요성을 확인한 후 현재의 어떤 행동과 문화를 어떻게 변화시킬 것이며, 이를 위해 어떤 강화기제를 활용할 것인가에 관한 계획을 수립하는 단계이다.

앞으로 우리 조직에서 어떤 문화와 행동이 강화되어야 할 것인가는 전략에 의해 결정되어야 한다. 따라서 현재 우수한 경영성과를 창출하고 있는 기업도 새로운 성장전략을 추구하고자 할 경우 조직문화혁신의 필요성을 재확인해야 한다.

M. L. Tushman과 C. A. O Reilly Ⅲ (2002)은 조직문화혁신 프로그램개발의 프로세스를 다음과 같이 제안하고 있다.

Step1 : Identify critical strategic challenges.
Step2 : Link the strategy for meeting these challenges to the critical tasks needed to implement it.
Step3 : Identify the norms and values that will help accomplish critical tasks.
Step4 : Diagnose the norms that characterize the current culture.

Step5 : Identify the gaps between the norms needed and existing ones.
Step6 : Decide on actions needed to reduce these gaps.

<Tips for Ideas 3-7> Elements of Entrepreneurial Culture는 고수익 성장전략 추구시 필연적으로 요구되는 기업가적 문화에서 강조되어야 할 가치와 행동규범들을 제시하고 있다. 조직문화혁신 프로그램 개발시에는 이들 가치와 행동규범들을 참조하면서 자사의 성장전략이 우선적으로 요구하는 가치와 행동규범들을 선정하는 것이 효율적이다. 한편, 새로운 가치와 행동규범은 핵심직책의 리더를 교체하거나 보상체계, 통제프로세스 그리고 조직구조를 변화시킴으로써 강화될 수 있다. 특히 리더의 교체는 'The right people on the bus'라는 측면에서 매우 중요한 의미를 갖는다.

7.변화에 대한 저항의 극복은 새로운 변화를 통해 얻을 수 있는 이점을 강조하고 조직내의 영향력있는 핵심인물들을 끌어들이는 등 효과적인 변화관리 프로세스와 간여전술-Intervention Tactics -을 활용함으로써 이루어진다.

여기서 특히 중요한 것은 지금 이 시기에 조직문화의 혁신이 필요한 이유와 당위성을 설득력있게 제시해야 하며-Sense of Urgency -, 자사의 문화적 전통에서 지속적으로 보존되어야 할 것은 무엇인가를 함께 강조해야 한다는 것이다. 이는 조직의 정체성은 강화하면서 환경변화에 효과적으로 적응해 나가는 것이 조직문화혁신 프로그램이 추구하는 궁극적인 목표이기 때문이다.

8.New Culture는 조직문화혁신의 과정과 성과를 평가하고 조기에 새로운 문화가 정착되도록 지속적인 변화노력을 개발하고 실행하는 단계이다. 이 단계에서는 과도하게 급격한 조직문화의 혁신을 추구하는 것은 도리어 매우 큰 위험을 초래할 수 있음을 인식, 변화의 속도를 적절하게 조정하는데 특히 주의해야 한다.

지금까지 논의된 조직문화혁신을 추구하는 과정에서 지켜야 할 규칙들을 요약하면 다음과 같다(L. G. Hrebiniak, 2005).

- 변화해야 할 이유는 명확하고 설득력이 있어야 하며 조직내 핵심인물들로부터 강력한 지지를 받을 수 있어야 한다.
- 문화 자체를 변화시키기 보다는 행동을 변화시키는데 집중하라
- 조직문화혁신을 위해서는 효과적인 Communication이 무엇보다 중요하다.
- 변화에 대한 저항을 감소시키기 위한 다양한 노력이 이루어져야 한다.
- 너무 갑작스런 변화를 추구하는 것은 위험하다. 변화의 속도를 조절하라

<Tips for Ideas 3-7>

Elements of Entrepreneurial Culture

- People and Empowerment Focused
- Value Creation through Innovation and Change
- Attention to the Basics
- Hand on Management
- Doing the Right Things
- Freedom to Grow and to Fail
- Commitment and Personal Responsibility
- Emphasis on the Future and a Senses of Urgency
- Customer Focus
- Experimentation
- Small starts and Fast failure
- High standards, Pressure for Excellence
- Esprit de Corps
- Ethics of Integrity, Trust, Credibility
- Emotional Commitment
- Work is fun

(M. H. Morris & D. F. Kuratko, 2002)

4. 성장추구의 리더십

4-1. 신규사업 리더의 역할

- Identify the big idea.
- Attract funding.
- Learn quickly from success and failure.
- Rally people around a fuzzy view of the future.
- Reorganize to leverage the lessons learned.
- Manage expectations of performance amid chaos.
- Protect funding for New Co regardless of the performance of Core Co.
- Establish new organizational norms and policies that make sense for New Co.
- Overcome tensions between New Co and Core Co when those norms and policies conflict.
- Effect changes in the existing power structure required to support New Co.
- Engage Core co employees in supporting New Co.
- Recruit talented Core Co managers to work within New Co.

(V. Govindarajan, & C. Trimble, 2006)

• 신규사업리더의 역할은

새로운 성장사업 아이디어를 발굴하고
필요한 자금을 끌어오고
실패로부터 신속하게 학습하며
나아가야 할 방향을 찾지 못하고 헤매는 사람들을 다시 결집시키고
누적된 학습결과를 재조직화, 이를 교훈으로 새로운 도약의 길을 찾으며
혼란 속에서도 구체적 성과창출과 증대의 기회를 찾고 이를 관리해야 한다.
특히 기존 대기업내 신규사업 리더는 핵심사업의 성과가 부진하더라도 신규사업에 대한 투자가 계속해서 이루어지도록 해야 하며
신규사업에 적합한 새로운 조직규범과 정책을 구축해야 하고,
신규사업과 핵심사업간의 규범과 정책의 차이에서 오는 긴장을 관리해야 하며,
신규사업에 대한 계속적인 지원이 이루어지도록 기존의 권력구조에 변화를 이끌어내야 하며,
핵심사업의 직원들이 신규사업을 적극적으로 지원할 수 있도록 해야 하고,
핵심사업부문의 우수한 인재들을 모집, 신규사업부문에서 일할 수 있도록 해야 한다.

• Strategic Thinking 및 Strategic Influencing Capability

이러한 신규사업리더의 역할에 비추어 이들에게 우선적으로 필요한 역량은 학습할 수 있는 능력- Ability to learn -을 포함한 전략적 사고역량- Strategic Thinking Competencies - 과 전략적 영향력행사역량-Strategic Influencing Competencies - 일 것이다.

전략적 사고역량은 Scanning, Visioning, Reframing, Making Common Sense, 그리고 Systems Thinking의 역량으로 구성된다(R. L. Hughes, & K.C. Beaty, 2005). 전략적 사고역량은 전략을 학습의 과정으로 인식, 학습의 과정과 결과를 분석하고 종합하여 보다 구체화된 전략과 비즈니스 모델을 개발, 신규사업의 성공가능성을 증대시킨다.

한편, Strategic Influencing Capability는 타인과 신뢰로운 관계를 구축하고 이를 지속적으로 유지할 수 있는 능력으로 최고경영자와 기존사업의 리더 및 조직구성원 그리고 조직외부Network으로부터 필요한 협력을 획득하기 위해 필수적으로 요구되는 역량이다

• Learning - Agile Leader

Learning-Agile Leader는 신규사업 리더에게 필수적으로 요구되는 학습할 수 있는 능력을 함양하기 위해 리더에게 요구되는 행동특성을 기술하고 있다(D. Ulrich & W.

Brockbank, 2005).

- They are critical thinkers who examine problems carefully and make fresh connections with relative ease.
- They know themselves well, apply their strength effectively, and know how to compensate for their weakness.
- They like to experiment and are at ease with discomfort that comes from change.
- They deliver results in first-time situations through team building and personal drive.

• Disruptive Innovation 추구사업리더에게 요구되는 경험

C. M. Christensen 과 S. D. Anthony 그리고 E.A. Roth (2004)는 경영자의 선발, 배치과정에서 과거 직무경험을 중요시하고 있다. 특히 기존사업의 비즈니스 모델과 단절, Low-end Market과 New market으로 진입하고자 하는 Disruptive Innovation 추구사업의 리더에게는 기존사업의 연속선상에서 사업확장을 추구하는 사업부리더와는 차별화되는 독특한 경험들이 요구됨을 강조하고 있다.

- Operated in environment with high degree of uncertainty.
- Developed plans to unearth seemingly unattainable knowledge.
- Experimented and found unanticipated customers for a product or service.
- Place bets based on theory and intuition, not necessarily detailed data.
- Resourcefully solved problems without spending much money.
- Built a management team from scratch - a team with skills matched to the task.
- Shown experience in fending off certain corporate processes and in harnessing or manipulating other, in orders to get the right things done quickly.

<Tips for Ideas 3-8> What Should Good Leaders Do는 장기적 성장과 단기적 성과를 동시에 추구하면서 자기 나름의 새로운 세계를 만들어가야 하는 신규사업리더에게 요구되는 행동특성들을 잘 보여주고 있다.

<Tips for Ideas 3-8>

What Should Good Leaders Do

- Act and talk as if you are in control and project confidence while talking about the future.
- Take credit and some blame.
- Talk about the future.
- Be specific about the few things that matter, and keep repeating them.
- Believing that you are powerful can wreck your organization.
- Figure out when, and how, to get out of the way.
- Build systems and teams, leaders as architects or designers.

(J. Pfeffer & R. I. Sutton, 2006)

4-2. 사업부리더의 리더십

Ten Keys to Business Leadership

- Be committed to success.
- Set proper priorities.
- Set and demand high standards of excellence.
- Be tough but fair in dealing with people.
- Concentrate on positives and possibilities.
- Develop and maintain a strong sense of urgency.
- Pay attention to detail.
- Provide for the ability to fail.
- Be personally involved.
- Have fun.

(C. F. Knight, & D. Dyer, 2005)

• Business Leader의 리더십

사업부를 책임지고 있는 Business Leader는 자신에게 주어진 인적, 물적 자원을 활용하여 최대의 성과를 창출하는데 집중해야 한다. Emerson Electric의 CEO로서 장기간 지속가능한 고수익성장을 실현하였던 C. F. Knight는 Business Leader에게 요구되는 10가지 리더십행동을 다음과 같이 제시하고 있다.

- 성공에 대한 헌신
- 최적의 우선순위 설정
- 최고수준의 성과목표설정과 조직구성원에 대한 높은 기대
- 엄격하면서도 공정한 사람관리
- 긍정적, 낙관적 태도와 실현가능성에 집중
- 강력한 Sense of Urgency의 개발과 지속적 유지
- 구체적이며 예민한 사람에 대한 관심
- 실패의 허용
- 자신의 일과 사람에 대한 개인적 헌신
- 즐겁게 일하기

• Seven Essential Leadership Behaviors in Execution

Business Leader의 핵심역할은 전략을 실행할 수 있는 강력한 추진력을 바탕으로 실질적인 성과를 창출하는 것이다.

장기간 GE의 최고경영층으로 근무한 후 Allied Signal의 CEO로 활동하였던 L. Bossidy 역시 C. F. Kinght와 유사한 관점에서 성공적으로 전략을 추진해나가기 위해서는 철저하게 현실주의자가 되어야 함을 강조하고 있다.

- Know your people and your business.
- Insist on realism
- Set clear goals and priorities.
- Follow through.
- Reward the doers.
- Expand people's capabilities through coaching.
- Know yourself.

• **리더십개발계획 수립**

사업부리더로서 자신의 리더십을 개선하고자 할 경우 회사 및 사업부 전략과 자신의 역할, 책임과 관련하여 리더십개발계획을 수립하여야 한다.

D. Ulrich와 W. Brockbank (2005)는 개인적 리더십 개발을 위한 효과적인 프로세스를 제안하고 있다

Step1 : 회사와 단위조직의 전략 및 목표의 구체화

Step2 : 전략의 성공적 실행을 위해 자신이 보여주어야 할 행동의 도출

Step3 : 창출해야 할 결과의 구체화

Step4 : 리더로서 자신이 알아야 할 것과 해야 할 것 그리고, 자신이 창출해야 할 구체적 결과물을 통합, 자신만의 바람직한 리더상의 창조

Step5 : 자신이 창출하고자 하는 결과를 얻을 수 있는 리더십 실행계획 수립.

한편, 개발해야 할 리더십 역량은 (Tips for Ideas 3-9) What Develops in Leader Development를 참조, 회사와 단위조직의 목표달성과 전략실행을 위해 우선적으로 요구되는 역량항목을 도출하는 것이 효율적이다.

<Tips for Ideas 3-9>

What Develops in Leader Development

Self - Management Capabilities

- Self-Awareness
- Ability to Balance Conflicting Demands
- Ability to Learn
- Leadership Values

Social Capabilities

- Ability to Build and Maintain Relationships
- Ability to Build Effective Work Groups
- Communication Skills
- Ability to Develop Others

Work Facilitation Capabilities

- Management Skills
- Ability to Think and Act Strategically
- Ability to Think Creatively
- Ability to Initiate and Implement Change

(E. Van Velser, & C. D. McCanley, in C.D. McCauley, & E. Van Velser, ed., (2004)

4-3. CFO의 역할변화

New Vision for the CFO

- Freedom fighter
- Analyst and Adviser
- Architect of Adaptive Management
- Warrior against Waste
- Master of Measurement
- Regulator of Risk
- Champion of Change

(J. Hope, 2006)

지속가능한 성장을 위해서는 자원의 효율적 통제 중심의 역할수행에 집중해온 CFO에게도 근본적인 역할변화가 요구된다. J. Hope(2006)는 불확실한 경영환경하에서 기업의 지속가능한 성장을 지원하기 위한 CFO의 역할을 새롭게 정의하고 있다.

- **Freedom Fighter**

  정보과잉으로부터의 보호/시스템과 보고서의 단순화/ 투명경영과 정보의 신뢰성 강화/불필요한 도구와 시스템의 제거

- **Analyst and Adviser**

  통제와 의사결정지원 활동간의 올바른 균형유지/ High performance team의 구축/ 고품질의 정보전달을 위한 IT의 효율적 활용

- **Architect of Adaptive Management**

  고객관점에서의 유연한 Adaptive system 설계/ Continuous planning cycle을 통한 관리/ Rolling forecasts의 적극적 활용/ 핵심성과지표의 일별, 주별 측정과 보고/ 자원에 대한 신속한 접근의 촉진/ 상대적 개선 -Relative Improvement - 중심의 팀성과 관리

- **Warrior against Waste**

  본사부문의 관료화 억제/ 기능과 활동보다는 프로세스와 플로우- Flow -중심의 관리/ 비용예산이 아닌 목표대비 비율 중심의 고정비관리/ 내부고객의 요구에 신속하게 반응하는 본사지원서비스 운영/ 고객수요를 감안한 Capacity운영/ 다양한 프로젝트의 개발과 실행

- **Master of Measurement**

  학습과 개선을 위한 측정/ 올바른 측정지표의 선정/ 측정결과로부터 전반적 추세와 패턴의 파악/ 외부 경영환경의 주기적, 지속적 확인/ 핵심성과지표 중심의 경영성과회의 운영

- **Regulators of Risk**

  높은 수준의 기업윤리기준의 설정과 준수/ 과도한 Risk taking을 예방할 수 있는 핵심프로세스 점검/ 조직전체의 리스크관리/ 불확실성에 대한 개방적 접근/ 효과적인 Feedback control의 제공

- **Champion of Change**

  변화의 필요성과 당위성의 강조, 확산/ 변화 방향을 제시할 수 있는 목표의 설정과 신속한 실행/ 핵심 리더의 지원획득/ 변화과정에의 일선 실무담당자의 참여 유도/ Early Wins의 획득에 집중/ 지속적 변화추진동력의 유지/ 단순하며 일관된 변화추진프로세스 유지

4-4. 지속가능한 고수익성장을 위한 CEO의 리더십

성장의지의 공유·확산

기존사업과 신규사업의 균형유지

지속적 성장엔진의 개발

성장전략의 개발과 Active Adaptation

조직역량의 Alignment와 열정고취

• 성장의지의 공유 · 확산

성장을 위해 CEO가 해야 할 최우선의 과제는 최고경영층에서부터 성장의지를 공유하고 전체 직원으로 확산시켜나가는 것이다. 지속가능한 고수익 성장은 주주와 직원, 고객과 사업파트너, 지역사회와 국가 모두에게 최고의 가치를 제공함에도 불구하고, 풍부한 현금 흐름을 보유하고 있거나 창출하고 있는 기업들조차 성장의지가 급속하게 약화된 것이 현재 국내기업들의 현실이다. 성장의지가 약화된 것은 글로벌 경제구조하에서 독특하고 차별화된 비즈니스모델을 개발하고 이를 기반으로 경쟁하는 경험이 부족하거나, 성장추구에 필연적으로 수반되는 기업 및 개인적 차원의 리스크에 대한 두려움, 과도한 정부규제, 그리고 기업가에 대한 부정적 인식과 지대추구적 행동의 확산 등 다양한 조직 내 · 외부적 요인들이 상호작용한 결과로 판단된다. 어떤 이유에서든 최고경영층이나 심지어 지배주주 겸 최고경영자조차 성장보다는 단기적 수익과 현재 보유하고 있는 자산을 보전하는데 우선적 목표를 둔 기업경영을 지속할 경우 수익성함정에 빠져 장기적으로는 기업의 생존조차도 불확실해지는 상황에게까지 이를 수 있음을 인식해야 한다.

최고경영층은 자신이 현재 몸담고 있는 조직을 언제 어떻게 떠날 것이며 그때까지 이 조직에 어떤 유산을 남겨줄 것인가에 대한 명확한 인식을 갖고 있어야 한다. CEO의 강력한 성장에 대한 의지와 열망은 그 누구도 어떠한 의혹도 가질 수 없을 정도로 다양한 채널을 통해 지속적, 반복적으로 일관된 매시지를 전달하는 Communication과 높은 수준의 목표설정, 그리고 지속적인 Follow-up과 독려, 엄격한 성과중심의 평가를 통하여 표현되어야 한다. 이 과정에서 특히 중요한 것은 CEO와 조직 내 핵심적 직책에 있는 모든 경영자들이 '고수익 성장'에 대해서만은 어떠한 타협이나 양보도 있을 수 없다는 것을 말과 행동으로 일관되게 모든 조직구성원들에게 보여주어야 한다는 것이다.

• 기존사업과 신규사업간의 균형유지

유사한 수준의 매출과 영업 및 당기순이익을 보이는 두 기업이 주식시장의 기업가치에서 큰 차이를 보인다면 이는 지속적 성장가능성에 대한 투자자의 기대의 차이에서 기인한다. CEO는 기존 핵심사업의 경영여건을 고려하여 신규사업에 어느 정도의 자원을 투자할 것인가를 결정, 기존 핵심사업의 수익성 저하시 이를 대체할 수 있는 신규사업을 연속적으로 공급할 수 있는 사업파이프라인을 지속적으로 유지하여야 한다. 수익성 높은 핵심사업에 포함될 수 있는 하나의 신규사업을 확보하기 위해서는 다수의 이니셔티브를 확보해야 하며, 하나의 이니셔티브가 실제 사업화되기까지 다수의 Option투자가 요구된다. 따라서 기존 핵심사업의 매출 및 수익성장이 둔화되어가는 최적의 시기에 이를 대체할 수 있는 신규사업을 구축하기 위해서는 기존 핵심사업과 성장과정에 있는 새로운 성장사업 그리고 중장기적 성장가능성을 고려한 Option투자의 수와 유형, 기대성과가 적절한 균형이 이루어질 수 있도록 신규투자가 효과적으로 배분되어야 한다.

• 지속적 성장엔진의 개발

기존 핵심사업을 대체할 수 있는 새로운 사업을 지속적으로 개발하는 것은 기업의 장기적 생존에 직결되는 중요한 과제일 뿐만 아니라 의사결정의 질이 중요시되는 난이도가 높은 과제이다. 따라서 CEO는 현재 신규사업의 매출, 수익, 투자규모에 관계없이 지속적으로 성장엔진을 개발하는 것을 자신이 중점적으로 챙겨야 할 핵심과제의 하나로 다루어야 한다. 지속적 성장엔진의 개발은 기존 핵심사업이 높은 성장률을 유지하고 있을 때 시작해야 한다. 이 과정에서 CEO가 해야 할 우선적 과제는 사업기회의 발굴에서부터 안정적 성장궤도에 진입하기까지의 예측가능하며 반복가능한 프로세스와 의사결정 준거를 개발하고 그 실행과정을 모니터링하는 것이다. 신규사업은 불확실성과의 싸움이며 확률게임이다. 성장엔진의 개발프로세스와 의사결정 준거는 리스크는 최소화하면서 기회를 가장 잘 활용할 수 있도록 설계되고 운영되어야 하며, 신규사업을 담당하는 경영관리자는 물론 일선담당자에 이르기까지 프로세스를 설계한 이유와 운영방식에 대해 충분한 이해와 합의를 획득해야 한다.

지속적 성장엔진개발을 위해 CEO가 책임져야 할 또 다른 과제는 이를 개발할 최강의 팀을 조직하는 것이다. 지속적 성장엔진을 개발할 팀은 리더와 사업개발자 그리고 시장을 잘 알고 있는 기능분야별 전문가로 구성되어야 한다. 리더는 가능한한 고위경영진이 담당하되 자원배분과정을 모니터하면서 기존핵심사업이 보유한 프로세스와 역량 중 신규사업에 적용하지 않아야 할 것- Forgetting －과 적용해야 할 것- Borrowing －을 결정, 기존사업으로부터 필요한 지원을 획득하고 지속적 Communication을 유지하는데 주도적 역할을 해야 한다. 사업개발자는 다양한 사업기회를 발굴하여 이를 보다 구체화된 사업아이템화하기 위해 필요한 조사분석과 실험을 주도하고, 새로운 사업아이템이 현실시장에서 성공적으로 정착하기 위해 요구되는 조건들과 다양한 가설 및 가정을 도출한 후 이를 사업개발과 추진과정에서 신속하고 효과적으로 검증하며, 그 결과에 따라 필요한 조처를 내리는 역할을 수행해야 한다. 지속적 성장엔진개발을 위한 팀에서 일하는 기능분야별 전문가는 제품공정과 마케팅 등 특정분야에서의 전문성과 함께 목표시장과 고객에 대해 풍부한 지식과 경험을 보유한 사람들로 구성되어야 한다. 이들은 주로 새로운 사업기회와 아이디어를 개발하면서 개발될 제품, 서비스, 솔루션에서 강조되어야 할 차별화된 가치창출요소를 선정하고, 이의 구체적 실현방안을 개발하고 실행하는 역할을 수행해야 한다.

• 성장전략 개발과 Active Adaptation

기존핵심사업과 달리 신규사업에서는 명확하고 구체적인 전략개발이 거의 불가능하다고 해도 과언이 아니다. 신규사업전략을 개발하기 위한 기본적 전제가 되는 고객과 시장, 경쟁사 및 거시경제환경에 관한 많은 정보들은 대부분 구체적 사실이 아닌 가정과 가설들로 이루어져 있으므로 전략실행과정에서 핵심적 가정이나 가설이 실제 현실과 다를 경우 전략자체를 수정해야 한다. 따라서 성장전략은 자사가 추구해야 할 기본적 방향 및 해야 할 것과 하지 말아야 할 것을 규정해 주는 Top-Down방식에 의한 전략개발과정과 실제 전략실행과정에서 환경변화와 경영여건을 반영하여 전략을 수정하고 조정하는 Bottom-Up방식의 적극적 조정 -Active Adaptation- 의 과정이 효과적으로 연계되어야 한다 - 이를 Deliberate Strategy와 Emergent Strategy, 기술적 과업과 적응적 과업, Strategic Intent, Active Adaptation, Strategy as Learning등 다양한 개념으로 전략경영학자들은 지칭하고 있다-.

성장전략개발 과정에서 CEO는Active Adaptation을 촉진할 수 있도록 초기단계에서 설정된 전략개발 과정에서 고려된 핵심가정과 가설들을 검증하기 위한 다양한 방식의 Probing과 실험을 권장하고 학습결과를 체계화할 수 있도록 지원해야 하며, 전략실행과정에서의 학습결과를 통합함으로써 점진적으로 보다 명확하고 구체화된 전략을 제시, 공유하는데 주도적인 역할을 해야 한다.

CEO가 성장전략을 개발하고 조정해가는 과정에서 해야 할 또 다른 핵심과제는 경영환경이 언제 어떻게 변화할 것인가를 감지하고 이를 조직구성원에게 전달, 신속하게 변화의 구체적 징후를 인식하도록 하는 것이다. CEO가 우선적으로 주시해야 할 환경변화는 기존질서와 새로운 변화가 충돌하고 있는 시간적, 공간적, 지리적, 기술적 경계선상에 있는 영역-Edge-이다. 이들 경계영역에서 이루어지고 있는 변화양상은 향후의 대세를 결정하게 되므로 기업의 입장에서는 가장 큰 성장기회인 동시에 기존사업에 대한 위협이 된다. G. S. Day와 P. J. J. Shoemaker (2006)는 이들 경계영역의 변화를 주시하고 반응하는 능력을 주변적 시야- Peripheral Vision -로 지칭하고 이의 개발단계를 제시하고 있다.

Step 1 - Scoping : Where to look
Step 2 - Scanning : How to look
Step 3 - Interpreting : What the data mean
Step 4 - Probing : What to explore more closely
Step 5 - Acting : What to do with these insights
Step 6 - Organizing : How to develop vigilance
Step 7 - Leading : An agenda for action

주변적 시야를 통해 파악된 성장기회들은 벤처투자와 새로운 R&D과제의 설정, 전략적 제휴 등 다양한 방식의 성장Option투자로 연결되어야 한다.

• 조직역량의 Alignment와 열정고취

성장전략을 성공적으로 실행하기 위해서는 조직의 모든 역량을 통합, 전략과 일치시켜야 하며, 조직구성원의 잠재된 열정과 에너지를 최대한 이끌어내어 성장목표에 집중시켜야 한다.

성장전략과 조직역량의 Alignment는 각 단위조직과 조직구성원들이 성장전략실천을 위해 자신들이 해야 할 일과 기대되는 행동을 명확하게 인식하도록 조직구조와 프로세스, 성과관리 및 보상체계를 설계하는 과정이다 - '지속가능한 성장을 위한 조직개발전략' 참조-. 모든 직원이 자신의 담당직무에서 어떻게 회사전체의 전략실현에 기여할 수 있는가를 명확하게 인식하고, 자신에게 주어질 보상이 자기자신과 단위조직, 회사의 성과와 어떻게 관련되며, 왜 그렇게 해야 하는가를 구체적으로 이해하고 납득해야만 회사의 목표와 전략을 자신의 것으로 수용하고 그 결과에 대한 책임도 기꺼이 받아들이게 된다.

조직역량의 Alignment를 통하여 성장전략실천을 위한 기본적 구조와 시스템이 구축되었다면 전체 조직구성원의 잠재된 에너지를 이끌어내어야 한다. 조직구성원들의 잠재된 에너지가 폭발하면 적극적으로 자신의 일에 집중하게 되고 직원들간의 상호작용이 활성화되면서 성장과 혁신을 위한 다양한 아이디어들을 경쟁적으로 제안하는 동시에 일단 합의된 결론에 대해서는 무서운 집중력을 갖고 실행에 몰입하게 된다.

조직구성원들의 잠재된 에너지를 활성화시켜 이를 성장목표와 전략에 집중시키기 위해서는 우선 직원 개개인의 자신감을 고취시켜야 한다. 직원개인의 자신감은

- 나는 이 회사에서 개인적으로 존중받고 있으며,
- 내가 하고 있는 일은 회사의 목표달성을 위해 진실로 소중하고 가치있는 일이며,
- 이 회사는 나의 능력을 믿고 있고, 주도적으로 행동하기를 원하고 있을 뿐만 아니라 나 자신이 고의로 실수하지 않는 한 실수에 대해 처벌하지 않을 것이라는 확신을 가질 때 강화된다(J. R. Katzenbach, 2000).

개인적 자신감은 성장전략과 효과적으로 Alignment된 조직과 결합될 때 집단적 에너지로 승화된다. '지속가능한 성장을 위한 조직개발전략'에서 제시하고 있는 Structure, People, Performance Management & Reward 그리고 Process상의 특성들은 조직구성원들의 개인적 열정과 에너지를 성장전략실현을 위한 집단적 열정으로 전환하고 이를 지속적으로 강화하는데 크게 기여할 수 있다.

한편, 성장전략의 실행과정에서 조직구성원들의 잠재된 열정과 에너지를 최대한 이끌어

내고자 하는 CEO는

첫째, 조직구성원들이 자신의 조직과 일에 대한 자부심을 강화하고

둘째, 지속적으로 높은 수준의 목표와 도전과제를 제시해야 한다.

조직구성원들의 조직과 일에 대한 자부심은 '먹고 살기 위해 일하는 보통의 회사들과 우리는 다르다' 는 인식에서부터 출발한다. 기업가에게 최대의 보상은 경제적 이익보다는 치열한 경쟁시장 체제하에서 영구히 생존하고 성장할 수 있는 기업을 만들고, 이를 계승, 발전시키는데 있다. CEO는 이러한 조직을 만들고자 하는 꿈을 모든 직원들과 공유해야 한다. 이를 위해 CEO는 조직구성원들에게 영감과 확신을 심어줄 수 있는 비전과 핵심 가치기준을 제시하고, 스스로 이의 실천가능성에 확신을 갖고 집요하게 노력하는 모습을 일관되게 보여주어야 한다. 이러한 CEO의 비전과 강력한 실행의지는 조직구성원들에게 '우리는 꿈이 있다. 나는 우리의 꿈을 실현하기 위해 모인 선택된 사람이다. 우리는 어렵고 힘들더라도 우리만의 길을 개척해 나가면서 우리의 세계를 만들어 갈 것이다' 는 조직과 자신에 대한 자부심을 강화시킨다.

조직구성원들이 현재 자신이 담당하고 있는 일에 대해 자부심을 갖도록 하기 위해서는 다양한 분야의 리더와 영웅들이 출현할 수 있도록 해야 한다. 여기서 특히 중요한 것은 어떤 직무, 어떤 계층의 사람도 이 회사의 지속적 성장을 위해 꼭 필요한 사람임을 스스로 자각할 수 있도록 해야 하며, 우리 회사에서는 어떤 사람도 리더와 영웅이 될 수 있으며, 리더가 되는 것을 자신의 책임을 일부로 받아들이도록 해야 한다는 것이다. 조직이 보유한 축적된 다양한 분야, 다양한 계층에서의 리더와 영웅들의 성공신화들은 조직구성원들로 하여금 자신의 일을 보다 가치있고 의미있는 것으로 인식하게 할 뿐만 아니라 조직의 전통에 대한 자부심도 강화시킨다. 이러한 조직과 자신의 일에 대한 자부심은 조직이 필요로 할 때 언제, 어디서든 자신의 모든 에너지와 열정을 발휘할 준비가 되었음을 의미한다.– '지속적 성장을 위한 조직개발전략'에서 Employee Value Proposition과 Leadership Brand의 중요성을 강조한 것도 이들 프로그램이 선택된 사람으로서 조직과 자신의 직무에 대한 자부심을 강화하는데 크게 기여할 수 있기 때문이다–.

조직과 자신의 일에 대한 강력한 자부심을 바탕으로 자신의 열정과 에너지를 발휘할 준비를 갖춘 조직구성원들이 우수한 경영성과를 창출토록하기 위해서는 지속적으로 높은 수준의 목표와 도전할 만한 과제를 제시해야 한다. 사람은 불확실한 위기상황에 처해있거나, 치열한 경쟁자의 압력과 끊임없이 까다롭고 새로운 것을 요구하는 고객들이 있는 역동적인 시장상황에서, 또는 폭발적인 성장기회를 가진 급속하게 성장하는 산업에서 일하고 있을 때 자신의 열정과 에너지를 최대로 발휘하고자 한다(J. R. Katzenbach, 2000).

CEO는 조직구성원들이 자신들의 열정과 에너지를 최대한 발산할 수 있는 기회를 주어야 한다. 이를 위해 CEO는 우선 지속가능한 고수익성장을 조직의 중장기 목표로 설정하고, Sense of Urgency를 강조함으로써 조직 내에 적정수준의 불안과 긴장을 조성한 후 단위조직과 조직구성원들이 도전해야 할 높은 수준의 목표와 과제를 제시해야 한다. 준비된 조직구성원들은 어렵고 힘든 과제를 더욱 선호하며, 수많은 장애요인과 역경을 조직에 대한 자부심을 공유하고 있는 동료와 함께 극복해내는 과정에서 흥분과 희열을 느낀다. 최고의 성과를 창출하는 기업의 조직구성원들은 금전적 보상은 단지 자신과 팀 동료들의 노력을 인정받았다는 의미를 가질 뿐 오로지 경제적 이익만을 목적으로 일하지 않는다. 영구히 존속하고 성장하는 기업을 만들기 위해 끊임없이 새로운 성장기회를 발굴하고, 높은 수준의 목표와 도전과제를 조직과 자신의 일에 대한 자부심으로 충만한 조직구성원들과 함께 달성해나가는 과정을 연속적으로 반복할 때, 고수익 성장을 실현할 수 있다.

제4부 Global Network경제와 한국기업의 도전과제

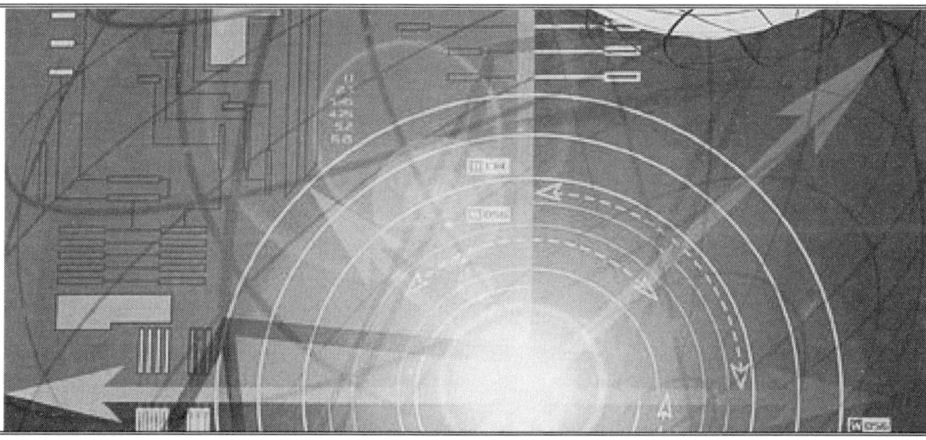

1. Global Network 경제의 특징과 변화추세

2. 한국기업의 도전과제

1. Global Network 경제의 특징과 변화추세

1-1. Global Network 경제의 형성배경과 특징

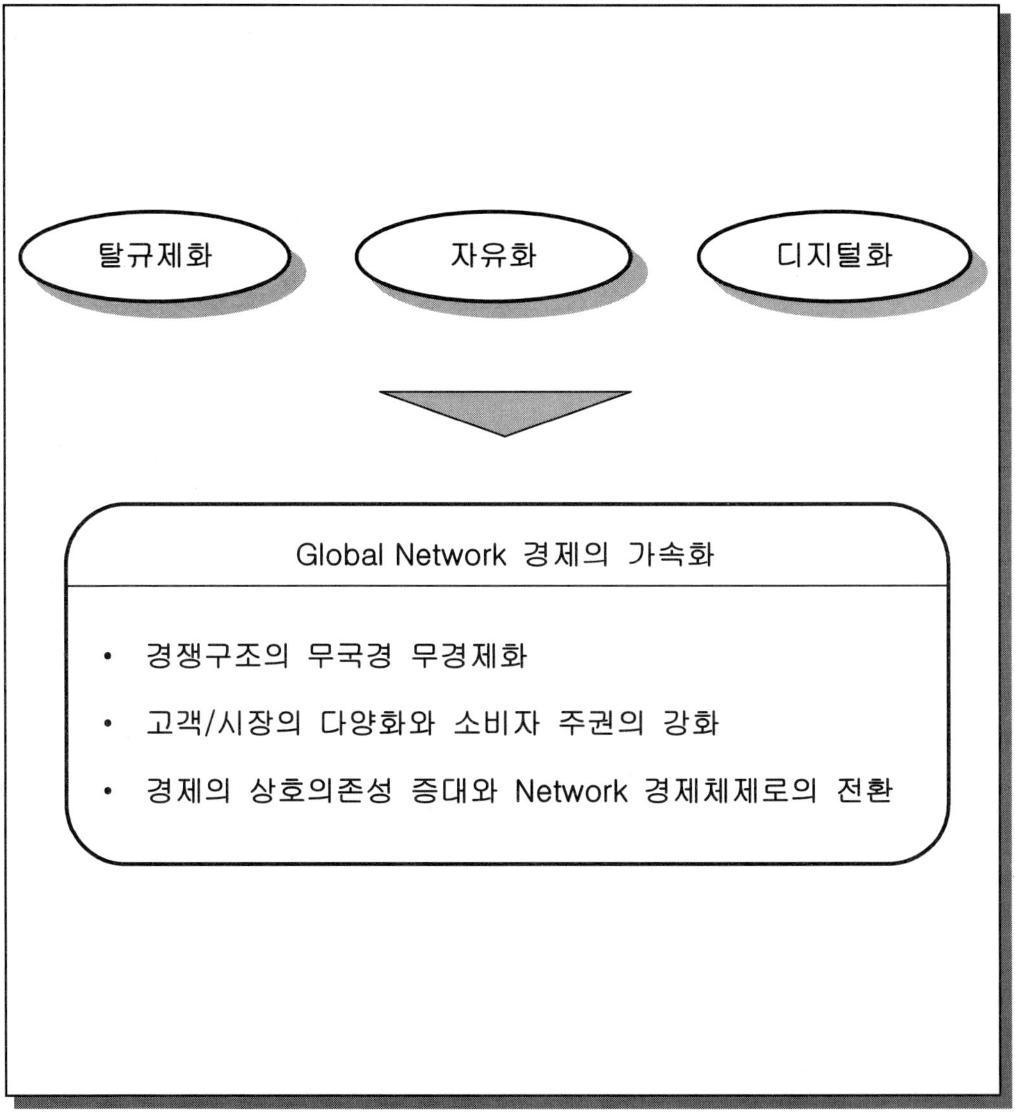

• 탈규제화, 자유화, 디지털화

국가간 규제완화와 거래장벽의 해소는 전 세계적으로 상품과 서비스 그리고 자본의 자유로운 이동을 촉진시키고 있다. 금융의 경우 1970년대 초반의 하루 외환거래액이 10억 ~ 20억 달러에 불과하였으나 2000년도에는 평균적으로 무려 1조6000억 달러에 이를 정도로 자유화가 진척되어 전세계 시장을 하나로 통합하는 촉진제가 되고 있다. 더구나 인터넷 등 정보기술의 발달은 시간과 공간의 장벽을 해소하는 동시에 거래비용의 대폭적인 하락을 유도, 통합된 세계시장에서 지역 및 국가간 거래를 더욱 확대시키고 있다. 오늘날 전세계 유동성 금융자산의 약80%는 주식과 채권의 형태로 집중화된 주식시장을 통하여 자유롭게 거래되고 있으며, 다국적기업은 제조업 부문 세계무역량의 3/4을 차지하면서, 그 규모와 영향력을 계속해서 확대하고 있다. 내수시장이 포화상태에 이르면서 해외시장에서 새로운 수익창출과 저비용의 생산요소를 확보할 수 있는 기회를 모색할 수 밖에 없는 상황에서 냉전체제종식 이후 전세계가 시장경제체제로 전환하고 기술적 표준이 동질화되며, 산업화된 국가들의 사회문화적 삶의 양식에서의 유사성이 증대하면서 글로벌화는 기업들에게 지속가능한 생존과 성장에 대한 가장 큰 위협인 동시에 기회가 되고 있는 것이다. 규제완화와 다자간 무역 및 FTA체제로의 전환 그리고 자본시장의 글로벌화가 본격화되는 약 20년 후에는 전세계 GDP의 약 90%이상이 글로벌기업 또는 글로벌화되어가고 있는 기업에 의해 창출될 것으로 예상될 정도로 세계경제의 통합추세는 앞으로 더욱 가속화될 것이다(L. Bryan 외, 2000). 정보혁명의 경우 지난 10년간 미국내 인터넷 사용인구가 0에서 1억 1천만명으로 폭발적으로 증대하였으며, 미국기업의 산업설비 및 소프트웨어 총투자에서 정보처리 및 소프트웨어 투자가 5321억 달러, 전체의 50% 이상을 점유할 정도로 급증하였다. 이와 같은 세계시장의 통합과 정보혁명의 가속화는 기존의 경영환경과는 근본적으로 구별되는 새로운 경제질서를 만들어 내고 있으며, 그 결과 모든 기업은 자신이 현재 영위하고 있는 비지니스를 완전히 새로운 패러다임 하에서 접근해야 한다.(M. V. N. Whitman, 2001).

자신이 보유한 모든 유무형의 자산을 글로벌 경영, 디지털 경영의 관점에서 재평가해야 하며, 새로운 수익과 성장의 원천을 찾기 위해 지속적인 자기변신을 계속해야 하는 것이다. Global Network경제질서 하에서 나타나고 있는 중요한 경쟁구조의 변화양상들은 다음과 같이 요약될 수 있다.

• 경쟁구조의 무국경, 무경계화

금융과 실물 부문에서의 국가간 거래장벽이 해소되고 전화와 위성을 통하여 손쉽게 거래정보의 교환이 가능해지면서 경쟁구조의 무국경화가 가속화되고 있다. 과거의 해외직접투자- FDI -는 저임금이나 천연자원과 같은 생산요소의 획득을 목적으로 추진되었으나 오늘날은 특정한 지역/국가의 내수시장을 공략하는데 주된 목적을 두고 투자가 이루어지고 있다. 세계시장에 대한 접근방식 역시 한번에 하나씩 순차적으로 공략해 가는 것이 아니라 전세계시장을 하나의 단일시장으로 인식, 동시에 시장지배력을 확보하는 방식으로 변화하고 있다. 세계시장의 통합이 가속화 될수록 국내산업에서의 독점적 이익을 확보할 수 있는 가능성은 줄어 들 수밖에 없어지는 대신 세계시장에서 통할 수 있는 핵심기술과 역량을 보유한 경우 비약적 성장의 기회도 함께 가질 수 있을 것이다. 세계시장의 통합과 함께 이루어지고 있는 신기술의 급속한 발전과 복합화는 사업영역간의 구분이 무의미해지는 경쟁구조의 무경계화도 촉진 시키고있다. 이와 같이 '경쟁구조의 무국경, 무경계화'가 가속화되는 상황하에서는 국내의 어떤 기업도 '외부에서는 경쟁하고 내부에서는 보호한다'는 국가주도적 경제성장모델하에서 자신들의 누릴 수 있었던 내수시장에서의 독점적 이윤에 더 이상 안주할 수 없다.

- **고객/시장의 다양화와 소비자 주권의 강화**

글로벌차원의 경쟁격화는 소비자의 선택의 폭을 급속도로 확대, 실질적인 소비자 민주주의- Consumer Democracy - 를 확산시키는데 크게 기여하고 있다. 오늘의 고객은 과거보다 훨씬 더 많은 정보를 갖고 있으며, 까다롭고 변덕스러울 뿐만 아니라 소비자 의식도 세계화되어 있다. 오늘의 소비자들은 자신의 개인적 정치적 성향과는 별개로 최고 품질의 제품/서비스를 최저가격으로 세계시장을 대상으로 구매하고자 하며, 가격과 품질에 대한 기준도 소비자가 결정하고자 한다. Global Network 경제체제하에서 소비자는 더 이상 공급자가 결정한 품질과 가격에 대해 Yes or No만을 결정하는 수동적인 존재가 아니다. 보다 공격적으로 자신이 원하는 제품과 서비스를 자신이 원하는 가격과 조건으로 제공해 줄 수 있는 공급자를 전세계 시장에서 선택하게 된 것이다. 이러한 고객요구의 다양화 · 세분화 · 개성화 · 고급화는 전형적인 제조업의 특성을 유지해 온 대기업들로 하여금 차별화, 개성화된 고객문제를 해결해 줄 수 있는 서비스기업 또는 Solution Provider로의 변신을 서두르도록 하고 있다.

- **경제의 상호의존성 증대와 Network 경제로의 전환**

Global시장에서는 어떤 기업도 규모와 범위의 경제실현에 필요한 모든 자원과 기술을 자력만으로는 확보, 통제할 수 없다. 이제는 경쟁의 양상이 개별기업간 경쟁에서 기업집단간 경쟁으로 전환되고 있으며 자사가 참여한 Network전체의 공동의 승리를 추구해야 하는 공생의 시대가 된 것이다. 나아가 한편으로는 거대한 인수합병을 통하여 자사의 경쟁력을 강화하는 동시에 또 다른 한편으로는 전략적 제휴를 통하여 상호이익을 극대화하고자 하는, 필요에 따라 적과의 동침도 마다 않는 경쟁과 협력이 공존하는 Co-option이 보편화되고 있다.

• 지속적 비용절감과 생산성향상 기회 증대

Global Network경제는 정보탐색과 거래활동에 필요한 거래비용을 대폭적으로 절감할 수 있는 기회를 제공할 뿐만 아니라 국경을 초월하여 생산과정을 조직하고 통제함으로써 생산과정의 효율성을 극대화시킬 수 있는 기회도 제공하고 있다. 즉, 원자재의 확보에서 완제품에 이르기까지 가치사슬의 각 고리를 기업성과에 가장 크게 기여할 수 있는 지역에 배치하고도 긴밀하게 연결된 IT Infra를 통한 효과적인 통제로 품질의 희생없이 획기적인 비용절감을 실현할 수 있게 된 것이다. 이러한 기술혁신을 통한 비용절감은 제품 가격의 하락과 이로 인한 수요증대로 지속가능한 고성장의 기대까지 불러일으키고 있다. 일부의 비판이 없는 것은 아니나 최근의 IMF 보고서는 미국의 경우 1996 ~ 2000년 당시의 노동생산성이 2.5%로 1973 ~ 1995년에 비해 1.0% 상승하였으며 그 중 IT 사업투자가 0.25% ~ 0.5%, IT 분야 생산성 증가가 0.25% 기여한 것으로 추정하고 있으며, 1990 ~ 1998년 평균경제성장율 3.2%에서 IT 분야 기여도는 1.4%에 달한 것으로 분석하고 있다. 그러나 한국을 비롯한 아시아 국가는 90년대 들어 IT투자가 급증하였으나 생산성증가율은 오히려 1990 ~ 1994년의 5%에 비해 1995 ~ 1999년 2.5%로 저하되고 있는 것으로 나타나고 있어 국내기업에게 큰 부담이 되고 있음을 알 수 있다. 국내기업의 경우 IT투자로 인하여 지속적인 Process 혁신과 Downsizing의 기회는 갖고 있으나 실제로 이를 추진하기에는 많은 장애요인에 직면해 있으며, 그 결과 장기생존력이 저하되고 있는 것으로 볼 수 있다. 글로벌화와 디지털화는 기업의 전통적 가치사슬을 축소, 붕괴, 또는 역류시켜 막대한 확산효과- Spill-over-Effect -를 유발, 생산성 증대와 투자수익률을 상회하는 고수익추구를 가능하게 하지만 이러한 도전에 효과적으로 적응하지 못하는 기업은 몰락의 길로 내몰릴 수밖에 없다.

1-2. Global Network 경제체제에 대한 비판

- Global Network경제의 역사적 성격에 대한 비판
  - 신 제국주의 체제로서의 신 경제질서 이해

- Global Network 경제의 추진과정에 대한 비판
  - 투기적 금융자본의 과다한 보호와 약자에 대한 일방적 구조조정부담 강요

- Global Network 경제의 기대성과에 대한 비판
  - 인플레이션 없는 지속적 고성장의 가능성에 대한 불신
  - 통제불가능한 독과점 기업의 지배력 확대

- 주주이익 중심의 기업활동으로 타이해관계자의 권리침해 심화 가능성
  - 지역/국가별 고유의 정체성을 무시한 일방적 개방화와 세계화 추진

- Global Network 경제체제에 대한 비판은 주로 좌파 경제학자 및 시장실패에 국가의 적극적 개입을 지지하는 정치인과 관료, 그리고 노동조합과 비영리 시민단체의 사람들로부터 끊임없이 제기되어오고 있다. 이 문제는 개인의 자유 대 공동체적 사회질서 유지, 시장 대 국가, 경제 대 정치, 성장 대 분배의 문제와 얽혀 있어 향후 보다 치열한 논쟁과 비판, 저항을 불러 올 것으로 예상된다. 특히 2000년 이후 미국경제의 10년 간의 장기호황이 침체국면으로 접어들고, 2001년9월 미국에 대한 테러사태가 발생하면서 새로운 경제체제의 역사적 성격과 그 성과를 전면적으로 재검토해야 한다는 주장까지 제기되고 있다. 여기서 분명한 것은 테러사태 이후 새로운 경제체제의 핵심적 요소인 자유화와 세계화의 문제에 관한한 전면적인 방향전환은 아니라 할지라도 최소한의 내용수정과 보완 그리고 그 진행속도의 조정은 불가피한 상황이라는 점이다. 비록 우리와 같이 대외의존이 심한 경제환경하에서 선택의 폭이 제한될 수 밖에 없는 것은 현실이지만, 경제성장과 사회와 개인의 안정이라는 두 마리의 토끼를 잡기 위해서는 이러한 새로운 경제체제에 대한 비판에 보다 많은 관심을 기울이는 동시에 변화관리계획에 적극적으로 반영해 나갈 필요가 있다. Global Network 경제체제에 대한 비판은 주로 이의 역사적 성격과 추진과정 그리고 예상되는 기대성과라는 3가지 측면으로 요약할 수 있다.

- **Global Network 경제의 역사적 성격에 대한 비판**

Global Network 경제지지론자는 자유화, 글로벌화와 디지털 기술혁명은 지금까지의 자본주의 경제체제에서 일반적으로 인정되고 있는 수확체감의 법칙이나 경기순환이 더 이상 적용되지 않는 새로운 경제체제로의 전환임을 강조하고 있다. 그러나 이를 비판하는 사람은 자본주의 경제는 기본적으로 세계적 규모에서 작동하며, 경쟁압력과 기술진보 그리고 생산능력과 유효수요간의 지속적인 불균형이 시장팽창의 압력을 낳을 수밖에 없음을 강조한다. 따라서 글로벌화는 전혀 새로운 체제가 아니라 자본주의의 성격상 충분히 예측가능한 것일 뿐만 아니라 역사적으로도 마치 1900년대 초반 전기와 통신, 철도의 발달로 미국내에서 지역별 경제에서 국가단위의 경제체제로 전환한 것과 동일한 맥락에서 이해할 수 있는 것으로 파악한다. 또한 새로운 경제의 주요한 특징인 디지털 기술을 기반으로 한 IT 기술은 분명히 획기적인 기술혁명임은 분명하나 1,2차 산업혁명 당시의 증기기관의 발명이나 자동차와 전기의 발명이 인간의 경제생활에 미친 파급효과와는 비교될 수 없을 정도의 미미한 확산효과를 가질 뿐이며 생산성 증대효과 역시 매우 의심스럽다는 주장을 펴고 있다. 탈규제화와 개방화 역시 미국이 군사력이 아닌 자본의 힘으로 세계를 지배하고자 하는 Pax Americana 전략의 일환으로 미국의 기준과 관례를 세계 기준 - Global Standard - 으로 일반화시킴으로써 자본의 안정과 이동성을 보호하여 자국 자본가의 이득만을 추구하는 신제국주의 정책으로 파악하고 있다.

- **Global Network 경제의 추진과정에 대한 비판**

Global Network 경제의 진행과정에서 가장 크게 비판받고 있는 것은 미국이 세계 기축통화로서 달러의 힘을 이용하여 일방적으로 규제완화와 개방을 강요하는 패권주의적 접근방식을 고수한다는 것이다. 특히 이 과정에서 미국이 직접적으로 개입하기 보다는 IMF와 같은 국제금융기구를 동원하여 비민주적인 방식으로 아시아와 남미의 개발도상국가에 긴축재정을 강요, 각국이 지금까지 추진해 온 국가주도적 경제성장방식을 포기하고, 신자유주의 원칙을 따르도록 하였을 뿐만 아니라 구조조정의 부담을 채무국에 모두 전가하였다는 것이다. 수많은 노동자의 경제적 안정을 파괴하면서 미국내 투기적 금융자본의 이익만을 절대적으로 보호할 뿐만 아니라 헐값으로 보유자산을 외국자본에 매각할 수밖에 없게 만드는 것이 과연 정당하며, 지속가능한 것인가에 대해 의문을 제기하고 있는 것이다. Global Network 경제 비판론자들은 보다 건강한 세계체제가 운영되기 위해서는 평등과 민주적 참여의 원칙에 기초해야 하며, 의사결정방식 역시 비밀협상이 아니라 이해당사자가 모두 참여하는 보다 민주적이며 개방적인 방식으로 변화되어야함을 강조하고 있다.

- **Global Network 경제의 기대성과에 대한 비판**

지금까지 Global Network 경제를 지지하는 사람들은 글로벌화와 디지털혁명이 생산성을 획기적으로 개선함으로써 분배가능한 파이를 증대, 전세계의 대다수의 사람들의 삶의 수준을 향상시킬 것이라고 주장한다. 나아가 Global Network 경제가 갖는 특성상 세계시장에서의 치열한 경쟁과 규제완화, 그리고 레이저 기술과 광대역 통신망과 IT 기술의 진보는 지속적인 비용절감과 가격하락 그리고 소비증대로 이어져 지속가능한 고성장을 유지, 과잉투자와 소비위축으로 인한 경기순환이 더 이상 발생하지 않거나 최소한도로 억제되며 그 결과 근본적으로 세계를 더 나은 곳으로 변화시켜 나갈 것임을 강조하고 있다. 1990년대 중반 이후 미국 주식시장의 폭등을 이에 대한 구체적 증거로 제시하면서 주식시장은 실제 경제성과를 매우 직접적으로 보여주므로 Global Network경제가 궁극적으로 영원한 번영으로 연결될 수 있다고 주장하였던 것이다. 그러나 이러한 주장에 대해 비판론자들은 1920년대 후반 주식시장이 엄청난 폭등 후 대공항으로 연결된 역사적 사건을 예로 들면서 결국 과잉설비투자는 재고증대와 수익성 악화 그리고 실업률 증가와 소득하락 및 소비감소로 연결되어 도리어 디플레이션으로까지 나아갈 수 있음을 경고하였다. 2001년이후 미국경제의 모습은 이러한 Global Network 경제 비판론자의 주장과 상당부분 일치하는 모습을 보이고 있으며, 더구나 테러사태 이후에는 비록 글로벌화 자체는 대세이나 세계화의 규범이 보다 광범위하게 수용되기 위해서는 시장접근과 자본이동의 방식에서 방법론적 수정이 필요하다는 점에 많은 사람이 동의하게 되었다.

- Global Network 경제 비판론자들이 특히 Global Network 경제질서를 거부하고 이에 저항하는 것은 무엇보다도 이러한 경제질서로 이행하는 과정에서의 사회적 비용을 경제적 약자가 모두 부담하게 되며 그 결과 빈부격차가 확대될 뿐만 아니라 고용안정까지 위협함으로써 실업률이 증가한다는 점이다. 실제 새로운 경제질서가 생산성을 증대하기 위해서는 노동시장의 유연화가 필수적이며 이 과정에서 임금인상이 억제 또는 실질임금이 감소되고 있음은 현실로 나타나고 있다. 반면에 최고경영자들은 주식호황기에 스톡옵션을 통하여 개인적으로 엄청난 이익을 얻게 됨으로써 비양심적인 불평등을 악화시켰다는 비난을 받고 있다. 결국 Global Network 경제 비판론자들의 주장대로 Global화 과정에서 다국적 기업이 저개발 국가에서 노동을 착취하고 있다는 것을 전적으로 수용할 수 없으나 - 도리어 세계교역에 적극적으로 참여한 국가는 급속한 성장으로 고용증대와 노동조건이 개선되는 등 긍정적인 영향을 미치고 있다 -, 성장에 따른 사회적 비용으로서 이러한 불평등 구조를 개선할 수 있는 국가적 통제장치를 어떻게 설정할 것인가의 문제가 새롭게 대두되고 있다. Global Network 경제 지지론자들 역시 빈부격차의 확대문제를 디지털 디바이드- Digital Divide - 현상으로 지칭하면서 Global Network 경제질서의 가장 큰 위협요인이라 대해서는 공통적으로 인식을 같이 하고 있다. 빈부격차의 확대를 위한 해결방안으로 Global Network 경제 비판론자는 자본주의체제는 본질적으로 재분배적 성장 - Redistribution Growth -체제이며, 이 과정에 사회변동의 동인이 만들어지므로 경제적 약자와 시대변화에 적응하지 못하고 뒤쳐진 사람들의 보호를 위해서는 국가기능이 적극적으로 개입할 수밖에 없음을 주장하고 있다.

- Global Network 경제체제가 비판받고 있는 또 다른 이유 중의 하나는 다국적 기업에 의한 세계경제의 독과점 현상의 심화와 이의 예상되는 폐해에 관련된 문제이다. 통합된 세계시장에서 규모와 범위의 경제를 실현하기 위해서는 계속적인 인수합병이 필수적이며 그 과정에서 통제불가능할 정도의 독과점 기업들이 증가하게 되면서 각 주변부의 지역/국가와 노동자의 착취를 증대시킬 것이므로 진실로 자유무역과 경제성장 그리고 완전고용을 위해서는 자본의 통제가 필연적으로 요구된다는 것이 Global Network 경제 비판론자들의 일관된

주장이다. Global Network 경제 지지론자들은 과거 고객, 기술, 인력, 자본에 대해 특정한 소수의 기업들만이 접근할 수 있었으며 그 결과 각 지역/국가의 비효율적인 기업을 사회적 비용의 부담이 더 큰 문제를 파생시켰다는 점을 강조하면서, Global Network 경제질서하에서는 어떤 기업도 자본시장의 압력으로부터 보호받을 수 없으며, 그 결과 자본시장에서 강자와 약자가 보다 명확하게 구분되는 것이 도리어 모두의 경제적 이익을 증대시키게 될 것임을 강조하고 있다. 나아가 보다 확대된 시장은 수많은 잠재적 경쟁자에게 노출되어 있으므로 시장이 국가별로 한정되어 있을 때 보다 경쟁이 더욱 치열해 지면서 현재 각 국가내에서 이루어지고 있는 독과점 현상이 도리어 붕괴될 뿐만 아니라 정보화로 인한 가상적 경쟁까지 등장하게 되어 소비자의 선택의 폭이 전지구 차원으로 확대되어 소비자 복지가 더욱 증대될 것을 주장하고 있다.

- 한편, Global Network 경제질서하에서의 독과점 현상의 심화가능성과 관련하여 특히 우려되는 문제점들 중의 하나는 주주이익 위주의 기업경영으로 여타의 이해관계자 - 종업원, 지역사회, 고객 등 - 에 대한 사회적 책임을 완수하기가 갈수록 어려워질 것이라는 점이다. 세계경제의 통합으로 경쟁이 치열해지면 인수 · 합병에 대한 위협도 함께 증대한다. 이 상황에서 기업이 계속기업으로서 지속적 생존을 유지하기 위해서는 현금흐름 위주의 경영을 추구, 주식가치를 상승시켜야만 한다. 이러한 상황에서 과거 주식이 광범위하게 분산되어 주주의 단기적 배당 및 투자수익에 대한 압력으로부터 벗어나 비교적 독립적이며 자율적인 경영이 가능하였던 경영자 자본주의체제하에서 보다 기업의 사회적 역할수행을 위한 비용지출이 어려워질 수 밖에 없다. 종업원의 인건비는 가능한한 줄일 수밖에 없으며 환경, 안전, 보건에 대한 책임완수를 위한 장기적 투자는 억제되고 공동체내의 소외계층에 대한 지원이나 인류공동의 삶의 질적 수준 제고를 위한 교육이나 문화활동에 대한 지원도 어려워질 수 밖에 없어진다는 것이다. 기업의 사회적 책임완수는 기업이 독과점의 이익을 향유하면서 장기적으로 안정적 성장을 유지할 수 있었던 안정적 성장시기에서는 보다 쉽게 접근할 수 있었으나 생존자체가 불투명해진 Global Network 경제체제 하에서는 기업이 이 문제에 신경쓸 수 있는 여유가 없어진 것이다(M. V. N. Whitman, 2001). 이 문제에 관해서는 특히 전세계적 NGO를 중심으로 지속적 비판과 압력이 제기되고 있으며, 각 국가와 국제기구를 통한 법적인 규제가 보다 강화할 것을 요구하고 있다.

- Global Network 경제체제가 미국 이외 국가의 국민들로부터 경제적 측면 뿐만 아니라 사회 · 문화적 측면에서의 실질적 또는 심리적 저항을 유발하고 있는 것은 각 국가와 민족

고유의 전통과 정체성을 무시하고 세계표준 - Global Standard - 이라는 이름하에 미국식 자본주의 모델을 획일적으로 적용할 것을 요구하고 있다는 것이다. 경제적 생산양식이 상부구조로서 각 국가와 민족의 정신적 가치와 사회문화적 체제를 결정짓는다는 막스의 이론을 빌리지 않더라도 다양성을 무시한 미국식 자본주의의 획일적 강요는 각 국가와 민족의 삶의 양식에 큰 영향을 미칠 수 밖에 없으며, 그 결과 정체성의 혼란에 대한 극단적인 형태의 저항을 불러올 수 있다. 2001년 9월의 미국에 대한 테러사태 역시 아랍과 이스라엘간의 정치적 쟁점 외에도 이러한 글로벌화에 대해 지역 고유의 문화적, 종교적 전통을 유지하고자 하는 아랍권의 저항의 모험주의적 표현방식으로도 이해될 수 있을 것이다. 그 결과 오로지 테러리즘 이외에는 미국식 자본주의에 저항할 수 있는 수단이 없다고 인식한 테러주의자가 지역 내의 많은 소외계층으로부터 심리적 호응을 얻고 있는 것이다. 미국식 자본주의는 기업을 하나의 사유재산으로 간주, 이에 투자한 주주가 임의로 처분가능한 것으로 인식하고 있다. 반면에 일본이나 한국과 같은 국가주도적 경제성장체제를 유지하고 있는 국가나 유럽과 같은 사회주의적 요소와 시장경제체제가 결합된 이해관계자 자본주의 모델에서는 종업원과 지역사회 등 다양한 이해관계자가 함께 살아가기 위해 필요한 공동의 이익을 추구하는 공동체로서 기업을 인식, 주주의 권한을 제한하고자 한다. Global Network 경제 비판론자들은 어떠한 자본주의 체제가 우월한가는 단순히 경제적 효율성만으로는 결코 평가될 수 없는 것임을 강조하면서, 어떤 유형의 자본주의 모델이 각 국가와 민족에게 적합한가는 고유의 역사적 전통과 사회문화적 맥락과 연계되어 이해되어야 한다고 주장하고 있다. 각 국가와 민족이 나름의 전통과 정체성을 유지하면서 세계공동체 내의 모든 사람들에게 이익이 되는 글로벌화를 지향해야 한다는 것이다. 이들은 Global Network 경제질서로의 전환에 따른 사회적 비용으로서 새로운 기회를 포착하여 막대한 부를 축적하는 국가와 기업, 개인보다는 과거보다 더 크게 통제되고 고통받는 소비자와 시민, 노동자의 권리에도 눈을 돌려야 하며, 모든 것이 자본의 축적 정도에 의해 평가되는 자본주의적 질서의 문제점을 지적하고 있는 것이다.

1-3. Global Network 경제의 최근 추세와 교훈

Lessons from the Five - year study of 500 International Companies

- Many Models of Success : No Silver Bullets
- Select on Unique Capabilities, Not Industries
- Cheap Labor Is Not a Winning Strategy
- Don't Build a Competitor
- Meet the China Challenge
- No Birthrights

(S. Berger & The MIT Industrial Performance Center, 2006)

'Made in America'로 유명한 MIT Industrial Performance Center의 500개의 국제화된 기업들에 대한 연구는 Global Network 경제의 최근 추세와 그에 따른 기업의 대응방안을 다음과 같이 정리하고 있다.

- **Many models of success : no silver bullets**

불확실성과 경쟁이 심화되는 상황에서도 고성장과 고수익을 실현하고 있는 기업들은 자사가 전통적으로 강점을 갖고 있는 역량을 집중적으로 육성, 활용하고 있다는 것 외에는 모든 기업에게 공통적으로 적용될 수 있는 성공의 왕도를 찾을 수 없다. 예를 들어, Global 차원의 Value chain의 해체가 가속화되는 상황에서도 삼성과 Sharp등은 통합모델을 고수, 대다수의 핵심적 기능들을 자사내부에서 수행하고 있다. 그러나 Modularity에 의한 생산방식과 Value chain의 해체는 지속적으로 강화되는 추세에 있으므로, 현재 통합모델을 기반으로 우수한 성과를 창출하고 있는 기업들도 대다수의 기능을 자사가 직접 수행하는 것과 세부기능별로 세계적 역량을 보유한 기업에게 Outsourcing하는 것 중 어느 것이 보다 유리하며, 언제, 어느 정도까지 Outsourcing에 의존해야 하는가에 대한 전략적 결단이 필요하다.

- **Select on unique capabilities, not industries**

Global Network 경제가 가속화되면서 어떤 기업도 특정산업의 모든 영역에서 경쟁우위를 확보할 수 없다. Value chain내의 어떤 영역이든 독특하고 차별화된 역량을 갖춘 기업은 지속가능한 고수익성장을 실현할 수 있다.

- **NO sunset industries**

사양전략 - Sunset strategies -은 있으나 사양산업은 존재하지 않는다. 중요한 것은 산업이 아니라 해당기업의 역량이다. 대표적인 노동집약적 산업으로 간주되는 섬유, 의류산업의 경우 이탈리아기업들은 고임금의 자국근로자들을 고용하고도 자사제품에 Fashion, Uniqueness, Image 등의 속성을 강화함으로써 고수익을 창출하고 있다.

Fortune 500에서 의류산업은 지난 10년간- 1994 ~ 2004 - 가장 수익성이 높은 산업 Top10에 포함되어있다.

- **Cheap labor is not a winning strategy**

저임금만 믿고 추진한 해외투자는 어떤 산업에서도 성공하기 어렵다. 해외투자시에는 인건비 뿐만 아니라 정치적 리스크나 지적재산권 손실리스크, 물류, 이자비용, 에너지비용, 세금등 총비용을 고려해야 한다. 제조비용외 여러비용을 고려할 경우 해외투자에 의한 인건비 절감효과의 상당부분은 상쇄된다. Mckinsey의 사례연구에 의하면 이들 모든 비용을 고려할 경우 운영효율성만 우수하다면 미국 캘리포니아 지역에서 생산할 때 보다 해외투자에 의한 비용절감효과는 High tech산업 0,6%, 플라스틱산업 6%, 그리고 의류산업은 13%에 불과하다고 한다. 이정도의 차이는 국내기업이 경쟁우위에 있는 생산리드타임의 우위만으로도 충분히 경쟁이 가능하다.

• Don't build a competitor

사업파트너에게 어느 정도까지 Outsourcing 해야 하며, 어느 정도까지 기술을 이전해야 하는가는 신중한 전략적 판단을 필요로 한다. 선도기업은 한편으로는 개발도상국의 사업파트너와 정보와 기술을 공유할 필요가 있으나 이들 사업파트너에게 과도하게 의존하게 되면 장래의 경쟁자만 키워주는 결과를 초래할 수 있으며, 이들 사업파트너가 자사외의 다른 경쟁자와도 거래할 경우 자사의 브랜드가치를 저하시킬 수도 있다. 또한 해외 사업파트너에게 자사의 생산기능을 모두 의존할 경우 자사가 다양한 분야의 전문인력을 보유하지 않는 한 차세대 제품개발등에서 장기경쟁우위를 유지하기 어렵다. 이러한 리스크에도 불구하고 Global Network 경제질서하에서는 사업파트너와의 일정수준이상의 정보 및 기술공유는 불가피할 뿐만 아니라 후발기업 및 국가들의 높은 학습능력으로 인하여 어떤 선도기업의 기술도 빠른 시일내에 추월 당할 수 있음을 인식해야한다. 따라서 유일하게 지속적 경쟁우위의 원천이 될 수 있는 것은 새로운 사업기회를 누구보다 빨리 발굴하고 이를 신제품/서비스화 함으로써 속도경쟁에서 한발 앞서 나가는 능력을 강화하는 것이다.

후발업자의 추격을 방어하고자 하는 어떤 시도도 중장기적으로는 실패할 수 밖에 없는 상황에서 속도 경쟁에서 앞서나가기 위해서는 다양한 분야에서의 일정수준이상의 'Excess Capacity'를 필요로 한다. 이는 자사의 제품/서비스가 꼭 필요로 하는 수준 이상으로 미래를 위한 연구개발에 투자해야 하며, 기능분야별 전문인력의 수를 증대시키고, 새로운 사업기회를 개발하기 위해 보다 광범위한 분야에서 성장Options 에 대한 투자를 증대시켜야 함을 의미한다.

• Meet the chaina challenge

최근 중국과 인도들의 개발도상국가들은 더 이상 저임금을 무기로 제조부문이나 Call center와 같은 후방지원서비스기능에서만 경쟁우위에 있지 않다. 비록 사회적 자본–

Societal Capital -의 미비로 전체적인 역량수준에서는 선진국과 비교하여 미흡한 측면이 많으나 우수한 인재들과 국가적인 지원에 힘입어 특정 틈새시장이나 역량에서는 선진국과 대등한 수준에까지 도달하고 있다. 이는 선진국의 선도기업들에게는 위협인 동시에 'Intelligent Outsurcing'을 통하여 보다 낮은 비용으로 고도의 전문적 기술과 역량을 확보할 수 있는 새로운 기회도 되고 있다.

- **No birthright**

Global Network 경제하에서는 모든 기업들이 다양한 국가와 지역의 자본과 전문적 역량, 사업파트너와 고객들에게 접근할 수 있다. 타이완과 아일랜드, 이스라엘 등의 신생 기업들은 해외의 투자자 및 전문인력과 긴밀한 사업파트너관계를 구축함으로써 자사만의 독특한 역량을 성공적으로 개발하고 있다. 이러한 변화는 Global Network 경제가 가속화할수록 자본과 기술이 선진국에서 개발도상국으로 일방적으로 이전되는 양상에서 벗어나고 있으며, 산업 및 기술영역 또는 세분시장마다 다양한 국가의 다양한 기업들이 Niche Player로서 뿐만아니라 Keystone의 역할을 수행하는 세계일류기업으로 도약할 가능성이 증대되어가고 있음을 의미한다.

2. 한국기업의 도전과제

외부적응과제

- 핵심역량과 무형자본중심 경영으로의 전환
- Networking 역량강화를 통한 Global Efficacy와 Local Responsiveness의 동시추구
- 고객을 위한 Total Solution 제공이 가능한 서비스 /Solution 사업의 강화
- 사회적 책임완수를 위한 윤리경영의 강화

내부혁신과제

- 신속/유연한 조직운영과 혁신가속화
- 의존적, 신민적 문화로부터의 탈피와 기업가 정신의 고취
- 핵심이념과 전략중심의 조직통제시스템 구축

▼

Sustainable Profitability의 지속적 확대

1990년대 미국경제의 호황과 주식시장의 기록적인 활황은 새로운 경제질서의 '영원한 번영'에 대한 약속이 실현되는 것 같은 기대를 불러 일으켰다. 그러나 2000년대에 접어들면서 Global Network 경제 비판론자들이 주장해 온 바와 같이 소비자 구매력 대비 과잉투자는 결국 경기하강으로 연결될 수밖에 없다는 자본주의 경제법칙이 새로운 경제체제에서도 유효하다는 것이 현실화되고 있을 뿐만 아니라 계속적인 소비자 신뢰지수의 하락은 경기침체가 상당기간 지속되어 디플레이션의 위기로까지 나아갈지도 모른다는 우려까지 제기되고 있다. 더구나 2001년 9월의 미국에 대한 테러는 상품/서비스와 자본의 이동이 지연되어 세계교역 및 투자위축을 불러올 뿐만 아니라 신 경제에 대한 저항세력의 입지를 더욱 강화시켜 뉴라운드 협상이 지체되는 대신 지역주의가 보다 큰 영향력을 갖게 될 가능성을 증대시키고 있다. 이에 대해 미국의 패권주의가 한층 강화되어 통상압력과 추가적인 개방화에 대한 요구 역시 증대될 수밖에 없을 것이다.

- Global Network 경제체제는 경제적, 정치적 상황변화에 따라 그 속도와 추진방법에서 일부 전술적 수정은 불가피할지 모르나 새로운 경제질서로의 이행만은 계속적으로 진행될 수밖에 없을 것으로 예상된다. 특히 우리와 같이 대외의존형 경제체제를 유지할 수밖에 없는 국가의 경우 현실적으로 대안이 없을 뿐만 아니라 새로운 경제체제로의 이행을 통하여 성장할 수 있는 기회가 위협보다 많음을 인식하여 새로운 세계경제질서에 참여하기 위한 보다 적극적인 변화추진노력이 필요하다.

- Global Network 경제질서하에서 기업을 지속가능한 이익- Sustainable Profitability -을 축적하고 확대하는데 경영의 초점을 두어야 한다. 지속가능한 이익이란 세계가 함께 생존하고 번영할 수 있는 기반을 마련해 나가면서 발전을 모색하는 지속가능한 발전- Sustainable Development -의 기본틀 위에서 장기적인 생존을 위한 이윤창출의 기회를 계속적으로 증대시켜야 한다는 것을 의미한다. 새로운 경제질서하에서 세계경제의 통합과 IT를 포함한 신기술의 획기적 발전은 그 어느 때보다 생존을 위한 경쟁을 격화시키고 있다. 오늘의 경쟁우위요소가 내일의 약점으로 전환될 수 있는 상황에서 모든 기업은 신속하고 유연한 자기변신이 가능한 방식으로 운영해야 한다. 이를 위해 기업은 무엇보다도 현재 사업에서의 수익성과 현금흐름을 극대화해야 하는 동시에 미래 성장사업에서의 수익창출의 기회도 적극적으로 모색해야 한다. 여기에는 수익성과 현금흐름 위주의 경영만이 자사의 주식가치를 상승시켜 인수 · 합병의 위협을 줄이는 동시에 신규자본의 유치를 통하여 공격적 성장의 기회도 가질 수 있다는 현실적 필요성도 함께 고려되어 있다. 2001년 10월 현재 국내 10대 그룹

의 외국인 자본비율이 40%를 상회하는 현실하에서 어떤 기업도 자본시장의 압력으로부터 벗어날 수 없으며 단기 및 장기적 수익창출 능력과 현금동원능력만이 기업의 안정을 보장해 줄 수 있다. 지속적 이윤창출이 가능할 때 기업은 고객에게는 경제적 효용을, 주주에게는 투자이익을, 종업원에게는 생존권 보장과 자기실현의 기회를, 지역사회와 국가에게는 경제적 번영과 삶의 질을 제고하는데 기여할 수 있다. 그러나 새로운 경제질서하에서의 기업의 수익성과 현금흐름중심경영은 지속가능한 발전을 보장하는 범위내에서 추진되어야 한다. 기업의 사회적 책임에 대한 요구기대수준은 갈수록 높아지고 있다. 세계시장이 통합되는 것과 마찬가지로 시민운동 역시 글로벌 차원에서 이루어지고 있는 오늘의 상황에서 모든 기업의 수익성 추구는 환경의 생태학적 보전과 종업원과 소비자, 지역사회의 건강과 안전에 대한 책임을 완수하면서 사회적 불평등의 문제해결에도 적극적인 노력을 다하는 가운데에서 이루어져야 한다. 투기적 금융자본의 이동을 일정범위 내에서 제한해야 하며, 경제위기 발생시 채권자도 채무자와 함께 손실을 부담해야 한다는 주장이 갈수록 설득력을 얻고 있는 것도 그 실현가능성은 차지하고라도 기업이 더 이상 자본의 논리만으로 경영되어서는 안되며 단기적 수익창출 못지않게 전세계의 지속가능한 발전에 기여함으로써 장기적 생존가능성도 함께 증대 시켜야 한다는 것을 보여주고 있다. 전세계적 차원에서의 격화된 경쟁구조하에서 살아 남는 것도 어려운 상황에서 다양한 이해관계자의 증대된 요구에도 효과적으로 대응해야 하는 이중의 압력하에서 지속적 성장을 추구해야 하는 어렵고 힘든 처지에 놓여 있는 것이 오늘의 우리 기업인 것이다.

• Global Network 경제와 한국기업의 도전과제

Global Network 경제질서하에서는 어떤 기업도 독자적인 역량만으로는 자사의 지속적 생존을 보장할 수 없다. 1980년대 이후 미국에서 시작된 거대기업간 인수 · 합병은 이제 전세계적 차원으로 확대되고 있으며, 특히 아시아 지역에서는 경제위기이후 산업구조 자체가 재편되고 있을 정도로 큰 영향을 받고 있다. 이러한 상황하에서 한국기업이 정부의 보호나 국민의 애국심에 호소하지 않고 자신의 경쟁력만으로 지속적 생존과 성장을 유지하기 위해서는 비지니스에 대한 기존의 패러다임 자체를 바꾸어야 할 정도로 모든 정책과 전략, 구조와 시스템 그리고 구성원의 공유가치와 행동양식을 변화시켜야 한다. 이제야말로 모든 기업은 자신의 독자적 판단에 따라 사업영역과 전략을 선택하되 그 결과로서 자신들의 운명은 스스로 책임져야 한다. 국내시장에 대한 규제환경하에서 인위적으로 공급 사이드를 조정함으로써 기업의 안정성을 유지시키고 여기서 축적된 여력을 바탕으로 세계시장에 진출할 수 있었던 과거의 국가주도적 경제성장체제는 후발주자가 선발주자를 따라잡는데는 매우 효과적인 모델이었으나, 국산의 개념정립조차도 힘든 Global Network 경제질서하에서는 도리어 기업의 경쟁력을 약화시키고 그에 대한 부담을 국민과 소비자에게 전가시키게 되는 역효과만을 낳을 수 있다. 국민들도 정치적으로는 민족자본을 옹호 · 지지하며 국내기업과 농어민의 보호를 위해서는 자유무역에 반대하지만 실질적인 개인의 경제생활에서는 개인의 이익 즉 그것이 어느 나라의 제품이든 보다 저렴한 가격에 우수한 품질의 제품을 선호할 수밖에 없음을 인식해야 한다. 국내 소비자의 이러한 요구에 효율적으로 대응할 수 없는 기업은 장기적으로 국민경제에 더 큰 피해만 초래하게 된다는 냉엄한 시장의 법칙을 인식해야 한다. 여기서는 새로운 경제질서 하에서 한국기업이 나아가야 할 전략방향들을 외부적응과제와 내부혁신과제로 구분하여 정리해 보고자 한다.

한국기업의 외부적응과제

• 핵심역량과 무형자본중심 경영으로의 전환

어떤 사업분야의 어떤 기업도 독자적 능력만으로 모든 분야에서 경쟁우위요소를 확보하기 어려운 경쟁구도하에서 한국기업은 자신의 내부역량과 성장전략에 적합한 전략적 핵심역량을 발굴, 여기에 자신들의 모든 역량을 집중하고 - Invest in them -, 사업구조를 재조직화 하며 - Organize around them -, 이를 활용할 수 있는 새로운 사업영역을 지속적으로 확대시켜 - Leverage them across business domain - 미래 최적화를 이루어나가야 한다. 특히 여기서 말하는 핵심역량을 중심으로 한 사업구조 재편은 자신이 가장 잘 할 수 있는 사업에 집중하는 단순한 전문화의 차원을 넘어서 가치사슬 전체를 외부 네트워크와 연계, 비지니스 모델 자체를 재편해야한다는 것을 의미한다. 지금까지의 고도성장 과정에서 한국기업은 자본 및 자산 집약적 접근방식하에서 생산기술을 중심으로 비약적 성장을 계속하였으나 앞으로는 기존의 비지니스 시스템을 분리하여 자신이 경쟁우위를 유지할 수 잇는 분야는 재통합하되 여타의 요소들은 과감하게 아웃소싱을 시도함으로써 개별 기업이 아니라 글로벌 차원에서 가치사슬의 비지니스 네트워크 전체를 최적화하는 것이 특히 중요한 요소가 된다. 즉, 과거에는 독자적인 능력만으로 최적의 가치사슬을 조합하여 시장에서 경쟁하였으나, 급격하게 하락하는 거래비용과 소비자의 선택의 폭이 대폭적으로 증대되는 상황에서는 어떤 기업도 핵심적 기술과 경쟁우위를 갖지 못한 기능을 자체적으로 보유 · 유지하는데 따르는 비용을 감당할 수 없다. 외부의 파트너들을 어떻게 결합하여 최적의 네트워크를 구성하느냐에 따라 경쟁력이 좌우되는, 네트워크 자체가 곧 비지니스가 되는 상황으로 전환된 것이다. 따라서 한국기업의 우선적 과제는 각 가치사슬에서 자신의 핵심역량을 발굴하여 가장 성공적인 글로벌 차원의 수직, 수평적 가치공동체 - Value Added Community, VAC -

에 참여함으로써 집단간 경쟁을 통한 공동의 승리를 추구해야 한다. 오늘날 미국 석유화학 제품의 On -Line 거래는 매년 82% 이상 성장하며 나이론의 생산에서 소매유통에 이르기까지 지금까지는 6주가 소요되었으나 현재는 6일로 단축되고 있다. 이러한 상황에서 연구개발에서 판매, A/S에 이르는 모든 과정을 독점적으로 지배하기위해서는 막대한 비용과 시간상의 손실을 감수해야 한다. 연결된 경제는 시장의 효율성을 증대 시킨다. 따라서 열린 시스템은 번성하고 닫힌 시스템은 도태될 수밖에 없다. 한국기업이 닫힌 시스템하에서 비용과 기술적 리더십이 확보될 수 없는 분야에서까지 양적 성장을 추구함으로써 과거의 독과점 이윤을 유지하려 할수록 몰락의 길을 더욱 재촉하는 것일 뿐이다.

- 글로벌 거래시장내의 다양한 가치공동체에 한국기업이 성공적으로 진입, Keystone 또는 Niche Players으로 활동하기 위해서는 함께 가치공동체에 참여하고 있는 타회사들에게 매력을 줄 수 있는 한가지 이상의 확실한 경쟁우위요소를 가져야 한다. 고객에게 가치를 줄 수 있는 독특하고 남들이 모방하기 힘든 핵심역량을 갖지 못한 기업은 이들 가치공동체에 참여할 수 있는 기회를 갖기 힘들 뿐만 아니라 일시적으로 참여하더라도 국내시장에서 갖고 있는 약간의 기반이 더 이상 필요하지 않은 상황이 도래하면 언제라도 축출될 수밖에 없다. Global Network 경제질서하에서 중요한 핵심역량은 무형자산을 자본화한 것들로서 지적재산과 핵심우수인재, 네트워크 그리고 브랜드를 지적할 수 있다. 지적재산은 회사가 특정사업을 운영하는 과정에서 축적한 지식과 기술, 노하우와 경험을 법적 보호하에서 자사가 독점적으로 직접적인 수익창출과 연계시킬 수 있도록 체계화, 정형화한 것이다. 핵심우수인재는 글로벌 시장에서 다양한 사업기회를 포착하고 자사의 내부역량과 연계, 구체적으로 사업화할 수 있는 창의적이며 기업가정신이 충만한 사람과 전문적 역량을 보유한 사람을 말하며, 네트워크는 기존의 협력업체 및 고객, 이해관계자와의 원만한 관계를 모두에게 경제적 이익을 줄 수 있는 새로운 가치공동체로 전환시킨 것을 지칭한다. 마지막으로 브랜드는 지금까지 고객으로부터 획득한 신뢰와 명성을 바탕으로 신규고객이 자발적으로 찾아오게 만드는 동시에 기존고객의 충성도를 강화함으로써 타경쟁사보다 훨씬 적은 거래비용으로도 고수익을 창출할 수 있게 만드는 차별화된 명성을 말한다. 무형자본 중심의 경영은 자본투자를 최소화하면서 우수한 가치제공을 통해 고객만족과 수익성을 극대화하기 위한 것이다. 이를 위해서는 우선 기존의 가치사슬 내의 활동들을 재평가하여 자산집약도는 높으나 부가가치창출이 낮은 부분에 대한 자신의 직접적인 소유를 포기하는 대신 과감하게 아웃소싱함으로써 비지니스 프로세스 자체를 재통합해야 하며, 여기서 축적, 회수된 금융자본을 무형자산을 자본화하는데 투자해야 한다.

숙련된 경험을 갖춘 직원, 브랜드, 기술, 관리/영업/마케팅의 노하우, 회사내의 수많은 성공·실패 사례, 고객관계 관리, 리스크 관리 등 자사가 지금까지 사업을 영위해오는 가운데 축적된 무형자산은 도처에 산재해 있다. 문제는 이러한 자산을 어떻게 자신만의 독특하고 차별화된 역량으로 탈바꿈 시키는가에 달려있다. 구슬이 서말이라도 꿰어야 보배가 됨에도 불구하고, 이러한 것들이 구슬인지 조차도 모르고 있는 기업이 더 많은 것이 현실이다.

• Networking 역량강화를 통한 Global Efficacy와 Local Responsiveness의 동시 추구

New Round이후 가속화될 세계 각국의 다양한 경제제도와 기준이 통일되면 세계시장의 통합은 한층 가속화되면서 본격적인 기업경제 - Enterprise Economy - 시대가 도래할 것이다. 기업활동 영역의 확장과 경제구조의 동질화로 특징지어지는 기업경제시대에서 각 기업은 지금까지와는 달리 대내외의 가격 차이나 이중구조와 같은 불균형 문제가 제거되면서 격화된 세계적 차원의 경쟁구도하에서 자신의 생존을 위해 주력사업의 영역을 변경하거나 자력주의에서 전략적 제휴로 전환하는 등 자신이 보유한 경쟁우위요소를 중심으로 자사의 협상능력을 제고시켜 나가야 한다. 거대시장에 형성된 최종고객과 공급사슬이 밀접히 통합된 네트워크에 전략적 제휴와 인수합병을 통해 참여함으로써 시너지 효과를 창출하는 동시에 리스크를 분담시켜야 한다. 세계적 다국적 기업들이 공동으로 R&D, 구매, 부품공용화, 공동마케팅을 추진하는 상황에서 독자적인 능력만으로 이들과 경쟁할 수 없는 것이다.

통합된 세계시장에서 한국기업은 글로벌 효율성 -Global Efficacy - 과 지역적 적합성 - Local Responsiveness - 을 동시에 추구함으로써 고품질, 저비용, 차별화라는 세 마리의 토끼를 한번에 잡아야 한다. 전반적인 경영성과를 극대화할 수 있도록 제품개발에서 A/S에 이르는 전체 가치가슬의 고리가 국경을 초월하여 최적으로 배치된 글로벌 네트워크에 참여함으로써 시장을 확보하고 비용절감과 자산운용 효율성 제고의 기회를 모색하는 동시에 세계 어느 곳이든 그곳의 경영환경에 민첩하고 유연하게 적응할 수 있도록 철저하게 지역밀착형 사업을 전개해 나가야 한다. DuPont이 시장이 있는 곳에 공장을 짓고 공장이 있는 곳에 본부를 두며 현지 시장을 가장 잘 아는 사람에게 경영을 위임하는 현지중심체제를 유지하는 것은 Global Efficacy와 Local Responsiveness를 동시에 달성하고자 하는 전략의 일환이다. 또한 ABB는 본사 인력을 대폭적으로 축소하는 대신 전세계의 사업부 조직을 철저하게 Profit Center 중심체제로 전환하고 있는 것이나 P&G가 미국본사를 해체한 후 세계시장을 네 개 영역으로 구분, 지역별 본부체제로 전환한 것도 동일한 맥락에서 이해할 수 있다. 세계적으로 중요한 시장에서 어느 기업과도 강력한 경쟁상대가 되는 동시에 각 지역의 고객에게 가장 밀착된 기업이 되기 위해서는 항상 개방체제를 유지하여 자신과 함께 공존공영할 수 있는 파트너를 찾아야 한다. 이를 위해 국내 대기업은 협력업체 및 유통업체와의 Network 내에서 Dominator의 역할로부터 Keystone의 역할로 전환해야 하며, 중소기업은 보다 적극적으로 Loose- coupled Global Network에 참여, Niche players로서 Global 시장에의 접근기회를 강화함으로써 성장의 발판을 구축하여야 한다 -'Networking 전략참조-, 21C에는 기업간의 벽은 없으며, 세계시장내의 누구라도 자신의 파트너가 될 수 있음을 인식, 이들과 함께 고객에게 최저의 가격으로 최대의 가치를 제공할 수 있는 방법을 찾아야 하는 것이다.

- **고객을 위한 Total Solution 제공이 가능한 서비스/Solution 사업의 강화**

자유시장경제체제에서 기업의 이윤은 계속기업으로서 지속적 생명을 유지하게 하는 힘이다. 이윤은 고객이 필요로 하는 제품과 서비스를 필요한 시기와 장소에서 고객이 지불하는 금전적 가치이상의 경제적 효용을 제공해 줄 때 그 보상으로서 주어지는 것이다. 고객관점에서 사업이란 자신이 누구를 만족 시켜야 하며 - Who is being satisfied -, 무엇을 만족시켜 주어야 하고 - What is being satisfied -, 어떻게 고객요구를 충족 시켜 주어야 하는가 - How are customer needs satisfied - 의 세가지 물음에 대한 해답을 제시하는 것으로 정의할 수 있다.

Global Network 경제질서하에서 시장이 전세계로 확대되면서 고객의 요구와 기대는 과거와는 비교할 수 없을 정도로 다양화, 고급화 개성화되고 있으며, 선택의 폭도 기하급수적으로 확대되어 그야말로 고객이 모든 것을 결정하는 소비자 민주주의- Customer democracy - 시대가 되었다. 이러한 공급과잉시장에서는 가격과 품질에 대한 기준까지도 고객이 결정한다. 전세계로 확대된 시장에서 차별화된 고객의 요구를 충족시켜주기 위해서는 모든 비지니스를 자사가 직접 생산한 제품을 판매하고, 그 판매량에 의해 이윤이 결정되는 판매- Selling -의 개념이 아니라 고객의 다양한 Needs를 제품과 서비스, 솔루션이 통합된 Market offerings로 충족시켜줄 수 있는 역량에 의해 이윤이 결정되는 마케팅과 서비스의 개념으로 접근해야 한다. 따라서 Global Network 경제시대에는 모든 규격화된 제품을 대량으로 생산하여 시장에 내다파는 제조업체가 아니라 개별고객의 필요와 요구를 파악한 후 그들의 문제와 요구를 해결해 주는 서비스/ Solution 기업으로 거듭나야 한다. GE와 DuPont, Ford 등의 제조업체가 제조, 금융, 서비스의 복합화를 통하여 고객의 다양한 요구를 한번에 충족시켜 주는 Total Solution 제공이 가능한 서비스업체로 자신들의 위상을 새롭게 규정지우는 것도 이러한 변화된 고객환경에 기인하는 것이다. 이제는 시장세분화와 제품 차별화를 통하여 다양한 상품을 고객에게 판매함으로써 고객요구를 충족 시켜 줄 수 있는 단계를 초월하여 고객이 모든 정보를 한눈에 파악할 수 있도록 관련 기능을 한 곳에 집중시킨 다기능 다정보형 상품과 서비스를 제공, 새로운 부가가치를 추가적으로 제공해야만 지속적으로 경쟁력을 유지할 수 있다. 마케팅 또한 세분고객/시장을 대상으로 하는 NarrowCast Marketing에서 고객 한 사람 한 사람의 Needs를 파악하여 자사의 제품과 서비스에 적합한 고객을 찾아내고 필요한 정보를 제공하는 진정한 의미에서의 Tailor Made Marketing으로서 PointCast Marketing의 방식으로 접근해야만 도달률을 높일 수 있다.

자유시장경제체제하에서 경쟁은 특정시점에서 누가 보다 많은 사람을 만족 시켜줄 수 있는가에 달려 있다. 다양한 고객에게 혁신적이고 차별화된 고부가가치의 솔루션을 보다 저렴한 비용으로 제공해주기 위해서는 자신과 자신이 소속된 네트워크의 모든 기술과 역량이 복합화되고 집중화되어야 한다. 제품개발 및 용도개발단계에서부터 개별고객과 함께 시작해야 하며 글로벌차원에서 최고품질의 원재료를 최저비용으로 구매하고, 지속적 공정개발을 통하여 변이품종의 다양한 제품을 가변생산방식으로 생산하며, 최대한 산업적응경로를 신속하고 유연하게 고객에게 제공해야 하고, 그 과정에서 최고수준의 전문가로서의 기술적 조언과 지원을 다해야 한다. 공급과잉시장에서 공급자는 변덕스러운 소비자들 자신보다 소비자의 요구와 문제가 무엇인지를 더 잘 알아서 그들의 정서와 감정까지 충족시켜 주어야 한다. 이를 위해서는 무엇보다도 모든 고객/시장 관련정보가 전 조직에 걸쳐 횡적, 종적으로 확산되고 이에 신속하게 반응할 수 있어야 한다. 성공의 핵심요소는 전략과 계획이 아니라 변화하는 고객과 시장 상황에 적응하는 능력인 것이다.

• 윤리경영의 강화

세계시장의 통합과 기술적 복잡성과 함께 기업간 상호의존성이 증대되는 상황에서 세계적 차원에서 다양한 회사와 함께 구축된 우수한 가치공동체에 참여하기 위해서는 타회사가 갖지 못한 핵심역량을 보유해야 할 뿐만 아니라 신뢰할 수 있는 파트너로서 인정받아야 한다. 아무리 뛰어난 경영성과를 창출하고 우수한 기술과 역량을 보유하고 있다고 하더라도 고객이나 지역사회, 종업원 등 이해관계자로부터 불신과 비난을 받는 기업은 더 이상 공동의 이익추구를 위한 파트너로서 선택되기 어려워질 수밖에 없다. 더구나 앞장의 'Global Network 경제질서에 대한 비판'에서 살펴 본 바와 같이 기업의 힘이 비약적으로 증대하면서 기업의 사회적 책임에 대한 요구 또한 강화되고 있다. 특히 환경 · 보건 · 안전과 같은 전세계가 공동으로 대응해야 할 인류생존과 관련된 문제와 공정경쟁 관련 문제들에 대해서는 UN을 비롯하여 OECD, WTO 등 국제기구가 직접 관여하여 국제적인 협약을 통하여 이의 실천을 강제하고 있는 추세로 나아가고 있다. 글로벌 시대에서는 시장만 통합되는 것이 아니라 기업활동을 감시하는 다양한 NGO의 활동과 법률에 의한 사회적 규제 역시 국제협약에 의하여 세계적 차원에서 이루어지고 있다. 새로운 경제질서 하에서 모든 기업은 자신이 사업을 하고 있는 모든 지역 및 국가의 법률과 좋은 사업관행을 당연히 준수해야 할 뿐만 아니라 지역사회와 공동체의 삶의 질 향상을 위한 노력에 협력적이며, 법적, 인위적 규제가 없는 상황에서도 주도적으로 사회적 책임완수를 위해 활동함으로써 기업활동이 범사회적으로 혜택을 주는 소위 사회적 외부효과를 지속적으로 창출하여야 한다. 기업이 추구해야 할 이윤은 단순히 경제적 요소만을 고려할 것이 아니라 합법적이며 질적으로 우수한 이윤만을 추구해야만 하며, 이윤추구활동과 사회적 책임완수가 상호보완적인 것임을 인식해야 한다. 이를 위해서는 장기적 이익을 위하여 과감하게 단기적 이익을 희생하는 용기가 필요하다. 세계적 일류기업은 기업의 사회적 책임완수가 궁극적으로 자신들의 장기이익에 기여함을 인식하여 단순히 사회적 규제를 지키고 따르는 것 이상으로 사회적 규제가 있는 분야에서 사회적 책임에 대한 자신들의 활동을 세상에 알림으로써 대중의 인지도를 확보하고 규제준수에 따르는 비용을 수익과 경쟁우위의 원천으로 활용하고자 한다. 실제 금융시장에서 Fortune지에 의해 '가장 존경 받는 기업'으로 선정된 기업의 주식가치가 높게 형성되는 것은 기업의 이러한 활동이 장기적으로 주주가치를 제고하는데 기여함을 증명하고 있다.

- 오늘날 기업의 사회적 책임과 관련하여 특히 중요한 쟁점은 환경, 보건, 안전 - Environment, Health, Safety - 에 대한 책임과 공정경쟁에 대한 책임 그리고 종업원에 대한 책임을 우선적으로 지적할 수 있다. 환경, 보건, 안전문제와 관련하여 기업에 직접적 영향을 미칠 수 있는 세계적 변화로서 우선 지구온난화문제 해결을 위해 온실가스 배출량을 각국이 자율감축토록 요구하는 UN 기후변화협약 - UN Framework Convention on Climate Change, UNFCCC - 의 이행프로그램이 2001년 타결된 것을 들 수 있다. 1992년 리우환경회의에서 일반원칙이 규정되고 1997년 채택된 교토 의정서상의 공동이행제도 - Joint Implementation, JI - 와 청정개발체제 - Clean Development Mechanism - 그리고 배출권거래제도 - Emission Trading, ET - 가 본격적으로 추진될 경우 그 자체만으로도 우리와 같은 에너지 다소비형 산업구조를 유지하고 있는 국가의 기업들에게는 심각한 위협이 될 수 있다. 나아가 현재 EU에서 추진하고 있는 바와 같이 자동차 연비규제를 강화하고 온실가스감축을 비관세 무역장벽으로 활용할 경우 연관산업에 미치는 영향은 더욱 증폭될 것이다. 이외에도 생물다양성과 오존층파괴문제 해결을 위한 국제협력이 본격화되고 NGO의 폐수처리나 공기오염 등의 문제에 대한 기업감시활동이 더욱 강화되면 기업의 전략적 환

경경영능력이 곧 그 기업의 생존을 결정할 수 있는 핵심적 요건이 될 것이다. 보건, 안전분야에서도 소비자보호를 위해 제조물 자체의 결함이 없다고 하더라도 사고로 인한 피해예상액이 사고예방을 위한 비용보다 크다면 적절한 주의를 기울이지 않은 당사자의 배상책임을 인정하는 무과실 책임주의까지 도입되는 등 기업에게 안전과 보건에 대한 무한책임에 가까운 의무를 부과하고 있다. 국내에서도 제조물책임법 - Product Liability, PL - 법이 본격 시행될 경우 기업에게 또 다른 경제적, 사회적 부담으로 작용하게 될 것이다. 환경, 보건, 안전문제에 대한 기업의 사회적 책임을 완수하기 위해서는 에너지 절약과 효율개선 등 원자재의 양을 줄이는 공정개발과 같은 Input 차원에서의 비용절감을 위한 기술개발과 함께 생태학적 보존에 초점을 둔 지속가능한 발전의 원칙을 준수하여 모든 고객에게 최고 품질의 제품을 제공하되 인간과 환경에 미치는 부정적 영향을 최소화, 가장 안전하게 사용되고 폐기되도록 해야한다. 나아가 법적인 최소규정이나 일정범위내에서만 기업이 책임지는 것이 아니라 이러한 환경, 보전, 안전문제에 대한 일반 국민과 종업원, 소비자의 막연한 불안 조자도 불식시킬 수 있도록 원료의 채취에서 폐기에 이르는 제품의 전생애에 걸쳐 경제적, 생태학적 검토를 실시, 환경친화적이며 가장 경제적이고 안전하게 제조, 사용, 폐기될 수 있는 제품을 개발, 생산하는 동시에 모든 이해관계자와 공개적으로 대화하고 필요한 정보제공과 기술지원을 다해야 한다. 환경위기관리와 환경경영체제의 구축, 환경경영교육과 정보공개, 환경친화기술과 경영기법의 개발, 안전한 제품사용을 위한 선도적이며 지속적인 정보제공과 소비자교육 및 지원 등은 기업이 우선적으로 추진해야 할 과제들이다. 최근에 발표된 지속가능한 발전을 선도하는 기업으로서 미국의 Dow Jones 지속가능 성장그룹지수 - DJSGI - 나 영국의 FTSES 상품지수에서 높게 평가된 회사들이 기업가치가 높다는 연구보고는 향후 기업과 환경, 보건, 안전문제와의 관계를 보여주는 구체적 예가 될 수 있다.

- 환경, 보건, 안전에 대한 책임과 함께 Global Network 경제질서 하에서 기업에게 특히 중요시 되는 사회적 책임은 공정경쟁유지에 대한 책임이다. 자본주의 시장경제체제는 개인이 자신의 책임하에 자유롭게 자기이익과 이윤을 추구토록 함으로써 경제적 생산력을 획기적으로 증대시켜 서민의 프롤레타리아화를 막고 전세계에서 절대적 빈곤의 문제를 해결하는데 크게 기여하였다. 그럼에도 불구하고 자본주의 시장경제체제가 비난받는 것은 개인의 이기적 욕구충족을 위해 부적절한 수단을 선택하였기 때문인 경우가 많다. 개인의 자유는 무제한의 자유가 아니라 법과 제도 그리고 계약과 규칙이 허용하는 범위내에서 다른 사람의 자유를 침해하지 않는 절제된 자유가 되어야만 한다. 한국기업은 그동안 고용창출과 소득증대, 기술개발 등을 통해 국가경제발전에 많은 기여를 하였음에도 불구하고 정경유착과 투

기, 불공정거래 등에 따른 부정적 평가를 벗어나지 못하고 있는 것은 이러한 공정한 게임의 규칙을 지키지 못하였던 데서 기인하는 바가 크다. 세계적으로 장수하는 기업들의 공통적인 특징 중의 하나는 포용력 있는 자본주의 즉, 조직내외부의 다른 실체들과 건설적 관계를 형성하는 능력이 탁월하다는 것이다. 기업의 힘과 영향력이 비약적으로 증대하게 되는 Global Network 경제체제하에서 우리 기업은 외부적으로는 법과 공정경쟁의 규칙을 준수하면서 내부적으로는 보다 긍정적이고 보편적인 윤리적 기준에 따라 행동해야만 사회적 존재로서 기업이 공동체내에서 함께 살아갈 수 있음을 철저하게 인식하고 이를 실천해 나가야 한다.

세계시장의 통합이 가속화 되면서 새로운 경쟁의 규칙을 만들기 위한 국제협력도 본격화 되고 있다. 1999년 OECD가 주도한 해외공무원에 대한 뇌물수수방지협약 - Convention on Combating Bribery of Foreign Public Officials in International Business Transaction - 과 EU와 미국 및 개도국의 반독점론자를 중심으로 한 경쟁정책에 대한 국제 포럼 - Global Competition Forum - 의 창설준비, 그리고 New Round 협상에서의 세계각국의 경제제도와 기준의 통일을 추구하는 것은 세계화와 디지털화에 따른 효율적인 경쟁정책에 대한 세계적 관심을 반영하고 있다. 특히 부패문제와 관련하여서는 스위스의 TI - Transparency International - 에서 부패방지를 위한 국가개혁 시스템의 필요성이 제기될 정도로 광범위한 지지하에 선진국의 압력이 갈수록 가중되고 있는 실정이다. 이제는 불공정거래 행위자로 한번 낙인이 찍히면 더 이상 세계 시장에서의 활동 자체가 불가능해진다고 해도 과언이 아닐 정도로 보다 엄격한 게임의 규칙 준수를 요구하고 있다.

- 지금까지 한국기업은 한편으로는 시장의 자유를 요구하면서 또 다른 한편으로는 과잉투자와 과잉경쟁이 결국은 소비자와 국민경제 전체에 피해를 준다는 논리를 앞세우면서 잠재적 경쟁자의 시장진입을 막고 경쟁을 제한함으로써 정부의 보호 하에 가격 우산 - Price Umbrella -을 구축, 존의 독과점 이윤을 안정적으로 유지하고자 하는 이중적 태도를 보여왔다. 그러나 이제 더 이상 이러한 비생산적 기업가 정신 - Rent Seeking Behavior - 은 설 땅이 없어지고 있으며, 오로지 자신의 역량만으로 고객과 시장으로부터 선택 받은 기업만이 살아남는 시대로 전환되고 있다. 과거 국가가 주도하여 경제성장을 최우선 과제로 추진할 때에는 한정된 인적, 물적 자원의 효율적 활용을 위해 일부 불가피한 측면이 있었다고 하더라도 장기적으로 소비자 복지를 감소시키는 경쟁제한적 행위는 이제 더 이상 허용될 수 없으며, 허용되어서도 안된다. 경쟁의 폐해를 지나치게 강조할 것이 아니라 경쟁이 없으면 진보와 발전도 없음을 인식해야 한다. 문제는 경쟁 자체가 아니라 어떻게 경쟁할 것인가가 문제의 본질이다. 정부기관과의 유착을 통해 특정기업이나 특정산업에 대한 과다한 보호를

요구하거나, 가격입찰, 고객할당 등에서의 경쟁사와의 담합, 고객 및 공급자와의 담합이나 시장지배적 지위를 남용하는 행위는 소비자와 국민경제 전체를 위태롭게 하므로 그 자체로도 비난받아야 하지만 중장기적으로 해당기업의 경쟁력을 약화시키는 결과를 초래하게 된다. 새로운 경제 질서는 고객이 세계시장 내의 어떤 공급자도 고객이 임의로 선택하고 최선의 조건으로 거래할 수 있는 소비자 민주주의시대임을 인식해야 한다.

여기서 우리는 관계 또는 네트워크자본주의 - Relational or Network Capitalism - 와 파벌자본주의 - Crony Capitalism - 를 구분해야 할 필요가 있다. 관계자본주의는 기본적으로 다양한 사업동반자들이 상호대등한 입장에서 설정된 계약하에 상호협력하여 공정한 경쟁에서의 승리를 통하여 공동의 이익을 추구하는 것인 반면 파벌자본주의는 특정한 집단의 이익을 위하여 경쟁을 제한하여 독점적 이윤을 획득하고자 하는 것이다. 신규경쟁자의 출현에 대하여 기존 기업들이 공동으로 규제관련기관에 부적절한 방법으로 호소하여 이의 진입을 저지시키거나 특정집단내에서 내부거래 위주로 거래하는 것은 전형적인 파벌 자본주의적인 행동양식이다. 이러한 파벌자본주의적 형태는 과거 폐쇄적이며 권위주의적 정치 · 경제 질서하에서 자신의 생존을 유지하기 위한 불가피한 생존양식인 동시에 일정부분 양적 성장에 기여한 바가 크다는 점을 인정할 수 있으나 무엇보다도 창의적 기업경영을 통한 질적 성장이 요구되는 새로운 경제질서하에서는 개별기업의 경쟁력을 약화시키는 동시에 위기발생시 특정집단 전체가 공멸할 수 있는 가능성만 증대시킬 뿐이다. 정부 역시 진입규제를 통해 경쟁자를 보호하는 것은 각 기업의 경쟁력을 저하시키는 동시에 소비자 복지를 감소시키는 것임을 인식하여 독점을 규제하기 보다는 경쟁을 보호하는데 공정거래 규제활동의 초점을 주어야 한다. 행정규제도 시장의 작용을 대신하고자 하기보다는 경쟁을 통해서도 소비자와 국민을 보호할 수 있음을 인식하여 시장의 규칙이 효과적으로 정착되어 경쟁을 촉진토록 해야한다. 개방적 경제체제하에서 진입규제만 없다면 설령 독점이 일부 있다고 하더라도 이에 따른 폐해는 크게 문제시되지 않을 수 있다. Global Network 경제체제는 정부와 기업, 기업과 기업, 기업과 개인과의 관계에서 상호역할과 책임의 획기적인 전환을 요구하고 있다. 장기적으로 어떻게 경쟁하는 것이 개인과 기업, 국가의 이익에 도움이 되는가를 판단하여 우리 스스로 이 시대가 요구하는 새로운 경기규칙을 정립하고 실천해야 하는 시기인 것이다.

• 종업원에 대한 책임

기업은 종업원의 안전과 법률적 권리를 보호하고 경제적 안정을 유지하며 인간적으로 존중해야 할 책임이 있다. 기업과 종업원의 관계는 지배 - 복종의 관계가 아니라 공동의 필요를 충족시켜주는 파트너관계로 재정립 되어야 한다. 기업은 종업원의 모든 법적 권한과 신체적 안전을 보호해 주어야 할 뿐만 아니라 주주와 대등한 위치에 있는 핵심적인 이해관계자로 인정해 주어야 한다. Global Network 경제질서가 고용창출형이 아니라 고용불안과 노동착취로 인식될 경우 다양한 이해관계자의 계속적인 공격으로 더 이상 체제유지가 어려워질 수 밖에 없다. 사회주의체제와 시장실패에 대한 국가권력의 적극적 개입이 정당화 되는 것은 인간적 삶에 대한 관심과 가난하고 피곤한 사람에 대한 동정심, 자비와 관용, 인간존엄성의 존중 그리고 정의감에 호소하기 때문이다. 따라서 회사와 종업원의 관계에서 특히 중요한 것은 어떤 종업원도 자신이 희생자라는 피해의식을 느끼지 않도록 해야한다는 것이다. 회사가 추구하는 이윤극대화가 특정한 개인이나 집단만의 이익을 배타적으로 추구하는 것으로 간주되거나 사적인 권한의 남용으로 인식될 때 자본주의 시장경제체제는 존립 자체가 위협을 받게 되며 더 많은 국가에서 정치권력의 개입과 통제로 회귀하게 될 것이다. Global Network 경제가 신자유주의로 경제질서가 비판받는 주된 요인 중의 하나는 비록 그것이 기업의 생존을 위한 것이라 하더라도 세계화와 유연한 노동시장을 창출하여 일정한 실업률을 유지하는 범위내에서 노동자의 고용불안을 증대시키고 임금과 인플레이션을 억제함으로써 금융자본의 이익을 증폭, 불평등을 심화시켰다는 것이다. 미국경제가 호황기를 구가하던 1996년 International Survey Research Corporation의 조사에 의하면 실업률이 급격이 저하되고 노동시장이 견실해졌음에도 조사대상자의 46%가 정리해고의 위협을 느끼고 있다고 응답한 것은 앞으로 종업원과 기업간의 관계가 결코 순탄하지 않을 것임을 예고하는 것으로 볼 수 있다. 기업가치와 주식가치 위주의 경영이 자본의 노골적인 탐욕으로 비칠 때 종업원과 약소국은 경제원리가 아닌 정치적으로 문제해결을 모색할 수밖에 없다. Global Network 경제가 시장경제와 신자유주의를 지지한다고 해서 이 사회의 모든 부분에서 돈과 자본의 문화를 수용한다는 것은 아니다. 인간의 삶의 보다 큰 부분은 돈의 힘에 의해 뒷받침되는 소유관계로서는 결코 설명될 수 없는 문화적, 정신적 가치로 평가되어야 하기 때문이다.

기업과 종업원의 관계에서 특히 중요한 과제는 한편으로는 경쟁우위를 유지하기 위해 필요한 기업의 유연성을 증대시키면서 또 다른 한편으로는 종업원의 경제적 안정을 회복시켜줄 수 있는 인적자원관리체계를 구축하는 것이다. 1980년대 이후 미국에서 이루어진 회사와 종업원의 관계변화의 중요한 특징들로는 안정성이 상실되었다는 것과 관리계층이 축소되고, 지속적인 직무재설계와 리엔지니어링의 결과 전통적인 고용시스템이 파괴되었다는 것, 그리고 노사관계에서 '충성심에 기반한 고용계약-Loyalty Contract-'이 무너졌다는 것을 들 수 있다. 그 결과 노조가 더 이상 임금협상에서 주도적 역할을 할 수 없게 되면서 급격하게 그 영향력이 이러한 노동시장의 유연화는 전세계적으로 급속하게 확산되면서 청년실업과 장기실업이 사회가 감당하기 힘든 수준으로 증대하는 등 커다란 정치 · 사회적 문제로 부상하고 있다. 노동시장의 유연화를 더욱 촉진시키게 되었던 것이다. 이러한 상황에서 기업이 신속/유연한 조직을 운영하면서도 종업원의 신뢰와 헌신을 이끌어내기 위해서는 상호이익을 위한 계약에 기초한 파트너 관계로 전환해야 한다. 지시하고 통제하는 대가로 고용 및 경제적 안정을 보장해 주는 공동의 목표달성을 위해 함께 일하며 필요한 지원을 제공하고 그 결과에 대해서는 조건부적으로 성과급이나 이익공유, 스톡옵션을 제공하는 관계로 변화되어야 한다. 나아가 불가피하게 사업구조조정이나 다운사이징이 요구될 경우 기업은 종업원의 고용가능성 - Employability - 보장을 위해 최선의 지원을 다해야 한다. 우선적으로 회사 내부에서의 전직가능성을 검토하고 이를 위해 필요한 교육 · 훈련을 지원해야 하며, 퇴사가 불가피할 경우 지속적인 경제적 안정을 유지할 수 있도록 필요한 금전 · 비금전적 지원을 제공해야 한다. 종업원 역시 새로운 경제질서하에서의 기업조직과 노동시장의 유연성의 불가피성을 인정하고 수용해야 하며, 무조건적으로 포용력 있는 자본주의를 요구하기보다 스스로 자신의 운명은 자신이 책임진다는 자세로 지속적인 자기개발을 통하여 이 사회가 필요로 하는 존재가 되어야 한다. 자신의 청춘을 다 바쳐 회사에 충성하면 회사가 자신의 미래를 보호해 줄 것이라는 막연한 기대를 버려야 하며, 회사에 대해서보다는 자신과 자신의 직무, 나아가 상호이익을 위해 형성된 네트워크에 대해 충성해야 한다. 새로운 경제질서하에서는 기업과 개인 어느 누구도 예측가능하며 안정적인 삶을 보장 받기 힘들며, '지금, 여기'에서 타인이 필요로 하는 역량과 지식, 경험을 갖추어 스스로 고객으로부터 선택받을 수 있는 존재가 되기 위해 지속적인 자기혁신을 통해 차별성을 확보해야 한다. 지금까지 기업의 사회적 책임을 환경 · 보건 · 안전에 대한 책임과 공정경쟁유지에 대한 책임, 그리고 종업원에 대한 책임을 중심으로 서술하였다. 이외에도 각 국가와 지역이 법률과 관행으로 요구하는 다양한 윤리 · 도덕적 지침들도 당연히 준수해야 하며, 나아가 기업이 왜 존재하며 그 책임은 무엇이고 존경받는 기업이 되기위해서는 어떻게 행동해야 하는가에 대해 끊임없이 자문함으로써 조직 내외부의 다양한 이해관계자와 건설적 관계를 구축, 강화해 나가야 한다. 기업에 대한 사회적 평판이 장기적으로 고객의 선택에 긍정적 영향을 미치고 그 결과 자신의 장기 생존력이 강화된다는 것은 언제, 어디서나 적용되는 보편적인 생존법칙인 것이다.

• 기업윤리의 제도화 방안

기업의 사회적 책임완수를 위한 기업윤리가 실천되기 위해서는 이의 실천을 보장하기 위한 이행프로그램 - Compliance Program - 이 구축되어야 하며, 장기적으로는 기업문화를 이루는 하나의 축으로 발전되어야 한다. 이행프로그램에는 윤리강령의 개발외에도 '개인책임의 명문화'와 '내부자 고발의 의무화'라는 두 가지 핵심적 조건이 충족되어야 효과를 발휘할 수 있다. 개인책임의 명문화는 회사가 사업을 영위하는 국가의 법과 자체적인 규정을 준수할 것을 요구하였음에도 조직구성원이 이를 지키지 못하였을 경우 그 개인에게 엄격한 책임을 물을 것이며, 어떤 경우에도 회사가 개인을 보호하지 않을 것임을 천명하는 것이다. 지금까지 국내기업의 경우 종업원의 개인적 이익을 위한 불법적, 비윤리적 행동에 대해서는 개인적으로 책임을 물었으나 회사 이익을 위해서 이루어지는 불법적, 비윤리적 행동에 대해서는 회사가 이를 보호해준 것이 사실이다. 공무원에 대한 뇌물공여나 경쟁사와의 담합에 참여하는 행위 등 분명히 불법적이며 비윤리적 행동이라 할지라도 지금까지 관례적으로 이루어져 왔거나, 회사 여건상 불가피한 상황임을 인정하여 최대한 개인을 보호해 주었던 것이다. 따라서 회사가 종업원의 불법적, 비윤리적 행위에 대해 보호해 주는 한 사회적 약자인 종업원이 이를 거부할 수 없으며, 그 결과 계속해서 재발할 수 밖에 없는 악순환이 반복될 수 밖에 없다. 따라서 회사가 진실로 윤리적 기업으로 거듭나고자 한다면 회사 인사규정에서부터 보다 명백하게 개인책임을 명문화하여야 한다.

내부자 고발의 의무화는 회사의 윤리강령과 관련된 문제발생시 이를 인지하거나 발견한 종업원이 공개적으로 이를 고발할 것을 의무적으로 규정하는 것이다. 자신이 근무하고 있는 회사 또는 동료의 불법적, 비윤리적 행위를 고발하도록 요구한다는 것은 우리의 정서상 매우 거부감이 클 수밖에 없으나. 이것 역시 개인 책임의 명문화와 함께 기업윤리가 현장에서 실천되도록 하기 위해서는 불가피한 조처로 받아들여지고 있다. 종업원의 입장에서도 단순히 특정기업 또는 집단의 구성원으로서 자신이 소속된 조직의 배타적 이익을 보호하기 보다는 자신이 진정으로 봉사해야 할 대상이 누구이며, 장기적으로 회사에 이익이 되는 것이 무엇이고, 한국사회와 공동체 전체의 발전을 위하여 무엇이 올바른 것이며 자신의 책임과 의무가 무엇인가에 대한 신념과 확신을 갖고 성실한 기업시민으로서 용기 있는 양심에 따라 행동해야 한다.

국내기업이 이러한 개인책임을 명문화하고 내부자 고발을 의무화하여 기업윤리의 실천을 강제하기에는 법률적, 문화적으로 너무나 많은 장애요인을 갖고 있다. 규제완화와 함께 법률체제를 재조정하고 공무원의 재량권을 축소하는 등 획기적인 개선이 이루어지고 집행과정에서의 공정성이 보장되어 사회지도층과 각 분야의 리더가 이를 지키고 있다는 것을 국민들이 실감할 수 있어야만 기업도 이러한 조처를 강제할 수 있을 것이다. 법을 만들고 집행하는 사람들이 먼저 공적 업무와 사적 이익을 보다 엄격하게 구분하여 우선적으로 부패 - Against-the-rule corruption - 와 도덕적 해이 - Moral Hazard, According-to-rule corruption - 를 극복함으로써 국민들로부터 신뢰를 얻어야 하는 것이다. 그러나 완전한 제도가 존재할 수 없듯이 완벽하게 윤리적인 인간도 시장경제체제에서 존재하기 힘들다는 것을 인식하여 외부여건이 충족되기를 기다릴 것이 아니라 기업 스스로 통합된 세계시장에서의 지속적 생존과 성장을 위해서라도 새로운 글로벌 스탠다드로서 요구되는 핵심적 윤리기준을 준수해야만 한다. 특히 환경, 보건, 안전과 관련한 문제, 공정경쟁과 종업원의 권리보호문제, 그리고 이와 관련된 부패문제는 한국기업의 사활이 걸린 문제임을 인식해야 한다.

한국기업의 내부혁신과제

• 신속/유연한 조직운영과 혁신가속화

Global Network 경제의 가장 큰 특징 중의 하나는 'High Risk High Return'의 불확실한 경영상황이 일상화되며 기업의 전통적인 가치사슬이 붕괴되므로 유연하고 신속하게 외부환경 변화에 적응할 수 있는 유기체의 자율신경계와 같은 조직을 갖춘 기업만이 생존할 수 있다는 것이다. 세계 최고의 경쟁력을 갖춘 MS의 Bill Gates 조차도 조그만 실수 하나 때문에 MS의 아성이 무너질 수 있음을 강조할 정도로 오늘날의 모든 기업은 항상 절박한 위기 속에 살아가고 있다고 해도 과언이 아닐 것이다. 기업이 언제 어디서나 생동감 넘치는 젊은 기업으로 거듭나기 위해서는 끊임없이 과거의 성공에 안주하지 않고 스스로를 부정할 수 있어야 한다. 부단히 낡은 것을 파괴하고 새로운 것을 창조하는, 창조적 파괴의 과정을 계속해야 하는 것이다. 경쟁자를 모방하기보다는 스스로 개척자가 되어 불가능해 보이는 일에 도전해 나가야 하며, 주어진 환경에 적응하기 보다는 새로운 기회환경을 찾아서 자신이 주도적으로 이를 활용할 수 있어야 한다. 기업과 조직구성원 모두가 오늘 한 것보다 내일 더 잘하기 위해서는 무엇을 어떻게 해야 할 것인가를 고민해야 하며, 스스로 자극받아서 지속적으로 스스로에게 더 많은 것을 요구하여, 자신과 기업을 선도적으로 변화시켜 나가야 한다.

신속/유연하며 지속적 자기혁신이 가능한 조직운영을 위해서는 철저하게 분권화된 개방적 조직구조인 동시에 수평적 통합을 통한 자발적 횡적 협력이 이루어지는 조직으로 전환되어야 한다. 핵심역량의 집합체로서 기업이 신속하게 새로운 정보에 반응하기 위해서는 횡적인 정보와 아이디어의 흐름이 집중화 되어 효율적으로 활용될 수 있어야 한다. 조직내의 모든 기능이 자신의 담당분야에서의 효율성만을 추구하지 않고 개별고객의 문제해결을 위하여 다양한 전문적 지식과 정보가 활용될 수 있어야 한다는 것이다. 특정 조직내에서 발생하는 모든 문제의 85%는 관료적인 조직구조와 기능중심적인 조직내 인간관계 그리고 구태의연한 원칙과 규정에 의해서 야기되는 반면 단지 15%만이 자신의 업무를 제대로 수행하지 못하는 조직구성원에 의해 야기된다는 85:15의 법칙이나, 실제 업무의 70~80%는 고객을 위한 가치창출에 기여하지 못하며, 업무 그 자체 혹은 업무를 수행하고 있는 자기자신을 위하거나 낭비적인 일로 소모되고 있다고 한다. 2001년 영국의 Financial Times가 평가한 OECD 회원국들의 기술 · 지식집약산업에 대한 투자 대비성과에서 우리나라가 GDP 대비 지식투자 비중은 '98년 기준 5.2%이며 제조업에서 IT관련 연구개발비가 차지하는 GDP 비중이 0.81%로 모두 OECD 회원국 중 3위를 차지하였으나 투자성과면에서는 특허출원이 OECD 평균의 1/5에도 미치지 못하는 등 최하위권을 면하지 못하고 있는 것은 지식경제, 서비스경제에 적합한 신속/유연한 조직운영시스템을 갖추지 못하고 있다는데서 주요한 원인을 찾아볼 수 있을 것이다. 지식경영과 학습조직이 구체적 성과로 연결되기 위해서는 현재와 같은 관료화된 부서, 팀 조직으로는 불가능하다. 모든 조직구성원이 공동의 승리를 위하여 자발적으로 참여하여 상호신뢰와 협력을 바탕으로 공통의 문제와 관심사를 자유롭게 대화하는 가운데 조직구성원 개인의 노하우와 전문지식이 결집되고 건설적 의견대립과 토론이 장려되어 창조적 긴장이 유지될 수 있어야 한다.

신 경제질서가 요구하는 신속/유연하며 지속적 자기혁신이 가능한 조직은 최근 화제가 되고 있는 복잡계 시스템에서의 상호 의존적인 종들이 서로에게 긍정적 영향을 주어서 함께 진화하는 공진화 - Coevolution - 와 긍정Feedback 그리고 나비효과 - Butterfly Effect - 를 특징으로 하는 자기조직화시스템- Self Organizing System -과 유사하다. 자기조직화가 가능한 열린 조직이 되기 위해서는 자율적이어야 하고, 구성원간의 상호작용이 활발해야 하며 자기이익에 기초한 단순한 규칙에 의해 지배되어야 하고 각 집단이 독립적인 생물체처럼 기능해야 하며 시장원리를 적극적으로 활용하여 내부기업 - Intraprise -을 형성함으로써 전체의 통합성이 유지되는 범위내에서 돌연변이와 재배열이 이루어지도록 해야 한다. 자기조직화하는 조직은 끊임없이 새로운 환경변화에 선도적으로 반응하고 각자가 자신의 이익을 추구하는 가운데 전체의 이익이 극대화될 수 있도록 모든 구성원의 기업가적 열정과 창의력이 최대한 발휘되는 동시에 자발적인 횡적협력이 활성화될 수 있는 조직이다. 불확실하며 예측불가능한 상황에서는 합리적 분석에 기초한 사전계획의 한계를 인식하고 계획보다는 조직의 적응력을 극대화하는데 초점을 두어야 한다. 모든 구성원의 창의적이고 혁신적인 아이디어가 비판 없이 수용될 수 있는 프로세스와 조직풍토를 구축하여 조직구성원들이 끊임없이 서로에게 자극을 주고 받으며, 창조적 실험과 작은 변화가 계속적으로 시도되는 가운데 모든 구성원이 함께 성장하면서 회사의 목표와 전략과 관련된 우수한 아이디어나 제안에 조직이 가진 자원과 역량이 자연발생적으로 집중되도록 해야 한다. Global Network 경제질서 하에서 한국기업이 지속적 생존과 성장을 계속하기 위해서는 조직구성원들이 알고 있는 '시장이 어떻게 움직이고 있으며 고객이 요구하는 것은 무엇이고 어떻게 고객에게 접근하며 문제를 해결해 줄 수 있는가'에 관한 지식과 경험을 최대한 활용하여 실질적인 경영성과로 연결 지울 수 있는 신속/유연한 조직과 지식공유와 혁신을 가속화할 수 있는 시스템과 프로세스를 구축해야 한다.

• 의존적, 신민적 문화로부터의 탈피와 기업가정신의 고취

Global Network 경제의 주체는 창의적인 기업과 개인이다. 자본주의 시장경제체제에서 기업가는 창조적 파괴를 통하여 지속적으로 생산력을 증대시켜 사람들에게 풍요를 가져다 주는 핵심적 역할을 수행하고 있다. 그러나 지금까지 한국사회에서의 기업가는 절대빈곤의 퇴치와 고용창출 나아가 국민경제 성장의 주역이라는 막대한 공헌에도 불구하고 질시와 비난의 대상은 될지언정 그 기여도에 상응한 존경의 대상은 되지 못하고 있다. 우리가 자본주의 시장경제체제를 유지하는 한 부에 대한 이기적이고 탐욕적인 욕구 자체는 비난의 대상이 될 수 없다는 것을 전제로 할 때 한국의 기업가들이 존경받지 못하는 것은 첫째, 부의 축적과정이 정당성을 인정받기 어려운 점이 많으며 둘째, 기업경영방식에서의 권위주의적, 가부장적 요소가 많음을 우선적으로 지적할 수 있다. 국가주도적 경제성장을 추구하였던 우리의 과거현실에서 한정된 자원으로 단기간에 생산력을 극대화 시키기 위해서는 불가피한 측면에 없지 않았음을 인정하더라도 한국의 기업들은 오랫동안 공개적이며 투명한 게임의 규칙에 따라 경쟁하기 보다는 자신들의 독과점 지위를 유지, 강화하기 위해정경유착 등을 통한 진입규제와 정보 및 자원에 대한 독점적 접근 등 지대 - Rent - 추구적인 방식에 과도하게 의지하고자 하였던 경우가 많았으며, 그 결과 설령 공정한 경쟁을 통하여 승리를 쟁취하였다고 하더라도 의혹과 불신의 대상이 될 수밖에 없는 사태가 빈번하게 발생하고 있다. 타인이 갖지 못한 정보를 자신만이 입수하여 부를 축적할 경우시장경제 자체가 존립할 수 없으며 그 결과 더 많은 정부의 개입과 규제를 유발하는 악순환을 계속하게 되는 것은 자본주의 역사에 공통적으로 나타나는 현상이다.

- 부의 축적과정에 대한 상호불신은 기업경영방식에도 영향을 미치게 된다. 시장은 계약과 규칙 그리고 선택에 기초하여 작동해야 하며, 원활한 작동을 위해서는 국가와 기업 그리고 개인의 책임이 명확한 가운데 이해당사자간의 신뢰가 형성되어야 한다. 자본주의와 성숙한 시민사회의 경험이 절대적으로 부족하였던 한국사회에서는 시장경제를 움직이는 각자의 책임과 의무가 모호할 수밖에 없었으며 그 결과 신뢰수준도 매우 낮을 수밖에 없다. 불신이 팽배한 사회에서 기업가가 믿을 수 있는 사람은 결국 혈연, 지연, 학연 등 역량과 자질보다는 개인의 속인적 요소에 의지할 수밖에 없으며, 이는 기업지배구조를 왜곡시킬 뿐만 아니라 기업경영방식에서도 족벌체제, 권위주의적 체제를 더욱 강화시키게 된다. 이러한 체제하에서 많은 사람은 믿을 수 있는 것은 돈과 권력 밖에 없으며, 강한 자에게는 순응하나 상대가 힘이 떨어지면 철저하게 하이에나와 같은 형태를 보이게 될 수 밖에 없다. 불신 사회에서는 개인의 창의성과 자율성이 우선적으로 요구되는 지식/서비스 산업에서의 질적성장은 한계를 가질 수 밖에 없다.

- 불신사회가 만들어낸 권위주의적 체제는 조직구성원에게 조직 전체의 이익보다는 개인에

게 복종할 것을 요구한다. 그 결과 조직구성원들은 자유도 없고 책임도 없는 의존적, 순종적 존재로만 기능하게 되며, 조직은 개인에게 권위에 복종하고 자기표현을 억제하며 막연한 미래의 보상을 위해 끊임없이 자기자신을 희생하는 청지기 정신을 가질 것을 요구한다. 그 결과 구성원들은 주인으로부터 인정받아서 안정적으로 현재 상태를 유지하는 것에만 관심을 가지는 반면 주인은 보다 효율적으로 통제하기 위해 개인적인 친분관계에 따라 정보를 제한하고 문제제기를 억제하며 비공개적 의사소통을 선호하게 된다. 나아가 부하의 성과가 기대에 미치지 못하면 역시 이 회사에서는 나 아니면 안된다'는 자의식만 증대시켜 모든 세부사항에 대해서까지 일일이 챙기고 지시하며 철저하게 통제하고자 한다. 부하 역시 핵심쟁점을 감추거나 왜곡보고를 일삼으며, 개인적 안정을 위해 무사안일과 복지부동의 자세를 보이는 등 조직내에 도덕적 해이현상이 만연하게 되면서 문제가 더욱 심화되고 경영성과는 악화되게 된다. 이러한 상황에서 주인은 더욱 더 감시, 감독을 강화할 수밖에 없으며, 그 결과 의존성만 강화시키는 악순환을 계속하게 된다. 불신사회가 만들어낸 의존적, 신민적 문화의 조직에서는 오로지 고용인과 피고용인의 두 가지 유형만 존재하며, 피고용인은 결코 주인이 될 수 없다. 이러한 조직에서는 개인의 능력을 존중하지 않아서 뛰어난 영웅이 성장할 수 없으며 도리어 견제의 대상이 될 뿐이다. 조직 내에는 그 조직을 떠나서는 스스로의 힘으로 홀로서기 힘든, 자신의 운명을 스스로 책임질 수 없는, 처치 곤란한 기득권세력만 양산하게 된다. 이들은 자신의 역량으로 자신의 책임하에 새로운 세계를 개척하기보다 정부와 기업에 대해자신의 지금까지의 희생에 대한 보상으로서 평생직장과 생존권의 보장만 요구하는 권리의식 - Entitlement - 에 사로잡혀 '모두, 함께'와 평등만 요구, 주장하며 어떤 경우에도 문제의 원인을 자기자신에게 돌리지 않는다.

최근 한국의 대기업 대다수가 '사람은 많은데 꼭 필요한 사람은 없다'는 자조적인 이야기를 하고 있는 것도 장기간 신민적, 의존적 문화하에서 우수한 인재가 클 수 없었다는 것을 보여주는 하나의 예가 될 것이다. 이러한 상황이 계속될 경우 설령기업지배구조와 경영방식이 지금보다 훨씬 민주화되어 시민단체 등이 요구하는 대로 소유와 경영이 분리 - 꼭 바람직한 것은 아니지만 - 될 경우 도리어 더 큰 혼란과 경영성과의 악화를 유발할 수도 있을 것이다. 그러나 한편으로 다행스러운 것은 Global Network 경제체제로 진입하면서 투자자본의 확보보다 핵심우수인재의 확보, 유지가 도리어 힘들어지면서 일부 대기업과 벤처기업에서 지배 - 복종의 관계가 아닌 대등한 계약당사자의 입장에서 리스크와 성과를 공유하고자 하는 방식으로 고용 및 급여계약이 이루어지는 등 조직구성원의 오너십과 기업가 정신을 고취하기 위한 다양한 제도가 도입되고 외부노동시장이 활성화되면서 기업과 개인, 고용인과 피고용인의 관계가 서서히 변화되고 있다는 것이다.

- 한국사회와 기업이 불신과 의존적 · 신민적 문화가 만들어낸 좌절과 대립에서 벗어나 경쟁과 협력이 공존하는 가운데 지속적 성장을 유지하기 위해서는 우선적으로 이 사회를 유지시키는 내부적 사회간접자본 - Internal Infrastructure - 으로서 경제문제에 있어서 국가와 기업 그리고 개인의 책임을 보다 명확하게 하기 위한 새로운 사회계약과 게임의 규칙을 재정립하여야 한다. 새로운 사회계약과 게임의 규칙을 정립하는 과정에서 그 전제로 해야 하는 것은 'Global Network 경제질서는 무엇보다도 개인의 창의성과 신속한 환경대응능력을 기반으로 하는, 기업가정신이 마음껏 발휘되고 실현될 수 있는 곳에서만 장미빛 미래를 약속하고 있다'는 것이다. 미국경제가 1990년대 이후다시 재기할 수 있었던 것은 1980년대의 고통스러운 시련을 거치면서 각자의 삶에 대한 개인의 책임을 강조, 더 열심히 일한사람이 더 많은 것을 가져가야 한다는 Work Hard, Save More의 원칙이 적용되면서 모든 근로자들이 과거보다 훨씬 유연한 사고와 타인이 필요로 하는 기술과 역량을 갖추게 되었다는 것이 큰 도움이 되었다는 것을 인식해야 한다. 기업가 정신은 서구에서 종교개혁 이후 자본주의 태동과 함께 발전한 개념으로 자신의 운명을 신의 섭리에 호소하지 않고 독립적으로 사고하고 자유롭게 선택하며 그 결과에 대해서는 스스로 책임지는 자세를 말한다. 기업가는 조직 내 관리자나 행정가와 달리 기존의 관념이나 관습, 규칙과 절차, 보유자원의 한계, 조직 내 역학관계 등에 얽매이기보다 어디에 기회가 있으며, 기회를 어떻게 활용할 것인가를 먼저 생각한 후 필요한 자원을 확보하고 기회활용에 도움이 되도록 조직을 변화시켜 나간다. 이러한 기업가는 값싼 승리를 추구하기보다 -Scorn cheap victories - 남들이 하기 힘든 어렵고 힘든 일 그러나 이 사회와 시장경제에 참여한 고객에게 더 큰 가치를 가져다 줄 수 있는 일을 수행하는데서 만족을 느끼는 사람이다 -Delight in doing noble and difficult things -. 따라서 기업가는 경제활동의 핵심인물이며 기업 조직내 챔피언으로서 역할을 수행하고 있다. 기업가 정신의 구성요소로는 일반적으로 다양한 분야에 대한 관심과 기회포착, 명확한 철학과 소신, 일에 대한 열정과 긴장 추구, 인간에 대한 관심, 자신의 철학을 현실에서 실현코자 하는 노력, 새로운 분야에 대한 지속적 도전과 현실안주 거부, 목표를 향한 강한 추진력과 집중력, 자기 책임으로의 귀인, 그리고 직관과 행동지향 등을 들 수 있다. 신민적, 의존적 문화와 풍토에서는 기업가 정신이 투철한 사람은 자연적으로 '튀는 사람'으로 낙인찍혀 견디기 힘들 뿐만 아니라 여기서는 더 이상자신이 가진 역량을 발휘하는데 한계가 있음을 인식하고 스스로 물러날 수밖에 없다. 그러나 한국의 지배주주와 최고경영자들은 이러한 사람들이야말로 기업의 장기적 이익을 위하여 필요시에는 'No'라고 할 수 있는 독립적, 비판적 사고와 적극적 행동으로 무장한 진정한 의미에서의 주인의식과 파트너십에 충만한 사람임을 인식해야 한다.

• 기업가 정신을 고취시키기 위해서는 첫째, 기업경영을 단순히 상품과 서비스를 생산하는 경제활동으로 보는데서 벗어나 모든 구성원에게 자신들의 지적 역량을 최대한 발휘할 수 있는 충분한 기회를 제공해야 한다. 조직 내 모든 구성원이 명령과 지시에 따라 움직이는 수동적 존재에서 벗어나 자신의 열정과 아이디어를 자발적으로 발휘하는 의견제시자로 그 역할을 변화 시켜야 한다. 조직내부에서 발생하는 대부분의 문제는 사람이 만든 것이며 따라서 문제해결의 방법도 그 조직에 근무하는 사람이 가장 잘 알고 있다. 이러한 사람들이 오늘의 편한 것만 알고 미래의 보다 가치 있는 것을 생각하지 않도록 하는 것은 관료화된 조직에서 의존적 존재로 성장하였기 때문이다. 따라서 기업이 조직구성원을 개인적으로 존중하고 창조의 주체로 대우하면서 각자가 가진 열망이 최대한 발휘되도록 비전과 목표를 제시하고, 신속/유연한 조직을 구축하여 종적 · 횡적으로 개방적이며 자유로운 커뮤니케이션이 이루어져서 모든 구성원이 다양한 실험과 창조적 문제해결 나아가 실패로부터 학습하는 경험을 축적할 수 있도록 해야 한다. 사람을 통한 최고회사 - A Great company through People - 로의 성장이 기업경영의 본질이다. 둘째, 기업가 정신이 충만한 조직으로 전환하기 위해 모든 조직구성원에게 충분한 기회를 제공하는 것만으로는 미흡하다. 사람은 능력과 적성의 차이가 있으며, 특히 기업가 정신과 우수한 역량을 갖춘 사람은 극히 소수에 불과하다. 따라서 기업은 각 개인구성원의 개성과 다양성을 발휘할 수 있는 기회는 평등하게 제공해 주되, 엄격한 역량과 성과주심의 평가를 실시하여 능력과 노력에 상응한 성장기회와 보상을 제공하여야 한다. '함께'와 '형평'에서 '자유'와 '책임'으로 전환, 개인의 선택을 높이고 사회적 선택을 줄일 때 창조와 혁신이 최대한 발휘될 수 있으며, 모든 조직구성원이 자신의 능력의 한계를 극복하기위해 끊임없는 자기혁신을 계속하게 된다. 챔피언을 인정하지 않고, 능력의 차이를 수용하지 못하는 조직은 결국 하향평준화의 과정을 거쳐 '모두, 함께' 빈곤해질 수밖에 없다. 한편 핵심우수인력을 육성하는 최선의 방법은 그들에게 자신의 역량의 한계를 시험해 볼 수 있는 매우 어렵고 힘든 시련과 도전적 과업 -Hardship, Challenging Job - 을 부여한 후 목표달성에 필요한 책임과 권한을 최대한 허용함으로써 편집증환자와 같이 스스로 미쳐서 일할 수 있도록 해야 한다. 대기업의 장점은 이러한 인재육성을 위한 리스크를 부담할 수 있다는데 있음을 인식하여 비록 실패하는 경우가 있더라도 인내하면서 계속적으로 실험해 나가야 한다.

의존적, 신민적 문화가 불러온 회피주의와 무사안일주의, 획일적 평등주의, 그리고 자기만족적/독점적 사고와 행동을 극복하기 위해서는 명확한 개인책임의 부여와 엄격한 평가, 역량과 노력에 상응한 보상과 성장기회를 제공하여 기업가 정신을 고취시키는 것이다. 회사내에 이러한 자유시장주의의 원칙을 엄격하게 적용할 때 조직구성원은 자신의 고용 및 경제적 안정은 고용계약시 당연히 주어지는 근로조건이 아니라 자신의 노력에 대한 결과로 받아들이게 되며, 나아가 자신은 노력하지 않고 공짜 점심이나 즐기려는 지대추구적 행동 - Rent Seeking Behavior - 을 더 이상 기대하지 않게 되는 동시에 부정부패나 도덕적 해이도 최소화할 수 있다.

- **핵심이념과 전략에 의한 조직통제 시스템 구축**

불확실한 경영환경은 경제질서는 신속/유연한 조직 내에서 다양한 개성을 가진 조직구성원에게 충분한 권한을 부여하여 각자가 보유한 창의적 역량과 기업가 정신을 최대한 발휘할 것을 요구한다. 그러나 각 개인이 가진 다양한 정보와 노하우가 효과적으로 결합되어 조직의 목표달성에 직접적으로 기여하기 위해서는 이들의 활동이 효과적으로 조정, 통제되어야만 한다. 효과적 통제가 미흡한 상태에서의 과감한 분권화와 권한위임은 조직을 무정부 상태로 만들어 지속적 안정과 성장 자체가 불가능하게 된다. 권한분산은 각 단위조직과 조직구성원들이 스스로 강력한 자기통제와 자율을 보여줄 때 가능한 것이다. 자율경영과 책임은 동전의 양면과 같은 것으로 자신과 단위조직의 성과에 대해 스스로 책임질 수 없는 사람에게 자유를 부여하는 것은 술 취한 사람에게 운전대를 맡기는 것과 같다고 할 수 있다. 따라서 오늘의 한국기업과 사회가 해결해야 할 핵심적인 과제중의 하나는 개인의 다양성과 창의성을 최대한 허용하면서 민주와 집중, 자유와 규율, 경쟁과 협력이 공존하는 체제로 전환하는 것이다.

조직 내에서 어떠한 긴장이나 압력이 없는 자유로운 상태에서 높은 성과를 달성할 수 있을 것으로 기대하는 것은 환상이다. 그러나 미래예측이 불확실한 오늘의 경영환경하에서 과거와 같이 세분화된 계획과 직무, 업무처리 절차와 규정, 강력한 권력이 뒷받침된 엄격한 지시로 모든 것을 통제한다는 것은 현실적으로 불가능하다. 따라서 모든 조직의 역량을 효율적이며 효과적으로 활용하기 위해서는 최소의 규율과 규칙만으로도 각 단위조직과 구성원이 스스로를 통제할 수 있는 조직으로 전환해야 한다. 신속/유연한 분권화된 조직의 장점을 최대한 유지하면서 최소의 규율과 규칙으로 조직을 통제하는 최선의 방법은 핵심이념과 전략 중심의 통제시스템을 구축하는 것이다. 핵심이념 - Core Ideology - 은 기업마다 약간의 차이는 있으나 자신의 회사가 존재하는 이유 - Mission - 와 일처리와 의사결정의 기준이 되는 추구가치와 원칙 - Values and Principle - 그리고 윤리강령 - Code of Conduct - 등으로 구성된다. 핵심이념은 단순한 이윤추구를 초월하여 다양한 이해관계자와 건설적인 관계를 구축함으로써 계속 기업으로서 회사의 방향성과 영속성 그리고 정체성을 유지, 강화하기 위한 것이다. 세계 일류기업은 이러한 핵심이념에 대해서는 매우 엄격하게 이의 준수를 요구하고 집중적으로 교화 - Indoctrination - 시킬 뿐만 아니라 평가와 보상제공의 가장 중요한 기준으로 활용, 자신의 이념에 위배되는 관습과 행동은 철저하게 배격하는 등 종교 집단의 교리와 같은 역할과 기능을 부여하고 있다. 핵심이념이 지속적으로 조직구성원에게 주입되어 교리화 될 경우 조직은 광신도 집단과 같은 문화 - Cult Like Culture - 를 형성하게 된다. 그 결과 이러한 문화에 적응하지 못하는 사람은 스스로 떠날 수밖에 없다. 반면에 조직에 남아 있는 사람에 대해서는 구체적인 지시나 통제가 없더라도 조직이 자신에게 요구하는 것은 무엇이며 해야 할 것과 하지 말아야 할 것은 무엇이고, 자신의 담당업무와 의사결정의 우선순위를 어디에 두어야 할지를 스스로 명확하게 인식하고 행동할 수 있게 된다. 나아가 회사의 구성원으로서 자신이 누구이며 어디로 가야하고 다양한 이해관계자와 어떻게 연결되어야 하며, 언제 어떤 상황에서 어떻게 행동해야 하는가에 대해 전체조직구성원이 명확하게 이해하고 이를 공유할 때 조직내부적으로 신뢰가 형성된다. 핵심이념에 의한 조직통제가 효과적으로 이루어지기 위해서는 우선적으로 지속적인 커뮤니케이션과 교육, 모니터링과 피드백활동을 통하여 이를 철저하게 내면화, 공유화 해야 할 뿐만 아니라 회사의 모든 정책과 제도, 전략과 조직구조, 업무처리 절차와 규정이 일관성있게 연계되어 있어야 한다. 따라서 설정된 조직의 핵심이념이 모든 조직구성원에게 내면화, 공유화 되어 효과적인 통제체제로 작용하기까지에는 장시간에 걸쳐 수많은 시행착오를 거칠 수밖에 없으나 이를 중심으로 형성된 광신도 집단과 같은 기업문화는 최대성과창출과 지속적 성장의 가장 강력한 기반이 된다.

- 전략은 경영목표달성을 위한 종합적, 체계적 활동계획으로 경쟁의 범위와 방식, 인적, 물적 자원의 배분에 관한 의사결정기준을 포함하고 있다. 전략에 의한 통제체제란 특히 관심을 집중해야 할 성과지표를 중심으로 조직의 경영목표 달성과정을 평가하기 위한 조직체계를 말한다. 일반적으로 조직통제의 유형을 크게 피드 포워드 통제 - Feed forward Control -, 일상적 통제 - Concurrent Control -, 피드백 통제 - Feedback Control - 로 구분할 수 있으며 이중에서 전략에 의한 통제는 주로피드 포워드 통제방식에 크게 의존하고 있다. 반면에 지금까지의 한국기업은 경영목표를 제시한 후 목표달성과정을 구체적이며 지속적으로 통제하면서 그때 그때의 상황에 따라 전략과 전술을 지시하는 방식으로 조직을 통제하였다. 그 결과 조직내에 보다 장기적이며 전략적인 관점에서 사고하고 판단할 수 있는 사람은 지배주주와 특정한 최고경영자 등 극소수에 불과하였으며, 대다수의 전문경영인과 중간관리자들은 경영관리자로서 보다는 자산관리인이나 감독자로서의 역할에 보다 치중하게 되었다. 이러한 조직통제방식은 폐쇄경제체제와 공급자 위주의 시장에서 양적 성장을 우선적으로 추구하였던 과거 고도성장기에는 매우 효율적으로 작용하기도 하였으나 급변하는 경영

환경에 신속/유연하게 대응해야 하는 상황에서는 가장 우선적으로 극복해야 할 장애요인 중의 하나이다.

전략에 의한 통제체제를 구축하기 위해서는 먼저 차원의 경영목표와 전략의 달성정도를 양적으로 측정할 수 있는 핵심성과지표 -Key Performance Indicators - 를 도출한 후 각 지표에 대해 중단기적으로 달성해야 할 목표수준을 결정해야 한다. 그 후 회사목표와 전략을 각 단위조직 수준별로 구체화, 세분화하여 재무 및 전략목표를 부여한 후 최종적으로 단위조직 구성원의 담당 직무별로 목표를 부여하게 된다. 이 과정에서 회사 - 단위조직 - 개인의 목표는 전략적으로 연계되어 있어야 하며, Top - Down 방식과 Bottom - Up 방식을 효과적으로 혼합, 부여된 목표에 대한 충분한 합의가 이루어져야 한다. 전략에 의한 통제체제로 전환하기 위해서는 무엇보다도 최선의 전략을 설정하고 이를 유연하게 적용할 수 있는 목표관리역량이 중요하다. 따라서 도입 초기단계에서는 보다 구체적이고 세부적인 사항에 이르기까지 재무/전략 목표항목을 설정한 후 빈번하게 그 달성과정을 모니터링 하면서 상황변화에 따라 신속하게 수정 · 보완하도록 지시해 주어야 한다. 이러한 과정을 거쳐 중간관리자와 일선업무 담당자의 자율적, 전략적 목표관리역량이 향상되면 그에 따라 점진적으로 핵심성과지표 중심으로 목표항목을 축소하는 동시에 모니터링의 빈도도 줄여 나가는 것이 바람직하다. 최종적으로 우리가 기대하는 가장 바람직한 전략에 의한 조직통제체제는 적어도 사업부단위이상 조직에게는 2~3개의 핵심적 재무목표와 전략수립의 기본적인 전제조건만 제시하면, 각 단위조직이 이에 적합한 최선의 전략을 자율적으로 수립한 후 수시로 변화하는 상황에 따라 유연하게 이를 집행하도록 하는 것이다.

참고문헌

<국내문헌>

- 김성기, *현대관리회계*, 제3판, 다산출판사, 2000
- 산업자원부, 전국경제인연합회, AT 커니, *2015 산업발전 비전과 전략*, 전국경제인연합회, 2006
- 세드릭 리드, 재키 로스, 존 더리비, 다니엘 슐먼, 제임스 바르멘테 IBM 비즈니스 컨설팅 서비스 코리아 FMS 그룹 역. *넥스트 CFO-신경제의 기업가치창조를 위한 디지털 리더*, 물푸레, 2003
- 윌리엄 K, 탭, 마이클 D. 예이츠, 켄 터드슨, 재닛 와스코, 더그 헨우드. 국제 연대 정책정보센터역, *신경제의 신화와 현실*, 이후, 2001
- 이상문, *글로벌시대의 초일류 기업*, 영진출판, 1994
- 이승주, *경영전략실천 매뉴얼*, 시그마인사이트 그룹, 1999
- 이승주, *전략적리더쉽*, 시그마인사이트 컴, 2005
- 이장우, *경영전략론*, 법문사, 1995
- Arthur D. Little(ed.) 고기전, 이강락 역. *고수익 혁명의 디자인*, 1995, 21세기 북스
- Baghai M., S. Coley, & D. White, 맥킨지역, *성장의 묘약*, KFI미디어, 2000
- Bergeron B., IBM BCS FMS 팀 옮김 *가치창출을 위한 셰어드 서비스* 한국경제신문사, 2005
- Boultion R. E. S., B. D. Libert, & S. M. Samck, 이순주역, *가치창조 코드를 해독하라*, 생각의 나무, 2001
- Bryan L., J. Fraser, J. Oppenheim & W. Rall, *세계화 이후의 세계화*, 세종서적, 2000
- Collins J., 이문열, *Good to Great*, 김영사, 2001
- Flanholtz E. G., & Y. Fandle, 이광준역 *기업성장을 방해하는 10가지 증상*, 매일경제신문사, 2003
- Foster R., & S. Kaplan, 정성묵역, *창조적 파괴*, 21세기 북스, 2003
- Galbraith J. R., 김현주, 정재상 역, *조직설계 방법론 확대 개정판*, 시그마인사이트컴, 2005
- Galbraith J. R., 박기찬 역, *글로벌 기업 디자인*, 생각의 나무, 2002
- Garten J. E., 박상철 역, *글로벌 경쟁력*, 세종연구원, 2001
- Gates J., 김용범외 역, *오너쉽 솔루션*, 푸른길, 2000
- Gilmore J. H. & B. Joseph PineⅡ 김정구 김태웅 역, *원투원 마케팅*, 세종연구원, 2001
- Heijden Kees vander, 김방희 역, *시나리오 경영*, 세종 연구원, 2000
- Isaak R. A., 강정민 역, *세계화의 두 얼굴*, 이른 아침, 2006
- Jellis G. J., P.N. Gloder, 최종옥 역, *마켓 리더의 조건*. 시아출판사, 2002

- Kaplan R. S. & D. P. Norton, 송경근, 성시중 옮김, *BSC Balanced Score Card*, 한언, 1998
- Kaplan R. S. & D. P. Norton, 송경근, 성시중 옮김, *Strategy Focused Organization*, 한언, 2001
- Kotler P., 김정구역, *미래형 마케팅*, 세종연구원, 1999
- Kotter J. P., 한정곤 역, *변화의 리더*, 김영사, 1996
- Leifer R., C, M, McDemoit, G. C. Oconner, L. S. Peters, M. Rice, & K, W. Veryzer, 정금재역 *래디컬 이노베이션*, 아침이슬, 2001
- O'Reilly C. & J. Pfefffer, 김병두 역, *숨겨진 힘- 사람*, 김영사, 2002
- Ohmae K., 송재용, 강진구 역, *The Next Global Stage*, 럭스 미디어, 2006
- Pfeffer J., 윤세준, 박상언 역, *휴먼이퀘이션*, 지샘, 1998
- Phelps B., 심재관 역, *비즈니스 메트릭스*, Association, Inc. 한스 미디어, 2005
- Porter M., 김경묵, 김연성 공역, *경쟁론*, 세종 연구원, 2001
- Price Waterhouse cooper FCM Team, *CFO-기업가치 창조의 리더*, 프라이스 워터 하우스 쿠퍼스 서울 FCM 덤, 21세기 북스, 1999
- Price waterhouse Cooper, 이오성외 역, *쉐어드 서비스*, 21세기 북스, 2000
- Read C., H-D Scheuermann and the my SAP Financials Team, 삼일회계법인 경영컨설팅본부. *비즈니스 인티그레이터 CFO*, 시그마인사이트컴, 2004
- Reichheld F. F., 조은정, 김형중 공역, *로열티 경영*, 세종서적, 1997
- Rosen R., P. Digh, M. Singer,& C. Phillips, 이종인 역 *글로벌리더십의 조건*, 세종서적, 2001
- Schultz D. & H. Schultz, 한국 IMC 연구회 역, *IMC의 실행과 측정*, 모던 Books, 2004
- Simon H., 김찬수 역, *숨은 강자들*, 세종서적, 1997
- Slywotzky A. J., & D. J. Morrison 곽수일, 김연성역, *수익 지대* , 세종서적, 1999
- Slywotzky A. J., 황건 역, *가치이동*, 세종서적, 1997
- Stern C. W., & G. Stalk, Jr., 박내회 역, *BCG의 경영전략*, 박영사, 1999
- Stiglitz J. E., 송철복 역, *세계화와 그 불만*, 세종 연구원, 2002
- Tabb W. K., 이강국 역, *반세계화의 논리*, 월간말, 2001
- The Boston consulting Group, *가치 창조 경영*, 더난출판사, 2000
- The CAM-I Target Core Group. 신홍철, 이택수 공역, *타켓 코스팅*, 명경사, 2001
- Thurow L. C., 현대경제연구원 역, *세계화 이후의 부의 지배*, 청림 출판, 2005
- Wayland R. E. & P. M. Cole, 신영석 역, *관계가치경영*, 세종서적, 1998
- Whitman M. V. N., 조명현 역, *변화하는 미국 경제, 새로운 게임의 룰*, 세종서적, 2001
- Zook C., & J. Allen, 이근외 역, *핵심에 집중하라*, 청림출판, 2002

<외국문헌>

- Abrahamson E., *Change Without Pain- How Managers Can Overcome Initiative Overload, Organizational Chaos, and Employee Burnout*, HBS Press, 2004
- Allen M. S., *Business Portfolio Management - Valuation, Risk management and EVA Strategies*, John Wiley & Sons, Inc., 2000
- Barteltt C. A., S. Ghoshal, & J.Birkinshaw, *Transnational Management, 4th ed.*, McGraw-Hill, 2003
- Bean P. & R. Radford, *The Business of Innovation, - Managing the Corporate Imagination for Maximum Result*, AMACOM, 2002
- Becker B. E., M. A. Huselid, & D. Ulrich, *The HR Scorecard-Linking People, Strategy, and Performance*, HBS Press, 2001
- Berger L. A. & D. R. Berger, *The Talent Management Handbook - Creating Organizational Excellence by Identifying, Developing,& Promoting your Best People*, McGraw-Hill, 2004
- Berger S. and The MIT Industrial Performance Center, *How we Compete - What Companies around the World are Doing to Make It in Today's Global Economy*, A Currency Book By Doubleday, 2005
- Bingham F. G. Jr., R. Gomes,& P. A. Knowles, *Business Marketing, 3rd ed.* 2005, McGrawHill/Irwin
- Bossidy L. & R. Charan, Execution - *The Discipline of Getting Things Done*, 2002, Crown Business
- Bosworth M. T. & J. R. Holland, *Customer Centric Selling*, McGraw-Hill, 2004
- Bosworth M. T., *Solution Selling - Creating buyers in difficult markets*, McGraw-Hill, 1995
- Brown S. L., & K. M. Eisenhardt, *Competing on the Edge - Strategy as Structured Chaos*, HBS Press, 1998
- Bund B. E., *The Outside-in Corporation-How to build a customer-centric organization for breakthrough result*, McGraw-Hill, 2006
- Burgelman R. A., C. M. Christensen, & S. C. Wheelwirght, *Strategic Management of Technology and Innovation - 4th ed.*, McGraw Hill, 2004
- Business Literacy for HR Professionals, *The essential of managing Change and Transition*, HBS Press, 2005
- Chakravort B., *The Slow Pace of Fast change,- Bringing innovations to market in a connected world*, HBS Press, 2003
- Chaleff I., *The Courageous Follower - Standing up to & for our leaders*, 2nd ed., Berett - Koehler, 2003
- Chase R. B., F. R. Jacobs, & N. J. Aquilano, *Operation Management for Competitive Advantage 10^{th}ed.*, McGrawHill / Irwin, 2004

- Chesbrough H. W., *Open Innovation - The new imperative for creating and profiting from technology*, HBS Press, 2003
- Christensen C. M., & M. E. Raynor, The *Innovator's Solution - Creating and sustaining successful growth*, HBS Press, 2003
- Christensen C. M., S. D. Authony, & E. A. Roth, *Seeing What's Next - Using theories of innovation to predict industry change*, HBS Press, 2004
- Christensen C. M., *The Innovator's Dilemma*, HBS Press, 1997
- Cohen L., & A. Young, *Multisourcing - Moving beyond outsourcing to achieve growth and agility*, HBS Press, 2006
- Cokins G., *Performance Management. - Finding the missing pieces (To close the intelligence gap)*, John Wiley & Sons, Inc, 2004
- Coleman D., R. Boyatzis, & A. Mckee, *Primal Leadership-Realizing the power of emotional intelligence*, HBS Press, 2002
- Conrad C., & M. S. Poole, *Strategic Organizational Communication in a Global Economy, 6th ed.*, Wadsworth Thomson Learning, Inc., 2005
- Copeland T., T. Koller, & J. Murrin *Valuation 3rd ed.,* Wiley, 2000
- Courtney H., *20/20 Foresight - Crafting Strategy in an Uncertain World*, HPS Press, 2001
- Cummings T. G., & C. G. Worley, *Organizational Development and Change 7th ed,*, South-Western College Publishing, 2001
- Curtis B., W.E. Hefley, & S. A. Miller, *People Capability Maturity model,- Guidelines for Improving the work force* Addison Wesley, 2002
- Daft R. L., *Organization Theory and Design, 6th ed.*, South-Western College Pubishing, 1998
- Dainty P. H., & M. Anderson, *The Capable Executive- Effective Performance in Senior Management*, MacMillan Press, Ltd., 1996
- Davenport T. H., *Thinking for a Living - How to Get Better Performance and Results from Knowledge Workers*, HBS Press, 2005
- Davidson B., *Breakthrough - How great companies set outrageous objectives and achieve them*, John Wiley & Sons, Inc., 2004
- Day G. S., & P. J. H. Shoemaker, *Peripheral Vision - Detecting the Weak Singals that Will Make or Break your Company*, HBS Press, 2006
- Day G. S., *The market Driven Organization - Understanding, Attracting and Keeping Valueable Customers*, The Free Press, 1999
- Deans G. K.,& F. Kroeger, *Stretch! - How Great Companies Grow in Good Times and Bad*, John Wiley & Sons, Inc., 2004

- DeSimone R. L., & D. M. Harris, *Human Resource Development, 2nd ed.*, The Dryden Press, 1998
- Docters R. G., M. R. People, J-M Sun and S .M. Tanny, *Winning the Profit Game; Smarter Pricing Smater Brandiny*, McGraw-Hill, 2004
- Donaldson L., *Performance - Driven Organizational change, - The Organizational Portfolio*, Sage Publications, Inc., 1999
- Dooley Ⅲ T. L.& J. M. Donovan, *Value Creating Growth - How to Lift your Company to the Next Level of Performance*, Jossey-Bass Inc., 1999
- Dranove D., & S. Marciano, Kellog on strategy - *Concepts, Tools, and Frameworks for Practitioners*, John Wiley & Sons, Inc., 2005
- Dreher G. F., & T. W. Dougherty, *Human Resource Strategy,* McGraw-Hill, 2001
- Friedman B., J. Hatch, & D. M. Walker, *Delivering on the Promise - How to Attract, Manage, and Retain Human Capital*, The Free Press, 1998
- Fuah A., *Business Models- A Strategic Management Approach*, McGraw-Hill/Irwin, 2004
- Fuah A., *Innovation management - strategies, inplementation, and profit*, 2nd ed. Oxford University Press, 2003
- Galbraith J. R., *Designing the Customer - Centric Organization,-A Guide to Strategy, Structure, and Process*, Jossey-Bass, 2005
- Gatewood R. D. & H. S. Field *Human Resource Selection 4th ed.*, The Dryden Press, 1998
- George M. L., J. Works, & K. Watson-Hemphil, *Fast Innovation - Archieving superior differentiation, speed to marekt, and uncreased profitablility*, McGraw-Hill, 2005
- Gorden I. H., *Competitive Targeting, - Winning the battle for market and customer share*, John Wiley & Sons., 2002
- Govindarajan V., & C. Trimble, *10 Rule for Strategic Innovators- From Idea to Excution*, HBS Press, 2005
- Greenhaus J. H., G. A. Callanan, & V.M. Godshalk, *Career Management 3rd ed.*, The Dryden Press, 2000
- Grimn C. M., H. Lee, & K. G. Smith, *Stretegy as Action - Competitive dynamics and competitive advantage,* Oxford University Press, 2006
- Grote D., *Forced Ranking - Making Performance Management Work*, 2005, HBS Press
- Haeckel S. H., *Adaptive Enterprises - Creating and Leading Sense-and - Respond Organizations.* HBS Press, 1999
- Hagel Ⅲ J. & J. S. Browh, *The Only Sustainable Edge - Why business strategy depends on productive friction and dynamic specialization*, HBS Press, 2005
- Hanan M., *Consultative Selling,- The Hanan Formula for High-margin Sales at High Levels,7th ed.*,

AMACOM, 2004

- Hargaden A., *How Breakthroughs Happen - The Surprising truth about how companies innovate*, HBS, 2003
- Harmon P., *Business Process Change - A manager's guide to improving, redesigning, and automating processes*, Morgan Kaufman Publishers, 2003
- Harrison J. S., & C. H. St. John, *Strategic management of Organizations and Stakeholders 2nd.ed.* South-Western College Publishing, 1998
- Heneman Ⅲ H. G. & R. L. Heneman, *Staffing Organizations*, Mendota House, Inc., 1994
- Heneman R. L., *Business-Driven Compensation Policies - Integrating Compensation Systems with Corporate Strategies*, AMACOM, 2001
- Hiebing R. G. Jr. & S. W. Cooper, *The Successful of Marketing Plan, - A Disciplined and comprehensive approach*, McGraw-Hill, 2003
- Hill T., *Manufacturing Strategy, 3rd ed.*, McGraw-Hill, 2000
- Hisrich R. D., & M. P. Peters, *Entrepreneurship - Starting, Developing, and Managing a New Enterprises, 2nd ed.*, Irwin, 1999
- Hope J., *Reinventing the CFO,- How financial managers can transform their roles and add greater value*, HBS, 2006
- Horngren C. T., S. M. Datar, & G. Foster, *Cost Accouting - A Managerial Emphasis, 11th ed.* Prentice Hall. 2003
- Hrebiniak L. G., *Making Strategy Work - Leading Effective Execution and Change*, Wharton School Publishing, 2005
- Hughes R. L., & K. C. Beatty, *Becoming a Strategic Leader - your Role in your Organization's Enduring Success,* Jossey-Bass, Inc., 2005
- Hurst D. K., *Crisis & Renewal - Meeting the Challenge of Organizational change*, HBS Press, 2002
- Huselid A., B. E. Becker, & R. W. Beatty, *The Workforce Scorecard - Managing Human Capital to Execute Strategy*, HBS Press, 2005
- Iacobucci D. (ed.)., *Kellog on marketing*, John Wiley & Sons, Inc., 2001
- Iacobucci D., & B. Colder (ed.), *Kellog on Integrated marketing*, John Wiley & Sons, Inc., 2003
- Iansiti M., & R. Levien, *The Keystone Advantage, - what the new dynamics of business ecosystem mean for strategy, innovation, and sustain ability*, HBS Press, 2004
- Johnston M. W., & G. W. Marshall, *Sales Force Management, 7th ed.*, McGraw-Hill, 2003
- Kaplan R. S., & D. P. Norton, *Strategy Maps - Converting Intangible Assets into Tangible Outcomes*, HBS Press, 2004
- Kaplan R. S., & D.P. Norton, *Alignment - Using the Balanced Scorecard to Create Corporate*

Synergies, HBS Press, 2006

- Katzenbach J. R., *Peak Performance - Alligning the hearts and minds of your employees*, HBS Press, 2000
- Khalil T., *Management of Technology, The key to competitiveness and wealth creation*, McGraw-Hill, 2000
- Kim W. C., & R. Mauborgne, *Blue Ocean Strategy - How to Create Uncontested Market Space and make the Competition Irrelevant*, HBS Press, 2005
- Knight C. F. with D. Dyer, *Performance without compromise-How Emrson consistently achieves winning results*, HBS Press, 2005
- Knutson J., *Suceeding in Project-Driven Organizations - People, Processes and Politics*, PMSI-Project Mentors., 2001
- Koller T., M. Goedhart, & D. Wessels, *Valuation - Measuring and managing the value of compenies, 4th ed.* Wiley, 2005
- Kotler P., *Marketing Management 11th ed.*, Prentice Hall, 2003
- Kotter J. P., & D. S. Cohen, *The Heart of Change - Real-life stories of how people change their organizations,* HBS Press, 2002
- Kottler P., D. C. Jain, & S. Maesincee, *Marketing moves - A New approach to Profits, Growth and Renewal*, HBS Press, 2002
- Kumar N., *Marketing as Strategy - Understanding the CEO's Agenda for Driving Growth and Innovation*, HBS Press, 2004
- LaSalle D., & T. A. Britton, *Priceless - Turning ordinary products into extraordinary experiences*, HBS Press, 2003
- Laudicina P. A., *World out of Balance: Navigating global risks to seize competitive advantage*, McGraw-Hill, 2005
- Lawler Ⅲ E. E. & C. G. Worley, *Built to Change - How to Achieve Sustained Organizational Effectiveness*, John Wiley & Sons, Inc., 2006
- Lawler Ⅲ E. E., *Treat People Right - How Organizations and Individuals Can Propel Each Other Into a Vituous Spiral of Success*, John Wiley & Sons, Inc., 2003
- Lipton M., *Guiding growth - How Vision Keeps Companies on Course*, HBS Press, 2003
- Lorsh J. W., & T. J. Tierney, *Aligning Stars - How to Succeed when Professionals Drive Results*, HPS Press, 2002
- Lupton T. & I. Tanner, *Achieving Change, - A systematic approach*, Gower Publishing, 1987
- Mac Hulbert J., N.Capon,& N. F. Piercy, *Total Integrated Marketing - Breaking the Bounds of the Function*, Free Press, 2003

- Malone T. W., *The Future of Work - How the new order of business will shape your organization, your management style, and your life*, HBS Press, 2004
- Mannving B. & C. Thorne, *Demand-Driven*, Pivotal Corporation, 2003
- Mark M. M., G. T. Henry, & G. Julnes, *Evaluation - An integrated framework for understanding, guiding, and improving public and nonprofit policies and programs,* Jossey-Bass Inc., 2000
- Markides C. C., & P. A. Geroski, *Fast Second - How smart companies bypass radical innovation to enter and dominate new markets*, John Wiley & Sons, 2005
- Martocchio J. J., *Strategic Compensation - A Human Resource Management Approach 2nd ed*, Prentice-Hall, Inc., 2001
- Mauzy J. & R. Harriman, *Creativity, Inc,- Building an inventive organization*, HBS Press, 2003
- Mayo A., *The Human Value of the Enterprise : - Valuing people as assets - monitoring, measuring, managing,* Nicholas Brealey Publishing, 2001
- McCall Jr. M. W., & G. P. Hollenbeck, *Developing Global Executives,- The Lessons of International Experience* HBS Press, 2002
- McCauley C. D., & E. V. Velsor (ed.), *Handbook of Leadership Development 2nd ed.*, Jossey-Bass, 2004
- McGahan A. M. *How Industries Evlove - Principles for achieving and sustaining superion performance*, HBS Press, 2004
- McGrath J., F. Kroeger, M. Traem, & J. Rocken Haeuser, *The Value Growers- Archieveing Competitive Advantage, through Long-term Growth and Profits*, McGraw-Hill, 2001
- McGrath R. G. & I. MacMillan, *The Entrepreneurial Mindset - Strategies for continuously creating opportunity in an age of uncertainty*, HBS Press, 2000
- McGrath R. G. & I. MacMillan, *Market Busters - 40 Strategic moves that Drive exceptional business growth*, HBS Press, 2005
- Michaels E., H. Hankfield - Jones, & B. Axelrad, *The War for Talent*, HBS Press, 2001
- Milkovich G. T., & J. M. Newman, *Compensation 7th ed.*, McGraw-Hill, 2002
- Milkovich G. T., & J. W. Boudreau, *Human Resource Management 8th ed.*, Irwin, 1997
- Miller D., & I. LeBreton-Miller, *Managing for the Long-Run- Lessons in competitive advantage from great family businesses*, HBS Press, 2005
- Mittelstaedt R. E., Jr., *Will your next mistake be fatal? - Avoiding the chain of mistakes that can destroy your organization*, Wharton School Publishing, 2005
- Mohrman A. M., Jr. S. M. Resnick - West, & E.E. Lawler Ⅲ *Designing Performance Appraisal Systems, - Aligning Appraisale and Organizational Realities*, Jossey-Bass Inc., 1989
- Morris M. H., & D.F. Kuratko, *Corporate Entrepreneurship- Entrepreneurial Development within*

Organizations, Harcourt, Inc., 2002
- Muro V. (ed.), *Hankbook of Financial Analysis for corporate Managers, (Revised ed.),* AMACOM, 1998
- Neilson G. L. & B.A.Pasternack, *Results - Keep what's good, fix what's wrong, and unlock great performance*, Crown Business, 2005
- Nesheim J. L., *The Power of Unfair Advantage,- How to create it, build it, and use it to maximum effect*, Free Press, 2005
- Niven P. R., *Balanced Scorecard, Step-By-Step*, John Wiley & Sons, Inc., 2002
- Nunes P. & B. Johnson, *Mass Affluence- 7 New Rules of Marketing to Today's Consumer*, HBS Press, 2004
- Olmstead J. A., *Executive Leadership - Building World - Class Organizations*, Gulf Publishing Company, 2000
- Olve N-G., C.-J. Petri, J. Roy, & S. Roy, *Making Scorecards Actionable - Balancing strategy and control*, John Wiley & Sons, Inc., 2003
- Oster S. M., *Modern Competitive Analysis, 3rd ed.* Oxford University Press, Inc., 1999
- Parolini C., *The Value Net - A Tool for competitive strategy*, John Wiley& Sons, Ltd., 1999
- PearceⅡ J. A. & R. B. Robinson, Jr.*, Competitive Strategy, - Formulation, implementation, and control of, 4th ed.,* Irwin, Inc., *1991*
- Peng M. W., *Global Strategy*, South-Western of Thomson Corporation, 2006
- Pepitone J. S., *Human Performance Consulting*, Gulf Publishing Company, 2000
- Peppers D., & M. Rogers, *Return on Customer - Creating maximum value from your scarcest resource*, A Currency Book, DOUBLE DAY, 2005
- Pfeffer J., & R. I. Sutton, *Hard facts, Dangeroces half-truths & Total nonsense - Profiting from Evidence-based management*, HBS Press, 2006
- Pfeiffer J. W. (ed.), *Strategic Planning*, University Associates, Inc., 1986
- Pfeiffer J. W., L. D. Goodstein, & T. M. Nolan, *Shaping Strategic Planning*, University Associates, Inc, 1989
- Philips P., *Employee Share Ownership Plans - How to design and ESOP in Canada*, John Wiley & Sons., 2001
- Pppers D.. & M. Rogers, *Managing Customer Relationships- A Strategic framework*, John Wiley & Sons, Inc., 2004
- Prahalad C. K., & V. Ramaswamy, *The future of Competition; Co-creating unique value with customers*, HBS, 2004
- Prahalad C. K., *The Fortune at the Bottom of the Pyramid - Eradicating poverty through profits*,

Wharton School Publishing, 2005

- Quigley J. V., *Vision - How leaders Develop it, share it & Sustain it*, McGraw-Hill, 1993
- Rangan V. K. with M. Bell, *Transforming your Go-to-Market Strategy - The Three Disciplines of Channel Management*, HBS Press, 2006
- Reichheld F., *The Ultimate Question - Driving good profits and true growth*, HBS Press, 2006
- Rothwell W. J. (ed.) *Emerging issues in HRD - Source Book,* HRD Press, 1995
- Rothwell W. J., *Effective Succession Planning - Ensuring Leadership Continuity and Building Talent form Within 2nd ed.*, AMACOM, 2001
- Rubinfeld A., & C. Hemingway, *Built for Growth - Expanding your business around the Corner or Across the Globe*, Wharton School Publishing, 2005
- Sears D., *Successful Talent Strategies - Achieving Superior Business Results through Market - Focused Staffing*, AMACON, 2003
- Serven L. B. M., *Value Planning, - The new approach to building value everyday*, John Wiley & Sons, Inc., 1998
- Sheth J. & R. Sisodia, *The Rule of Three,- Surviving and Thriving in competitive marekts*, Free Press., 2002
- Simom H., F. F. Bilstein, & F. Luby, *Manage for Profit not for Market Share - A guide to great profit in highly contested markets,* HBS Press, 2006
- Simons R., *Levers of Organization Design - How managers use accountability systems for greater performance and commitment,* HBS Press, 2005
- Snyder N. T., & D. K. Duarte, *Strategic Innovation - Embedding innovation as a core competency in your organization*, Jossey-Bass, 2003
- Soung S. D., & S. F. O'Byrne, *EVA and Value - Based management,* McGraw-Hill, 2001
- Stallk G., & R. Lachenauer, *Hardball - Are you playing to play or playing to win?* HBS Press, 2004
- Stenzel C., & J. Stenzel, *From Cost to Performance Management - A Blueprint of organizational Development*, John Wiley & Sons Inc., 2003
- Tjosvold D. W. & M. M. Tjosvold, *Leading the Team Organization*, Lexington Books, 1991
- Treacy M., *Double- Digit Growth- How great companies achieve it - No matter what*, Portfolio by the Penguin Group, 2003
- Tregoe B. B., J. W. Zimmerman, R. A. Smith, & P. M. Tobia, *Vision in Action*, Kepner-Tragoe, Inc., 1989
- Tulgan B., *Winning the Talent Wars - How to manage and compete in the High-tech, High-speed, Knowledge-based Superfluid Economy*, Micholas Brealey Publishing, 2001

- Tushman M. L., & C. A. O'Reilly Ⅲ *Winning through Innovation - A Practical Guide to Leading Organizational Change and Renewal*, HBS Press, 2002
- Tushman M. L., & P. Anderson, (ed.) *Managing strategic Innovation and change 2nd ed.*, Oxford University Press, Inc., 2004
- Tybout A. M. & T. Calkins, *Kellog on Branding*, John Wiley & Sons, Inc, 2005
- Ulrich D., & N. Smallwood, *Why Bottom Line Isn't - How to Build Value Through People and Organization*, John Wiley & Sons, Inc., 2003
- Ulrich D., & W. Brockbank, *The HR Value Propostion*, HBS Press, 2005
- Ulrich D., *Human Resource Champion - The Next Agenda for Adding Value and Delivering Results*, HBS Press, 1997
- Ulrich D., S. Kerr, & R. Ashkenas, *The GE Work-Out*, McGraw-Hill, 2002
- Utterback J. M., *Mastering the Dynamics of Innovation*, HBS Press, 1996
- Webster F. E. Jr, *Market-Driven Management - How to Define, Develop, and Deliver Customer Value,* Jone Wiley & Sons, Inc., 2002
- Wenger E., R. McDermott, & W. M. Snyder, *Cultivating Communities of Practice - A Guide to managing knowledge*, HBS Press, 2002
- Wolf M., *Why Globalization Works*, Yale University Press, 2004
- Zaltman G., *How Customers Think - Essential insights into the mind of the market*, HBS Press, 2003
- Zook C., *Beyond the Core - Expand your market without abandoning your roots*, HBS Press, 2004
- Zyman S., *Renovate before your Innovate - Why doing the new thing might not be the right thing*, Portfolio, 2004

찾아보기

<영문>

(A)

Ability to learn ············309
According-to-rule corruption ············355
Acquisition Cost ············167
Acquistion Process ············247
Active Adaptation ············58, 99, 321
Activity Based Costing ············108
Adaptive, Flexible Network조직 ············276
Adjacency Expansion ············123
Against-the-rule corruption ············355
Alignment ············63, 267, 322
Ambidextrous Organization ············265
Architectural Innovation ············177
Architecture Innovation ············186
Attractiveness of Reword ············286

(B)

Big bets ············92
BOP−Bottom of Pyramid 시장− ············235
Borrowing, Need for ············289
Boundary Spanning ············283
Breakthroughs ············49
Built−to−Change Organization ············265, 268
Business Leader ············313
Business Model ············52, 202
Business Network ············189
Business Network의 건강성 ············189
Butterfly Effect ············357

(C)

Cannibalization ············34
Capability ············20
Cascading ············259
Chicken and Eggs Dilemmas ············9
Clear line of sight ············259, 283
Closed Innovation ············201
Co−option ············329
Coadaption ············84
Coevolution ············357
Commitment ············20
Communication Program ············299
Complex change ············295
Compliance Program ············354
Concentrated Targeting ············139
Concurrent Control ············363
Confirmation Bias ············129
Consultative Sales ············141
Consumer Democracy ············328
Contender ············229
Contingent Road Map ············93
Contractual Alliance ············211
Core Ideology ············362
Cost drivers ············105
Creative Tensions ············282
Critical Milestones ············38
Critical Paths ············58
Critical Success Factor ············12
Customer democracy ············346

Customer Utility ······184
Customer Value Assessment ······138
Customer-driven expansion ······33

(D)

Defender ······230
Definition of Success ······10
Deliberate Strategy Making Process ······88
Destroying Value Growth ······5
Differentiated Targeting ······139
Digital Divide ······333
Discovery Driven Planning ······9, 94
Disruptive Innovation ······289, 310
Dodger ······229
Dominator ······193
Dual Influence Structures ······282
Due diligence ······238
Dynamic Specialization ······197

(E)

Elevator Speech ······300
Emergent Strategy Making Process ······88
Employability ······353
Employee Value Proposition ······276
Empowerment ······275
Enter preneurship ······277
Enterprise Economy ······345
Enterprise Selling ······141
Entitlement ······359
Entrepreneurial Gap ······282
Equity Based Alliance ······211
Equity mode ······222
Event pacing ······84
Evolutimary change ······295
Excess Capacity ······338
Exit Management ······129
Experimentation ······11
Extended Enterprise ······19
Extender ······229
External Growth ······17

(F)

Feed forward Control ······363
Feedback Control ······363
First Mover Advantages ······106, 183
Flexible Market Offerings ······164
Forecasting Dilemma ······38
Forgetting, Need for ······289

(G)

Geographic Incumbents ······215
Geographic Integrator ······216
Global Efficacy ······345
Global Standard ······331
Growth portfolio ······31
Growth System ······20

(H)

Hardball Players ······113
Hockey Stick Business Plan ······38
Horizons of Growth ······66
Horizons들 간의 균형 ······67
Hub firm ······193
Hub Landlord ······194

(I)

Increasing Value Growth ······5
Industry Life-Cycle ······116
Innovation Map ······205
Intelligent Outsurcing ······339
Interactive Network ······282
Internal Growth ······17

Internal Infrastructure ··············360
Internalization Advantages ··············222
Intraprise ··············357
Isolating Mechanism ··············186

(K)

Key Value Drivers ··············284
Keystone ··············193, 344
Knowledge Broker ··············201

(L)

Later Mover Advantages ··············222
Leadership Brand ··············277
Leadership economy ··············34
Learning by doing ··············58
Leveraged capability building ··············198
Liability of Foreignness ··············222
Liming Value Growth ··············5
Local Responsiveness ··············345
Location specific advantages ··············221
Long−term Profitable Growth ··············16, 33
Loose Coupling ··············194, 197
Looser but effective control process ·····284
Loyalty Contract ··············353
Loyalty Program ··············146
Loyalty Program Selling ··············135

(M)

M&A 시장 ··············17
Management By Wire ··············286
Market driven process ··············280
Market Driving ··············176
Market Offering의 개발 ··············139
Market Repositioning ··············106
Matured Management ··············15
MECE ··············91
Milestone Planning ··············58
Mini Enterprise ··············275
Minimum required growth rate ··············60
Modularity ··············337
Multiplayer ··············276

(N)

NarrowCast Marketing ··············347
Networking ··············186
Niche Player ··············194
Niche Players ··············344
Non−equity mode ··············222

(O)

Offshoring ··············197
Open Innovation ··············201
Option Portfolio Management Principles ··93
Optional Service ··············167, 168
Orchestration Capabilities ··············268
Organic Growth ··············15
Organizational Capabilities ··············266
Outsourcing ··············189, 197, 201, 338
Ownership Advantages ··············222

(P)

Peripheral Vision ··············321
PointCast Marketing ··············347
Possession Cost ··············167
Price corridor of the mass ··············184
Price Umbrella ··············350
Pricing ··············108
Probing ··············11
Product leadership ··············201
Product Liability ··············349
Productive Friction ··············198
Profit Center ··············291

Profit Seekers ······6, 27
Profit Trap ······3

(R)

Real options ······92
Reconfigurable Structuring ······276
Regeneration ······84
Rent Seeking Behavior ······13, 350
Repatch ······172
Repeatable formula ······15
Residual uncertainty ······90
Responsible Care ······13
Restructuring Hexagon ······110
Robustness ······189
Rolling Forecast ······260
Rule of Three ······117
Rules of comporting on the edge ······173

(S)

Scenario planning exercises ······93
SCP 모델 ······37
Segmentation Variables ······137
Self Organizing System ······357
Self-Directed Team ······275
Sense and Respond ······283
Sense of Ownership ······275
Sense-Making Activities ······282
Sensing Activities ······281
Sequential change ······295
Shaper ······216
Signature Extras ······286
Simple Growers ······6, 27
Skill-based pay ······287
Solution Selling ······12, 135
Span of Accountability ······282
Span of Control ······282
Specialist ······215
Standard Service ······168
Story Telling ······300
STP ······177
Strategic Degree of Freedom ······37, 44
Strategic Evolution Princples ······93
Strategic Experiment ······291
Strategic Fit ······10, 241
Strategic Influencing Competencies ······309
Strategic Innovation ······177
Strategic Intent ······9
Strategic Job Families ······11
Strategic Learning ······259
Strategic Pricing ······184
Strategic Segmentation ······137
Strategic Thinking Competencies ······309
Strategy As Learning ······9
Strategy choices ······90
Strategy Review ······256
Stretch Goal Setting ······63
Stretch Growth Model ······46
Sunk Cost Fallacy ······129
Sunset industries ······337
Sunset strategies ······337
Sustainable Development ······341
Sustainable Profitability ······341
Sustaining Innovation ······289
Switching Cost ······186
System Selling ······12, 135

(T)

Tailor Made Marketing ······347
Target Costing ······185
Technology Portfolio ······206
Theory Focused Planning ······99
Tight coupling ······194

Time Pacing ··········84, 172
Time-to-market ··········34
Total Solution ··········346
Transaction premium ··········239
Transactional Sales ··········141

(U)

Underperformer ··········27
Underperformers ··········6

(V)

Valuable Formula ··········12, 20
Value activities ··········105
Value Added Community, VAC ··········343
Value Attributes ··········145
Value Builder ··········27
Value chain ··········53
Value chain의 해체 ··········337
Value growers ··········6
Value Growth Platform ··········18
Value Innovation ··········177
Value Network ··········54, 140, 177
Value Proposition ··········10, 53, 139, 183
Virtuous Spiral ··········267

(W)

Willing to Pay ··········108, 138

<한글>

(ㄱ)

가치공동체 ······343
가치사슬 ······54
가치성장기업 ······7, 19, 26
가치제안 ······10, 53, 139
가치창조기업 ······75
가치창출공식 ······21
거래비용 ······327
거래지향 고객 ······137
계단식 성장법 ······23, 56
계약에 의한 제휴 ······211
계획적 변화 ······295
고객가치 평가 ······138
고객수익성분석 ······145
고객의 생애가치 ······145
고용가능성 ······353
공정경쟁유지 ······349
공진화 ······357
관계지향 고객 ······137
권리의식 ······359
글로벌 효율성 ······345
긍정Feedback ······357
기업가 정신 ······277
기업성공의 지표 ······9
기업의 사회적 책임 ······2

(ㄴ)

나비효과 ······357
내부기업 ······357
내부자 고발 ······354
내부적 사회간접자본 ······360
내부적 성장 ······43
내적 성장 ······17
네트워크자본주의 ······351

(ㄷ)

단순성장기업 ······7
달성가능원가 ······185
디지털 디바이드 ······333

(ㄹ)

리더십의 공유 ······279

(ㅁ)

목표원가 ······185
미래 최적화 ······343
미래현금흐름 ······5

(ㅂ)

반복가능한 사업공식 ······15
발견주도의 기획 ······9
보상의 매력도 ······286
복합적 변화 ······295
브랜드/제품군 합리화 ······107
비즈니스 모델 ······33, 343
비즈니스 모델 검증 ······57
비즈니스 모델의 반복 ······58

(ㅅ)

사양산업 ······337
사양전략 ······337
사업구조조정 전략 ······111
사업포트폴리오 ······62
사회적 비용 ······333
사회적 외부효과 ······348
사회적 자본 ······338
사회적 책임 ······348
산업 매력도 ······37
산업생애주기 ······117

살아있는 조직 ······28
생산적 충돌 ······198
선도기업 ······216
선순환 구조 ······268
성공방정식 ······12
성과목표 ······63
성과측정기준 ······63
성장 Option ······38, 57
성장계단 ······23
성장공식 ······33
성장기회 ······23
성장사업의 선정 기준 ······128
성장사업파이프라인 ······67
성장의지 ······319
성장포트폴리오 ······66
소규모 공동체 ······289
소비자복지 ······2
수익성 함정 ······3
수익추구기업 ······7
수확체증 ······78
시장유사성 ······229
시장지향의 프로세스 ······280
신규사업의 조직구조 설계 ······289
실행 Roadmap ······64

(ㅇ)

아메바조직 ······291
역량 Gap ······11
역량 platform ······23, 71
역량 집합 ······71
연속적 변화 ······295
영속적 조직 ······28
외부적 성장 ······43
외적 성장 ······17
운영스킬 ······71
유기적 성장 ······15
유엔 기후변화협약 ······348
이해관계자 자본주의 모델 ······335
이행프로그램 ······354
인수 후 통합 ······239
인접확장전략 ······12, 122
일상적 통제 ······363

(ㅈ)

자기조직화시스템 ······357
자본기반의 제휴 ······211
자율적 조직 ······275
잠재적 Synergy ······241
저성과기업 ······7
적극적 적응 ······58
적극적 조정 ······321
적응적 문화 ······83
전략인지도 ······299
전략적 사고역량 ······309
전략적 시장세분화 ······137
전략적 영향력행사역량 ······309
전략적 의도 ······9
전략적 자원배분 ······260
전략적 자유도 ······37
전략적 적합성 ······10
전략적 제휴 ······211
전략적 통제 ······284
전략적 파트너 ······137
전략적 혁신 ······43
전략전도사 ······299
전략충성도 ······299
전환비용 ······186
제조물책임법 ······349
제휴 Network ······211
제휴 파트너의 선정 ······211
조직개발 모델 ······264
조직역량 ······266

주변적 시야 ……321
주주가치 ……2
지대추구적행동 ……13
지리적 기존기업 ……215
지리적 통합기업 ……216
지속가능한 발전 ……341
지속가능한 이익 ……341
지역적 적합성 ……345
지적재산 ……202
진입비용검증 ……37
진화적 변화 ……295

(ㅊ)
창조적 긴장 ……282
최소요구성장률 ……62

(ㅋ)
쿄토 의정서 ……348

(ㅌ)
특권적 자산 ……71

(ㅍ)
파벌자본주의 ……351
표준서비스 ……167
피드 포워드 통제 ……363
피드백 통제 ……363

(ㅎ)
학습으로서의 전략 ……9
학습할 수 있는 능력 ……309
핵심이념 ……362
협력적 시너지 ……84
확장된 기업 ……19
활동기준원가 ……108
활동기준원가계산 ……145

저자소개

이책의 저자 최경규는 1990년부터 행동과학컨설팅의 대표컨설턴트로 활동하면서 경영전략과 인사/조직 및 리더십과 기업문화개발을 위한 50여건의 컨설팅과 30여건의 Action Leanring 방식의 교육훈련프로그램을 개발하였다. 주요고객기업으로는 삼성, SK, 두산, 한화그룹의 경영(전략)기획실과 그 관계사, KBS, KT, KOTRA, 한전, 서울대학교병원, Lotte Hotel, 한국 BASF, 외환은행, 기업은행 등 다양한산업의 대표적인 공·사기업들이 포함되어 있다. 성균관 대학교 산업심리학과와 동대학원 석·박사과정을 수료한 후 유네스코 한국 위원회 청년원 지도교수로도 근무하였다.

이 책의 내용에 대한 추가적인 정보는 02-783-5988 또는 bsconsulting@hanmail.net으로 문의하시면 됩니다.

Global Network 경제시대의

고수의 성장전략의 개발과 실행

A-JIN

지은이와 협의 인지 생략

인 쇄 : 2007년 8월 10일
발 행 : 2007년 8월 15일
저 자 : 최경규
발 행 처 : 도서출판 아진
135-010
서울시 강남구 논현동 148-19 한미빌딩 201호
TEL:02-737-0663 FAX:02-737-0664
Homepage:ajin.to
E-mail:kgb@ajin.to
발 행 인 : 김 근 배
등록번호 : 제300-1995-56호
ISBN : 978-89-5761-218-7 93320

가격 30,000원